编委会名单

主　　编： 王　艺　李列锋

副 主 编： 陈　浩　胡华涛　李斐飞　李盛龙

参编人员： 范小青　莫梅锋　王泸生　朱婧茹

Advertising

当代新锐广告丛书

广告学（第二版）

Advertising

王 艺 李列锋 主编

暨南大学出版社
JINAN UNIVERSITY PRESS
中国·广州

图书在版编目（CIP）数据

广告学／王艺，李列锋主编．—2版．—广州：暨南大学出版社，2017.6
（当代新锐广告丛书）
ISBN 978－7－5668－2052－5

Ⅰ.①广… Ⅱ.①王…②李… Ⅲ.①广告学 Ⅳ.①F713.80

中国版本图书馆 CIP 数据核字（2017）第 012811 号

广告学（第二版）
GUANGGAOXUE（DIERBAN）
主　编：王　艺　李列锋

出 版 人：徐义雄
责任编辑：曾鑫华　柳　煦
责任校对：刘雨婷　李林达
责任印制：汤慧君　周一丹

出版发行：暨南大学出版社（510630）
电　　话：总编室（8620）85221601
营销部（8620）85225284　85228291　85228292（邮购）
传　　真：（8620）85221583（办公室）　85223774（营销部）
网　　址：http://www.jnupress.com　http://press.jnu.edu.cn
排　　版：广州市天河星辰文化发展部照排中心
印　　刷：广东广州日报传媒股份有限公司印务分公司
开　　本：787mm×1092mm　1/16
印　　张：20.25
字　　数：466 千
版　　次：2010 年 6 月第 1 版　2017 年 6 月第 2 版
印　　次：2017 年 6 月第 4 次
印　　数：4301—6300 册
定　　价：45.00 元

21世纪，我们需要怎样的广告

说实话，很羡慕现在的年轻学子，在这个电脑普及的互联网快餐时代，只需轻点一下GO，就可以查百度百科，看百度知道。我们每天上网的时间比看电视的时间还多，下载自己喜欢的MP3，去迅雷看看找新片，半夜锁定世界杯，玩玩微博。寄宿生涯围簇电台的年代早已过去，21世纪的广告，岂止电视、电台、刊物等传统媒体那么简单。

你肯定知道芙蓉姐姐、犀利哥和凤姐……

你大概玩过麦当劳在校内网“加我”的暑期促销、网络农场……

你可能也知道风靡全球的新西兰大堡礁高薪寻找看岛人的故事……

你无须拥有昂贵的摄影器材，就能拍摄并上传有趣的视频……

这些都是现代广告传播的力量——没有做不到的，只有想不到的。

点子，谁都会想。好的商业点子背后诞生的工具、好的广告策略和创意在市场印证前的标准却鲜有人知。真正的智慧，不是小聪明按下回车键就能拥有的。你需要时刻保持一颗童心，眼观八方做一个好奇潮人；尽量博学多才，应对不同品牌和客户需求；如果有野心，你可能还想一探外资品牌的究竟；少不了关注星座、风水、宗教，因为你的同事或领导来自拥有不同兴趣癖好的地区或国家；你可能必须从整合传播方式入手，知道客户品牌成长阶段并运用USP挖掘惊天的概念，再通过ROI等理论检验……读书能让人增长智慧。

在实战之前，你需要学习理论，然后消化过滤，灵活运用在实践中，然后再读书，学习别人的经验，加以运用，这是一个增长智慧的循环过程。没有多年前的那一套灰皮“现代广告丛书”，也就没有现在的中国广告行业。没有奥格威的传奇，你可能不会爱上广告，可是，你也许不知道奥格威最景仰的人是谁。近年大热的美国电视剧《广告狂人》剧情逼真，让我们对20世纪60年代的广告大开眼界，可是你也许不知道幕后班底和剧情来源。广告需要智慧，智慧源于知识。令人欣喜的是，由广州大学青年学者王艺联合高校和广告业界主编的这套“当代新锐广告丛书”，在理论点拨和案例梳理中找到了一个很好的平衡点，填补了目前国内广告实战教材的空白。作为《广告人》杂志月度大案栏目的品牌点评专家，王艺既有着丰富的品牌实战经验，也长期与广告业界保持着互动和沟通，这套“当代新锐广告丛书”，可算是学界和业界的联袂之作。

广告行业盛产高人，他们有人写歌著书，有人做主持写剧本，还有人开饭店做品牌。广告是一个很好玩的行业，除了让你的心态和外表永远比同龄人年轻外，还能彰显个人才华并让你学会很多商业知识。

21 世纪是一个充满创新的商业智慧互动年代，在这个年代你不用恪守传统，用一颗年轻充满活力的心颠覆以往，用毅力坚守信念，做你想做的伟大广告，未来的广告达人也许不是现在的哪位大师，而是你自己！用智慧学识成就自己，Let's go！

郑晓燕

（www. 36ing. com 首席创意官）

2010 年 5 月

目　录

1 广告概论

在现代社会，广告如空气般无所不在。广告不仅仅是一种供需信息，还是人类生活方式与文明进步的推手。在广告的推波助澜下，消费文化已经成为现代社会的一道文化景观。

本章我们将讨论什么是广告，广告有哪些基本特征，如何对广告进行分类，我们还将认识广告学以及广告学与其他学科的关系。

1.1 广告的定义

广告发展过程是人类社会的信息传播活动、经济发展的直接体现。从本质上来说，广告就是一种营销传播活动。

美国广告协会曾将广告定义为：广告是付费的大众传播，其最终目的是传递信息，改变人们对所广告的商品的态度，诱发其行动而使广告主获得利益。这个定义不仅强调了广告是付费的大众传播方式以及广告的最终目的，还涉及广告是如何发生作用的，即广告通过改变人们对商品的态度而达到广告效果。

美国营销协会曾将广告定义为："广告是一种公众性的信息交流，它以付费的方式通过各种传播媒介向公众介绍产品、服务或观念，本身具有说服性。"

尽管不同领域的学者和广告业界人士在不同的历史阶段提出了很多不同的"广告定义"，但是，广告本质上是一种营销传播活动，我们从功能上将广告定义为：广告是由特定的广告主在付费的基础上，采用非人际传播的形式，对特定对象进行的有关产品（商品、服务和观点）的信息传播活动。

1.2 广告的主体与客体

1. 广告的主体

探讨广告活动的主体，其主要目的在于了解广告行为中各个元素的功能、角色及其对传递广告信息的影响。现代广告在20世纪的100年中完成了它从社会现象到职业化再到产业化的发展路径。因此，今天我们看到的广告作品背后存在着一个复杂的广告产业链。一条广告信息在传达给消费者之前，会经过广告主、广告代理公司、广告媒体三个元素之间的互动运作。广告主、广告代理公司、广告媒体构成了广告的主体。这种划分，主要基于专业化要求和分工化需求的双重考虑，否则，主体元素还应包括消费者。在现代广告产业中，广告主体之间是一种分工协作的战略伙伴关系。

（1）广告主：指为推销商品或服务，自行或者委托他人设计、制作、发布广告的法人、其他经济组织或者个人。广告主负责提供市场及商品资料给广告代理公司，监督广告代理公司的运作过程以及验收广告成品。

（2）广告代理公司：负责整个广告活动的策划与执行，并扮演广告主与广告媒体之间的沟通桥梁的角色。

（3）广告媒体：负责广告的刊播工作。这里的广告媒体指广告媒体机构，包括报纸、电视台等大众传播机构和以提供广告刊播媒介为主要业务的经济组织。

2. 广告的客体

广告的客体是指广告信息作用的对象，即接收广告信息的受众。

广告的客体可以分为实际客体与目标客体。广告的实际客体是指所有通过大众媒介接触到广告信息的媒介受众。因此，广告投放媒介的所有受众都能够成为广告的客体。但是，事实上任何广告所针对的消费者都是有选择的，即使是投放在大众媒体上的广告，其预定说服的消费者也不是所有人。在现代广告行业中，广告所针对的特定目标消费者也就是广告的目标客体。

1.3 广告的基本特征

广告是一种传播活动，与其他信息传播活动一样存在着传播者、讯息、媒介、受传者和效果五个重要的要素。

（1）传播者：在传播过程中“传”的一端的个人或团体的总称，是信息传播的主动发出者和媒介的控制者。

（2）讯息：由一组相关联的信息符号所构成的一则具体的信息，是信息内容的实体。

（3）媒介：信息的载体，传递信息符号的中介、渠道。

（4）受传者：在传播过程中“受”的一端的个人或团体的总称。

（5）效果：受传者接受信息后，在情感、思想、态度、行为等方面发生的反应。

传播过程的基本要素如图 1－1 所示。

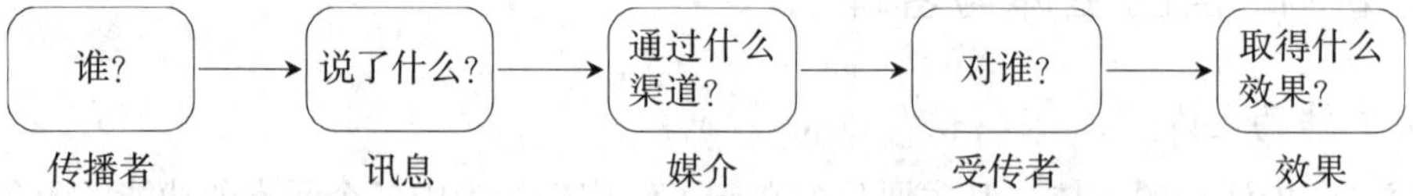

图 1－1　传播过程的基本要素示意图

从传播过程的五个要素来看，广告与其他传播活动相比较具有以下几个基本特征。

1. 广告传播者的特征

现代广告已经发展为一种产业，在广告的传播过程中，作为传播者的一方不仅是一个个体或一个组织，还通常涉及广告主、广告活动的创作者和广告作品中的人物三个不同的层次。

广告主是指为推销产品而出资，自行或者委托他人设计、制作、发布广告的法人、其他经济组织或者个人。作为广告讯息的传播者，广告主是真正具有讯息传播需求的个人或组织，他们为广告而出资，是讯息的真正源头。

但许多大众媒体广告的设计、制作和刊播是一项既复杂又专业的工作，因此大众媒体广告的设计、制作以及发布，大多是由广告主委托专业的广告代理公司或专业的广告制作者来完成。这些为了完成广告信息传播活动而参与设计、制作和发布广告的个人或组织，我们统称为广告活动的创作者。广告活动的创作者通常不为消费者所知，但他们对广告信息将会呈现出什么样子、以怎样的方式呈现具有决定性的作用。

无论是广告主还是广告活动的创作者，他们都是现实社会中真实的个体或组织。广告作品中通常还包含一个真正的或虚拟的人物，即我们所说的"广告代言人"。从消费者的角度来看，代言人代表广告主发布讯息，因此我们也可以把这个代言人看成是广告讯息的传播者。代言人在广告讯息中的一言一行都是由广告活动的创作者创造出来为广告主所需传递的信息服务的，这一层次的传播者不属于现实世界，只存在于广告的虚拟的世界中。

2. 广告讯息的特征

与其他传播活动比较来看，广告传播的讯息具有与生俱来的特殊性——说服性。大多数广告都存在说服性，如说服消费者购买某种商品、说服民众接受某个职位候选人、说服公众接受某种观点等。

为了达到说服的目的，现代广告产业发展至今形成了以策划为手段，以创意为核心的完整的广告作业方式。

3. 广告媒介的特征

广告是一种非人际传播，它依赖特定的媒介和媒介技术。广告媒介是一种有偿的、用来向其目标受众表现广告的手段。① 广告形式和其表现的每一次变革都是由媒介技术变革所引起的。今天，我们不仅拥有了报纸、杂志等平面媒体和广播、电视等电波媒体，还拥有了以多媒体技术和互联网技术为基础的互动媒体，媒体的种类和形式数以千计。可以说，我们周围环境中的每一种实物都可以成为广告的媒体形式。口头传播对于企业而言，虽然也是一种有效的产品信息传播方式，但它的信息不需要以大众媒体作为载体，所以它不属于广告。

4. 广告受传者的特征

广告的受传者同样存在着三个层次：假定消费者、资助性消费者、实际消费者。在广告作品这个虚拟的世界中，不仅存在着传播者的一方——人物，还存在着受传者的一方——假定消费者，假定消费者是人物传递信息的假定理想对象。广告创作者在完成广告作品后，还不能直接将其刊播在媒体上，他们在说服实际消费者前，必须首先说服出资方的主管，当出资方的主管认可了广告并为其提供媒体刊播的资金时，广告才能与实际的消费者见面。因此作为把关人，出资方的主管——资助性消费者，对广告是否能刊

---

① 阿伦斯. 当代广告学［M］. 丁俊杰，程坪，钟静，等，译. 北京：人民邮电出版社，2006：9.

播起着决定性的作用。实际消费者是广告讯息真正想说服的对象，他们又被称为广告的目标受众。广告传播不是一般的大众传播活动，其实际消费者是一个特定的人群，即便是刊播在大众媒体上的广告，其目标受众也是有选择的。目标受众的选择是由广告主的广告目标决定的。随着市场竞争的加剧和市场细分的演进，企业营销愈来愈追求有的放矢地投放广告，会考虑到通过任何广告媒介接触的观众或听众都有数量、特征方面的不同，这可使广告更加有效，从而减少不必要的广告开支。

5. 广告效果的特征

广告效果是制定广告目标的重要依据。虽然大多广告的最终目的是促进产品的销售，但影响产品销售的因素很多，而作为一种营销传播手段，广告的目的首先是让消费者在一个尽可能长的时间内对公司及其产品或服务有所了解并形成良好印象，进而间接影响消费者的购买决策。随着金字塔层级的提高，广告对消费者的影响效果也随之减弱（见图 1－2）。

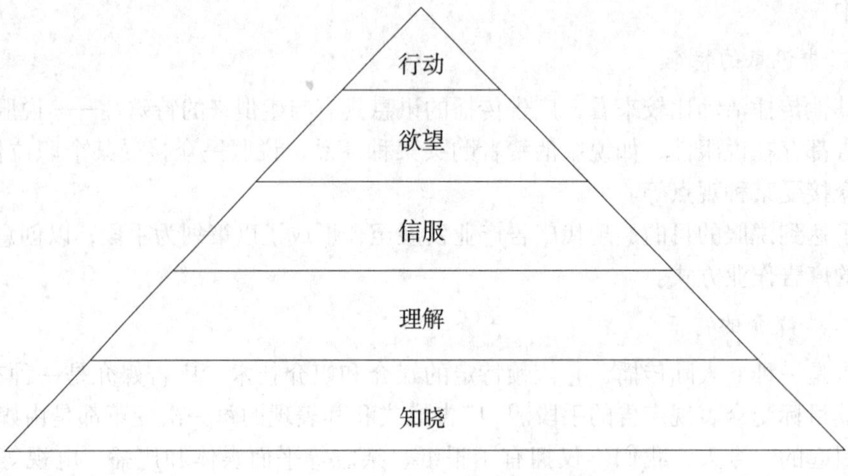

图 1－2　广告对消费者的影响效果

1.4　广告的分类

按照不同的分类标准，广告可以被划分为若干种类型。如果按照覆盖的地理范围来划分，广告可以分为地方性广告、区域性广告、全国性广告、国际广告；如果按照目的来划分，广告可以分为商业广告和非商业广告；如果按照诉求对象来划分，广告又可以分为消费者广告、工商广告；如果按照承载广告的媒体形式来划分，除了传统的电视、广播、报纸、杂志和户外广告外，在今天这个广告无处不存在的世界里，广告媒体类别不胜枚举。对广告分类的目的不是为了简单地区分，而在于进一步把握广告的特征，加深对广告的理解，以便在选择和使用广告的过程中能够准确有效地找到合适的广告形式。

1.4.1　按照广告覆盖的地理范围分类

近代广告在200多年的发展过程中，逐渐突破地理区域的限制。从技术角度上来讲，今天的广告已经可以通过多种媒体在全世界同时发布，但不同的广告主在发布广告的时候，会根据其特定的营销需要选择广告的发布区域，从而选择特定的媒介载体。因此根据广告主发布广告的地理区域范围，广告可以分为地方性广告、区域性广告、全国性广告和国际广告。

1. 地方性广告

地方性广告的广告主一般是地方商圈的零售商，他们采用地方性媒体来传播广告信息，广告的传播范围有限，其主要的顾客也是来自某一城市或当地销售区域。

2. 区域性广告

与地方性广告相比较，区域性广告的影响范围更大。区域广告的传播对象是在某个特定区域中的顾客。一些企业因为受经营区域和地理文化环境的影响，一般会选择发布区域性广告。

3. 全国性广告

一些广告主的销售能力较强，产品销量大、通用性强、使用范围广泛，需要将信息传递给全国范围内的顾客，可以使用全国性广告。全国性广告需要选择能够覆盖全国的媒介载体。

4. 国际广告

随着经济全球化和信息全球化的发展，出现了越来越多的国际型企业和国际型组织，它们需要在国外甚至全球范围内传播产品和组织信息，这就需要国际广告来提供助力。

1.4.2　按照广告目的来分类

按照广告传播是否以营利为目的来划分，广告可以分为商业广告和非商业广告。

1. 商业广告

我们生活中接触的大部分广告属于商业广告，它们由企业广告主出资设计、制作和播出，通过大众传播媒介来进行有关商品、劳务、观念等方面信息的有说服力的销售促进活动，其最根本的特征是以营利为目的。第一次工业革命后，世界范围内的商品经济繁荣，商业广告也空前繁荣起来。

2. 非商业广告

非商业广告，不以营利为目的，而是为了达成某种宣传或告知的目的由广告主出资在大众媒体进行刊载的广告形式。非商业广告又可以按照其发布的内容分为政治广告、公益广告和个人广告。

(1) 政治广告是指为政治活动服务的广告形式。一般是指在民主制国家中，为了改变或影响选民的认知、态度以及言行，由一个候选人或政党买下或选择各类媒体刊播机会传播相关信息。比如竞选广告，在选举期间参加选举的政党和候选人，甚至其支持者都有可能成为竞选广告的广告主，其目的是促使所支持的候选人当选。在非民主制国家中，为政治活动服务而发布的广告也称为政治广告，如通过广告形式宣传政府或政党的政策、法令，传播各级政府部门的各类公告等。

(2) 公益广告是指为维护社会公德，帮助改善社会公共问题而组织开展的广告活动。这类广告所传播的信息内容主要是有关道德、教育、环境保护、健康、交通、公共服务等，涉及人们当前关心的社会问题，与社会公众利益密切相关。公益广告的主要特征：一是不以营利为目的，二是为社会公共利益而不是某些团体或组织服务，有别于企业广告或公共关系广告，体现广告主所承担的社会责任。随着社会精神文明建设的加强，公益广告的地位也显得越来越重要。

(3) 个人广告是指为满足个体单元的各种利益和目的，运用媒体发布的广告，如个人启事、声明、征婚、寻人、讣告等。随着我国大众媒体的发展，个人广告作为一种重要的广告形式愈来愈受到重视，其传播的信息内容也将愈来愈丰富。

1.4.3 按照广告的诉求对象来划分

按照诉求对象来划分，广告又可以分为消费者广告和工商广告。

1. 消费者广告

所谓消费者是指那些购买产品自用或供他人使用的人，以消费者为诉求对象的广告我们称为消费者广告。我们每天通过大众媒介所看到的绝大多数广告都属于消费者广告。

商业广告中的消费者广告根据其出资人的不同又可以分为制造商消费者广告和零售广告。

(1) 制造商消费者广告是由产品的制造商出资以非人员的方式，向最终消费者传播有关产品的信息，以影响消费者对产品的态度或偏好。

(2) 由零售商自制刊播的消费者广告称为零售广告。它是可以认明的零售商以付费的非人员的方式，向最终消费者提供关于商店、商品、服务、观念等的信息，以影响消费者对商店的态度和偏好，直接或间接地促进销售增长的广告形式。制造商消费者广告与零售广告的区别见下表。

制造商消费者广告与零售广告的区别

	制造商消费者广告	零售广告
地理范围	产品销售地，范围较广	零售商圈内，覆盖范围有限
广告诉求的重点	制造商的广告很少提到价格，而更多的是强调商品的性能，目的是使消费者了解商品	零售商的广告都说明商品的价格，目的是促使消费者购买
时效性	追求消费者长期的终身价值	追求短期性的即时购买

如果用广义的产品含义去理解非商业广告中推销的观点、候选人、党派、创意等，它们也是消费者“消费”的对象。因此，非商业广告中针对个人的广告形式也属于消费者广告。

2. 工商广告

工商品与消费品的区别不在于商品本身而在于消费者购买产品的目的。举例来说，刘明的妈妈购买一袋面粉是为了做蛋糕给全家人吃，那么这袋面粉应该属于消费品。如果刘明的妈妈开了一家食品店，买的面粉是用来做供销售的面包或是直接贩卖，同样的一袋面粉就变成了工商品。工商广告是针对那些购买产品或服务用于再生产或转卖的组织及个人。工商广告可以分为：同业广告、专业广告、工业品广告、农业广告。

（1）同业广告又可以称为贸易广告，一般是由厂家出资刊播，针对销售渠道中的各级经销商，目的是引起他们的注意，购买产品再转销给最终消费者。

（2）专业广告是针对特定行业专业人员的广告，其目的是通过他们的专业资格和专业意见来促使消费者购买。

（3）工业品广告是针对企业生产资料的购买决策者或影响者的广告。企业生产资料包括生产原材料、生产设备、建筑物、道路、仓库、设备、厂房等。

（4）农业广告是针对农牧业人员的一种广告形式，其对象多是农村家庭或务农人员。在我国，农业广告一般登载在专业的农牧媒体和县市级的大众媒体上。

工商市场中涉及的资金和项目远远大于消费市场，而购买者的数量远少于消费市场。工商广告需要说服的目标受众有些是特定领域内的专家，有些是职业经理人或是商场上经验丰富的行家里手，他们的购买决策过程更加复杂，参与决策的决策者有时甚至是一个由多人组成的团队。因此，工商广告在投放媒介上更集中于行业媒体，而在广告表现上多采用理性诉求的方式。

1.4.4　按照承载广告的媒体形式分类

今天，广告媒介的种类越来越丰富，每天都有“新媒体”出现在我们的生活中。从技术的层面，按照承载广告的媒体形式，广告可以被划分为印刷媒体广告、电波媒体广告、户外广告、售点广告和互动广告。

1. 印刷媒体广告

印刷媒体广告是指以排版印刷技术为手段，以文字和图形作为信息传播元素的视觉媒体广告形式。它包括报纸、杂志、传单、招贴、函件、宣传册等多种形式。

印刷媒体广告是最古老的广告形式，它具有很多优点，比如保留时间长、承载的信息容量大，能够反复阅读等。虽然这种广告种类已经有了上千年的历史，但在电子媒介和互动媒介崛起的今天，印刷媒体广告仍然具有不可取代的重要作用。

2. 电波媒体广告

电波媒体广告是利用电波媒体传递广告信息的广告形式，主要是电台媒体和电视媒体所做的广告的总称。电波媒体广告主要分为两大类：一类是广播电台播送的广告，称为广播广告；另一类是电视台播送的广告，称为电视广告。

3. 户外广告

根据我国《户外广告登记管理规定》，户外广告是指利用户外场所、空间、设施等发布的广告形式。

按照户外媒体的表现形式划分，户外广告可分为平面和立体两大类。其中，平面户外广告有路牌广告、招贴广告、壁墙广告、海报、条幅等。立体户外广告有霓虹灯、广告柱、广告塔以及灯箱广告等。

户外广告因其对地区和消费者的选择性强、覆盖范围有限、发布时段长、广告表现形式丰富多彩等特点受到很多广告主的青睐。

4. 售点广告

售点（Point of Purchase，简称 POP）广告是借助于购买现场进行展示的广告形式。凡是在商业空间、购买场所、零售商店的周围、内部以及在商品陈设的地方所设置的广告物都属于售点广告。如商店的牌匾，店面的橱窗，店外悬挂的充气广告、条幅，商店内部的装饰、陈设、招贴广告、服务指示，店内发放的广告刊物，进行的广告表演以及广播、录像电子广告牌广告等。狭义的售点广告仅指在购买场所和零售店内部设置的展销专柜以及在商品周围悬挂、摆放与陈设的可以促进商品销售的广告形式。

售点广告与其他广告形式相比较，拥有天时地利的优势，它在消费者购买行为发生的时间和场所内，能够更加直接而有效地宣传商品，使顾客产生购买的冲动。根据调查，在中低价位的商品销售中，平均每出售 10 件商品就有 6 至 8 件是顾客受 POP 广告的影响而临时产生购买欲或改变购买意向而购买的。

5. 互动广告

广义的互动广告是指所有能与消费者产生互动的广告，它既包括传统媒体中的互动形式广告，也包括依赖计算机及网络等新媒体的互动广告。狭义的互动广告是指应用数字技术等先进的互动传播新技术的广告形式。常见的互动广告形式包括情景互动广告和感应互动广告。

（1）情景互动广告是指需要广告画面外的物体来参与的广告，是一种新颖而独特的广告形式。

（2）感应互动广告是以计算机视觉和虚拟现实等技术为基础，使普通广告能够根据人体动作而产生相应变化的广告形式。

互动广告采用了更加合理的互动传播模式，突破了时间和空间的限制，其信息传播无论在量上还是在速度上都远远超越了传统广告。此外，互动广告以消费者数据库为基础，投放更为精准，而且能够根据特定诉求对象进行更加个性化和定制化的信息内容传播。另外，在广告表现上集多种媒体功能于一身，表现更生动。最重要的是，互动广告建构了一种平等的传受双方主体关系，给消费者无限的参与空间，释放了消费者的广告参与热情，激发了他们创作广告、传播广告的欲望。

1.5 广告的影响和作用

从微观层面来看，广告的影响似乎主要作用于企业和消费者之间；从宏观层面来看，它也塑造着我们今天的社会形态。

1.5.1 广告对企业的影响和作用

广告的产生是为了改善在商品经济的市场环境下买卖双方信息不对等的不良状况。广告本质上是一种营销传播手段，因此它最基本的职能是向目标受众传递有关产品的信息，以影响目标受众对产品的态度和行为。

1. 沟通产销信息，促进商品销售

今天的市场经济体系是建立在全球范围内的社会化大生产的基础上的，信息是企业生存与发展的必要条件，企业必须使消费者了解有关商品信息，才能获得被选择的机会。广告通过信息传播，沟通生产与生产、生产与流通、生产与消费、流通与消费之间的联系，成为企业必不可少的信息通道。

2. 塑造品牌个性，增加产品的价值

为什么多明戈只喝法国原装的依云矿泉水？依云矿泉水是最好喝的水吗？未必，但无疑依云矿泉水是通过做广告而成为最具有知名度的水。广告本身不能改变产品的品质，但是却能通过塑造独一无二的品牌个性来提升在消费者心目中的产品价值。

在市场竞争日趋激烈、产品高度同质化的今天，品牌日渐成为商家重要的竞争手段，而广告是塑造品牌个性最有力的手段。它使相同的商品具有与众不同的特性和品牌形象。

3. 降低营销成本，激发竞争活力

首先，广告促进了企业间的竞争，支持大规模生产。广告大师大卫·奥格威在《一个广告人的自白》中曾引用利弗兄弟公司前董事长海沃斯·勋爵（Lord Heyworth）的话："随着广告的实施，带来的是节省的效果。在销售方面，它使资金周转加速，因而使零售价得以降低而不致影响零售商人的利润。在生产方面，这是使大规模生产得以实现的一种因素。谁又能不承认大生产导致成本下降呢？"

其次，从广告作为营销传播手段来看，虽然广告的整体投入较大，但通过大众传媒的刊播，传播范围大，受众人数多，平均到达每个目标消费者身上的成本远远低于人员推销等传播手段。从这个角度而言，广告非但没有提高反而还有助于降低营销成本。

1.5.2 广告对消费者的影响和作用

广告对消费者的影响十分巨大。在我们的生活中，几乎所有的有形物体上都刊载了广告，几乎每一个人的周围都充满了广告，几乎每一时刻都被广告所占据。

1. 提供商品信息，满足消费需求

虽然我们有时厌恶广告的狂轰滥炸，但不得不承认，广告给我们提供的商品信息已经成为我们生活的必需品。广告通过加剧竞争，使生产者不断提高产品的质量和丰富产品种类，从而使消费者有更多的选择空间，其需求也能够更好地被满足。

2. 引导消费理念进步

消费理念的进步也是社会文明进步的一个重要体现。如果说消费理念的形成和进步是物质和文化综合作用的结果，那么广告应该是消费理念的指引者。广告总是把最新的产品、最时尚的生活场景、最流行的行为方式展现给消费者，它像老师一样循循善诱，不仅告诉你买什么是“对”的，还告诉你什么行为模式是“对”的。

这种作用和影响在我国改革开放后的三十多年中尤为明显。中国改革开放后的三十多年，中国消费者的消费理念发生了巨大的变化，是广告引导了这种变革的潮流。

1.5.3 广告对社会发展的影响和作用

1. 成为市场经济发展的风向标

广告不仅在微观层面引导着我们的生产和消费，它还是一种社会力量，促进了市场经济的发展和完善，推动世界人民生活水平的提高，给整个社会的物质文化发展提供了丰富的机遇。从这个意义上来说，市场经济是现代广告行业生存和发展的契机，而广告则是市场经济发展必要的氧化剂。

2. 促进大众传播媒体发展

广告一直为大众媒体提供着发展所必需的经济、技术乃至理论发展的动力。从报刊诞生到电子媒体的兴盛乃至互动媒体的成熟，广告一直是大众媒体的经济支柱。能否争取到广告投放、争取到多少广告投放将关系到每个媒体组织的生存和发展。

3. 提高社会的文化素养，丰富文化生活

广告不仅促进了媒介的发展，而且也为阅读大众媒介的受众提供了可以廉价甚至免费获得媒介内容的机会。应该说，广告赋予了大众能够更加平等地获取信息的可能性。而且为了使广告更具有说服力和感染力，广告必须不断地在表现形式和表现技巧上推陈出新，以最美、最新的形式来打动消费者，其本身也丰富了我们的文化生活，使审美走下精英化的圣坛成为日常之物。

需要指出的是，广告作为一种商业传播方式，不可避免地带有商业的逐利性。广告过多地传播物质享受的信息，可能诱导人们盲目追求物质享受；广告中出现的低俗表现方式，也有可能对儿童和其他辨别能力较弱的群体产生负面影响；而有些广告以虚假信息误导消费者，那就更要批评和纠正了。这就要求我们在广告传播活动中一方面要加强自律和自省，另一方面要完善广告的法律法规建设和消费者的监督机制。

1.6 广告学

广告是一种古老的社会现象，广告学却是一门年轻的学科。19 世纪末期，很多学者开始从经济学、传播学、心理学等角度研究广告现象，形成早期的广告理论研究热潮。在 20 世纪的一百年内，广告理论迅速发展并走向成熟，广告终于以市场学和传播学为理论基础，建立了其自身的理论体系，从而成为一门独立的学科。

作为一门年轻的学科，对于广告学来说最重要的是确立独立的学科地位和学科身份。这就必须明确：什么是广告学？广告学的研究对象和研究内容是什么？广告学与其他学科的关系是什么？

1.6.1　广告学以及广告学的研究对象

广告活动是人类社会中一种重要的信息传播现象，它从经济、文化、社会等多方面反映并影响着人类的历史轨迹。广告学是研究广告活动的过程、规律和现象的一门科学，它的研究领域十分广泛，包括广告现象的历史、广告运作的基本程序、广告运作的基本原理、广告经营与广告产业、广告管理及广告伦理等内容。

随着广告研究的不断深入，今天广告学的构成和内容越来越丰富完善，形成了比较系统的学科体系，并衍生出很多新的研究领域，如广告文化学、广告美学、广告管理学、广告心理学、广告生态学等。随着这些研究领域的发展和深入，广告学逐渐成为一门充满活力和具有潜力的独立学科。

1.6.2　广告学与其他学科的关系

现代广告学是一门综合了多种学科理论发展而成的综合学科。它借鉴和吸收了社会学、传播学、统计学、心理学、营销学、经济学等多种学科的研究方法和研究成果，它的发展与众多相关学科的哺育密不可分。我们可以通过它与其他相关学科的关系厘清广告学的研究体系和研究领域。

1. 广告学与传播学

在我国的学科划分中，广告学是传播学的分支学科。传播学是研究人类一切传播行为和传播过程发生、发展的规律以及传播与人和社会的关系的学问，是研究社会信息系统及其运行规律的科学。① 广告学是研究广告活动的过程、规律和现象的科学，它的研究对象是一种以大众媒介为载体的特殊的传播活动。因此广告学的研究对象的范畴更为集中，它是一门具体科学的研究，是一种偏向“术”的研究，它对传播学研究有提供材料、充实内容的作用；传播学是一般科学的研究，对广告学的研究内容和方法有规范、指导的作用。

2. 广告学与营销学

传播学和营销学是广告学的双脚，缺一不可。营销是对观点、商品以及服务的设计、定价、分销和促销进行策划以及实施的过程，其目的是引起交易，从而满足个人或组织的预定需要、欲望和目标。如果简要地将营销概括成生产、定价、渠道、营销传播四个环节，那么，广告只是营销传播工具中的一种。由此来看，营销学的研究对象和研究范畴更为广泛、更为宏观，相对而言广告学是一种微观层面的研究。

---

① 陈力丹. 传播学是什么［M］. 北京：北京大学出版社，2007.

3. 广告学与心理学

在广告学的形成过程中，心理学扮演着重要的催生角色。广告心理学也是广告学研究体系中最具历史的一个研究领域。20 世纪广告心理学研究开始的标志就是 1900 年美国心理学家哈洛·盖尔（Harloe Gale）出版了其撰写的《广告心理学》一书。之后，广告心理学的研究一直非常活跃，至今已经发展成广告学科体系中的一个重要领域。心理学将实验法、观察法、测验法、模拟法等多种研究方法引入广告学中。

在今天的广告学研究领域中，我们能看到实验心理学、格式塔心理学、行为主义心理学、精神分析学、认知心理学、脑的机制研究等多种心理学理论和思想对广告学的影响。

4. 广告学与新闻学

广告学与新闻学在学科发展过程中，曾有过十分密切的关系。报纸作为第一种大众媒体给新闻和广告都带来了发展的契机。广告作为报刊赖以生存的经济支柱之一，曾被纳入到新闻学的研究领域中。比如在 20 世纪 20 年代，我国的广告理论是新闻学研究和教学的组成部分，很多开设新闻学的高校都有广告学的相关课程，后来随着广告学研究的纵深发展它才逐渐从新闻学中独立出来。

新闻学的研究对象是新闻信息，广告学的研究对象是广告传播活动，两者虽然都以传播学为理论基础，并依托于大众媒介，但它们研究的具体对象和范畴显然不同，因此应该分属于各自独立的学科。

5. 广告学与公共关系学

广告与公共关系都是企业经常使用的营销传播手段，很容易让人混淆两者之间的关系。事实上，广告与公共关系就好似一对孪生兄弟，外表相似，内在却有本质的不同。

从传播的目的上看，广告多以推销产品为使命，注重短期的经济效果；而公共关系则着眼于宏观的长期的组织形象。从传播方式上来看，公共关系常常使用组织新闻发布会等方式“软性”使用大众媒体，而广告则以付费的方式“硬性”使用大众媒体。因此从传播效果来看，公共关系能够更有效地帮助企业树立良好的形象。广告与公共关系的这种差异性，也使得企业在运用两者时常常取长补短，将它们整合使用。

因此，广告学和公共关系学在各自的学科领域中，既要研究自身的现象、规律和原理，也要研究广告学与公共关系学在配合使用中的现象、规律和原理。

经典案例导读

从微信朋友圈广告首秀事件看微信广告功能

近年来，新媒体发展趋势一路高歌向前。从传统媒体中分走用户流量的同时，传统媒体一向霸占着的广告主也随用户一起分流向新媒体平台。新媒体是一个相对的、宽泛的概念，它是区别于报刊、广播、电视等传统媒体的新定义，是在传统的四大媒体之后发展起来的新的媒体形态，包括网络媒体、手机媒体等。

提到新媒体，我们很容易想到目前国内的两大社交平台，分别是新浪于2009年推出的微博和腾讯在2011年推出的微信。我们一路见证了这两个平台的诞生、成长、繁荣。数据显示，微信作为拥有数亿注册用户的全球大型网络社交平台，平均每月活跃用户为4.4亿人，日均分享链接内容已经超过30亿次。而以微信为代表的新媒体迅速崛起之后，许多企业也发现了微信平台中的商机，这也预示着微信朋友圈广告的到来只是时间问题。

朋友圈广告通过微信广告系统进行投放和管理，广告本身的内容将以类似于朋友圈原创内容的形式来展示，并通过实时的社交混排算法，依托关系链进行互动和传播。它的主要特点有：投放精准、展示不扰民、互动方式独特、形式新颖。

微信朋友圈广告现在已开放了不少一级行业类目，涵盖交通类、消费电子类、IT产品类、运营商类、食品饮料类、房地产类、银行保险类、服饰鞋包饰品类、连锁零售类、日用百货类、家居装饰类、休闲娱乐类、母婴儿童类。

如今微信朋友圈广告的注册广告主数量在不断上升，各类广告也陆续在朋友圈中投放。这给微信带来了巨大的收益，也让广告成为人们朋友圈生活中的一部分。

上述的媒介发展和技术发展，为朋友圈的广告推广带来了可能性。在这样的时代背景下，传统媒体上投放的广告仍然占有一席之地，但新媒体因为拥有大数据的优势，定位或许可以更加准确。在日常生活中，我们不难发现，传统媒体中并不缺乏广告的身影，且传统的广告投放仍有一定的转化率。随着移动互联网的发展，新锐的社会化媒体营销方式更具爆发力与影响力，对受众的定位与分析也更准确，其通过科技手段完成划分人群，为精准的广告投放提供了可能性。为此，各品牌正在增加它们在社交媒体的投资，专注于用它来推动节假日销售。

微信风行以来，一种私密的社交圈——朋友圈也同步风靡起来。它与微博或者论坛不同，它是一种熟人之间的交际圈，用于熟人之间的生活交流。现在越来越多的人更乐意使用朋友圈而不是微博，因为朋友圈带给他们的满足感更强。人们往往会因为交情或者人情的因素获得比较多的评论和点赞，这让他们有一种被关注的满足感，所以现在人们更乐意以朋友圈作为自己的社交圈。朋友圈的盛行也在一定程度上推动了微信广告的产生和发展。

终于，一向宣称“我们不是一个营销平台”的微信终于抵制不住广告的诱惑了。2015年1月21日，不少用户的微信朋友圈都被一则来自“微信团队”的广告刷屏，这其实是微信官方在朋友圈的内测信息流广告。微信团队的广告一经推出，便迅速引发广大“微粉”的热议。虽然微信团队表示将会对用户的骚扰降到最低，且用户可自行屏蔽广告，但大部分网友并不买账，担心朋友圈变“广告圈”，被广告骚扰，有的甚至直言对微信表示反感。

2015年1月21日，微信开始测试朋友圈广告，在用户的朋友圈中发布了由6张图片和链接做成的广告，内容为“它无孔不入，你无处可藏，不是它可恶，而是它不懂你，我们试图，做些改变”，其中的“它”就是指广告，这表明了微信开创朋友圈广告投放时代的决心。看到该朋友圈的用户可以在底下点赞或者评论，就好像你的一个普通朋友发的朋友圈一样。这种新颖的广告方式引起了广大网友的注意，有许多用户在该广告下进行评论或者点赞。

读完文字，屏幕前的围观群众当然会好奇里面的内容，配文中的“它”究竟是什么？一个设置了悬念的文案，短短两句话，让大家忍不住好奇：“什么东西能够无孔不入？为什么我们无处可藏？为了不让大家觉得它可恶，它到底做了什么改变呢？”一系列的疑问激发了好奇心，从而许多人会忍不住点击链接一探究竟。

微信的首次广告投放并不是心血来潮，对于新媒体和广告商品牌来说，这是一次新的机遇，也是在新媒体背景下值得期待的新的广告形式，微信在做这个广告策划之前也应该是预测到了这背后的传播价值和商业意义，据说这个营销方案还被张小龙过问(张小龙，Foxmail 创始人、微信创始人、腾讯公司高级副总裁)。在投放之前，微信做了足够的热身通告，积极试探微信用户的反应，做了网上预热，使网民们转发讨论。据说，微信此次使用了大数据来分析微信用户的产品需求，然后再进行广告投放，从而引起了网民的猜测——究竟我会收到什么样的广告呢？这些数据分析背后的数据是从哪里来的呢？大家也会互相调侃对方会收到什么样的广告。这样的全民讨论，为首次微信广告的投放炒高了热度，大家都很期待，那么首次微信广告前期的客户参与度基础就已经打好了，就等着它在我们的朋友圈进行首秀，引爆朋友圈了。

2015 年 1 月 25 日，微信朋友圈正式迎来了商业化开放后的第一批广告，所投放的品牌包括“宝马中国”“vivo 智能手机”“可口可乐”，根据内部算法，不同层次的用户所收到的广告品牌也不同，此事迅速成为微博、微信朋友圈的热议焦点。

如期而至的奢华喜“悦”，宝马在此次的朋友圈广告中采用了拼图成字的形式，组合“文字 + 图片 + 链接”，由六张图片构成一个“悦”字，广告语为“越是期待已久，悦是如期而至”，体现了宝马这几年在中国主推的品牌理念——“悦”。其微信广告链接的是 H5（即 HTML5）详情页面，画面制作精美，内容也很丰富，具有滑动操作和音乐元素。过场的动画以“悦”为主题，后面是宝马车型的展示，包括 X5、M3、i8 等热门车型。在 H5 页面的最后，还有鼓励用户进行互动和分享的页面。

在点击链接进入广告宣传册的时候，我们还可以发现里面对于宝马系列不同车型的介绍，搭配冲击力十足的广告图片能够快速吸引受众，让受众心里对宝马车良好的印象更加巩固，并且建立宝马车高端的产品定位。

同样，对于车的广告，宝马汽车并没有从细节、参数或者部件上去做介绍和宣传，反而是用类似格言的广告语去推介，例如“大美之悦”——与坚持梦想者同行，为梦想，我们一路同行。也有十足科幻感的超跑 i8 广告语“未来之悦”——让不可能成为可能，以全新创想，开驶未来之路。而且主色用了高端典雅的黑色，适当留白增加画面的呼吸感与大气感。从广告内容上看，宝马的广告设计十分契合宝马的战略品牌形象。

利用微信强大的宣传功能，做到广告的受众广并且二次传播。在朋友圈广告推送后不久，不少人晒出自己所获得的宝马图标，有的还把原来的头像改为宝马公司的 LOGO，以此引人注意。而没有在朋友圈刷出宝马广告的却“很不开心”。有许多人开玩笑说，广告推送是根据人群的消费能力划分的，据说只有“白富美”和“高富帅”才收得到，所以许多人收到了宝马广告的推送后有了阿 Q 式的自豪感，并且乐于和别人分享自己收到的是宝马广告，因此再次分享到朋友圈中的人不在少数。

为什么有的人收到宝马朋友圈广告，而有的人没有收到呢？宝马汽车对此次广告中的受众有明确定位，宝马对本轮广告投放的目标客户群，做了三个要求：第一是iOS系统的用户群，也就是说，你如果使用苹果手机和iPad的话，可能就会看到宝马的广告。第二，这些用户要生活在一、二线城市，如北京、上海、广州、深圳及成都等。第三，年龄集中在19～50岁的消费者。这也让宝马广告获得了接近3 000万次的品牌曝光。苹果用户的收入普遍会比使用安卓系统的用户收入高，因此更加容易收到宝马广告。

首批微信朋友圈广告上线的知名手机品牌vivo，以“向音乐致敬”为创意主题。“音乐是一种天赋，失去什么，也不会失去与生俱来的基因”；“音乐是一种梦想，你值得为之付出一切”；“音乐是一种经典，老唱片旧皮箱，岁月在其中流淌”；“音乐是一种坚持，背后的故事，比什么都动听”……这是vivo朋友圈广告上的系列文案。

在大光圈、浅景深的镜头下，来自朋友圈的第一支vivo广告以“向音乐致敬”为创意主题，用贝多芬、金色大厅、留声机、调音台、摇滚、vivo六幅创意画面，分别对应天赋、梦想、经典、坚持、自由、极致六大主题，与年轻人做了一次基于音乐的心灵沟通，动人、友好、新颖的形式，给用户留下了深刻的印象。

vivo采用了“Less is More”的创意策略，简洁有力地表达了这个Hi-Fi手机创始品牌视音乐为生命的态度和对音乐的敬意。另一方面，vivo广告的所有内容由音乐串起全局，也可以说是一次有情怀的营销推广。

vivo为一个专注于智能手机领域的手机品牌，和追求乐趣、充满活力、年轻时尚的群体一起打造拥有卓越外观、专业级音质、极致影像、愉悦体验的智能产品，并将敢于追求极致、持续创造惊喜作为vivo的坚定追求。因此在广告的表现上，金属拉丝质感再一次表现了手机设计的独特品位和良好品质。

点击链接之后，vivo的H5页面是一张由星空素材勾勒出的已逝音乐巨星迈克尔·杰克逊的肖像，星空和人物的交错试图传达一种“Less is More”的情感，直击用户心灵。vivo并没有直接选择手机作为画面的主视觉，而是为音乐摇旗呐喊，向音乐致敬，在表达作为朋友圈第一条广告的友好诚意的同时，呈现出品牌对格调的重视，对雅致的追求。有用户表示“最开始较为反感广告的入驻，但vivo的文案以及图片的的确确让人眼前一亮，甚至不乏感动”，足以见得这一支“走心”广告的成功。

vivo广告的成功之处在于，它的广告并不是传统意义上对手机性能或者特点的刻画，而是通过手机的外延去丰富手机的内涵，让受众觉得这款手机有故事，有内涵，有品位。通过6张精美的图片去展示vivo，“天赋”“梦想”“经典”“坚持”“自由”“极致”这些词语，恰恰反映了当代年轻消费者的审美取向和心理需求，字里行间已经明确了这款手机的消费者定位。一位4A的创意总监在自己的朋友圈评价道：“vivo广告的所有内容由音乐串起全局，是一次有情怀的营销推广。”

第三个品牌可口可乐的首批微信朋友圈广告粉墨登场，趣味横生才“可乐”无穷，可口可乐可以说是一直主打年轻、温暖，话题也是偏向创造、年轻、温暖、有趣。这一次在微信广告平台的首秀也是突出了它的品牌特点，以春节团聚为主基调，将四张图拼成大瓶红色可乐，点击链接进去后是“团圆年味，就要可口可乐”的字样，走的是“大巧不工”路线。可口可乐链接的H5页面是其专属的微信表情，以其2001年就开始使用的阿福和阿娇两个儿童的形象出现，并没有生硬的可口可乐商标或产品的植入，显得十分温柔。作为首次上线的品牌中与普罗大众最为亲近的产品，其保留了一贯的亲民特质，将“儿童玩乐”的趣味感与农历春节红火温馨的气息结合，迅速拉近了品牌与用户之间的距离，极为精准的设计选择为众多用户所称道。爱范儿联系到了可口可乐的相关负责人，他们的想法是：“硬植入广告会引起消费者的反感，主要是情感层面的沟通，没有直接提及产品本身，所以做了表情包。而且因为是和新春相关的，消费者的接受程度会更强。”

案例分析

三支广告上线后，收到了热烈的反响，不管是愿意接受这种广告植入的用户，还是调侃吐槽的用户，大家的讨论热议也证明了这次微信广告是成功的，起码大家是买单的。大家都调侃说：“收到可乐的是‘屌丝’，收到 vivo 的是中产，收到宝马的是土豪。什么都没收到的，是你被朋友圈抛弃了。”可以说，这一次每支广告都有亮点和值得其他品牌学习的地方，不管是不是你喜欢的，它们都做出了正确的广告示范，也为微信广告的植入开了一个好头。无论是正式发布之前的热身通告，积极试探用户反应，还是对首秀三家广告主的精挑细选，随后引起的社交网络狂欢恐怕都难以复现，毫无疑问是值得写入新媒体营销教科书的经典案例。

微信广告首次投放抓住了人们的猎奇心理。无论什么事，第一次出现总是新鲜和刺激的，前面提到微信在执行这项广告策划前在网上做了预热，大家都对这第一次新奇的广告方式感到好奇，很想知道它究竟会以什么方式出现，会出现什么品牌，内容又是怎么样的。终于它出来了，有三则广告，三个品牌，每一则广告的风格都不一样，并都与自己品牌一直秉持的理念相符合，恰到好处，同时也抓住了微信大部分用户的心。从上面的内容分析来看，无论是风格还是文案，都比较符合当前 80 后、90 后的口味。因为对于广告主来说，客户的审美、口味以及购买需求是必须考虑的。虽然这一次的广告也引起了大家的调侃，但是这并不影响它的传播效果，反而使效果得以加强，得到了客户的注意力其实就已经成功一半了。放在大背景下看，这是作为杀手级产品、坐拥数亿用户的微信，一次重要的变现尝试。

精确的投放。微信使用者的年龄超过 50% 集中在 20 ~ 29 岁，大约 1/4 为 30 ~ 39 岁，他们的时尚观念较强，具有较旺盛的购买欲和较强的消费能力，是广告投放的优质用户。而微信朋友圈广告再依据用户的年龄、性别、地域、用户兴趣、操作系统、流量等进行用户身份定位和个性化匹配，并投放对应的广告。有些高生活水平的用户能够收到“宝马”等所谓“高大上”的品牌广告推送，会产生某种自我身份认可，认为自己是“高端”的、“有品位”的。因此，朋友圈用户对于这类广告不但没有反感，更会积极参与互动，也可以与收到同样广告推送的“同类”人进行互动。

高效而强大的平台。在上述案例介绍之中，谈及微信有着庞大的用户群。虽然微信官方并没有公布其用户总数的具体数字，但是根据第三方的观察，估计数字为：2014 年底 5

亿，2015 年 3 月底 5.5 亿，2015 年 6 月底 6 亿。根据 CNNIC 2015 年发布的《第 36 次中国互联网络发展状况统计报告》得知，目前中国有 6.7 亿网民，手机网民有 5.9 亿，91% 的手机网民使用率最高的网络应用为手机即时通讯。而时下最热门的手机即时通讯软件非微信莫属，这里我们可以大胆推测，我国绝大部分手机网民的手机里都安装了微信。微信已不仅仅是一个充满创新功能的手机应用，而且是中国电子革命的代表。覆盖 90% 以上的智能手机，并成为人们生活中不可或缺的日常使用工具，毫不夸张地说，微信朋友圈广告的覆盖范围包括了我国绝大多数的手机网民。可口可乐、vivo 和宝马这三个品牌在本次品牌推广事件之中，一定程度上做到“家喻户晓”了。

新颖的广告形式。基于用户的情感诉求，朋友圈广告最好的体验就是广告内容与用户好友发布的“新鲜事”内容相似，而其广告形式和一般朋友圈类似，为“文字 + 图片 + 链接”“文字 + 小视频 + 链接”。广告构成简单、颜色干净、主题突出、文采新颖、寓意深刻。

形成热点事件，借势营销。微信团队根据大数据分析用户习惯投放广告的举措，在朋友圈引起的轩然大波可谓这次营销事件的高潮。微信团队有意无意地利用了用户们的虚荣心和攀比心，有不少收到宝马汽车广告的用户为了显摆自己，进行了二次转发，广告主在这里无形中再次得益，这样在短期之内，这三个品牌就成为热点中心得到了关注，延续了初次传播后的生命力。

独特的互动方式。朋友圈是基于微信社交关系链的更为丰富的信息内容分享与原创平台。其广告与平常能够看到的朋友圈原创形式相似，由文字、图片信息、链接等共同构成，用户可以点赞或者评论，还可以看到好友们给出的评论，并形成互动。好友的“代言”让广告在你我之间传递。“只能看见好友的评论”的微信特色，带来了朋友圈的互动广告。个人可以在广告下面评论对该产品的看法，而加了其微信的好友如果也收到了该广告，就能看到这一评价。而从好友那得到的产品评价肯定比淘宝、天猫等购物平台的可靠多了。

然而微信朋友圈广告还存在着一些不足之处：

(1) 广告推送内容受限，朋友圈一次最多只能分享九张图片，形式为“图片 + 文字 + 链接”，或者“文字 + 小视频 + 链接”，不能文字、图片、链接、视频四者同时出现，如果没有足够精致的广告内容，极易影响用户体验。

(2) 广告主的选择标准降低，之前都是知名品牌的推广，其广告语新颖生动、吸引眼球，但现在各类中低等级的广告也进驻朋友圈，有低俗广告又要成为主流的趋势，这严重导致了用户对朋友圈广告的厌恶：本来认为朋友圈的广告挺有趣的，平时刷到也无关紧要，现在被各种低级无聊的广告所充斥，使用朋友圈的兴致也受到了影响。虽说对不同用户实施精确投放，而高消费人群将收到高级品牌的广告，但如果各种中低级广告不断增多，他们也将收到这些不符合他们身份的垃圾广告，这会使他们对微信朋友圈广告产生不信任感，因此不再理会它们，更不用说点击链接进去查看商品了。

(3) 朋友圈广告推送的时间在逐渐缩短，本来是规定 48 小时推送一次，但现在大部分人都感觉几乎每天会收到一次广告。广告频繁地出现在朋友圈，使得用户对广告的关注度也下降了，有时好友只是为了好玩才评论几句笑话。物以稀为贵，当广告在朋友圈中堆积不再稀罕时，用户之前对它的新鲜感就会快速地被磨光。

这样的结果将导致微信朋友圈广告成为生活的垃圾，违背了微信原本“广告也可以是生活的一部分”的广告推广理念，也违背了微信朋友圈广告“即使有广告，但依然要维护用户体验”的初衷。

所以微信朋友圈广告如果想继续发展，就要严格把关广告主的质量，把握其品牌属性，吸纳更多的高级品牌，剔除低俗商品；不断地推陈出新，更新功能，注意广告语用词的形象精确，致力于将每一个品牌打造成“更懂用户”的广告，让朋友圈广告不仅成为生活的一部分，更是高质量生活的一部分。

案例讨论

1. 这三个品牌借助微信朋友圈进行推广的策略与微博营销策略是否可以一致？为什么？

2. 为什么 vivo 在微信朋友圈推广中拔得头筹？

行业访谈

关于新媒体环境下的广告经营管理

受访者：刘升（羊城晚报报业集团战略运营部主任，原羊城晚报广告公司副总经理）

问题 1：新媒体给传统媒体报纸的广告经营带来了哪些影响？

刘升（以下简称“刘”）：新媒体给报纸广告经营带来的影响，首先是改变了广告传播的方式。我们以前的广告传播方式是由广告客户、广告主通过媒体把信息传播给消费者，这种情况就是属于单向传播。新媒体出现之后，借助各种手段来吸引消费者的注意，使传播模式发生了改变。这种传播模式的变化让广告客户看到了更多更直接的效果。因为原来单向传播时，广告客户在电视上做广告，要等它播出来之后才能看到效果，新媒体改变了这种传播模式，成为越来越多广告客户的选择。其次就是，社会结构的变化对消费群体产生了影响。影响在什么地方呢？由于现代年轻人更倾向于自我主张，自我消费观很明确，更愿意自己去判断，在电脑网络搜索，包括互动上，更倾向自主选择，这点是适应自身需要的变化，社会变化，人人都有自己的观点，就产生了许多选择。

问题 2：在新媒体的环境下，报纸行业遇到了哪些困难呢？

刘：第一个是效果反馈的困难。新媒体比传统媒体的反馈更直接一点，传统媒体往往是单向传播，广告效果的反馈没有那么直接，这是我们面临的第一个困难。第二个困难就是传统媒体广告业务的下降。因为被新媒体分流以后，传统媒体这边面临了新的压力，这种压力是客观存在的。

问题3：有没有相对应的手段去解决呢？

刘：第一个是要充分发挥报纸媒体理性、专业、深刻、权威、影响力大的特点。为什么依然还有很多广告客户选择报纸这一媒体来投放广告呢？就是因为报纸的公信力强。网络现在存在虚假的、造谣的现象，因此它的公信力特别差，虽然它有新的技术手段，但因为公信力弱，所以有很多广告客户愿意在报纸里追加品牌形象广告，包括专题广告、新闻策划性广告等来体现其社会责任，我觉得这是第一个措施；第二个措施就是，报纸媒体有自己的全媒体平台，这样的话就可以把广告的表达形式、表达渠道、表达的创意以全媒体的方式来展现。

问题4：您觉得《羊城晚报》的手机报、金羊网办得怎样呢？

刘：这些都办得很好。在活动方面，利用新媒体来宣传，利用网络的互动优势来提高广告的到达率，提高效率。在网站上，我们利用规模效应，突出它的特色、功能，发挥报纸的公信力优势、区域性优势等特有的优势来经营广告。

问题5：《南方都市报》是采用全媒体的方式经营，您觉得全媒体对报纸有什么帮助？

刘：第一点是传播方式上的技术变化，第二点就是传播载体上的变化。从纸质报纸到电子报纸的改变，都有待进行市场考察，像《南方都市报》的全媒体，目前来说全媒体是有帮助的，但效果不是很明显，投入与产出并不一致。

问题6：纵观国内众多报纸，您觉得有哪些在办报经营方面值得我们借鉴呢？

刘：从目前全国的报纸来看，大家都在转变，一种就是回归报纸的功能，即新闻报道更加权威，更加深刻，更加有深度，更加有思想，这些都是报纸的优势，那么这就是传统报纸应对全媒体的一种方法。第二个就是刚才所讲的，新闻采访的发布形式全媒体，或者终端是全媒体，我觉得这点是连着不同路径的，一个是更注重它的功能、内容的转型，另外是形式上的转型，那么形式上的转型是你的视频能否做得比电视台更好、你的终端是否能比网站做得更好，这是有难度的。

问题7：在这种背景下，报社对新媒体人才有什么要求？需要他们具备什么技能？

刘：对新媒体人才来说，主要有两方面的需求：一是要一线人员，一是要高端的管理层。作为一线人员，他要用全媒体的表达方式去表达，他的技能要多元化，比如不能只会写文章不会拍照，只会拍照不会视频。对管理层来说，要充分认识到这个时代、全社会传播的规律的变化，那么这种变化，我认为就是伴随着办报理念、管理模式以及经营模式的转变，它不仅是一种采访方式的变化，还对整个办报模式、办报理念以及经营模式都产生了很大的冲击，这是两个不同层次的要求。

问题 8：高校在新媒体人才培养方面，您觉得有哪些需要加强？

刘：我觉得高校的新媒体人才培养，一方面应加强技术基础，一方面应加强多种媒体运作模式的教学。因为所谓的全媒体，无非是多种媒体形态在同一个载体或同一个平台上展示，它并不是一种创新，而是一种集成，一种集合，所以我认为，在这种情况下，高校培养出的新媒体人才应更多地对音频、视频、文字、图片的传播方式，包括对网络都要有一定的了解，可以说是对一个复合型人才的需求。

总结：新媒体的发展十分迅速，但报纸利用自身权威性、公信力强等优势能够结合新媒体的优点进行发展，而面对现今这种形势，新媒体人才的培养要求是更加全能，对于未来报纸行业的发展，新媒体只是一个催化剂，使传统报纸行业发展得更全面。

2　广告的起源与发展

2.1　广告的起源

如今司空见惯的广告已经成为社会经济生活的重要组成部分，在体制较为健全的市场经济环境中，广告的活跃度在相当程度上反映了一个地方的经济水平和活力程度。追溯广告的由来与发展，主要有以下推动力促进了广告由古至今的不断演进。

（1）生产力与技术的发展水平决定了广告发展的基本动力和表现手段。

（2）经济形态和社会发展阶段决定了广告存在的市场需求和生存空间。

（3）商品生产和消费能力决定了广告表现的内容及形式。

（4）文化因素也是广告表现形式演进的重要推动力。

以上因素贯穿了广告发展的整个历程，我们研究广告发展历史的意义在于，从历史和社会的宏观角度，预测和分析广告的未来发展趋势，使我们更加深刻地认识广告在社会发展过程中的重要作用。

接下来，我们按照历史的脉络，简单了解一下广告在不同历史阶段的发展概况和表现特点。

2.1.1　古代的广告

商业广告的出现是有一定的社会基础的，它是随着社会经济的发展和社会商品交换的产生而产生的，商品交换形成了市场，商品在市场中有了竞争，广告作为宣传商品的工具也孕育而生。古代广告的形式从最早的叫卖广告起，一共经历了叫卖广告、实物广告和文字广告三个阶段。

1. 叫卖广告

叫卖广告是最古老的广告形式，又叫作口头广告。早在我国殷、周时代，便有了“日中为市”的做法。这是最早的集市，人们要把物品拿到集市上交换，想要引起别人的注意，不仅要把物品摆放在显眼的位置，还要伴以叫卖声，所以叫“叫卖广告”，这是最原始的广告形式。我国早在敦煌遗书中就记载了这种“招徕叫卖口号”，内容是“厶乙铺上新铺货，要者相问不须过。交关市易任平章，卖物之人但且坐”。大意是本铺有新货，路过莫失良机，价钱好商量，进来坐下谈。这种口号还伴有一定的曲调，吟唱起来铿锵有致，不仅生意人用它招揽客人，而且说唱艺人也把它当作唱词表演。

随着经济的发展，交易的形式也变得丰富起来，走街串巷的货郎也通过叫卖引起人们的注意、招揽生意，这时候的叫卖还加入了对商品的描述和褒义的语句，如我们熟悉的有“磨剪子来镪菜刀”就是典型的叫卖广告。后来叫卖广告逐渐发展成了音响广告，在叫卖的同时还伴随打击器物发出声响，以此招揽生意，如听到拨浪鼓就知道是货郎进了村。传说宋高宗绍兴年间，杭州城内卖“梅花酒”的商人就是以鼓乐吹奏当时家喻户晓的乐曲《梅花引》来招徕顾客，使人听曲思酒。

2. 实物广告

实物广告也是很古老的广告形式之一，又叫悬物广告。实物广告的造型一般以商品及其可以借代的物品为形象，简洁明快、一目了然。《晏子春秋》中记载：“君使服之于内，而禁之于外，犹悬牛首于门，而卖马肉于内也。”大意是让宫内妇女穿扮男人服饰，却在宫外禁止它，就如同店铺的门口挂的是牛头，而店内卖的却是马肉，这就再现了当时在店铺门口悬挂实物招揽顾客的场景。后来谚语“挂羊头卖狗肉”正是出自此处。到了唐宋时期，广告形式更加丰富，包括幌子、招牌、灯笼、旗帜等。我们可以从当时的诗词、绘画中找到古代实物广告的影子。比如，经典名著《水浒传》第二十三回“景阳冈武松打虎”。武松打虎之前，进了一家酒店，店家的招旗写着“三碗不过冈”，这面酒旗既说明了此店的经营特色，又夸赞了酒的品质。宋代的诗人欧阳修在《秋怀》中提及的“西风酒旗市，细雨菊花天”中的“酒旗”正是在当时最流行的实物广告。宋代张择端的《清明上河图》中的实物广告也比比皆是，画面上有一处招牌上写着“口暑饮子”小茶水摊，有的商店门首还扎着“彩楼欢门”，悬挂市招旗帜。这不仅说明了我国古代经济的繁荣，也展示了广告的蓬勃发展。

3. 文字广告

印刷术的发明孕育了一种新的广告形式，它是前两种广告形式的延伸和发展。人们利用印刷术将之前口头的内容印出来，使之在传播的时间和空间上得到延展。文字广告主要是将自己的商品名称、制作者姓名、商号、商品质地及销售办法制版印刷，以印刷品作宣传的广告形式。

在宋朝庆历年间，我国出现了世界上最早的广告印刷实物，济南一家姓刘的针铺制作了铜版印刷广告，比1473年英国宣传宗教书籍的印刷广告早了近400年。“济南刘家功夫针铺”铜版也是我国最早的用于印刷商品广告的铜版，这块铜版四寸见方，上面刻有“济南刘家功夫针铺”，中间是白兔捣药图形，注明“认门前白兔儿为记”。整个版式图文并茂，白兔捣药相当于店铺的标志，既突出了产品的优点又说明了产品售卖的方法，起到了宣传的作用。从这则广告中我们已经看到现代广告的雏形，也可以窥见当时的广告已经具有相当的设计美感了。

随着我国印刷术的进一步发展，出现了铜版和活字的印刷广告。元代的商家开始把广告印在包装纸上，南沅陵出土一纸元代广告，右边竖印：“潭州升平坊内白塔街大尼寺相对住危家，自烧洗无比鲜红紫艳上等银朱、水花、二朱、雌黄，坚实匙箸。买者请将油漆试验，便见颜色与众不同。四方主顾，请认门首红字高碑为记。”左边竖印：“主顾收买银朱，请认元日祖铺内外国书印号为记。”这是当时潭州（即今长沙）一家油漆店的广告。到了元、明、清时代，人们更加注重广告的美感和名人效应，出现了很多文人为店铺书写的招牌和对联，其中比较有名的是著名书法家祝枝山给酒家题联“东不管西不管，我管酒馆；兴也罢衰也罢，请罢喝罢”。对联是中国特有的，它简洁明了、朗朗上口又富含哲理，既能体现文字的玄妙又能提高产品的知名度，因此受到达官贵人和老百姓的喜爱。

2.1.2 近代的广告

近代以来，社会经济活动日益频繁，商品经济逐渐成熟，广告的实践发展已经进入了一个新阶段。同时，媒介的发展则构成了近代广告发展的又一分水岭，自此之后，每一次媒介传播技术的进步和革命，都推动了广告实践的进一步发展。

1. 报纸广告

报纸广告是指刊登在报纸上的广告。报纸广告是在文字广告的基础上发展而来的，世界上最早的报纸广告诞生于1650年，它是一则刊登在英国一份英文报纸——《新闻周刊》上的寻马悬赏启事。1853年由英国传教士在香港发行的报纸《遐迩贯珍》以新闻为主，对太平天国运动报道翔实，并大量刊登了介绍西方文明的文章。自1855年起，该报增出附刊《布告篇》，每期4页，刊登广告并开始收费，这是在我国中文报刊上首次出现的收费广告。

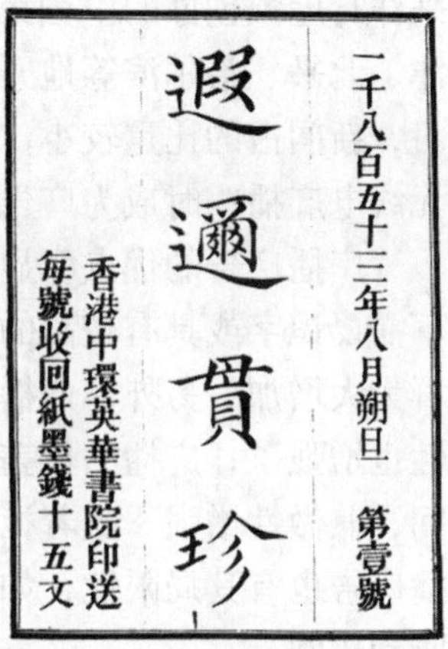
遐邇貫珍
一千八百五十三年八月朔旦 第壹號
香港中環英華書院印送
每號收回紙墨錢十五文

1872年由英商安纳斯·美查（Ernest Major）等人集资创办了一份中文报纸，由于“申”字常被用来代表上海，于是这份新报纸就缩写成了“申报”，这是上海历史上出现的第二份中文报纸。《申报》作为在中国出现得最早的中文报纸之一，也是上海经办时间最长的报纸，前后持续了77年，共出版25 600号，也是影响最大的报纸，还是刊登广告最多的报纸，广告在版面中所占比重达50%之多，是近代中国广告的最大载体。

《申报》为中国近代的广告业开了一个好头，也为中国现代广告业打下了坚实的基础。不仅如此，《申报》在报纸广告的表现形式上，也同样具有开风气之先的勇气。《申报》经常将广告刊登在第一版的封面评论和重要新闻前面，并且运用不同于新闻等其他内容的红字，使广告醒目，提高了广告的阅读率，并且对广告客户采取“华廉洋贵”的方针，受到当地华人客商的欢迎。

报纸在当时社会生活中起着非常重要的作用，不仅为政治宣传服务，更是普通大众获得生活信息不可缺少的渠道。而报纸广告正是依附于报纸的知名度和报纸的服务功能，达到提高广告主的权威性和可信度的目的。直到今天，报纸广告还是广告中很重要的一种形式。此外，报纸广告还具有价格低廉、图文并茂、所含信息丰富、便于携带、可以反复传阅的优点。但不可否认的是，报纸广告也有其自身的不足，如报纸种类繁

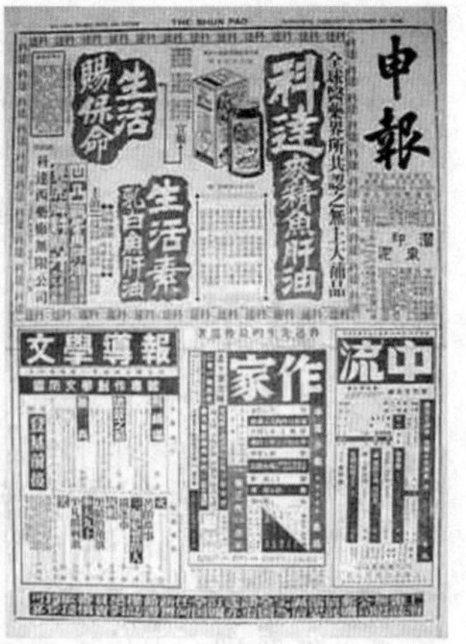
THE SHUN PAO
申報
文學導報
作家
中流

多、出版频率高、广告信息很容易被新的信息覆盖、持续时间短不易持久。另外，报纸的内容往往很多，从政治到体育应有尽有，信息的繁杂使阅读者受到视觉的干扰，注意力很难集中；由于版面和印刷技术的局限，广告在形式和艺术性上很难有所突破。

2. 杂志广告

杂志广告，顾名思义就是以杂志作为广告载体的广告形式，比起报纸广告它也有很多自己的优点。杂志的印刷更精美，用更细腻的手法表现广告主产品的色泽和形态，读者在阅读时会有一种美的感受；专业性更强，杂志都有自己特定的阅读群体，划分比报纸更细，广告的投放比较有针对性，如医药类的杂志一般刊登医药广告，而摄影类的杂志主要刊登摄影器材广告；可以利用的篇幅也增加了很多，广告主可以利用更多的篇幅打动消费者。

3. 无线电广播广告

无线电广播广告是依附于广播技术的一种广告形式。1895 年，意大利的马可尼获得了无线电的国际专利。此后，发射和接收设备便应运而生，并在很短时间里不断改进，达到大众普遍使用的水平。美国在 1920 年开始有无线电广播广告，1923 年 1 月 23 日，中国无线电公司经理奥斯邦（美国人）与《大陆报》合作，在上海广东路 3 号大来洋行屋顶创办的中国第一座广播电台正式开播。此后不久，外国人相继在上海、天津、北平、哈尔滨等地开办了类似的电台，它们以广播商情、广告为主，辅以娱乐节目，新闻占的比重较小。无线电技术和广播电台的发展，拉开了广播广告发展的序幕，无线电广播一时成为广告最重要的载体。

广播广告的优点明显。收听广播只需要一台接收机终端，并且只需要聆听，消费者不需要识字或具有较高的文化水平就可以使用这种媒介，于是，能接触到广播广告的人群大大增加；另外，广播的制作工序简单，省去了报纸的出版和印刷环节，信息的时效性也增强了；广播的覆盖面广，人们可以边做事边听广播，这样节省了人们阅读的时间，兼做性增强。随着社会节奏的加快，这种媒介实现了人们动态地接受信息。但是广播广告也有其局限性，如声音转瞬即逝，难以保存，人们往往只能听一遍，不能反复聆听和传阅。

4. 霓虹灯广告和车身广告

霓虹灯广告大家并不陌生，因为霓虹灯在现代城市随处可见。霓虹灯由玻璃管制成，并按照设计要求制成各种文字和图案，然后在玻璃管两端配制铜电极，在管内灌注氖、氩等各种惰性气体，接通高压电源后发出各色光，是户外广告的主要形式之一。1912 年，蒙马尔特 14 号大街的理发店门口设置了最早的霓虹灯广告，它是用红色的大字组成的“豪华理发店”。霓虹灯广告的普及运用是在 20 世纪 20 年代末和 30 年代初，到了 50 年代，霓虹灯广告随着新技术、新材料的发明及使用变得多种多样，到 90 年代之后，其形式更是丰富多彩。现在霓虹灯已经成为城市夜景中最绚烂的部分，也成为一个城市繁荣的标志。霓虹灯广告文字简洁明了、有艺术性、主题突出，能给人深刻的印象，加上先进技术营造的灯饰，色彩鲜艳、视觉效果突出，因此它受到很多商家的青睐。但是霓虹灯广告宣传内容较简单、无法描述图形复杂的商品，其制作费用相对来说也要高很多。

车身广告最大的特点就是流动性强，广告主将行驶在街道上的汽车包装成各种各样的广告形象。车身的广告底料胶布容易更换，不用一小时，便可以为公共汽车改头换面，以全新的广告示人。目前车身广告非常普遍，几乎所有的公交车都被包上了外衣。公交媒体的可移动性可以针对性地靠近特定场所传播广告信息，达到广告目的，同时其线状交叉成为网络，覆盖城市各个区域，带来广阔的广告覆盖范围，并能完整有效地接触目标人群。比如，载有高档产品、奢侈品广告的公车可以有针对性地经过商务区、高档住宅小区；载有手机、IT 电脑类产品广告的公车可以经过电脑手机大卖场；载有药品广告的公车可以经过药房、医院、居住集中地、核心人流量较多的商业圈，路线的设计可以使广告的针对性更强。据中国市场与媒体研究（CMMS）2003 年调查数据显示，在中国主要城市，至少 75% 的市民表示看过公交车车身广告。

5. 电视广告

电视广告是一种经由电视传播的广告形式，它是随着电视技术的产生而产生的。历史上第一则电视广告是在 1941 年 7 月 1 日晚间 2 点 29 分播出的，这则广告是宝路华钟表公司（Bulova Watch Company）以 9 美元（约人民币 71 元）的价格向纽约市的全国广播公司（NBC）旗下的“WNBC”电视台购买，在棒球赛播出前的 10 秒钟时段播出来的。当时的电视广告内容十分简单，仅有一只宝路华的手表显示在一幅美国地图前面，并搭配了公司的口号旁白：“美国以宝路华的时间运行！”1958 年 5 月 1 日，我国第一座电视台——北京电视台试验播出，并于 9 月 2 日正式开播；10 月 1 日，上海电视台建成，标志着电视已跨入广告媒介的行列。而中国第一则电视广告出现在 1979 年 3 月，中央电视台播出了它的第一则电视商业广告，产品是上海汽水厂的幸福可乐，广告语是“清爽可口，芬芳提神”。电视广告比其他广告更具表现力，它汇集了图像、视频、音乐、解说等元素，给受众在视觉、听觉上的整体震撼，加上许多电视广告都具有一定的故事情节，加强了广告的趣味性，让受众印象深刻。

2.2　中国现代广告的发展

新中国成立以后，百废待兴，随着经济的发展，广告宣传成为社会主义思想宣传和经济宣传的重要工具。

1948 年 6 月 15 日《人民日报》在华北创刊，头版报头左右侧也刊登了广告。次年迁入北京后成立广告部，1949 年 8 月改为中央机关报后广告也始终未断，开国大典那天还用两个半版面登载各种工商文化广告。新中国取缔了国民政府的广告管理法规，相继颁布了一些新的广告管理办法和规定。管理法规规定：“凡工厂、商店推销商品之广告宣传必须以品质、效能、使用方法做纯正之介绍，不得虚伪夸大。”并成立广告同业会加强对行业的监督。

1952 年 9 月，华北五省二市广播电台在天津召开了广告界的经验交流会，这是新中国成立以来国家行政部门第一次召开的有影响力的广播广告工作会议。

1953 年，国家开始进行社会主义改造，在商品流通领域实行计划收购、计划供应和统购包销政策，广告的作用迅速下降，广告业务也全面下跌。高度集中统一的计划经济体制使企业失去经营自主权，运输、交流沟通不畅，广播广告失去用武之地。“文化大革命”时期，广告遭遇灭顶之灾，广告被看作是资本主义的工具而遭到了严重的摧残。商品制度从根本上被否定，由此，广告作为商品生产和交换的宣传工具，也被彻底否定了，工商行政管理部门和其他广告管理部门及机构也相继被撤销了。电台广告被取消，报刊只保留少量宣传政治书刊及“革命文艺”的广告，这种情况一直持续到 1979 年。1979 年被称为我国广告元年，此后，广告才有了长足的发展，可以大致分为以下三个时期。

2. 2. 1　1979—1982 年：中国现代广告恢复期

1978 年 12 月，党的十一届三中全会决定全党工作的重点转移到以经济建设为中心上来，这为广告业的复苏提供了条件。

1979 年全国的广告业逐渐恢复正常：1 月 4 日，《天津日报》率先恢复商业广告；1 月 23 日，《文汇报》刊登第一条外商广告；1 月 28 日，上海电视台宣告“即日起受理广告业务”，同时，上海电视台拟定了上海电视台广告业务实行办法和国内外广告收费实行标准；3 月 5 日，上海人民广播电台在全国广播电台中第一个恢复广告业务，播出“春蕾药性发乳”广告；3 月 18 日，上海广播电台第一个恢复商业广告，播出第一条广告“雷达瑞士表”；广东电视台成立广告部之后，4 月 13 日播出第一条商业广告——荔江工厂的“泥斗车”，并设立了中国电视史上第一个广告节目；4 月 17 日，《人民日报》刊登汽车、地质仪器等商品广告；8 月 10 日，北京成立第一家广告公司；9 月 30 日，中央电视台播出的第一条有偿广告就是外商广告——美国威斯汀豪斯电器广告；11 月 30 日，中共中央宣传部发出《关于报刊、广播、电视台刊登和播放外国商品广告的通知》，这是第一个直接指导广告事业的党的文件。

1980 年 1 月 1 日，中央人民广播电台播出了建台以来第一条商业广告。可以说，中国广告业在这一时期经历了太多第一次、第一条、第一家，正是无数的“第一”才有了中国广告业从最低谷走向发展的新纪元。

1981 年 7 月 15 日，国家工商行政管理总局批准《中国广告》杂志正式出版，该杂志由上海装潢公司主办，是我国第一本专业性的广告杂志。同年年底，我国广告公司在经历了从无到有的发展后，已增至 100 多家，报纸、杂志 2 000 多家，广告从业人员 16 000多人，并开拓了外贸广告业务。

1982 年 2 月中国广告学会成立，随即同有关单位一起举办了全国第一届广告装潢设计展览。同年 8 月，中国广告学会邀请部分专家、教授在山西太原举行了第一次广告学术座谈会。同行业之间的研讨丰富了广告业界的信息交流，为广告事业的蓬勃发展奠定了基础。至此，中国的广告业由恢复期进入了高速发展的新阶段。

2.2.2 1983—1994 年：中国现代广告发展期

1984 年，中央电视台成立了中国国际电视服务总公司，并在公司里成立了一个广告部。我国的专业广告公司大部分是从美术设计公司演变发展而来的，因此专业广告公司在经营活动中业务较为单一。同年，北京电视台与北京广播电视服务公司签署《关于把电视广告移交给北京电视台管理的协议书》，设立广告部统一管理经营电视广告业务。

1986 年，有关专业公司提出了“以广告创意为中心，以策划为主导，为客户提供全面服务”的口号，其广告经营业务开始向以提供广告策划、提供市场调查、提供咨询服务为重点的全面服务型方向转变。

1987 年，广告部从总公司分离出来，变成了中央电视台的一部分，中央电视台《广而告之》栏目开播，专门播出公益广告。

1988 年，国安广告公司与中央电视台联合开设第一个电视广告专栏《榜上有名》，继而又开办《名不虚传》专栏。各地的电视台、报纸、杂志、广播电台的广告纷纷上马，那个时候只要投放广告就能赚钱，各个企业都看到了广告对销售的作用。广播广告的经营额一直保持相对快速而稳定的增长态势，形式也有所突破。无线广播电台和有线广播电台遍布在全国的城市和农村，广播广告是传递广告信息最迅速的工具之一。

1994 年 10 月，上海东方广播电台与上海拍卖行联合推出国内广告界首次广告时段和节目协办权竞拍。但是实际上，广播广告在广告中的份额却逐年降低，1983 年广播广告营业额占全国广告总营业额的 7.7%，到 1993 年只占全国广告营业额的 2.6%，作为后来者的电视广告却引起了人们更多的兴趣。1991 年，中国电视广告营业额超过 10 亿元人民币，占全国全年广告营业总额的 28.5%，雄居四大传媒广告之首。电视广告以其真实性和直观性等特点吸引了无数消费者，电视也成为有史以来最能打动人心的媒介。电视广告形式逐步多样化，陆续出现了企业形象广告、商标形象广告、名人广告等。在电视广告的促进下，产生了一大批全国名牌，如乐百氏、娃哈哈、威力洗衣机、大宝等，在我国经济发展进程中起到了积极的作用。与此同时，广告业的行业组织、广告法规、人才培养等方面的发展也为广告事业做出了贡献。

1984 年 6 月，中国广告协会电视委员会和广播委员会也相继成立，作为中广协的专业性工作机构，其成立为广告的行业标准的研究和规范起了积极性的作用。

1987 年 5 月 13 日，中国广告协会和中国对外经济贸易广告协会共同组成国际广告协会中国分会。广告行业组织的任务一般是代理政府对广告行业实施管理，执行行业道德与自律；开展行业内的业务合作交流，帮助会员单位提高业务水平和经营管理水平；开展对外联络与交流，加强与国际广告业的联系，组织会员参加或主持召集国际会议；评选优秀广告作品，出版广告刊物，举行联谊活动或学术研讨会，共同推进广告事业。

在广告管理方面，一系列的管理条例和法规相继出台，为广告业的健康发展提供了法律依据。

1982 年 2 月 6 日，国务院颁布了《广告管理暂行条例》（以下简称《暂行条例》），这是新中国成立以来的第一个全国性综合广告管理法规。该条例明确规定由国家和地方各级工商行政管理部门负责管理全国广告。

1987 年 10 月 26 日，国务院发布的《广告管理条例》是对《暂行条例》的进一步补充和完善。《广告管理条例》和《暂行条例》相比，前者突出地体现了“宏观管住，微观搞活”的指导思想和原则。此外还放开了对广告时间、版面的限制，将广告经费纳入市场调节的范围，取消了对个体工商户经营广告的限制，将竞争机制引入广告业中。

1994 年 10 月 27 日八届全国人大常委会第 10 次会议通过了《中华人民共和国广告法》，并于 1995 年 2 月 1 日起施行。《广告法》是我国广告业的第一部法律，它对加强广告活动的管理、保护消费者的合法权益、维护社会经济秩序、促进广告业健康发展，具有非常重要的意义。

在人才培养方面，大学开始开设广告学专业，我国广告业开始有专业人才。

1983 年 6 月，厦门大学新闻传播系创办了我国第一个广告学专业，并于 1984 年 9 月招收首批广告学本科生，在广告学专业的发展中终于有了零的突破。北京广播学院新闻系和深圳大学大众传播系也随之开设了广告学专业。

1993 年秋季，北京广播学院新闻系率先在全国招收广告研究方向的硕士研究生，把广告人才培养推进到一个新的阶段。20 世纪 90 年代中期，已有 90 所左右高校创办了广告学专业或系，中国广告协会也开办了各种培训班，中国有了自己的广告专业人才队伍。

2.2.3　1995 年至今：中国现代广告成熟期

中国广告行业经过将近 20 年的发展已经步入了成熟期，这一阶段是各种广告不断完善和发展的过程。到 1999 年，全国广告营业额已经达到了 622 亿元人民币，广告业也从“低起点”和“高增长”期向平稳发展期过渡。广告营业额占国民生产总值的比例已经从 1983 年的 0.04% 提高到了 1994 年的 0.457%，逐步接近 0.075% ~0.8% 的平衡点。广告营业额的增长速度从发展期的 40% ~50% 降到 20% ~30%，到 1998 年已经降到 15.7% ~16.4%，广告业开始进入相对稳定的发展时期。此时大型广告公司开始出现，广告公司之间也出现了联合的趋势。1997 年，中国前八名广告公司的营业额占全国广告公司营业额的 26.05%。跨国公司也已经进入中国市场，广告市场进入了均衡发展阶段。

在广告业迅猛发展的同时，广告代理制也逐渐成熟。1993 年 7 月，国家工商总局发布《关于在部分城市进行广告代理制和广告发布前审查试点工作的意见》，决定从 1993 年下半年起在全国开展广告代理制试点。广告代理制给广告公司创造了有利的外部条件，它有利于媒介单位改进广告发布效果，也有利于节省广告主的成本。它像一根纽带，使广告客户、广告媒介、广告公司的协作关系更加紧密。经过十多年的发展，截至 2007 年年底，全国共有广告经营单位 17.3 万户，从业人员 111.3 万人，经营总额达到 1 741 亿元人民币，广告业已成为具有一定规模、推动民族品牌创建和创意经济发展的重要产业，进入了国际广告市场前列。中国广告市场 2005 年增长 18%，2006 年增长 18%，2007 年增长 9%，2009 年增长 15%，这个速度又一次回到了国民经济总产值增长速度之上。

从全球广告行业的发展统计数据来看，2016 年全球广告支出增长 4.7%，2016 年年底达到 5 790 亿美元。2016 年是“四年一度”的年份，广告支出受到奥运会、美国总统大选以及欧洲足球锦标赛的推动。自 2011 年以来，全球广告市场一直保持稳定增长，每年增长率保持在 4% ~5%，预计一直到 2018 年广告市场都将保持这样的增幅。

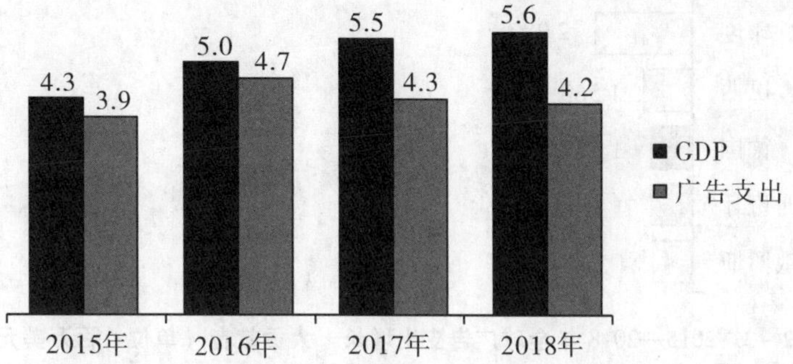

图 2-1　2015—2018 年全球广告支出和全球生产总值 GDP 增长率（单位:%）

2015 年度中国经济增速放缓至 6.9%，但仍然是全球经济增长的主要推动力之一。大量低线市场蕴藏的进一步发展的机会以及不断壮大的中产阶级所带来的广告支出，使得此后三年我国广告支出都将保持在 8% 以上，明显高于全球平均水平。

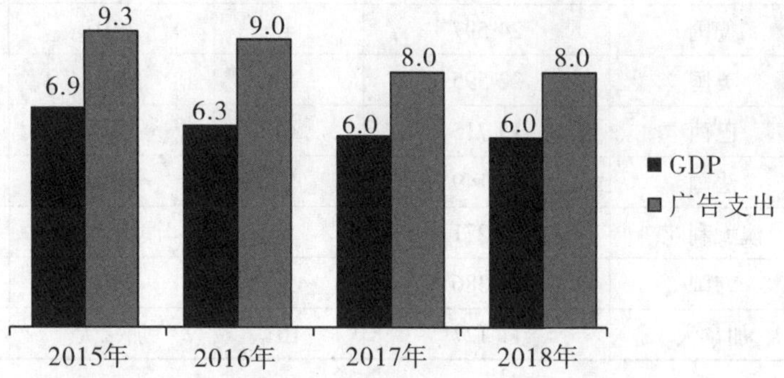

图 2-2　2015—2018 年中国广告支出和国内生产总值 GDP 增长率（单位:%）

尽管新兴市场增长迅猛，但美国仍然是全球新增广告支出的最大贡献者。从 2015 年到 2018 年，预计全球广告市场将增长 770 亿美元。美国占新增支出的 26%，中国以 24% 紧随其后，英国排名第三，占 7%，印度尼西亚以 5% 排名第四。

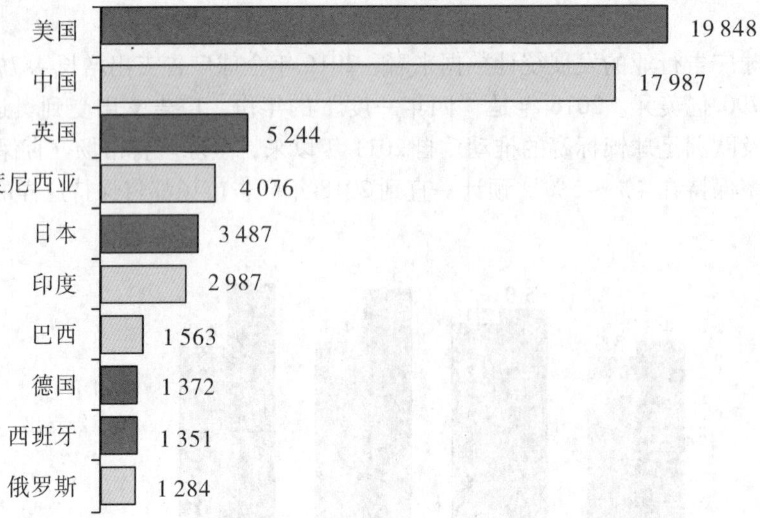

图 2-3　2015—2018 年全球广告支出增长十大贡献者（单位：百万美元）

2014 年和 2017 年全球前十大广告市场规模及排名情况

2014 年度		广告市场规模	2017 年度		广告市场规模
1	美国	176 236	1	美国	197 174
2	中国	45 406	2	中国	58 008
3	日本	45 002	3	日本	48 400
4	德国	24 597	4	德国	26 803
5	英国	22 595	5	英国	25 773
6	巴西	15 715	6	巴西	19 181
7	法国	13 149	7	法国	15 860
8	澳大利亚	12 271	8	澳大利亚	13 034
9	韩国	11 386	9	韩国	13 017
10	加拿大	11 127	10	加拿大	12 717

（资料来源：中国产业信息网）

2.2.4　中国广告发展的特点和趋势

随着媒介技术的发展，广告也呈现出新的特点。总体而言，广告投放的行业格局基本未变，传统媒体和新媒体齐头并进，但在量比方面发生了一定的转化。

1. 媒介环境复杂，新媒体当道

随着媒介技术的发展，媒介格局已经发生变化，以往传统媒体一统天下的局面已经结束，在此过程中消费者的媒介接触习惯已经发生了变化，媒介的强势过渡到了媒介的均势。

2008 年与 2007 年相比，受众对电视每日的接触时间上升了 3 分钟，互联网上升了 12 分钟，报纸下降了 3 分钟，杂志下降了 3 分钟，广播持平。从今天传媒的新格局来看，新媒体的快速增长是显而易见的。新媒介环境下，媒介的交互性增强，传播的门槛降低，传播主体无限地增多，传播的内容海量化，受众的注意力高度分散化。对企业来说，传播的效果很难像以前那样易于掌控，但也给企业带来了新的机遇。企业可以利用多元的传播方式与消费者直接接触，俨然已经成为传播中的一员。此外，广告也从过去的单一模式发展成为多元模式，即利用媒体整合形式进行立体传播。企业还应该根据消费者的不同属性指定适合产品目标人群的传播渠道。

2. 传播效果减弱，整合营销传播当道

市场经济的发展导致了产品的高度竞争，企业的广告费用不断增加，但是广告的效果却没有那么明显。一边是广告主不再盲目地信任广告公司，更多地有了自己的判断，他们要求广告精准和有效率；另一边则是消费者对广告逐渐有了免疫力，他们会更主动地去寻求信息。广告业面临着巨大的挑战，以往一个广告救活一个企业的神话很难再现，简单复制原有的强化式、灌输式、被动式的信息消费模式不再是现代消费者的习惯，这就需要广告从业人员从多个角度塑造品牌，找出一条新路。

整合营销传播（Integrated Marketing Communications，简称 IMC），这一观点是在 20 世纪 80 年代中期由美国营销大师唐·舒尔茨提出的。IMC 的核心思想是以整合企业内外部所有资源为手段，再造企业的生产行为与市场行为，充分调动一切积极因素以实现企业统一的传播目标。它一方面把广告、促销、公关、直销、形象、包装、新闻媒体等一切传播活动都涵盖到营销活动的范围之内；另一方面则使企业能够将统一的传播资讯传达给消费者。整合传播要求我们建立消费者数据库，分析找出传播的目标人群，再将整个传播焦点置于这群消费者或是潜在消费者身上。

广告主应该尽可能多地使用消费者及潜在消费者行为方面的资料作为产品市场划分的依据，利用过去的行为推断未来的行为，来制定传播策略；企业可以在某一时间、某一地点或某一场合与消费者进行沟通，这种方式被称为接触管理；根据明确的营销目标来制定传播信息的内容，找到最有效的选择传播的手段。

单一的广告营销是无法达到这个效果的，因此，目前企业与消费者沟通的模式正从以广告为主，向广告、公关并重，综合运用多种推广形式的阶段过渡。

3. 国际广告公司竞争，创新型中国模式当道

中国目前有四类广告公司：

第一类以智威汤逊为典型模式，追求高品质和与客户长期合作；

第二类以日本电通为代表，极力本土化并且具有价格优势；

第三类以奥美为代表，为客户提供多元化的服务；

第四类纯本土模式，规模小、反应快，更像是一个大型广告工作室。

中国的经济环境、政治环境、媒介环境、文化环境都有其独特的一面，可以说都是具有中国特色的，因此其他国家的广告传播模式是不能直接套用的，在这一点上中国本土的广告公司是有优势的。但是国外的广告行业更为成熟，有很多先进的经验值得我们

学习和借鉴，这就要求广告从业人员要借鉴优点，在此基础上摸索出一条适合中国实际情况的道路。行之有效的方法是在依靠组建广告集团提高综合实力的同时，走专业化的道路。

2.3 世界现代广告的发展

各国广告发展的历程惊人地相似，欧美的广告发展史也经历了口头广告、实物广告、文字广告等阶段。随着我国古代造纸印刷术传到欧美，欧美的广告业发生了翻天覆地的变化，欧美进入了现代印刷广告时代。下面我们将以英国、美国等国家为例，重新梳理欧美近现代广告的发展轨迹。

2.3.1 以英国为代表的近代广告

在英国，最早的印刷招贴广告叫“Siquis”，由英国印刷术的先驱威廉·凯斯顿印制。1477 年，凯斯顿为推销他新出版的《索尔兹伯里礼拜仪式通览》，在伦敦各教堂的入口张贴广告单。这种印刷的招贴广告很快就被广泛应用，如教会发布宗教活动的消息，小商贩带有插图的产品宣传单，官方张贴各种通知、告示等。到 16 世纪末，出现了一种新的与商业宣传有关的小册子，这种小册子叫作“Flugschrift”，意思是“能够迅速散发的文章和读物”。1592 年，伦敦的食品杂货商行出版了一本关于保证调味品质量的小册子，声明自己与出售假冒伪劣商品的行为没有关系，并告诉大家如何分清真伪。在整个 17 和 18 世纪，英国印刷各种各样的小册子、宣传单和招贴广告，对当时社会和经济生活产生了巨大的影响。

1609 年，世界上出现了最早的定期报纸《通告——报道式新闻报》和《报道》。1625 年出现了英国最早的报纸广告，根据普兰齐所著的《英国广告史》一书中的介绍，《祝婚诗》刊登了第一则广告。随后，1665 年创刊的《牛津公报》每周出版两期，在出版了 23 期以后，更名为《伦敦公报》，这是第一份真正意义上的报纸。以前的报纸是 5 英寸 ×7 英寸，而《伦敦公报》则是一张纸对折成两部分，更接近现代的报纸形式。但是这份报纸上没有刊登广告，在 1666 年 6 月 18 日《伦敦公报》发布了这样一条消息：“报道新闻事件是报纸的宗旨，书籍广告、出版广告、药品以及其他商品广告不属于报纸的政党事业。本报今后将不刊登与政府无关的广告。刊登广告的报纸将另行刊出，提供给广大公众。”这条消息刊登后的第二周，就出现了名为《公共广告》的报纸，它专门刊登广告。

由于 1695 年英国废止了对报刊的审查和特许证制度，实现了出版自由，各类报纸如雨后春笋般发展起来，此时进入了日报时代。1702 年的《每日新闻》是第一份用英文印刷的日报。18 世纪又出现了一批优秀的报纸，1705 年创办的《贸易总评》、1706 年创办的《晚邮报》、1719 年创办的《每日邮报》、1730 年创办的《每日广告报》，都是近代报纸的先驱。

当时对于报纸广告已经有了明确的收费标准，如《贸易总评》是一个名为“贸易信息交易所”的广告信息中介机构创办的，专门刊登广告的报纸。一般来说一次 2 先令，对于连续6个月、每周登一两次的广告则按字数收费，可优惠刊登一些字数少的广告，其规定为“百字以内少于6便士，150字以内9便士，200字以内1先令，200字以上每日多出50字加收3便士”。

《大众广告报》也是以刊登广告为主的报纸，创刊人叫亨利·伍德菲尔，他有一种很新颖的办报策略，即与伦敦各大剧院合作，独家刊登伦敦所有剧院的演出信息，并且还向剧院支付独家信息费，刊登最新上演剧目的一切信息。对于剧院来说，也可以得到好处——既收到了独家信息费又可以免费做广告，所以这种方法取得了双赢的效果。在那个剧院演出盛行的时代，这种独家消息吸引了许多读者。在当时这份报纸一天的广告收入是5英镑到6英镑，比起《每日邮报》一天3英镑的收入可要成功得多。

这个时期还出现了广告代理的雏形，除了善于写作的广告主以外，还有很多广告主愿意付钱给报社，让报社代为撰写广告文案，因此广告文案最早是记者的一项才能。18世纪中期，英国及欧洲其他国家已经出现了一批广告画家，周刊及报纸上出现了不少插图广告。1703年3月7日，《每日新闻》刊登了一则巧克力制造机的广告，广告把这种新式巧克力机器的形状也刊登了出来，让人一目了然，收到了很好的效果，此后这个带有木版画插图的广告还在其他的几家报纸上刊登过。到了19世纪，摄影技术的出现及彩色石印技术的产生，又使招贴成为大众传播的主要媒介，一大批优秀的美术家也开始做招贴广告设计。

这个时期人们逐渐对广告产生了兴趣，约瑟夫·阿迪生在《旁观者》上对广告进行这样的描述：“广告是一种野心勃勃的工具，在人们阅读报纸的时候，不知不觉中广告就混了进来。”当时一些商人为了利益，做了很多虚假广告，例如，贩卖假药的商人就将这些假广告放在镶金的画框中挂在各种咖啡馆的墙上，还在柜台上摆放这些商品，这就是阿迪生在《闲谈者》中提到的“黄金的良药”“大众药丸”“美肤水”等。一些学者也逐渐开始研究广告，他们可能是最早的广告学学者。劳伦斯·路易斯也指出，“广告不仅是文学、历史、风俗的研究资料，也可以为其他领域的研究者提供意想不到的资料”。萨缪尔·约翰逊博士是英国18世纪后半期著名的诗人、评论家、文学家。他这样评述当时广告的状况：“孩子的监护人被数不清的商品广告困扰着，广告中相互谩骂，常常出现极其有失风度的语言。广告中任何人都只想说对自己有利的话，但是在宣扬自己的优点的同时，却不能随意贬低他人。广告中标榜自己优秀的人应该有这点自觉。”

他还列举了一些虚假广告，例如，一条美容品广告这样写道：“可以使50岁的女人看起来像15岁。”还有一种镇痛项圈的广告说，戴这种项圈可以预防婴儿疾病，但是实际上事与愿违，很多婴儿由于项圈失去了生命，而给他们佩戴项圈的妈妈也为此后悔终生。

后来又出现了标准意义上的日报，随着日报的不断发展，日报广告也逐渐丰满起来。《泰晤士报》诞生于1785年元旦，创始人是约翰·沃尔特，诞生之初称为《每日环球记录报》（*The Daily Universal Register*），也有资料翻译为《世鉴日报》。《泰晤士报》在1800年平均每天刊登100则广告，到了1840年增加到400则。创刊时的《泰晤士报》第一页有两栏是广告，以剧院广告为主。三年后头版全被广告占满，但剧院广告始终排在最前面，很长时间以来，报社都是免费为剧院做广告，剧院广告是报纸读者很重要的信息需求内容。后来，剧院也向报纸支付一定的广告费，但是价格很便宜。

在印刷术使用初期，世界广告兴起的中心在英国。16世纪以后，欧洲经历了文艺复兴的洗礼和工业革命的风暴，资本主义经济得到了进一步的发展，德、英、美、法等经济发达国家陆续出现了定期印刷报刊。

1609年，德意志地区出现了世界上最早的定期印刷报纸《通告——报道式新闻报》和《报道》。1621年，法国出现了《总招贴报》，这是一本专门刊登广告的新闻书，后来改名为《巴黎的招贴》，一直发行到20世纪初期。

1631年5月29日，法国出现了真正意义上的报纸——《公报》，到7月4日这天报纸上出现了称赞奥鲁斯矿泉水功效的广告，这是法国最早的商业广告，但是此后广告在这份报纸中销声匿迹了，原来它专门发行了一份广告报纸——《广告局报》，这种做法类似于英国的《伦敦公报》。《广告局报》已经开始分类刊登广告，并且广告已经不再是新闻文体，而是采用了一种独特的广告文体。

北美大陆的第一份报纸是1690年9月25日在波士顿发行的《公共事件》，但只出了一期就被当局查封了，理由是“未取得当局许可”。1704年，波士顿邮政局局长约翰·坎贝尔出版了美国第一份连续发行的报纸——《波士顿新闻信》。他之所以办报，是因为他对传播信息有着特殊的兴趣，同时邮政局局长之职使他能够接触到各方信息。《波士顿新闻信》在创办后的第三期就刊登了现在已知的美洲第一条付费广告，那是一条房地产广告。

1729年10月，本杰明·富兰克林从创办人塞缪尔·凯默那里接手了《宾夕法尼亚公报》，此报由于语言清晰易懂，还配有大量的插图，受到了当地的欢迎。富兰克林非常重视报纸的广告，为了使广告更赏心悦目，他将每条广告都用空白分开，给每条广告加上14号字大小的标题，并加入很多插画，使之成为北美大陆第一张使用插画广告的报纸。富兰克林在《宾夕法尼亚公报》的创刊号头版刊登了一则推销肥皂的广告，取代了新闻的重要版面，进一步提高了广告的地位。不仅如此，他还在眼镜、钟表广告周边配上装饰性的边框，使读者一看便知道这是什么广告。他撰写的广告强调产品效益，把宾夕法尼亚壁炉厂制作的壁炉推销广告写得活灵活现，至今人们还把它称为“富兰克林壁炉”。因此，富兰克林被称为美国的广告之父一点都不为过。

2.3.2　以美国为主的现代广告

1. 美国广告业蓬勃发展的契机

美国是世界上广告业最发达的国家，也是近代广告的发源地。19 世纪初工业革命在美国登陆，美国内战以及廉价报纸的兴起都为广告在美国的成长提供了有养分的土壤。工业革命带来了技术的进步，手工作坊被规模化的工厂取代，企业家有太多的产品需要出售，此外，印刷术也有了相当大的进步。

美国内战创造出一批新的消费者，男人都上战场打仗，妇女则留守，她们要走出家门赚钱养家，于是再也没有时间自己制作面包、衣服，而是要购买现成的，战后这种生活习惯被保留了下来。廉价报纸的出现，使报纸的受众数量增多了许多，越来越多的报纸将广告作为自己收入的重要来源。经济的发展促使社会的方方面面走向成熟，这其中也包括广告业。

2. 报纸杂志广告的发展

美国历史上第一份成功的廉价报纸是《太阳报》，由本杰明·代于 1833 年在纽约创办，该报十分重视广告，第四版全是广告，第三版有一半专门刊登分类广告，第一版也插有广告。每位广告主在《太阳报》的年广告费是 30 美元，但是每天每个广告主只能使用 10 行刊登广告。《太阳报》的一大特色是很重视供需广告，这种广告有一个分类标题——需求，每条广告 2 至 3 行，供需广告不以年为单位，每登一条 0.55 美分。《太阳报》版面一共 24 栏，广告就占了 17 栏，其中供需广告为 4 栏。此外，比较成功的还有《先驱报》《世界报》《纽约新闻报》，这些报纸都注意到了广告的重要性。《先驱报》对广告开始实行按行计费，而且对长期的广告主实行了一些优惠政策；而《世界报》也打破了当时广告刊登使用固定版面的惯例，鼓励广告主使用大版面。1850 年，多数报纸的广告都不超过 10 行，分类广告也不超过 3 行，并且广告形式很呆板、色彩很单一，毫无艺术可言。1860 年，彩色平版印刷技术成为主要的印刷方式，这种技术也逐渐运用到了广告中，使广告变得色彩艳丽、构图新颖别致。19 世纪 70 年代，印刷商可以制作出更加精美的广告宣传单、挂历和招贴画。

19 世纪末，美国已经形成了庞大的零售网络，直接出售农产品和手工业品的现象越来越少，百货商店、连锁商店的出现改变了人们的消费习惯。商品竞争愈演愈烈，如何让消费者在琳琅满目的货架前一眼就认出自己想要的商品并且把它购买下来，是每一个零售商在思考的问题。不得不承认零售业的发展又一次推动了广告业的进步，因为此时零售商想到的第一个办法便是做广告。19 世纪 80 年代，在《都市日报》中，广告和新闻的比例由 3∶7 增加到 5∶5。1880 年，广告收入占美国报纸收入的 44%，1900 年上升至 55%，其中百货商店的广告比重最大。

此时，美国的媒介技术也在突飞猛进地发展，对人们的生活产生了重要的影响，也改变了人们的价值观念和消费观念。大众媒体用俏皮的字眼、刺激的画面带领着大众在物欲的世界里穿梭。人们在挑选衣服的时候不再只考虑保暖，衣服成了品位和身份的象征，制造商敏锐地发现了这一点，并开始生产带有商标的商品。1860 年到 1920 年间，没有商标、散装的商品逐渐被有商标、独立小包装的商品所取代。任何带有商标的商品在价格上都要更加昂贵，同时报纸上的广告也告诉消费者包装更好则质量更好，多付出的钱是值得的。第一个运用商标成功的例子是桂格（Quaker）麦片公司生产的燕麦片。1901 年，几家美国早期燕麦粉加工商联合成立公司，桂格麦片公司由此诞生。亨利·帕森·克罗威尔是桂格燕麦的创始人，他十分重视产品的包装和广告，他给包装纸箱印上印第安魁北克男人的头像作为产品的商标，并通过广告使此商标家喻户晓，此后，又通过一切可以使用的媒介宣传商品的概念。

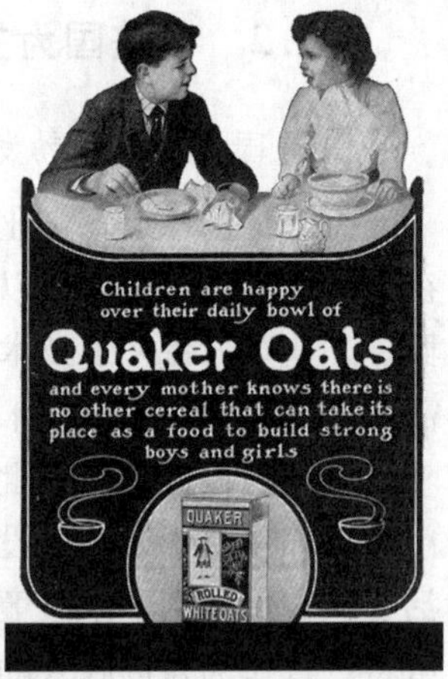

这个时期也出现了一批优秀的广告撰稿人，约翰·E. 鲍威尔斯就是其中之一，他呼吁美国广告界制止虚假广告，并提倡广告语言要真实可靠和简洁生动。这是最早来自广告业内的对广告自律的要求，因此他被称为“诚信广告之父”，他的广告标语简洁明了，口号引人入胜，不用花边和装饰，与当时的广告风格截然不同。

此时广告的刊载逐渐由报纸扩展到了各种杂志，1888 年乔治·P. 罗威尔创办的《印刷者的油墨》是第一份广告行业的杂志，到 19 世纪末，全美大约有 30 多种广告行业杂志。杂志广告的发展使广告更加注重设计，也逐步形成了现代艺术招贴广告的雏形。一批知识分子倡导美术工艺运动，期望回到中世纪坚实的手工艺术，广告设计受到了美术工艺运动很大的影响。新艺术派的招贴广告以呈弯曲的夸张线条、大胆的单色块和最大限度的简化为其主要特色。

19 世纪 90 年代，美国成为世界一流的工业强国，经济持续增长，消费者的消费能力也稳步提高，美国社会已逐渐过渡到消费型社会。20 世纪的头 20 年里，美国的年广告费增长了近 5 倍，从 5.4 亿美元增加到近 30 亿美元，这种增长是相当可观的。

此时美国广告的发展不仅仅体现在规模上，还体现在对广告、消费者进行研究以及相关广告行业组织的建立和规范上。20 世纪 20 年代，感性诉求观点逐渐深入人心。行为学家沃森建议广告策略建立在暗示的基础上，他惯用一种暗示身份、地位的印象主义文案，并辅之以优雅华美的艺术氛围，营造出拥有这种产品的感觉。这种“只追求广告实际效果”的实用主义是当时广告的主流。但广告从业人员也发现不同的商品应采用不同的诉求方式，如理性诉求用于经常购买的消耗型商品，而感性诉求则更适合那种昂贵的、不经常购买的商品，因此这两种诉求方式都有自己的市场。

1912 年，智威汤逊公司进行了一项“人口与人口分布”的调查。这项调查按商品种类、地区列出了全部商店，并持续更新这些数据，目的在于更加精准地描述消费者特点以及追踪各种商品的销售。还有的广告人直接与家庭主妇聊天以了解其产品需求。这些都体现了广告人意识到了要从消费者的立场考虑问题，后来成立了很多广告行业协会，这些协会一直致力于对消费者的研究。

最早的广告组织是成立于1894年的埃格特俱乐部，它是由杂志界的代表自发成立的，随后比较有影响力的有全美广告公司协会。20世纪20年代，几乎所有的广告公司都意识到制定统一的行业标准是十分必要的，于是全美广告公司协会在研究了报纸和杂志的版面后，制定了统一的规格标准，为报纸和杂志广告版面购买设计统一的订单样式，把广告公司的代理佣金定在了15%，用定量的方式研究报纸和杂志的发行量。在协会成立之初，全美有138家广告公司是协会的成员，在1924年，协会会员公司为5 400家广告主提供服务，他们每年的广告费是3 000万美元。此外，广告主也于1910年组成了全美广告主协会，协会的宗旨是“使在广告上花费的每一分钱都能带回更多的回报”，协会也为会员提供广告和市场营销方面的信息和咨询服务。

在报纸和杂志大行其道的时代，户外广告和广播广告也在悄然兴起。广告公司根据客户的需要，将广告牌放置在公路两边，吸引人们的注意，也有的在飞艇上悬挂广告，在低飞的天空中向下面大喊广告口号，还有的向地面抛洒广告单和样品。这时还出现了建筑物广告，如巨大的茶杯和托盘，两层楼高的牛奶瓶等，这种形式的广告能够充分调动路人的好奇心。

3. 广播电视广告的发展

1920年11月2日对于美国广播广告来说是一个特殊的日子，西屋电气公司在匹兹堡建立起来的KDKA电台是第一个获得营业执照的商业电台，这是美国广播事业的开端。从这一天起，美国人可以通过广播收听节目，在开办两年后，KDKA电台播出了第一则商业广告。此后这种尝试越来越多，在不到一年的时间里，已经有25位广告主与之合作，到1927年20%的广播节目有广告商赞助。这一时期罗德·托马斯和智威汤逊广告公司逐渐成为这一新的广告形式最主要的公司。罗德·托马斯接手《好运弹奏》，并在每支歌后插入香烟广告。不久之后，美国广播网和辛迪加集团使广告得以在全美范围内播出，电台广告收入从1927年的300万美元上升到1929年的4 000万美元。到20世纪30年代，广播广告已经超过杂志和报纸，成为当时的第一广告媒体。

然而广告发展到这里还没有出现其真正辉煌的一幕，这时有一项发明改变了历史的轨迹。电视作为大众传媒登上历史的舞台是从20世纪40年代开始的。此前早在1900年，英国人康斯坦丁·帕斯基在为国际电联会议起草的报告中，第一次正式使用“电视（television）”一词。

1925年，拜尔德在英国首次成功装配世界第一台电视机，当时人们也没有料到它会成为20世纪最伟大的发明和时代的宠儿。1937年，该公司在播映英王乔治五世的加冕大典时，英国有5万观众在观看电视。1939年，英国约有2万家庭拥有了电视机。1939年4月30日，美国无线电公司通过帝国大厦屋顶的发射机，传送了罗斯福总统在世界博览会上致开幕词和纽约市市长带领群众游行的电视节目信号，成千上万的人涌入百货商店排队观看这个新鲜场面。

第二次世界大战结束时，美国约有7 000台电视机。战后，美国电视事业发展超过英国，从1949年到1951年，美国电视机数目从100万跃升为1 000多万，1960年全美电视台高达780座，电视机近3 000万台，约87%的家庭拥有至少一台电视机，此时电视已经成为最重要的广告媒介。

美国的第一则电视广告出现在1941年，是纽约WNBC电视台在布鲁克林道奇队与费城队的棒球比赛前播放的宝路华手表广告，历时10秒，广告费仅9美元。广告主十分青睐这种新型的广告形式，电视节目花样繁多，有新闻、电影、有奖竞猜、歌舞等，广告主也希望借助这些新型的节目形式吸引消费者的注意力，借此塑造自己的美好形象。到1950年，电视广告收入超过了广播，达到1亿元美金。由于电视集图像、色彩、文字、音乐、配音等多种形式于一体，广告在创作上也有了很多突破，这一时期出现了很多著名的电视广告片。玛氏糖果公司所做的M&M巧克力广告是由罗瑟·瑞夫斯创作的，“只溶在口，不溶在手”这句广告词准确地说出了该产品与众不同的特点，因为M&M巧克力豆是美国当时唯一用糖衣包裹的巧克力。万宝路香烟的成功使人们看到了广告的巨大潜力，由李奥·贝纳为万宝路香烟设计的一系列电视广告使品牌的知名度大增，在广告中李奥·贝纳将香烟定位于男士人群，突出万宝路香烟的男子汉气概，以浑身散发粗犷、豪迈、英雄气概的美国西部牛仔为品牌形象，吸引所有喜爱、欣赏和追求这种气概的消费者，受到了消费者的一致认可。

20世纪70年代，广告人在重视创意的基础上更加信赖社会调查，在撰写广告文案之前更加看重销售数据，广告公司开始重视定价策略、销售渠道和市场调查。在广告创作的过程中做了大量的市场调查和数据分析，这种方法也被人们称为“定位”理论。经过几十年的发展，美国广告有了巨大的进步，行业也走向成熟，不同的媒体找到了生存之道，并各自拥有自己的市场份额。据介绍，1998年美国在宣传媒体上的广告投入为1 340亿美元（另有一说为2 500亿美元），其中电视广告投入占38. 7%、报纸占34. 3%、杂志占12. 4%、户外路牌占1. 8%，其他占12. 8%。

2. 3. 3　技术背景下的欧美广告发展

19世纪英国迎来工业革命，带来了经济的发展，也为广告的繁荣提供了土壤，英国逐渐成为世界广告的中心，伦敦更被称为“广告之都”。但在19世纪末，美国广告兴起，中心由英国转向了美国。20世纪90年代以来，经济全球化成为世界经济的主导，新一轮的科学技术革命以信息技术为核心，将全世界推向了后工业化社会。随着媒介技术的发展，社会经济的繁荣，广告业也在悄无声息地变化着。广告作为后工业社会中文化产业的主导，显得越来越重要了。

目前各种媒介经过20世纪的快速发展已经进入成熟增长期，截至2006年，美国报纸总数是9 169家，其中日报1 456家（2001年为1 468家）、周报7 689家。另有各大报单独发行的星期天刊917家（2001年为913家）。根据2003年的数据，美国周一至周六每天报纸销售数约为5 400万，平均2.3人一份；周日报纸销售数约为5 800万，平均2.4人一份。

有线电视方面，美国是世界上有线电视最发达的国家，在经历了20世纪80年代初期的快速发展后，已进入平稳发展时期。2007年，美国有线电视普及率已达到58.8%，根据美国有线电视通信协会（NCTA）2007年的统计资料显示，全美拥有家庭电视机用户是1.12亿户，其中有线电视收视用户6 570万户。

媒介技术的发展给广告业提出了新的挑战。现代广告的概念是多元化的，它与文化产业联系起来，广告片更具艺术性，甚至以电影模式来满足现代电影受众的需求。由于各种媒体的蓬勃发展，信息不再是稀缺资源，相反是过剩的，在信息爆炸的时代，人的眼球变成了稀缺资源，每个媒介的受众越来越少，每个消费者能够接触的媒体越来越多。现在的广告更多的是与营销结合起来的，广告主除在宣传媒体上继续投入外，在其他行销方式上也倾注了更多的热情，越来越多的广告公司更为重视整合营销，甚至连公司名称都改为传播公司或干脆直接叫跨国营销公司，如著名的BBDO广告公司就改为了ICC公司，即整合传播公司。

传统广告的目的首先是推销产品，塑造企业品牌形象，多采用高压式的推销手段，而现代广告则是企业作为与社会沟通的一种手段。广告主不仅要借助广告提高品牌的知名度，而且要使消费者从广告中获得要传达的产品属性、文化理念等。如广告公司在做耐克运动服的广告时，就在运动鞋的广告基础上进行了扩充，使消费者产生联想，使之认识到这两个广告、两种商品有关联，有递进关系，从而加深印象，提高品牌忠诚度，这是一种“整合营销传播”。整合营销传播是指企业在经营过程中，以由外而内的战略观点为基础，为了与利害关系者进行有效的沟通，以营销传播管理者为主体所展开的传播战略。麦斯威尔是一个运用整合营销传播策略的成功者，麦斯威尔咖啡自1982年在台湾市场销售以来，一直以“分享”的广告策略塑造品牌，麦斯威尔通过随身包咖啡的上市，延伸“分享”的概念，并运用广告、公共关系、促销活动等手段，由形象代言人孙越发起“爱、分享、行动”的街头义卖活动，同年麦斯威尔随身包咖啡销量同上年相比增长50%。麦

斯威尔通过不同的传播媒体传达“分享”这一核心概念，运用的就是典型的整合营销传播策略。浪漫化的诗意创造是麦斯威尔塑造品牌的惯用手法，麦斯威尔的广告中有不少带有浪漫情调的歌曲，它们被到处传唱。正如香港歌星苏永康唱的那首以“意犹未尽”为题的歌，“让眼睛默默合上，回味那路过芳香”留下的是无尽的回味，犹如香醇的咖啡留在唇齿间的清香。麦斯威尔真正做到了将一个品牌塑造成契合人们心灵需求的缩影，“滴滴香醇，意犹未尽”带给人们悠远的意境。

多角色化和分工精细化的生产关系也赋予了广告行为者新的角色意义，形成了联合、精深的广告经营形态，这一形态有两层含义。

第一层含义为产业链上的各个角色通过融合的生产方式共同获取最大化的广告受众，然后进行广告经营收益的分成。这一媒介广告形态趋势的例子现在已经俯拾皆是。例如BBC 在 YouTube 上发布特别制作的广告赞助的内容和新闻片段，双方对广告收入共同分成。

第二层含义是指在多角色化和分工精细化所形成的对立统一的融合性生产关系下，各类融合于终端的媒介角色具有各自不同的技能属性，所以在面向共同捕获到的广告受众时，各司其职、发挥所长，愈发地趋于精深。例如，Google、百度等搜索引擎置入各个联盟网站中，向用户提供搜索功能，通过竞价排名获取广告费用，然后与联盟网站进行分成。

2.4　新技术带来的广告发展趋势

2.4.1　三网融合背景下的媒介技术发展

传播学家麦克卢汉认为“媒介即讯息”，强调媒介传递的真正“讯息”是媒介本身对受众的刺激，而非它所传递的内容。对于这种媒介技术论虽然有争议，但我们还是不能否认媒介技术给人类传播活动带来的巨大影响。在当今这个信息爆炸的后工业时代，网络技术的崛起带动了媒介技术的彻底革新，人类已经进入了数字化时代。21 世纪，以数字技术、网络技术与文化产业相融合而产生的数字媒体产业在世界各地高速成长，不仅成为各国十分重视的新的经济增长点，同时作为现代信息服务业的一个重要方向正影响和改变着人们的生活方式和生活观念。

根据《2005 中国数字媒体技术发展白皮书》对数字媒体的定义，数字媒体是数字化的内容作品，以现代网络为主要传播载体，通过完善的服务体系，分发到终端和用户进行消费的全过程。这一定义以“文化为体，科技为酶”概括数字媒体的本质，强调数字媒体的传播方式是通过网络而将光盘等媒介内容排除在数字媒体的范畴之外。

在三网融合的技术背景下，出现了下一代网络（Next Generation Network，简称NGN），NGN 以软交换为核心，能够提供话音、视频、数据等多媒体综合业务，采用开放、标准体系结构，能够提供丰富的业务。基于分组的网络，能够提供电信业务，利用多种宽带能力和 QoS（Quality of Service）保证的传送技术，其业务相关功能与其传送技术相独立。NGN 使用户可以自由接入到不同的业务提供商，支持通用移动性，它是电信史上的一座里程碑，标志着新一代电信网络时代的到来。

同时还出现了下一代广播电视网（Next Generation Broadcasting Network，简称NGB），NGB是以有线电视数字化和移动多媒体广播电视（CMMB）的成果为基础，以自主创新的“高性能宽带信息网”核心技术为支撑构建的、适合我国国情的、“三网融合”的、有线无线相结合的、全程全网的下一代广播电视网络。NGB的核心传输带宽将超过每秒1 000千兆比特，保证每户接入带宽超过每秒40兆比特，可以提供高清晰度电视、数字视音频节目、高速数据接入和话音等“三网融合”的“一站式”服务，使电视机成为最基本、最便捷的信息终端，使宽带互动数字信息消费如同水、电、暖气等基础性消费一样遍及千家万户。

技术的进步推动了中国数字媒体产业的产值和规模的高速发展，特别是数字动漫、数字影音、展览展示、数字出版等领域的发展势头更迅猛。为了促进中国数字媒体产业的快速发展，国家相继成立了上海、北京、长沙、成都等数字媒体产业发展基地。我国近几年数字产业发展迅猛，数字影音是我国数字内容产业的最重要组成部分，也是最直观、用户最多的。随着互联网、影音、影像和语音等功能的日渐成熟，原来的固定观看模式已被改变，用户越来越多地使用移动设备或者互联网来观看、分享数字影音，从而大大促进了数字影音的发展，使其市场份额越来越大。截至2015年12月，我国网络视频用户规模达5.04亿，网络视频用户使用率为73.2%，其中手机视频用户规模为4.05亿，使用率为65.4%。目前，网络视频用户规模仍呈现增长态势，但增速略有放缓，网络视频行业进入平稳发展期。2014年我国数字音乐市场规模达491.2亿元，已经成为我国数字内容产业化的重要组成部分。

当下最时髦的词语莫过于“三网融合”，那“三网融合”又是什么呢？所谓“三网融合”就是指电信网、广播电视网和计算机通信网的相互渗透、相互兼容，并逐步整合成为全世界统一的信息通信网络。三网融合是为了实现网络资源的共享，避免低水平的重复建设，形成适应性广、容易维护、费用低的高速带宽的多媒体基础平台。表现为技术上趋向一致，网络层上可以实现互联互通，业务层上互相渗透和交叉，应用层上使用统一的通信协议。三网融合有利于网络资源实现最大限度地共享。

融合后的通信网络将是一个覆盖全球、功能强大、业务齐全的信息服务网络，即全球一体化的综合宽带多媒体通信网。这一网络结构是一个统一完整的结合体系，为全球任一地点，采用任何终端的用户提供综合的语音、数字、图像等多种服务。在三网融合背景下出现了新媒体的发展，新技术支撑下的媒体形态包括数字杂志、数字报纸、数字广播、移动电视、网络、桌面视窗、数字电视、数字电影、触摸媒体等。这些媒体是相对于传统媒体而言的，它们之间最大的区别在于新媒体具有很强的交互性，接收者与信息制造者有了直接即时的交流，使信息传播更加有效。新媒体相对传统媒体最大的不同在于低成本和无中心，随着移动互联网的发展以及互联网向其他网络的渗透，互联网的低成本和无中心特点已成为中国经济增长最重要的催化剂。2007年，新媒体市场规模达到1 138亿元，中国经济很重要的特点就是低成本和规模效应，而互联网经济的本质也是经济成本递减及规模化，两个效应的叠加推动和催化着中国经济的增长。这种趋势也使得信息在传递过程中更有针对性，人们不再聚集在一起接收信息，而可以通过随身的手机、个人电脑等接收信息，这也是新媒体的分众性特点。

2.4.2 互联网广告的现状及其趋势

互联网广告是利用互联网技术和平台制作和发布的广告。网络广告发轫于1994年的美国，当年10月14日，美国著名的*Wired*杂志推出了网络版的*Hotwired*，其主页上开始有AT&T等14个客户的广告Banner。这是广告史上里程碑式的一个标志，同时也让网络开发商与服务商看到了一条光明的道路。

网络广告的表现形式很多，主要的形式有以下七种：

（1）展示广告（Cost Per Million，简称CPM），就是一种按每千次展示计费的图片形式广告，可以投放在Feed和博客页面中。尼尔森最新报告显示，2009年10月份的网络展示广告的市场价值估算达到16.9亿元，比2008年同期增长49%。

（2）即时信息（Instant Messaging，简称IM），是常用的网络营销工具之一，它在网络营销中的作用主要表现在五个方面：①增进顾客关系；②在线顾客服务；③在线导购；④网络广告媒体；⑤作为病毒性营销传播工具等。

（3）电子邮件广告，是以电子邮件为传播载体的一种网络广告形式，电子邮件广告有可能全部是广告信息，也可能在电子邮件中穿插一些实用的相关信息；可能是一次性的，也可能是多次性的或者定期的。通常情况下，网络用户需要事先同意加入到该电子邮件广告邮件列表中，以表示同意接收这类广告信息，才会接收到电子邮件广告，这是一种许可行销的模式。电子邮件广告的优点在于成本比较低廉，以及拥有电子信箱的人大多数是网上的冲浪者。

（4）窄告就是“窄而告之”的新网络广告，指客户投放的窄告直接投放到与之内容相关的网络媒体的文章周围，同时窄告还会根据浏览者的偏好、使用习性、地理位置、访问历史等信息，有针对性地将窄告投放到真正感兴趣的浏览者面前。广告主的广告是按照与各著名网站内容相匹配的原则进行投放的，是媒体广告进入分众、窄众传播时代的标志。

（5）网络视频广告包括了传统的Flash动画、视频以及富媒体形式的广告，其核心特征是带有声音、动画、视频，尤其是指在播客、点播/直播等视频内容播放前的缓冲广告或暂停广告、插播广告及后贴片广告。

（6）富媒体（Rich Media）广告，一般指使用浏览器插件或其他脚本语言、Java语言等编写的具有复杂视觉效果和交互功能的网络广告。

（7）搜索引擎广告，随着谷歌、雅虎和百度的成功推广，搜索引擎营销已然突破传统模式的局限，在整个营销领域独领风骚。有按照点击付费的竞价排名，包括谷歌的adwords竞价广告，其最大的优势在于点击付费的方式击中了众多广告主的理财心理，同时也能保证该广告最大限度地进入目标客户的视野；有相对廉价的推广型登录广告，比如新浪，比起竞价排名的按照点击付费而言无疑廉价许多；有目标受众针对性强烈的地址栏搜索广告，它的方便之处在于用户在自己的浏览器中可以略过相对烦琐的网址而直接输入中文域名寻找到目标网站，虽然关键词受限，针对性却相当强。

网络技术的成熟、三网融合的背景，都给网络广告的发展带来巨大的期待，是互联网在沉寂许久之后的再次成长爆发。“实时”与“分享”已经逐渐成为互联网的两大关键词，近几年出现了许多SNS（Social Network Service）网站，从国外的Facebook到中国的“开心网”和“人人网”，广告主已经看到了这种社交类网站的巨大魅力。2016年微信注册用户量突破9.27亿，是亚洲地区覆盖最大用户群体的移动即时通信软件。微信提供公众平台、朋友圈、消息推送等功能，用户可以通过“摇一摇”“搜索号码”“附近的人”以及扫二维码等方式添加好友和关注公众平台，同时还可以将内容分享给好友以及将用户看到的精彩内容分享到微信朋友圈。微信已经覆盖中国90%以上的智能手机，月活跃用户达到5.49亿，用户覆盖200多个国家、超过20种语言。此外，各品牌的微信公众账号总数已经超过800万个，移动应用对接数量超过85 000个。据统计，25%的微信用户每天打开微信超过30次，55.2%的微信用户每天打开微信超过10次。

有人说2009年是SNS广告的元年，开心网在2008年已经尝试了植入广告的服务，在其最受欢迎的“抢车位”游戏中，植入了某款品牌车型。SNS在广告效果、互动体验、精确营销及广告的有效成本等方面，拥有传统媒体无法比拟的优势。但是大家会发现很多公司除了通过高额广告投入外也已经开始采用口碑营销、博客营销、论坛营销等多种互联网营销方式，有针对性地面对小众制定自己的营销策略。

从广告业整体来看，我国网络广告市场所占比例还是非常小的，尽管网络广告绝对数量不断增加，却不能撼动传统媒体广告的主导地位。技术的不断进步在时时刻刻改变人们的阅听习惯乃至生活习惯，我国的网民正在呈几何级数增长，接触网络的时间也越来越长，种种条件都为互联网广告的蓬勃发展创造了坚实的基础。自从1997年网络广告在中国出现以来，网络广告的增长幅度一直高于报刊、广播、电视等传统媒体。网络将与传统媒体融合，进行整合传播。目前公认的观点是，随着宽带网的普及，以流媒体技术为核心的网络视频服务将会成为下一个主要的网络广告载体。将电视广告和网络视频广告融合，即将网络视频广告作为电视广告的一部分，两者相互补充，寻求最佳的传播效果，也是未来网络广告的发展趋势之一。

未来的趋势是网络广告将与传统主流媒体合作，进行整合传播，但在高速增长的同时，也同样存在很多问题。虽然网络广告有众多优势，但是网络介质的特殊性也导致了大量的违法行为，虚假广告、欺诈性广告、不正当竞争广告等充斥网络，严重影响了交易当事人、消费者的合法权益，破坏了正常的经济、社会秩序。在未来的几年甚至更长时间里，对于网络广告的监管将是一个严肃的课题，这其中包括政府监管部门的立法和行业自律。

2.4.3 手机广告的现状及趋势

保罗·莱文森认为，人类有两种基本的交流方式：说话和走路。自人类诞生之日起，这两个功能就被分割，直到手机出世，才将这两种相对的功能整合起来集于一身。移动的通话工具渐渐具有信息传播功能，手机随身性成为手机媒体的首要特性。有人做了一个调查：“你出门后会为了什么再次回家？”亚洲人的首选答案是“去拿手机”，因为手机不能不带。手机成为我们随身必带物品，像吃饭、穿衣一样，融入了日常生活。

媒介又称媒体、媒质，是承载信息的载体。所谓手机媒介，就是借助手机进行传播的工具，而且是网络媒体的延伸。随着 4G 通信技术、计算机技术、信息网络技术的发展与普及，4G 时代的手机不再是简单意义上的移动电话，已经演变为一台集合多功能的智能化的综合性移动媒介，既拥有着 CPU、储存卡、内存、操作系统等计算机的本质组件，又利用着无线互联网的海量网络信息，使手机媒介成为继报纸、广播、电视、网络之后的新一代大众媒体，因而有学者形象地称它为"第五媒体"。4G 时代的手机媒介除了基本的通信功能以外，还囊括了新闻传播、音乐影视、娱乐游戏、生活购物、移动支付、移动虚拟社区、信息服务等附加功能，如今的手机媒介就像一张大网，正在整合着众媒体，是在媒介融合而诞生的新媒介，并将成为未来媒介发展的主要推动力量，手机媒介的作用与地位不断提升。

中国互联网络信息中心发布了《第 34 次中国互联网络发展状况统计报告》。其显示，截至 2014 年 6 月，我国网民规模达到 6.32 亿，其中手机网民规模达 5.2 亿，首次超越传统 PC，成为第一大上网终端设备。高通资深产品部经理姜波分享了一组数据，从 2012 年到 2014 年，移动通信市场呈爆发式增长，用户使用手机的平均时间在短短两年内提升了 65%，用户每天使用手机的平均时间也从 2011 年的 8 分钟提升到了 2014 年的 200 分钟，并且这一趋势还在不断增强。由此可见，步入 4G 时代的手机媒介的作用与影响力越来越强，在信息方面可以利用手机媒介取代电脑随时随地传递信息、浏览网页、收看视频直播等，生活方面可以利用手机轻松实现购物、打车、看电影、就餐、地图、导航等更多人性化的服务，工作方面可以通过手机媒体收发邮件、传递文件、营销推广等，学习方面可以下载各种学习资料或者 APP 应用软件来获取知识，手机媒介凭借着强大的功能作用深深地影响和改变着人们的生活方式与行为方式，因而有人形象地把手机媒体称为人的第三只眼。据调查统计，大多数人普遍认同一个人可以不用电脑但不能离开手机，当手机不在身边时，就会产生一种不安慌乱的情绪，仿佛与外界失去了联系而被孤立起来，这就是受众对手机媒介具有的强烈依赖性。如今步入 4G 时代，在通信技术与手机硬件技术的更新升级和手机媒介用户大幅激增的联合推动下，手机媒介的各项功能与潜力不断得到挖掘并深入应用到人们生活、工作、学习中去，使人们逐步养成一种难以改变的行为习惯，这就大大加强了人们对手机媒介的依赖性，因而在 4G 时代手机媒介将扮演更为重要的角色，并从而发挥其不可替代的作用。如果说过去的十年为互联网时代，那么今后的十年将是手机媒介时代。随着通信技术特别是 4G 业务的推出及手机硬件系统的不断升级，手机媒介自身巨大的优势显著体现出来，同时手机媒介的各种功能和潜力不断得到挖掘并广泛应用到人们的生活、工作、学习当中，深刻地影响着手机媒介使用者的方方面面，并且大大增强了受众对手机媒介的依赖性。手机支付、手机电子商务、手机理财、二维码、手机游戏、手机广告、手机视频、手机银行、手机定位、手机营销、手机通信、手机社交、手机打车、手机快递等众多功能集一身，几乎无所不能，人们出门将不需要钱包只需手机即可，它体现着与以往任何媒介不同的传播方式，可以预见到手机媒介将扮演关键角色并发挥其无可替代的作用。4G 背景下手机媒介人性化的传播方式和无可替代的优势代表着新媒体的发展方向。

手机媒介的基本特征是数字化，最突出的优势是携带和使用方便。同时手机媒介作为网络媒介的延伸，还具备网络媒介的交互性强、信息获取速度快、传播速度快、更新速度快等特征，这些特征使得手机媒介能够渗透到人类社会生活的各个方面，并深刻地影响人类传播活动。多媒体的传播形式，随着3G发展的成熟与4G时代的到来，手机的信息处理功能越来越强。手机的快速上网、拍照、录音、摄像已经成为最基础的配置，而且性能与稳定性在技术进步的推动下日益完善，多媒体手机已经成为主流。手机依靠Android、iOS、Windows等操作系统为平台从传统通话为核心功能演变为一台智能掌上电脑，在手机硬件技术升级与4G通信技术的双重推动下，手机信息处理和信息传播功能进一步加强，手机媒介整合了包括文字、图片、语音、视频直播、电子邮件在内的所有表现形式，这种具有立体效应的多媒体传播组合可以更加真实地反映报道的对象，给受众带来逼真而生动的体验，多媒体的传播形式被手机媒介发挥得淋漓尽致，手机媒介多媒体的传播形式代表着未来媒体的发展趋势和方向。

手机广告将赢得发展契机，4G使手机广告形式更加多元化。手机广告业务最初是在3G时代逐步在国内开展起来，凭借着传播范围广、交互性强、针对性强、受众数量可预测、实时、灵活、成本低、强烈的感官性等众多优越性，手机广告的巨大发展潜力越来越受到广告主的重视。但是手机广告受制于3G时代的网络限制与手机硬件不足等因素，3G时代的手机广告形式比较单一，主要是以手机短信广告、手机网址推送广告、手机报广告等形式为主，在创意方面也比较缺乏，并且无法保证完成高质量的传播与接收，因而在整个3G时代，手机广告一直处于萌芽发展阶段。随着4G网络的挂牌并迅速覆盖，4G手机也逐步走进千家万户，高达100Mbps的传输速率可以满足当前任何形式的手机广告业务，包括手机视频广告、手机网页广告、手机游戏广告、手机定位广告、手机社交广告等，极大地丰富了手机广告的表现形式，更加有利于充分发挥手机广告的独特优越性。自从阿里支付宝，腾讯QQ、微信，新浪微博等互联网手机平台在2015年春节纷纷推出抢红包活动以来，利用手机网络红包进行广告营销的形式正式诞生，并在春晚的舞台上出尽了风头。

4G使手机广告效果显著提升，由于2G、3G时代的手机广告形式单一、缺乏创意，并且广告随意投放，其内容也是毫无针对性，致使多数人都对手机短信广告、网址推送广告非常反感，往往不看一眼就直接删掉了，因而手机广告的效果非常差。而4G时代的手机广告形式越来越多种多样，这些多元化的手机广告形式与以往单一的短信、网址推送广告相比较，不管在表达效果方面还是在广告创意方面都有极大地提升。在4G网速的支撑下，手机高清视频中可以加入具有隐蔽性的植入式手机广告，在各类手机网络游戏的登陆与运行过程中插入手机广告，手机网页浏览过程中都可以加入图文、音频、视频形式的手机广告，手机社交过程中也可以利用自己交往的圈子来实现小范围的广告传播，例如微信的朋友圈就成为很多手机广告的阵地。除此之外，当前市面上主流的手机媒体屏幕普遍达到5寸以上，视觉效果显著提升。而且手机CPU处理器也达到4核或者8核，硬件性能更加强悍，能够保证手机广告的顺利传播与接收。手机广告能够借助手机媒介实现任何形式的广告投放，在手机硬件与网络软件共同满足的条件下，手机广告的效果将得到大幅提升。

手机广告受众资源更加丰富，据工信部数据显示，截至2014年年底，中国移动4G手机销售量已经突破1亿部，各式各样的手机种类超过700款，在4G牌照颁发的第一年就积累了近一亿的新用户，而3G发牌的第一年才仅仅1 000万新用户，前者比后者整整翻了10倍。从数据上就可以看出4G时代是智能手机的时代，4G用户的大范围普及为手机广告开拓了更加丰富的资源，在接下来的几年时间内，手机广告能通过多种多样的形式凭借这台巴掌大的手机媒介映入人们的眼帘。在4G时代，众多新业务的兴起将把传统媒体广告的优势集中在这个巴掌大的屏幕上，形成最具有融合性与整合性的手机广告。随着手机广告受众资源的不断丰富、手机广告的模式创新与传播环境的改善，广告主对手机广告市场的信心倍增，这让他们重新燃起对手机广告的投放热情，通过与网络运营商、通信公司的三方积极合作下手机广告将会走向一个腾飞的平台，4G时代的手机广告将由3G时代的萌芽阶段开始迈向快速发展的快车道。

手机媒介的营利方式更加多元化，促使电子商务爆发式增长。手机电子商务是指利用手机设备为载体，通过无线互联网的结合而构成的一个电子商务体系，是手机媒介营利链条的重要一环。它既是一个新兴产业，也是一个新的经济潮流，更是符合与培养人们新习惯的表现。手机电子商务是以手机为代表的移动设备技术和以4G为代表的无线网络共同形成的产物，因为它跨越了时空上的限制，能够随时随地借助手机来完成电子商务行为，有着无可比拟的优越性和便捷性，因而吸引了越来越多人使用。它不仅方便了使用者自身，很大程度上也刺激了消费，拉动了国家GDP的增长，并将在今后发挥更大的作用。

以天猫商城推出的双十一疯狂购物节为例，2014年11月11日，支付宝移动电子支付交易笔数就达到1.97亿笔，大多数都是通过手机来完成支付，这比2013年11月11日增长了336%，比2013年双十一全天交易笔数都要多。在交易额方面，阿里移动端的成交额也全面超越PC端，占总交易额近70%。天猫移动端75秒成交破亿元，而2013年是4分10秒。在天猫交易额破百亿元时，移动无线端占比达45.5%，而2013年为20%左右。从这一创纪录的数字背后可以看出通过手机完成电子商务活动越来越赢得人们的认可和青睐，更可以看出未来手机电子商务不可估量的巨大潜力。

促进手机增值功能营利能力大幅提升，在针对不同用户群和市场需求的作用下手机媒介催生出更多移动增值业务与服务功能，大幅度提升了手机媒介增值功能的营利能力。当前人们经常使用到的功能包括手机银行、手机支付、手机购物、手机理财、手机动漫、手机音乐、手机游戏等，这些移动增值业务与功能应用不仅满足了用户的各种需求，为人们带来更多的便利和好处，同时也充分挖掘了手机媒介的营利潜力，发挥出手机媒介的更多优越性，客观上也刺激了消费并促进了社会经济的发展。4G网络的到来不仅为手机媒介增值服务与功能应用提供了展示的平台条件，更代表了今后手机媒介发展的潮流。例如手机游戏在最初2G时代仅仅是“俄罗斯方块”“贪吃蛇”之类的画面简陋、规则简单的单机游戏，到3G时代发展到了2D类型的手机游戏。但受制于网速，那时的手机游戏都是采用联网需求较弱的游戏模式，即仅在关键数据交换或互动中才需要联网，大部分时间都是单机模式，这就限制了手机游戏的可玩性与交互性。而4G时代带来的高速网络把手机互联网游戏带到深度3D在线游戏时代，大大增强了手机游戏的互动性和可玩性体验。手机游戏玩家也不再需要满大街找Wi-Fi，也不用因为乘坐公交、地铁而担心网络问题。据《新京报》报道，在4G牌照发放后的几个交易日里，8

只手游概念股实现资金净流入，合计净流入资金达到 3.86 亿元，足以体现 4G 对手机游戏市场带来的“钱景”。因而无论对于玩家还是游戏开发商来说，4G 网络都将带来一场游戏盛宴。

手机广告将成为 4G 时代手机媒介主流营利模式，根据移动互联网消费中心的调查，步入 4G 时代的 2014 上半年有 25.2% 的用户为手机应用付过费。对没有付费的用户进一步调查，发现其中有 48.5% 的人未来愿意为手机应用付费。经过近几年的用户培养，中国的增值服务市场有所发展，商业潜力逐步释放。但相比应用付费，近七成手机网民表示更倾向于通过接收手机广告来避免付费情况。未来很长一段时间，基于广告的后向收费将依然是我国移动互联网的主流商业营利模式。例如力美科技的创始人舒义，借助手机广告行业的高速发展，仅在 2014 年一年的时间内就取得了 4 亿元广告费收入，净利润超过了 6000 万元，收入超出 2013 年 2 倍，并且实现了规模化营利。显然，4G 时代的手机广告大有可为，蕴藏着巨大的营利空间。

积极拓展手机电子商务营利模式的巨大空间，手机电子商务是指在移动无线网络的环境下，借助手机平台实现消费者的在线支付、购物、交易以及其他商务贸易活动，并将手机广告应用到电子商务的交易平台之中，有着非常好的广告效果。据艾瑞发布的报告显示，早在 2012 年第一季度，手机电子商务已经超过了手机移动增值业务，成为移动互联网最大的细分行业。随着 4G 网络的普及应用，手机电子商务的发展前景一片大好，手机电子商务的发展速度也将有一个质的提升。面对手机电子商务的巨大发展潜力，软件公司开发出越来越多的手机电子商务客户端，为消费者提供方便、全面、优惠服务的同时也为广告主搭建高质量的广告营销平台，手机电子商务模式无疑为消费者与广告商家带来了双赢。例如手机美团、手机淘宝等团购平台具有查询、购买、收藏、管理、退款、评价在内的功能，简单流畅的操作体验让手机用户随时随地享受便捷优惠的团购服务，用手指一划便可以把身边周围的消费信息了如指掌。如今团购客户端的功能越来越强大，消费种类囊括了服饰、数码、餐饮、住宿、娱乐、休闲、家居等所有领域，随着智能手机的普及和 4G 的广泛应用，利用手机电子商务进行消费已经成为一种时尚，并成为越来越多消费者的习惯。所以积极拓展手机电子商务营利模式是 4G 背景下手机媒介的重要营利点。

2.4.4 移动电视广告的现状及其趋势

随着新媒体数字技术和网络技术的发展，公交移动电视作为一种与我们生活息息相关的新媒体，获得了快速发展。公交移动电视广告作为一股新锐势力也已成为各商家竞相争夺的广告领域，并逐渐形成为新的经济发展引擎。

2014 年末北京市公共电汽车运营线路 877 条，运营线路长度 20 347 公里，运营车辆 24 083 辆，全年客运量 47 亿人次。北京市有轨道交通运营线路 18 条，运营线路长度 527 公里，运营车辆 4 688 辆，全年客运量 34.1 亿人次。出租汽车方面，全市 6.6 万辆出租车日客运量在 188 万人次左右。

上海地铁 2012 年全年客运量达 22.76 亿人次。2013 年 9 月 18 日，上海地铁日客流量达 867.2 万人次，为历史最高，而 6、8、9、10、11、13 号线均刷新了单线的客流新高，且2号线运营流量最为庞大。截至2013年12月29日，上海地铁全网运营线路总长首超600公里，增至617公里，车站共计366座（均含磁浮在内），运营规模列世界第一。

2016年11月，上海市对外客运总体平稳，当月完成旅客发送量1 428万人次：铁路708万人次（不含金山铁路）；公路271万人次；水路14万人次；航空435万人次。

2016年11月，上海市公共交通保持高位运行，完成客运总量近5.63亿人次，日均1 876.5万人次，同比上升1.1%，其中轨道交通日均客运量980.2万人次，占52.2%；地面公交日均客运量659.8万人次，占35.2%；出租汽车日均客运量222.5万人次，占11.8%；城市轮渡日均客运量14.1万人次，占0.8%。金山铁路客运量保持增长，完成客运量82.7万人次，同比增长22.7%，日均达2.8万人次。这些惊人的庞大人流量、长时间给移动电话广告提供了巨大的空间。

移动电视首先出现在新加坡，2001年新加坡率先在1 500辆公交车上使用移动电视，随后迅速普及到中国香港、台湾等地。2002年10月，上海出现了中国内地第一批公交车上的移动电视，率先完成了上海市4 000辆公交车的显示屏安装。

所谓移动电视，又被称作数字电视地面广播，和普通模拟电视一样，两者都是通过电视台设置的天线，发射无线电波覆盖电视用户，客户通过接收天线和电视机收视节目。但与普通模拟电视传输模拟信号不同，移动电视传输的是数字信号，不仅图像质量更加清晰，而且只要具备接收条件，不管信号强弱，接收效果都一样好。由于移动电视可以作为广告的播放载体，覆盖的范围又广，移动电视广告越来越受到广告主的青睐。2009年上半年，中国移动电视广告收入达到7.88亿元，同比增长56%。移动电视有多种应用方式，比如信息服务、娱乐服务、通信服务、监控服务、定位服务等，不同需求在催生更多内容提供商的同时，也促使对产业链的各个环节进行营销捆绑和整合，实施商业开发。数字电视也将带动中国的车载移动电视产业升级。随着数字化平移工程的顺利进行，地面数字电视技术的进一步完善，设备提供商在终端设备上的技术进一步成熟和应用，互动增值、个性化服务等各种新兴服务内容必将有效地改善目前的营利模式，"广告+收视"的新兴营利模式将会变得更加精彩。

2.4.5 其他形式广告的发展

1. 楼宇广告

2003年，在广告业摸爬滚打了10年的江南春以楼宇电视开创了一个全新的广告传媒。两年时间，分众传媒把中国商业楼宇联播网从上海扩展至全国四十多座城市，日覆盖数千万中国中高收入人群，使广告最经济、最有效地传播给了经过细分后的目标受众。如果说2004年前当楼宇电视作为一个全新的媒介载体亮相时，还有许多人对其市场前景和营利可能持有怀疑态度的话，那么三年后楼宇电视所募集到的国际资金和广告收入的突飞猛进都给整个传媒市场带来了前所未有的冲击。楼宇广告相对于传统的户外广告，加入了音频和视频等多种元素，使得它更具表现力。LCD放置在强制性收视区，而且在商业楼宇中仅有一个频道，同时LCD底部实时新闻滚动与精彩时尚的广告相互穿插融合，形成很高的广告关注度；而且分时段播出，能够精准地锁定受众，提高广告信息的到达率。因为当人们处于这种信息真空的区域时会感到无聊，这时只要有一点信息，就能激活其注意力和兴趣，这时楼宇广告就起作用了。

2. 游戏广告和广告游戏

2009 年，除了继续通过电视广告、店内促销等宣传乐事 100% 天然土豆概念之外，乐事首次采用互联网流行的应用程序（Application，简称 APP）进行植入式推广，通过互动的形式与网民进行乐事薯片 100% 天然土豆概念的深度沟通。游戏是人们生活中不可缺少的一个部分，网络游戏也是众多年轻人休闲娱乐的首选活动，在游戏中植入广告也成为当今广告的一种发展趋势。自 2006 年下半年起，盛大开始与上海大众合作，在游戏内做虚拟推广，结果发现效果良好。“试点结果表明，采取适合的形式，游戏中的广告也会受到玩家的欢迎。”游戏开发商可以向广告主提供多种可选的广告投放形式，如游戏内公告提醒、服务器冠名、任务设定、固定位置广告等。在收费上，游戏广告也放弃了点击收费模式，采用时间收费的模式。众所周知，游戏是一项互动性很强的活动，这也是广告主所看重的，游戏广告的受众是网络游戏玩家，而且他们活动于游戏服务器中，广告主可以直接听到游戏玩家对产品及厂商的建议。

另一种形式是广告游戏（advergame），这是一种为了起到广告宣传作用而设计开发的互动游戏产品。广告游戏的核心理念是将游戏作为一种广告载体进行开发，使消费者通过玩游戏而接收到广告主想传达的广告信息。广告游戏中的广告信息则是通过前期的创意策划，在游戏的故事背景、人物和场景设计，以及游戏中出现的互动情节、道具物品、人物对话等细节处体现出来的。相对于当前许多网络广告“硬推”式和“狂轰滥炸”式的宣传模式，广告游戏的互动性和娱乐性使它可以引起消费者的自发关注和主动参与，吸引消费者主动寻找广告游戏来玩。而且在这一过程中，消费者不会像对传统

网络广告一样，产生抵触和反感情绪，因此可以达到一种很理想的广告传播效果。

根据 Jupiter Research 于 2005 年公布的调查数据，全球广告游戏的潜在受众数量有 1.05 亿，其中 50% 的受访者在一款广告游戏上平均花费约 25 分钟的时间，90% 的受访者是通过朋友发来的挑战链接或 E-mail 参与到游戏中的。这些数据无不显示出广告游戏潜在的巨大广告价值。

3. 博客广告

博客广告是一种新型的网络广告形式，是博客商业化的结果。它具有针对性强、交互性强、时效性强、传播能力强等优势。《纽约时报》网络版称，尽管博客网络的广告价格无法与传统媒体的广告相比，但在杂志广告收入日渐下滑的同时，博客网络（blog network）却在广告方面收获了真金白银。博客网站起源于原《金融时报》记者尼克·邓顿（Nick Denton）于 2002 年创办的 *Gawker Media*，该博客网络成长迅猛，邓顿目前运营着 8 家博客网站，每月访问用户数超过 200 万，有 150 多名全职和兼职员工。

2005 年 11 月底，和讯与国内著名 IT 写作社区 Donews 的总编辑洪波签署为期三个月的广告合同，在其博客上投放广告，这是国内首次针对个人博客投放广告，尽管此广告不久就撤销了，但仍然是一次有益的尝试。按照广告发布载体的不同可以把博客广告分为两种，一种是在博客网站上发布的普通网络广告，一种是以博客形式发布的广告。前者的主要形式有幅式广告、插页广告、富媒体式广告、关键字检索广告、广告游戏等，发布方法是直接将这些广告挂在博客网页上；后者是将广告内容制成文字、图片、视频、音频等直接贴在博客上面，成为博客内容的一部分。

根据博客可以将受众细分的特点，其广告投放更具有针对性。例如，很多博客网站都按照类别建立了博客圈，博客广告可以对目标受众进行专门发送，加上其特有的口碑效应，使得口碑营销更加容易渗透到已有的博客人际圈子中去，从个人博客网站上发布的广告，更具有可信性，因此浏览者往往喜欢选择这些产品和服务。

另外，博客广告的广告主、发布者和广告受众都可以通过网络实现互动，受众可以有选择地获取他们认为有用的信息，广告主和发布者也可以随时得到用户的反馈信息，适时修订广告策略。加上现在博客与手机的联合，使博客的时效性更强，手机博客和微博客缩短了信息发布的时间，用户可以随时浏览到最新的广告信息。而且广告一旦出现问题还可以随时更新修改。但这种新型的广告形式也存在很多问题，根据《广告法》规定，博客作者本身不具备发布广告的资格，博客网站也只有办理广告经营登记之后才能发布广告。这就要求博客作者、广告主、网站之间达成协议，协调解决这一问题。由于博客的开放性与自由性，将会有更多的人加入到博客的阵营中来，从而为博客广告提供更广泛的信息来源。按照博客的发展趋势，大众化博客的商业价值不会太大，而专业化的博客则具有巨大的商业潜力，营利最多的将是专业类博客。

4. 植入式广告

“植入式广告”（product placement）是指把产品及其具有代表性的视听品牌符号融入影视或舞台产品中，给观众留下相当深刻的印象，以达到营销目的。说简单一点就是在电影电视中将道具换成需要做广告的商品，并且反复出现，使消费者在观看电影和电视的时候接受广告信息。常见的广告植入物有商品、标识、招牌、包装、品牌名称以及企业吉祥物等。从目前所见各种媒体内容的植入方式来看，我们可以将植入式广告分为四种运作模式：场景植入、对白植入、情节植入和形象植入。有据可查的最早的植入式广告，是1951年由凯瑟琳·赫本和亨弗莱·鲍嘉主演的《非洲女王号》，其中明显地出现了戈登杜松子酒的商标镜头。后来这种方式越来越被广告主认可，运用的技巧也越来越娴熟。如追求爱情和华服美鞋的《欲望都市》中主人公 Carrie，购买昂贵的 Manolo Blahnik 牌的鞋子，她的经典名言“爱情会逝去，但鞋子永远都在”不止一次地表现出她对 Manolo Blahnik 的迷恋。影片中还设计了一个场景：Carrie 被抢劫，苦苦哀求匪徒不要抢她的 Manolo Blahnik 鞋子，后来被抢走之后非常苦恼。剧中最重要的一款鞋来自 Manolo Blahnik 出品的蓝色绸缎鞋，男主角 Mr. Big 拿着它向 Carrie 求婚的镜头足以让这双鞋身价倍增，这些场景的设计都是植入式广告。当年6月9日在纽约的 Manolo Blahnik 门店内开始出售这双鞋，定价为885美元。植入式广告不仅仅是在电影电视中展现了产品款式和标识，更重要的是宣传了一种理念，“年轻的女孩你想像 Carrie 一样美丽吗？那就穿 Manolo Blahnik”或是“苦苦追求爱情的女孩们，爱情没有鞋子靠得住”，这种理念的灌输正是植入式广告的精髓。植入式广告的运作，是利用影片或明星的效应，将品牌置于时尚元素当中，在唤起注意或提醒的同时，强化品牌联想、塑造品牌偏好和独特的品牌心理，争取到消费者的认同与好感，是消除消费者离心倾向和逆反心理的一剂良药。植入式广告充分利用了受众对仰视客体的依赖和顺从，悄然完成了对受众从心理到行为的改造。电影制造了明星，明星的示范作用带有一种天然的影响力，不经意间便俘虏了观众，也就俘虏了消费者。植入式广告作为一种媒介文本，寓意识形态及价值观于文本之中，通过影视媒介悄无声息地影响受众的消费形态，培养了受众的“消费共同意识”，这就是植入式广告的魅力所在。

Carrie 在剧中穿着 Manolo Blahnik 鞋子

在我国，有人说2005年是植入式广告年，其中冯小刚导演的《天下无贼》，有人戏称这部影片里“广告比贼还多”。据悉，影片中共出现了中国移动、佳能等12家全程赞助商，广告投入2 400多万元，加上荣誉赞助等其他项目，广告收入高达4 000万元，而《天下无贼》投资成本为3 000多万元，宣传费用约2 000多万元，影片上映后更是取得了8 000万元票房的骄人成绩。《天下无贼》影片中，一对贼男女为了勒索一

富翁，刘德华扮演的男贼用佳能摄像机摄下富翁对女贼的不轨举动；在西藏的寺庙，男贼窃得一大袋手机，镜头扫过的都是诺基亚；男女主角互发短信用的也是诺基亚；列车上的警察利用 HP 的笔记本电脑进行无线上网，并下载疑犯的照片，再通过佳能的打印机将疑犯的照片打印出来……与传统的广告形式相比，植入式广告更加具有隐蔽性，它更加类似于一种口碑传播，但是这种传播要比普通的人际传播来得更快一些，它所利用的恰好是电影中梦幻的场景和明星这种具有特殊影响力的人群。植入式广告是商业电影与广告业尝试的捆绑销售，这种尝试已经逐渐成为几方认可的商业运作模式。这种模式打破了各行业的界限，形成各个行业之间的联盟。

经典案例导读

来自故宫的段子手——“故宫淘宝”

2015 年是故宫博物院建院 90 周年，作为 90 周年系列展的重头戏之一，“石渠宝笈特展”于 9 月 8 日在故宫博物院开幕。此次特展分典藏篇和编纂篇，共展出故宫书画藏品 283 件，其中有诸多国宝级展品，如东晋顾恺之的《列女图》、隋代展子虔的《游春图》、北宋张择端的《清明上河图》等。其中，最受公众关注的《清明上河图》将全卷 528 厘米铺开陈列，实属难得，上次全本展出还是在 10 年前故宫 80 岁生日之时。大量游客翘首以盼、慕名而来，八千多人排长队参观，微博上也掀起故宫观展热。截至 9 月 14 日，“故宫博物院”发起的微博话题“石渠宝笈特展”阅读量已高达 1 271 万，讨论量达 1.3 万。

翻看“故宫淘宝”最初的微博，阅读量大多都不超过 100，同样地，其微信公众号的阅读量也并不是很多。早期“故宫淘宝”的微博和其微信公众号“画风正常”，通常是在正经地科普故宫文物的知识和推荐故宫的周边产品，可是这并没有获得预期的关注量和销量。这种情况大约持续了一两年，到了 2014 年底 2015 年初，“故宫淘宝”开始获得广泛关注。

随着互联网的发展，网络购物的兴起给了消费者一种新的选择，博物馆开始在淘宝上贩卖文化产品，而故宫也通过这种方式开辟了新的周边销售道路。

2008 年 12 月 10 日故宫淘宝店正式创建；2010 年 11 月 10 日“故宫淘宝”微博帐号开通并发出第一条微博；2013 年 9 月“故宫淘宝”紧跟潮流开通了微信公众号并通过此渠道推荐各种产品。故宫在大众眼里的印象是庄严肃穆的，“故宫淘宝”虽然紧跟互联网潮流开通淘宝店、建立微博和微信公众号等能跟广大网民密切沟通的渠道，但因其刻板、严肃、庄重的形象，一开始并没有得到网民的关注。

"故宫淘宝"刚开始建立的那两年，其大多是售卖一些与故宫有关的中国王朝元素的产品，但是没什么创新，相当于在一件普通的产品上套上了"故宫"的外衣，可以说是旧酒装新瓶，再加上故宫固有的严肃形象，因此并没有得到网民的关注。到了2014年底2015年初，"故宫淘宝"就开始发展更多的产品，例如"微服出巡行李牌""御前侍卫便签夹"等，产品跟形象更加贴切且产品的形象偏向"萌系"风格，看上去更加有趣了。再配合微信公众号、微博的发展，其淘宝店的销售量有了很大的提升。

跟着产品变化的同时还有微信公众号、微博的内容，可以说从2015年开始，"故宫淘宝"的微信、微博风格越来越偏向于"卖萌耍贱"。2015年1月29号，"故宫淘宝"微信公众号发表了一篇名为"她比四爷还忙"的推文，文中采用了当时因电视剧而很红的一个元素"四爷"，也就是雍正皇帝，实际上是推销"故宫淘宝"的新款骨瓷杯。与此同时，其微博的风格也开始改变，除了推销产品和科普知识之外，还会对古画和人物进行一些无关紧要的恶搞，使得他们与网民的距离更加贴切，这个时候，"故宫淘宝"微信公从号、微博的关注量日益增多。

2015年11月，一条内容为"爱是一道光"的微博被转发近三万，一个名为"故宫淘宝"的微博账号，强势进入网民们的视野。人们惊喜地发现，原以为端庄严肃"高大上"的故宫博物院，不仅有自己的淘宝店，而且画风竟然是如此"接地气"。

2013年5月，故宫首个APP"胤禛美人图"上线，作为先驱的试水产品，"故宫淘宝"选择了擅长的文物鉴赏类，美人屏风都能随指而动。上线两周这款APP的下载量便超过20万，还获得了"2013年度精选优秀APP"。

2014年4月发布的"紫禁城祥瑞"APP，在延续了"胤禛美人图"的精美风格、引导公众欣赏和教育公众的基础上，增加了更多的互动体验和趣味性，观众可以"DIY"自己的瑞兽并分享。"紫禁城祥瑞"APP入选了APP Store"六月最佳应用"，荣获APP Store"2014年度精选优秀APP"。

案例分析

从近两年故宫淘宝店的销售量，微信公众号及微博的关注量、阅读量的增长不难看出，"故宫淘宝"在新媒体方面的营销是成功的，那么其团队是怎么逐步取得成功的呢？

1. 丰富的网络语言和精彩的表现风格

2010—2014年的"故宫淘宝"还只是一个普通营销号，"画风正常"，每日发表关于故宫的文章，偶尔发一点表情，跟不上时代的热点，说的话语平淡无味，无法吸引网友的注意，犹如没有网络经历的中年人。但在更换了微博营销团队人员后，"故宫淘宝"的"画风"突变，一时之间，各种网络用语喷涌而出，运用在"故宫淘宝"的日常微博之中。"没想到你是这样的粉丝""陷入了沉思""给你一个窜天猴"等平日里活跃在各大热门微博的网络词语，突然出现在了严肃的"故宫"微博中，让网友大吃一惊的同时，也对这个微博产生了浓厚的兴趣，自然也会看到置顶的淘宝店铺的链接，并进去一探究竟了。

2. 用互联网语言包装

互联网语言，既要赶得上潮流，又要用得准确。“故宫淘宝”对网络语言的运用是很好的成功典范。

“故宫淘宝”精彩的表现风格也是它“吸粉”的一个重大原因。“傲娇”“中二”“卖萌”，这些“二次元”词语用在它身上毫不夸张。秉承着“逗比”的风格，走出一条被网友称为“深井冰”的路线，每条微博下面都有大量的网友在喊着“快吃药”“设计师又疯了”。

2016年3月3日发出的，“给大家介绍一下这个微博‘故宫淘宝’”中，使用九宫格的形式，用九张图片自我嘲讽了一番，对此，网友也表示非常喜爱这种风格。

3. 颠覆传统

在我们一直以来的印象之中，故宫是庄严神圣而不可侵犯的。提起“故宫”二字，脑海中尽是红墙绿瓦，森严的守卫戒备，古色古香的皇家庭院，以及博物馆一般的展柜标牌玻璃柜。但“故宫淘宝”转型首先做的一件事情，就是颠覆我们的传统观念。

先是制作出Q版的皇帝、格格植物盆子，再是在广告软文中，将明英宗朱祁镇变成一个大头皇帝，崇祯皇帝朱由检是运气不好的“小倒霉”，顺治皇帝爱新觉罗·福临则摇身变成为爱痴狂的男子……2015年11月3日，“故宫淘宝”发了一组历史人物图，李清照抛媚眼比剪刀手，康熙戴眼镜手拿玫瑰，摆出花朵、剪刀手等经典自拍姿势，完全颠覆传统观念。

4. 频繁的粉丝互动

“故宫淘宝”另一个“接地气”的地方，就在于它与网友的互动非常积极、频繁。许多时候，网友@它们的微博，都会被“翻牌子”，使用幽默的语言转发并回应。

比如2016年年初的时候，许多国外知名的奢侈品品牌都使用了中国元素设计服装和饰品，但因为设计都比较丑陋，引发全微博的吐槽。华伦天奴设计的一条金龙刺绣的衣服被网友转发并问“故宫淘宝”是否其发疯了的设计师参与设计，对此，“故宫淘宝”选择转发并评论：“别艾特我，辣眼睛。”既回应了粉丝，也站在了舆论导向中，拉近了与网友的距离。

此外，“故宫淘宝”还常常举办微博抽奖活动。众所周知，微博抽奖是最好的增加粉丝、增加微博阅读量的方法。微博博主可以选择抽奖规则，在强制规则下，网友甚至必须“成为博主的粉丝并同时提到自己的三个好友，评论加转发”，才能获取抽奖资格。所以一般来说奖励丰厚的微博，会被转发上万次。而“故宫淘宝”在2016年3月3日发出的一条抽奖活动，被转发高达38 000次。

5. 6P营销策略组合

“产品（Product）、定价（Price）、渠道（Place）、促销（Promotion）、权力（Power）和公共关系（Public Relations）”组成6P营销策划组合，在“故宫淘宝”的创立过程中，权力和公共关系显得尤为重要。故宫是中国历史上十分重要的一个部分，给人的印象是神圣不可侵犯的，而其中的文物，所代表的中国历史的传承更不是可以随便用来

“开玩笑”的。而“故宫淘宝”则是故宫授权，由故宫工作人员进行运营的店，这就排除了来自政治方面的阻碍，令“故宫淘宝”在创作和宣传时受到阻碍变小，创作人员的创作也更加放得开，打破了故宫刻板的印象。同时，因为淘宝的产品质量参差不齐，版权观念不是十分明确，将故宫的文化产品放到淘宝店上售卖可能会被山寨、模仿，因此，在淘宝店售卖故宫文化产品得到了政府的授权之后，售卖和创作的过程就会变得简单。同时，故宫内设立专门售卖这些创意产品的商铺，线下线上同时进行售卖，故宫变得“萌萌哒”自然而然能吸引到很多喜欢中国古老文化的年轻消费者。

此外，由于故宫淘宝店的名气越来越大，也就有厂家准备上门合作。

在 2016 年 1 月份的一条微博中，有网友提到海尔公司可以和故宫淘宝店合作，推出外观是“冷宫”的迷你冰箱。“故宫淘宝”积极转发海尔公司的微博，转发语气如同老朋友间调侃一般。据悉，这个冰箱最后由海尔制作出来并赠送给了提出这个想法的网友。这一事件一时之间在微博上疯传，海尔和故宫博物院都得到了很好的宣传效果。

“故宫淘宝”的文化产品在同款遍地的淘宝网上具有很大的优势，因其是故宫授权创作制作，也因为它包含着中国传统的故宫文化的同时，不乏潮流元素。利用淘宝店打破时间空间的限制、通过微信微博获取用户量，“故宫淘宝”在创新和新媒体的营销上十分成功。

案例讨论

1. “故宫淘宝”营销成功最重要的因素是什么？
2. “故宫淘宝”与传统文化有什么关联？

3 广告学基本原理

广告是科学与艺术的结合，是市场经济发展到一定阶段的产物，广告学随着市场经济的发展而不断完善与成熟。广告学又是一门实践性、操作性极强的学科，广告学应该时刻注意广告活动实务，从广告实践中总结出具有实践意义的广告理论，再进一步对广告活动进行有效指导。

只有学习和了解了广告基本原理，掌握了广告活动规律，才能更好地从事广告相关活动，才能更好地在市场经济环境下为政府和企业服务。

3.1 USP 理论

3.1.1 什么是 USP 理论

20 世纪 50 年代初，罗瑟·瑞夫斯提出独特销售主张理论（Unique Selling Proposition，简称 USP），这是广告发展史上最早的一个具有广泛深远影响的广告创意理论。

该理论有三条原则，即每则广告都必须向顾客提出一个主张，这个主张必须是竞争对手所不具有或不曾提出的，并且必须有足够的促销力来打动顾客。其中，寻找产品或服务的独特点是 USP 理论的根本。

3.1.2 USP 理论的三要点

（1）强调产品具体的特殊功效和利益——每一个广告都必须对消费者有一个销售的主张。

（2）这种特殊性是竞争对手无法提出的——这一项主张，必须是竞争对手无法也不能提出的，必须是独特的。

（3）有强劲的销售力——这一项主张必须很强，足以影响数百万的消费者。

达彼思广告公司为 M&M 巧克力创作的广告“只溶在口，不溶在手”，很好地诠释了瑞夫斯的 USP 理论。它既反映了 M&M 巧克力糖衣包装的独特性，又暗示 M&M 巧克力口味好，以至于我们不愿意使巧克力在手上停留片刻。

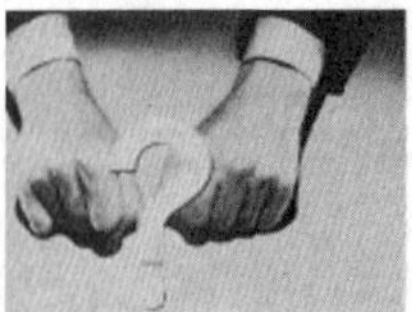

20世纪90年代，广告发展到品牌至上的时代。瑞夫斯重新审视USP，继承并发展了这一理论，即USP的创造力在于揭示一个品牌的精髓，并强有力地证实此品牌的独特性，使之变得所向披靡，势不可当。一般来说，很多领域，如果竞争尚处于初级阶段的话，都可以通过USP迅速获得突破性成果，但是竞争程度与层次一旦升级，USP战略就有问题，原因是科技更新很快，竞争对手“模仿”的速度也很快。

3.1.3 USP理论的核心

USP理论的核心是独特性，无非就是要有独特的销售主张，即“卖点”——独特的，强有力的，产品能够提供给消费者的利益承诺。

无数的案例表明，成功的广告能使推出的产品走红市场，原因之一就在于这些广告善于为产品找准“卖点”，能够找到说服消费者的理由。尤其在当今这样一个产品同质化现象严重、数不胜数的产品和广告信息充斥于我们生活的社会，广告想要获得消费者的关注、品牌想要脱颖而出，获得消费者的认可，就必须要有能够打动消费者的“卖点”。

企业应运用USP理论，找出产品的独特之处，确定产品能够为消费者带来利益承诺，或者让消费者获得特有的情感享受。例如，占据国内纯净水市场份额前三位的品牌，在广告诉求方面，都具有明显的差异化，各有各的独特卖点：

娃哈哈：爱的就是你，不用再怀疑。(感性诉求，打情感卖点)

农夫山泉：有点甜。(新奇的概念，独特的产品感受)

乐百氏：二十七层净化。(理性诉求，先进的净化技术，科学严谨的生产监控)

3.1.4 USP理论的案例运用

可口可乐果粒奶优

“果汁加牛奶”的乳品饮料是近几年才发展起来的新饮品种类，目前这一领域在整个果汁市场中所占市场份额并不大，而且江湖座次早已排定——借助“营养快线”最早切入这个市场的娃哈哈一枝独秀，占据70%的市场份额，当后来者可口可乐伺机进入强敌环伺的乳品饮料市场时，可口可乐借鉴了果粒橙的成功经验，推出“果粒奶优”，提出“富含椰果粒”的独特产品诉求，对消费者承诺了一个重要的利益点，给消费者一个实实在在的利益承诺，而这恰恰是其主要竞争者娃哈哈所没有的，是独特的，取得了消费者的认可。

3.2 品牌形象理论

每一则广告都是对品牌印象的长期投资。

——大卫·奥格威

3.2.1 什么是品牌形象论

品牌形象论（brand image）是大卫·奥格威（David Ogilvy）在20世纪60年代中

期提出的创意观念。品牌形象论是广告创意策略理论中的一个重要流派，是对 USP 理论和定位理论的一大融合。在此策略理论影响下，产生了大量优秀的广告，成功塑造了许许多多著名品牌。

大卫·奥格威认为，品牌形象不是产品固有的，而是消费者联系产品的质量、价格、历史等形成的对产品的一种独特认识。此观点认为，每一则广告都应是对构成整个品牌的长期投资，因此每一品牌、每一产品都应发展和投射一个形象。形象经由各种不同推广技术特别是广告传达给顾客及潜在顾客。消费者购买的不只是产品，还有承诺的价值和心理利益。在广告中诉说的产品所代表的符号价值，对影响消费者的购买决策常比产品实际拥有的物质属性更为重要。

罗诺兹和刚特曼从品牌策略的角度提出："品牌形象是在竞争中的一种产品或服务差异化的含义的联想的集合。"他们还列举了品牌形象操作的策略性途径：产品认知、情感或印象、信任度、态度、形象个性等。

斯兹提出，品牌应像人一样具有个性形象，这个个性形象不是单独由品牌产品的实质性内容确定的，还应该包括其他一些内容，至此对品牌形象的认识进入到品牌的个性层次。

大卫·奥格威认为，广告不是娱乐，而是要提供信息；促使顾客购买的不是广告的形式，而是广告的内容。这个广告的内容是什么呢？按照形象理论观点，这个内容就是包含着创意（creative）的个性形象。

品牌形象论的核心就是要为企业塑造长期稳固而且是独特的品牌形象，那么，怎样才能成功地树立品牌形象呢？

3.2.2　品牌形象论的基本要素

品牌形象论的基本要素如图 3－1 所示。

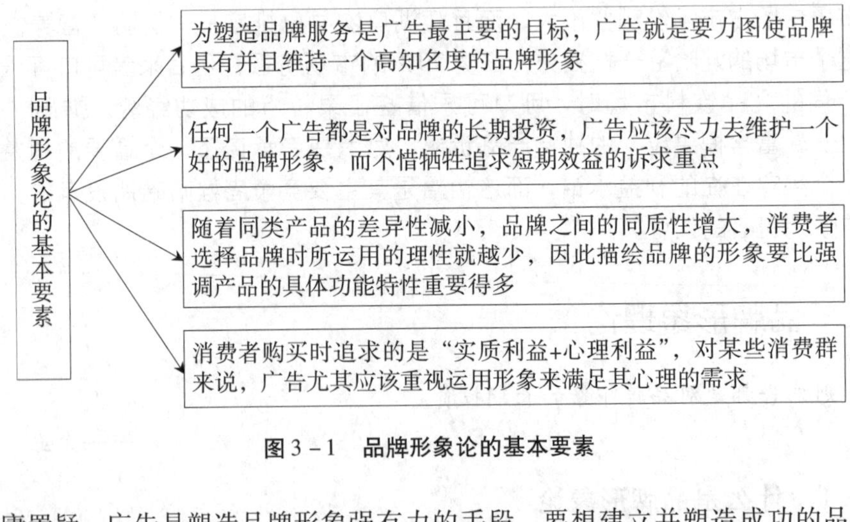

图 3－1　品牌形象论的基本要素

毋庸置疑，广告是塑造品牌形象强有力的手段。要想建立并塑造成功的品牌形象，企业除了要提供优质的产品和服务以外，还应该充分了解市场状况和消费者需求，制定科学合理的品牌形象战略，利用广告、公关、促销等手段，不断宣传品牌形象，并始终如一地维护和强化品牌形象在消费者心目中的地位。

塑造一个成功的品牌形象，获得尽量多的品牌忠诚用户，实现企业价值最大化，应该是企业真正追求的目标和任务，是在产品和技术之上的。

3.2.3　品牌形象评判类型

品牌形象可以用量化的方法来考察。常用以度量品牌形象力的指标有两项：一是品牌知名度，二是品牌美誉度。但我们认真研究发现，品牌形象的评判类型还应该进一步加大加深，包括品牌关注度、品牌认知度、品牌认可度及品牌忠诚度等。

1. 品牌知名度

品牌知名度是指品牌被公众知晓的程度，是评价品牌形象的量化指标。考察知名度可以从三个不同角度进行，如图3－2所示。

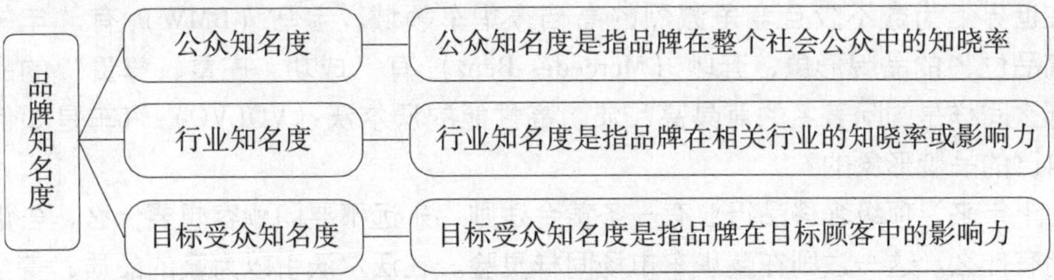

图3－2　品牌知名度的考察内容

2. 品牌美誉度

品牌美誉度是指品牌获得公众信任、支持和赞许的程度。对美誉度的考察也可从公众美誉度、行业美誉度、目标受众美誉度三个方面进行。品牌美誉度反映出品牌对社会影响的好坏。

3. 品牌关注度

品牌关注度是指品牌引起公众注意的程度，主要指品牌在与公众接触时的引人注目程度。品牌要想获得成功，赢得大量的消费者，首先必须引起人们的关注。

4. 品牌认知度

品牌认知度是指品牌被公众认识、再现的程度，某种意义上是指品牌特征、功能等被消费者了解的程度。企业不能让消费者只是单纯地停留在对品牌表面的认识上，或者只知道这个行业里存在这个品牌、名气挺大，而应该让消费者进一步对品牌有深刻的认识，了解品牌的核心理念、品牌拥有的价值、品牌所代表的企业文化乃至与品牌相关的一切信息。

5. 品牌认可度

品牌认可度主要包括公众对品牌产品使用的选择程度，对品牌价值、品牌经营理念以及企业文化的认同程度。企业一定要努力争取更多的公众尤其是目标消费者对品牌的认可，达到尽量高的品牌认可度。

6. 品牌忠诚度

品牌忠诚度主要指公众对品牌产品忠诚使用的程度，是指消费者对品牌形成的稳定牢固的归属感。衡量一位消费者的品牌忠诚度，可以看该消费者是否已达到任品牌的其他竞争者怎样拉拢都不动摇，而非选择该品牌不可的地步。甚至当品牌暂时出现一些问题或杀出若干个强有力的竞争者，消费者依旧对该品牌持有信心、不离不弃。塑造品牌形象的最终目的是要形成并强化消费者的品牌忠诚度，这是品牌实现价值最大化的重要来源。

3.2.4　品牌形象理论的案例运用

VOLVO 轿车的“安全”品牌形象之道

每一个成功的品牌都有属于它的品牌个性，这个品牌个性所带来的品牌形象已经在消费者心目中占据一个稳定统一的位置。

在世界上为数不少且竞争激烈的高档豪华车领域，宝马（BMW）有“年轻、活力、高品位”的品牌形象，奔驰（Mercedes-Benz）有“成功、庄重、尊贵”的品牌形象，那么同样是国际著名的兼具高品质、高性能的沃尔沃（VOLVO）汽车是如何成功塑造自己的品牌形象的?

几十年来，顶级奢侈品行业有一条黄金法则：永远不要问顾客想要什么，告诉他们应该拥有什么。这一法则在豪华车市场同样灵验。在沃尔沃引以为豪的品质、安全和环保的三大核心价值中，安全是沃尔沃强调得最多的。

国际著名的 VOLVO（沃尔沃）汽车素以“安全”为广告诉求，数十年不变。这也成了品牌耳熟能详的个性。那 VOLVO 的广告又是如何形象、生动地表达“安全”的呢？1996 年，它以“安全别针”的单纯创意获戛纳广告节平面广告全场大奖。广告在极大留白版面中用大型安全别针曲成汽车的外形，大标题是“你可信赖的汽车”。1997 年，又见 VOLVO 戛纳获奖的力作：一位面露微笑，神情安然自怡的婴儿躺在母亲硕大的双乳间，“安全感”油然而生。在瑞典，沃尔沃的广告词是“像你恨它一样驾驶它”，这句恶趣味的广告词将沃尔沃的安全性和耐用性淋漓尽致地体现了出来。

“对沃尔沃来说，每年都是‘安全年’”，这句话源于沃尔沃的一则广告。沃尔沃的安全历史显示：这种说法毫不夸张。自公司于 1927 年成立至今，沃尔沃已推出大量具有前瞻性的安全发明。沃尔沃的安全理念始终以关注人身安全为准则。

沃尔沃的创始人 Assar Gabrielsson 和 Gustaf Larson 曾说过：“车是人造的。做任何事情，沃尔沃始终坚持一个基本原则：安全。现在是这样，以后还是这样，永远都将如此。”

长期形成的口碑确实为沃尔沃打造了“世界上最安全的轿车”的形象，不少人认为，即便未来有其他汽车的安全性能超过沃尔沃，它也难以取代沃尔沃的位置。因为沃尔沃早已成为汽车领域“安全”的代名词。

沃尔沃“安全·游戏”系列广告

安全——永远是沃尔沃汽车广告的最重要主题，安全就代表着其在消费者心目中“坚固，质量牢靠”的品牌形象。

3.3 广告定位理论

所谓定位，就是令你的企业和产品与众不同，形成核心竞争力；对受众而言，即鲜明地建立品牌。

——杰克·特劳特

所谓定位，就是让品牌在消费者的心智中占据最有利的位置，使品牌成为某个类别或某种特性的代表品牌。这样当消费者产生相关需求时，便会将定位品牌作为首选，也就是说这个品牌占据了这个定位。

——特劳特（中国）品牌战略咨询有限公司总裁 邓德隆

3.3.1 定位理论

定位（positioning）是由著名的美国营销专家艾尔·里斯（Al Ries）与杰克·特劳特（Jack Trout）于20世纪70年代早期提出来的。当时，他们在美国《广告时代》发表了名为“定位时代”的系列文章，正如他们所说：“广告已进入一个以定位策略为主的时代。”

按照艾尔·里斯与杰克·特劳特的观点，定位是从产品开始的，这里的产品可以是一件商品、一项服务、一家公司、一个机构甚至于一个人，也可能是你自己。定位并不是要你对产品做什么事情，而是你给产品在未来潜在顾客的脑海里确定一个合理的位置，也就是把产品定位在你未来潜在顾客的心目中。定位可以看成是对现有产品的一种创造性尝试。“改变的是名称、价格及包装，实际上对产品则完全没有改变，所有的改变，基本上是在作修饰而已，其目的是在潜在顾客心中得到有利的地位。”

3.3.2 广告定位理论的发展

广告定位理论的发展共经历了四大具有时代代表意义的阶段，如图3－3所示。

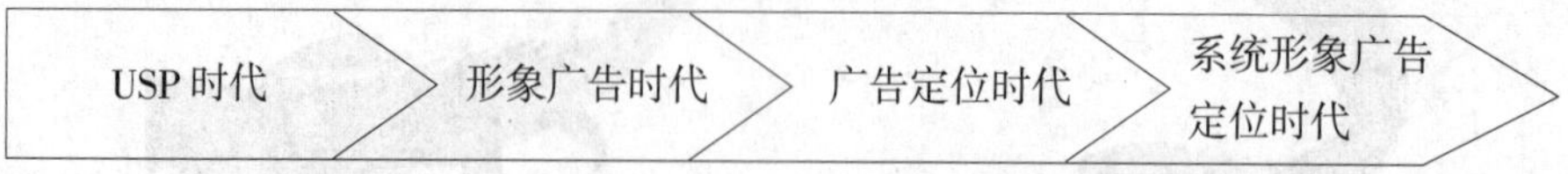

图3－3 广告定位理论的发展

（1）20世纪40年代至50年代，以罗瑟·瑞夫斯提出的独特销售主张理论（USP）为代表的USP时代。

（2）起始于20世纪60年代，以大卫·奥格威主张的品牌形象理论为代表的形象广告时代。

（3）起始于20世纪70年代，以艾尔·里斯和杰克·特劳特提出的定位理论为代表的广告定位时代。

（4）成熟于20世纪80至90年代的系统形象广告定位时代。

3.3.3 广告定位的具体内容

产品定位的主要含义是确立产品在市场中的最佳位置。它是根据消费者对某种产品属性的重视程度，给产品确立具有竞争力、差异化的市场地位，为自己的产品创造、培养一定的特色，树立独特的市场形象，以满足消费者的某种需求和偏好，从而达到促进销售的目的。由于满足消费者需求的产品可以分为有形和无形两大类，有形产品是指可以接触的有实用价值的实体；无形产品可以是一种观念或服务等产品的附加值，因此，产品定位策略可分为实体定位和观念定位两大类。

1. 实体定位

所谓实体定位就是从产品的市场、品名、品质、价格、功效等方面进行定位，突出该产品在广告宣传中的新价值，强调本品牌与同类产品的不同之处以及能够给消费者带来的更大利益。这是一种差异化的定位策略，以此确定本产品独特的市场位置。因此，实体定位可以分为市场定位、品名定位、品质定位、价格定位和功效定位。

（1）市场定位。市场定位就是指把市场细分的策略运用于广告活动，将产品定位在最有利的市场位置上，并把它作为广告宣传的主题和创意。广告在进行定位时，要根据市场细分的结果来进行广告产品市场定位，而且要不断地调整自己的定位对象区域。只有向市场细分后的产品所针对的特定目标对象进行广告宣传，才有可能取得良好的广告效果。

市场定位的优势在于：①有利于企业发展潜在需求，捕捉市场机会；②有利于企业选择合理的目标市场，发挥企业资源优势；③有利于企业有效地制定和实施市场营销组合策略。

例如，著名的Dove香皂被定位为女士香皂，校内网被定位为大学生的网站社区，就是这种定位的具体运用。

（2）品名定位。任何产品都有属于自己的名称，而这些名称除了作为品牌和产品识别符号以外，往往还被赋予了其他意义。在现代社会中，企业开发和生产的产品，不仅仅是产品本身，而且代表着企业形象和品牌文化，这就要求产品的名称与市场状况、文化环境相适应。

例如，Coca Cola——可口可乐，朗朗上口，易于传播识记，而且意指“可口的令人欢乐的饮料”，让人联想到美好的口味与开心的祝福；联想为了走向国际化，将原来的“Legend”更名为现在的“Lenovo”，成为进军国际的第一步，象征着联想从“传奇”走向“创新”的里程。

(3) 品质定位。所谓品质定位，是强调产品具有的良好品质，增强消费者对本产品的信心。在现实生活中，广大消费者非常注重产品的内在质量，而产品的内在质量是否卓越则决定了产品能否拥有一个稳定的消费群体。很多广告把其产品定位在品质上，取得了良好的广告效果，如“康师傅方便面，好吃看得见”，雀巢咖啡“味道好极了”，格力空调的“好空调，格力造”等，都是以产品品质为定位点。

(4) 价格定位。价格定位是指把自己的产品价格定位于一个适当的范围或位置上，以使该品牌产品的价格与同类产品价格相比较更具有竞争实力，从而在市场上占领更多的市场份额。

消费者普遍认为一件商品的价格几乎是和品质同样重要的。一般情况下，消费者认同“一分钱一分货”的观念，在许多消费者看来“便宜没好货”，也就是说“价格与质量成正比”。因此，大多数消费者在很大程度上受价格因素的影响，通过商品的价格高低来判断其品质好坏。

例如，某服装设计公司新推出一系列中高档服饰，为了一开始就吸引众多消费者的眼球，赢得开门红，公司不仅在设计和用料上下功夫，还制定出极其优惠的价格。然而两个星期下来，销量却并不见好。经过研究，公司及时调整策略，将价格提高两倍，产品果然销量大增，甚至出现供不应求的局面。

这个事例反映了，在通常情况下，产品的价格除了在很大程度上代表产品品质外，还具有象征身份地位以及生活品位等功能，这尤其是名牌产品的最主要附加值体现，如价格高端的宝马（BMW）汽车往往代表着时尚、财富以及高品质生活，它是成功人士的名片。

(5) 功效定位。功效定位是指在广告中突出广告产品的特异功效，使该品牌产品与同类产品有明显的区别，以增强竞争力。广告功效定位是以同类产品的定位为基准，选择有别于同类产品的优异性能作为宣传重点。例如，立白洗洁精以“不伤手”的功效特点为重点定位诉求，赢得了许多家庭妇女的青睐。

2. 观念定位

观念定位是在广告中突出宣传品牌产品新的意义和新的价值取向，诱导消费者的心理定式，重塑消费者的习惯心理，使消费者树立新的价值观念，引导市场消费的变化或发展趋向。

观念定位在具体应用上分为逆向定位和是非定位两种。

(1) 逆向定位。这种定位是通过低于有较高知名度和声誉的竞争对手来引起消费者对自己的关注、同情和支持，以达到在市场竞争中占据一席之地的定位效果。当大多数企业广告的定位都是突出产品的优异之处的正向定位时，如果采取逆向定位反其道而行之，利用社会上人们普遍存在的同情弱者和信任诚实的心理，反而能够使广告获得意外的收获。

（2）是非定位。是非定位就是打破既定思维模式下的观念体系，创立一种超乎传统上理解的新观念。美国七喜汽水的广告宣传，就以不含咖啡因为定位基点，以“非可乐”自居，以显示与可口可乐等众多饮料的不同，这就属于典型的是非定位。

3.3.4 定位的方法

在信息爆炸、广告泛滥的时代，消费者对广告信息的承受能力是有限的，因而不得不对信息进行筛选并有选择、有目的地进行接触了解。在品牌数不胜数的产品海洋中，消费者一般只能记住其中的两三个。所以，在具体操作中营销人员要善于找出自己品牌所拥有的令人信服的某种重要属性或独特的利益点，通过一定的策略和方法，让自己的品牌给人们留下深刻的印象。

1. 强化已有的定位

既然现有的产品和服务在消费者心目中都有一定的位置，如果这种定位对企业有利的话，就要反复向人们宣传这种定位，强化本企业的产品在消费者心目中的形象，也就是自己的特色，而这种强化必须是实事求是的。如在我国的冰箱生产厂家中，海尔反复强调自己的“高品质”，新飞则宣传自己是节能冰箱，而美菱把文章做在了“保鲜”上。

2. 比附定位

比附定位是指使定位对象与竞争对象（已占有牢固位置）发生关联，并确立与竞争对象的定位相反的或可比的定位概念。例如，美国艾维斯出租汽车公司，在广告中反复强调“我们是第二，所以我们更加努力”，既强化了自己与第一的关系，表明自己实力也挺强，而且也传达了“要努力做到第一”的决心，引起消费者的共鸣，品牌知名度得到很大提升。

3. 单一位置策略

处于领导地位者，要以另外的新品牌来压制竞争者，这是作为市场领导者所要采取的策略。既然自己是老大，“卧榻之侧，岂容他人酣睡”，因此，在各种场合宣传自己第一的形象自然就在情理之中。

4. 寻找空隙策略

这种策略是寻求消费者心目中的空隙，然后加以填补。其中有价格（高低）、性别、年龄、一天中的时段、分销渠道、大量使用者的位置等各种空隙。例如，万宝路在美国是著名的香烟品牌，而一个叫窈窕牌的香烟品牌，就是以女性抽烟者为突破口挑战万宝路而大获成功的。

5. 类别品牌定位

当一个强大的品牌名称成了产品类别名称的代表或代替物时，必须给公司真正成功的新产品以一个新的名称，而不能采用“搭便车”的做法，沿袭公司原有产品的名称。这和“跷跷板”原理一样，当一种上来时，另一种就下去。原因在于一个名称不能代表两个迥然不同的产品。联合利华等跨国大公司的多品牌策略就大有可取之处。

6. 再定位

再定位也就是重新定位，意即打破事物（如产品）在消费者心目中所保持的原有位置与结构，使事物按照新的观念在消费者心目中重新排位、调理关系，以创造一个有利于自己的新秩序。这意味着必须先把旧的观念或产品抽出消费者的记忆，才能把另一个新的定位装进去。海尔在最初是以宣传自己冰箱的品质优良作为定位基点，而在产品延伸之后，很快就突出了“中国造”“向国际营销商授权”等新的定位。

成功的广告定位策略能帮助企业在激烈的竞争中处于不败之地，能够赋予企业竞争者所不具备的优势，赢得特定而且稳定的消费者，树立产品在消费者心目中与众不同的位置。因此，在广告策划中，应准确把握广告定位。

3.3.5　广告定位理论的案例运用

P&G 宝洁“一次性纸尿布”的定位成败

宝洁公司一开始向市场推出其新产品“方便尿布”时，遇到了很大的阻力。“方便尿布”用纸制成，用过一次便弃掉，故亦称“可弃尿布”或“一次性纸尿布”。在产品推广的初期，广告诉求的重点放在方便使用上，结果销路不畅。后经调查了解，仔细分析消费者的心理，发现问题正是出在错误地将广告定位于“产品给母亲带来的方便”。该尿布虽然被母亲们认同确实使用方便，省去洗尿布的麻烦，但广告关于省事省力的宣传却使她们产生了心理上的不安：如果仅仅是方便使用而无其他品质，那么购买、使用这种“一次性纸尿布”，只是为了母亲图省事，自己好像就成了一个懒惰、浪费的母亲，婆婆也会因此而责备自己。

鉴于此，宝洁公司对产品重新进行了定位。新广告着重突出该尿布比布质更好、更柔软、吸水性更强、保护皮肤，婴儿用了更卫生、更舒服等特点，把产品利益的重点放在孩子身上，淡化了对母亲方便省事的描述。广告语是：“让未来总统的屁股干干爽爽！”于是，“一次性纸尿布”就受到了母亲们的普遍欢迎，因为它既满足了她们希望婴儿健康、卫生、舒适的愿望，又可心安理得地避免被指责为懒惰与浪费，同时兼顾了两方面的心理满足。从此“一次性纸尿布”就在美国流行起来。

3.4　整合营销传播

3.4.1　4P 理论

1. 4P 理论简介

4P 理论，也就是 4Ps 营销理论（the marketing theory of 4Ps），它产生于 20 世纪 60 年

代的美国，是随着“市场营销组合”（marketing mix）的提出而出现的。麦卡锡（McCarthy）于1960年在其《基础营销》（*Basic Marketing*）一书中将原本“市场营销组合”中的众多要素概括为四类：产品（product）、价格（price）、渠道（place）、促销（promotion），即著名的4Ps。1967年，菲利普·科特勒在其畅销书《营销管理：分析、规划与控制》第一版中进一步确认了以4P为核心的营销组合方法，见表3－1。

表3－1 4Ps中各要素的特点

4Ps	特点
product（产品）	注重开发的功能，要求产品有独特的卖点，把产品的功能诉求放在第一位
price（价格）	根据不同的市场定位，制定不同的价格策略，产品的定价依据是企业的品牌战略，注重品牌的含金量
place（渠道）	在产品销售过程中，企业往往并不直接面对消费者，而是通过经销商和销售网络等分销渠道来销售产品，企业与消费者的联系是通过分销商来进行的
promotion（促销）	企业注重通过销售行为的改变来刺激消费者，以短期的行为（如折扣让利、买一送一等）吸引其他品牌的消费者或导致提前消费来促进销售的增长

2. 4P理论的意义

4P理论的提出奠定了管理营销的基础理论框架。该理论以单个企业作为分析单位，认为影响企业营销活动效果的因素有两种：一种是企业不能够控制的，如政治、法律、经济、人文、地理等环境因素，我们称之为不可控因素，这也是企业所面临的外部环境；另一种是企业可以控制的，如生产、定价、分销、促销等营销因素，我们称之为企业可控因素。企业营销活动的实质是一个利用内部可控因素适应外部环境的过程，即通过对生产、定价、分销、促销的计划和实施，对外部不可控因素做出积极动态的反应，从而促成交易的实现和达到个人与组织的目标。

3.4.2 4C理论

随着市场竞争日趋激烈，媒介传播速度越来越快，4Ps营销理论越来越受到挑战。1990年，美国学者罗伯特·劳特朋（Robert F. Lauterborn）教授提出了与传统营销的4Ps营销理论相对应的4Cs营销理论。

1. 4C理论的内容

4Cs营销理论（the marketing theory of 4Cs）中4C分别指代customer（顾客）、cost（成本）、convenience（便利）和communication（沟通）。4Cs中各要素的特点如表3－2所示。

表 3－2　4Cs 中各要素的特点

4Cs	特点
customer（顾客）	customer（顾客）主要指顾客的需求。企业首先必须了解和研究顾客，根据顾客的需求来提供产品。同时，企业提供的不仅仅是产品和服务，更重要的是由此产生的客户价值（customer value）。 例如，汽车企业针对不同身份不同收入人群对汽车的不同需求，推出从奔驰、宝马到吉利、奇瑞等不同价位、不同档次、不同性能的汽车。
cost（成本）	cost（成本）不单是企业的生产成本，或者说 4P 中的 price（价格），它还包括顾客的购买成本，同时也意味着产品定价的理想情况，应该是既低于顾客的心理价格，亦能够让企业有所营利。此外，这中间的顾客购买成本不仅包括其货币支出，还包括其为此耗费的时间、体力和精力以及购买风险。 例如，A 从广州大学城到天河电脑城去购买电脑设备，除了购买电脑设备本身所花费的价格成本外，A 还需要付出坐车的费用、运输的费用以及所花费的时间和精力，乃至后期的维护成本等。
convenience（便利）	企业要为顾客提供最大的购物和使用的便利。这种便利性应该贯穿于产品从企业生产和进入市场到消费者使用后期乃至产品生命终结过程的每一个环节。 例如，麦当劳、肯德基在 60 秒的时间内，就可以为顾客送上薯条、可乐和烤鸡翅，并提供外卖服务，可以通过电话或者网上预订；ebay、淘宝网、当当网等让顾客随时随地可以上网购物，并且可以选择网上银行付款或者货到付款等多种方式。
communication（沟通）	communication（沟通）被用以取代 4P 中对应的 promotion（促销）。4C 营销理论认为，企业应通过同顾客进行积极有效的双向沟通，建立基于共同利益的新型企业/顾客关系。这不再是企业单向地促销和劝导顾客，而是在双方的沟通中找到能同时实现各自目标的通途。 例如，可口可乐公司在与消费者的沟通中，了解到消费者对茶饮料、果汁饮料等非碳酸饮料以及无糖碳酸饮料有着很大的需求，因而不断推出雀巢茶、美汁源和酷儿等多个非碳酸品牌以及全新无糖碳酸饮料——零度可口可乐。

2. 4P 理论与 4C 理论的关系

4P 理论与 4C 理论的关系如图 3－4 所示。

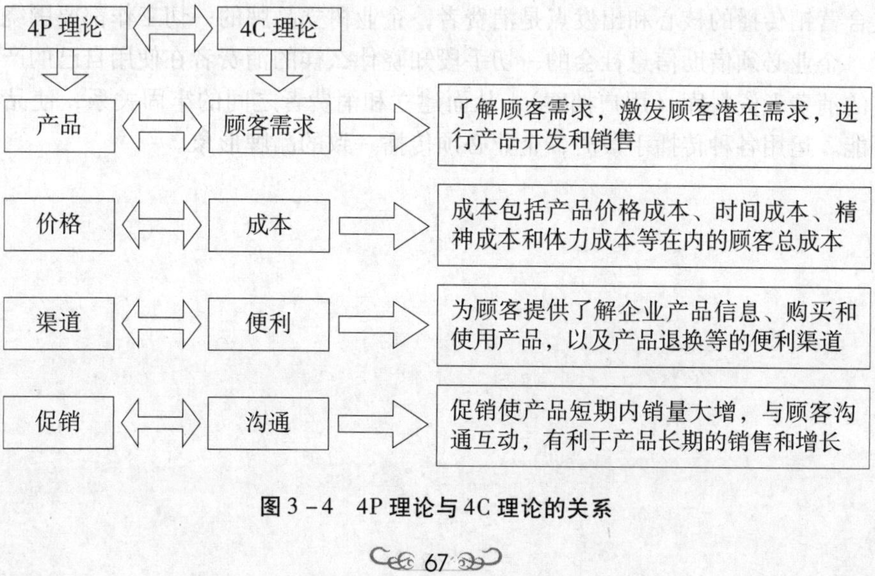

图 3－4　4P 理论与 4C 理论的关系

3.4.3 关于整合营销传播

1992年，全球第一部IMC专著 *Integrated Marketing Communications*（译为《整合营销传播》）在美国问世。作者是在广告界极负盛名的美国西北大学教授唐·舒尔茨及其合作者斯坦利·田纳本（Stanley I. Tannenbaum）、罗伯特·劳特朋（Robert F. Lauterborn）。

整合营销传播的核心思想是将与企业进行市场营销有关的一切传播活动一元化。

1. 整合营销传播的概念

整合营销传播（Integrated Marketing Communication，简称IMC），是一个关于营销沟通计划的概念，美国广告公司协会（American Association of Advertising Agencies，简称4As）是这样给整合营销传播进行定义的："整合营销传播是一个营销传播计划概念，要求充分认识用来制订综合计划时所使用的各种带来附加值的传播手段——如普通广告、直接反映广告、销售促进和公共关系——并将之结合，提供具有良好清晰度、连贯性的信息，使传播影响力最大化。"

整合营销传播一方面把广告、促销、公关、直销、形象、包装、新闻媒体等一切传播活动都涵盖到营销活动的范围之内；另一方面则使企业能够将统一的传播资讯传达给消费者。所以，整合营销传播策略也被称为"speak with one voice"（用一个声音说话），即营销传播的一元化策略。

2. 整合营销传播的主要观点

整合营销传播的主要观点有：

（1）以消费者为中心。

（2）以资料库为基础。

（3）以建立消费者与品牌之间的关系为目的。

（4）以一种声音为内在支持点。

（5）以各种传播媒体的整合运用为手段。

整合营销传播的核心和出发点是消费者，企业树立品牌的一切工作都要围绕着消费者进行。企业必须借助信息社会的一切手段知晓什么样的消费者在使用自己的产品，建立完整的消费者资料库（用户档案），从而建立和消费者之间的牢固关系，使品牌忠诚成为可能。运用各种传播手段时，企业必须传播一致的品牌形象。

3.4.4 整合营销传播理论的案例运用

麦斯威尔——小咖啡，大情调

阿拉伯人有句格言，“做咖啡是一种艺术，所以喝咖啡也是一种艺术”。这种艺术在麦斯威尔那里得到了最佳阐释。麦斯威尔的经典广告语“好东西要和好朋友分享”所表现的情怀恰切地传达了阿拉伯人的生活趣味：他们从不独享一杯咖啡。

“总是留一杯咖啡的时间，给朋友……时间你定，咖啡我准备。”

朋友与咖啡，情醇意绵，麦斯威尔让文字在商业时代获得生命与魅力。“我不在家，就在咖啡馆；我不在咖啡馆，就在去咖啡馆的路上。”在去咖啡馆的路上，人们的心里怀着的朦胧情感被麦斯威尔准确地捕捉。友谊在生根，情感迸出火花，麦斯威尔在让人们享受咖啡艺术时，获得的是崇高的品牌形象。

麦斯威尔的成功，不仅在于咖啡技术的革新，更在于一百多年来对其品牌形象的精心维护和创造。

麦斯威尔是运用整合营销传播策略的成功者，麦斯威尔咖啡自 1982 年在台湾市场发售以来，一直以“分享”的广告策略塑造品牌，1986 年到 1988 年，麦斯威尔通过随身包咖啡的上市，延伸“分享”的概念，并运用广告、公共关系、促销活动等手段，主办或冠名赞助国内外一些大型比赛或活动，例如，赞助法拉利车队参与 F1 比赛，支持高校主持人形象大赛或者歌舞选秀比赛等大型活动；建立麦斯威尔网站社区，展开网络营销；经常举行促销试饮活动，尤其是在“黄金周”等节假日，在卖场、校园、社区、地铁口等，与消费者展开互动体验；由形象代言人孙越发起“爱、分享、行动”的街头义卖活动等，使得麦斯威尔随身包咖啡销量大增。

麦斯威尔通过不同的传播媒体和广告营销公关等手段，综合运用整合营销传播策略，不仅提高了产品和品牌知名度、扩大了销量，更建立并强化了“分享”的品牌理念和品牌形象。分享香浓美味的咖啡，分享生活中的快乐，拉近品牌与消费者之间的距离，建立忠诚的情感联结。

麦斯威尔“见卡有礼”促销活动

下图所显示的是北京奥美为麦斯威尔咖啡做的电梯广告，该广告还在戛纳广告节上收获媒体类的铜狮奖。

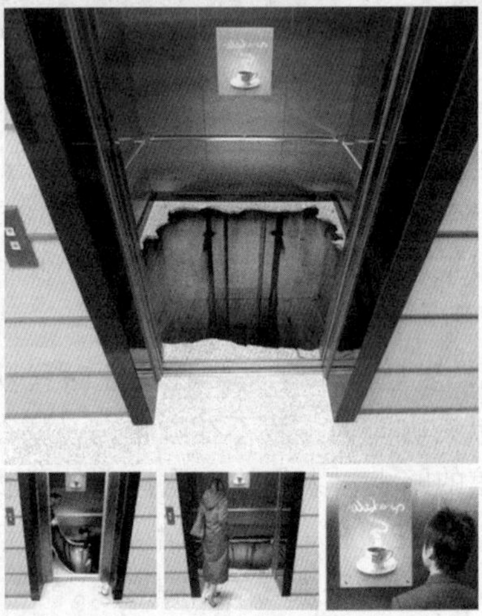

每天早上都为你奉上一杯浓香的热咖啡

3.5　5W 理论、6W +6O 理论及其他理论

3.5.1　5W 理论

美国学者 H. 拉斯韦尔于 1948 年在《传播在社会中的结构与功能》一文中，首次提出了构成传播过程的五个基本要素，并按照一定结构顺序将它们排列，形成了后来人们称之为“5W 模式”或“拉斯韦尔程式”的过程模式。这 5 个 W 分别是英语中五个疑问代词的第一个字母，如图 3 –5 所示。

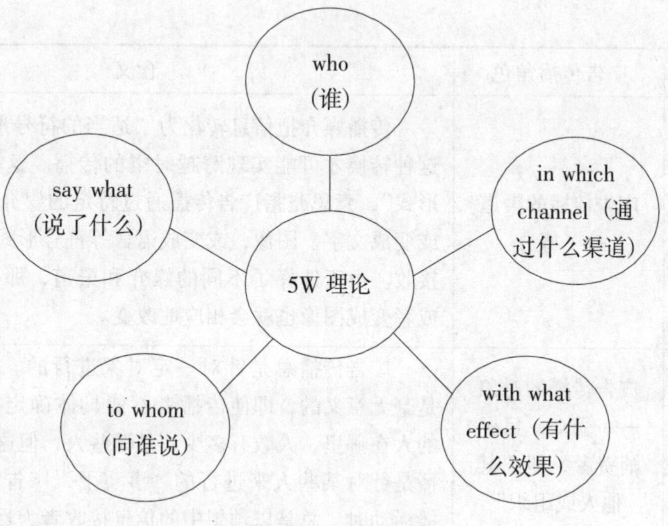

图3-5 5W 理论

由此可以看出，对于广告而言，拉斯韦尔对定义的5项分析具有重要的意义，五要素构成了广告传播运动的全部内容。这5个W对广告效果进行了系统的研究，对每一个要素的把握是广告运动能否成功的基础。

从本质上说广告就是一种信息传播的过程，必须依靠各种传播手段，广告信息才能传递给一定的受众。5W 理论作为传播学范畴的代表理论，标志着传播学的正式形成，它是研究广告信息传播的最重要的理论模式。5W 理论中各要素之间的关系如表3-3所示。

表3-3 5W 理论中各要素之间的关系

要素	广告传播角色	含义
第一要素：who（谁）	广告传播的主体——个人或组织机构	广告传播必须明确广告主，这是由广告传播的目的和责任所决定的。作为商业广告，其目的是向消费者传播商品或提供某种服务的信息。当消费者接收到这一信息后要购买这种商品时，需要了解这是谁生产的；另外，广告传播是要对社会、对消费者负责的，只有明确是谁发出的广告信息，才能真正明确责任。
第二要素：say what（说了什么）	广告传播的客体——广告信息	广告所诉求的信息，是指广告主希望通过广告对受众"说什么"，广告又传达了哪些关于产品、服务和品牌等方面的信息。广告主只有把需要诉求的信息成功传播给受众，才能实现广告传播的目的。

（续上表）

要素	广告传播角色	含义
第三要素：in which channel（通过什么渠道）	广告传播的渠道——媒介	传播媒介把信息转化为“适当的符号形式”，只有经过这种转换才可能实现跨越时空的传播。这里“适当的符号形式”，意思是指广告传播通过特定的媒介或渠道，把信息或变成文字、图像，或变成语言等符号形式，被传播对象所接收。由于选择了不同的媒介和渠道，那么信息变成文字或者变成图像也就会相应地改变。
第四要素：to whom（向谁说）	广告传播的对象——受众，目标消费者，即“其他人或组织”	广告传播总是针对一定对象进行的。没有对象的传播是毫无意义的，即使传播者不能具体确定接收其广告信息的人在哪里、人数有多少、是哪些人，但这并不妨碍广告传播是针对某些人来进行的。事实上，广告主在开始发起传播活动时，总是以预想中的信息接收者为目标的。
第五要素：with what effect（有什么效果）	广告传播的效果——反馈	“反馈”是指广告活动不仅是一个信息传播者向接收者发出信息的过程，还包括信息的接收以及由接收者做出反应的反馈过程在内，是传播、接收、反馈活动的总和。即广告传播活动不是一个单向的直线性的传播，而是由接收者和反馈信息构成的一个不断循环、发展、深化的连续而又完整的过程。

3.5.2　6W +6O 理论

国外市场营销学家把消费者的购买动机和购买行为概括为6W 和6O（见图3 -6），从而形成消费者购买行为研究的基本框架。

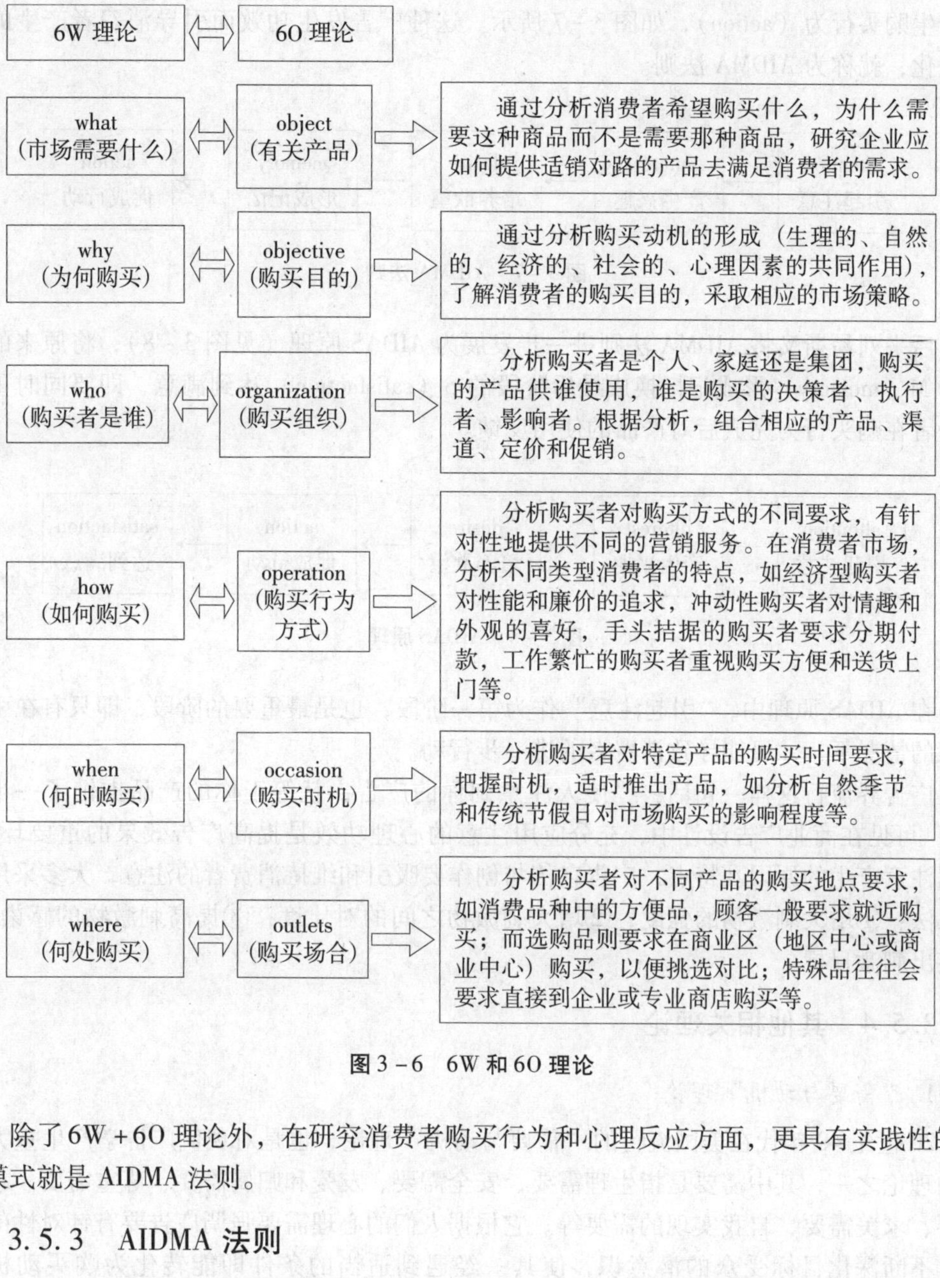

图 3-6 6W 和 6O 理论

除了 6W+6O 理论外，在研究消费者购买行为和心理反应方面，更具有实践性的流行模式就是 AIDMA 法则。

3.5.3 AIDMA 法则

早在 1898 年，美国广告学家 E. S. 刘易斯（Lewis）就在经过长期的研究实践后提出了 AIDMA 法则：A（attention）引起注意；I（interest）产生兴趣；D（desire）培养欲望；M（memory）形成记忆；A（action）促成行动。

所谓 AIDMA 法则，是指从消费者看到广告到发生购买行为这段时间内，广告动态式地引导其心理过程，并将其顺序模式化的一种法则。

其过程是首先消费者注意（attention）到该广告，其次感兴趣（interest）而阅读下去，再者产生想买来试一试的欲望（desire），然后记住（memory）该广告的内容，最后产生购买行为（action），如图3－7所示。这种广告发生功效而引导消费者产生的心理变化，就称为AIDMA法则。

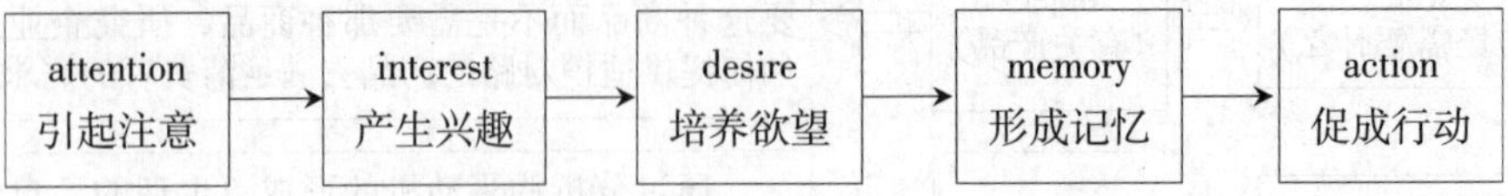

图3－7　AIDMA法则

后来刘易斯又将AIDMA法则进一步发展为AIDAS原理（见图3－8），将原来的第四步M（memory）形成记忆换成最后阶段的S（satisfaction）达到满意，即要同时重视消费者在购买行为完成后对产品的使用反馈。

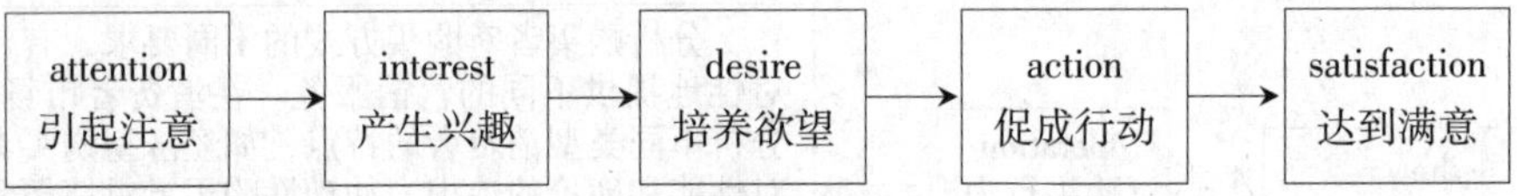

图3－8　AIDAS原理

在AIDAS原理中，“引起注意”作为第一阶段，也是最重要的阶段，即只有在引起注意的情况下，才可能导致消费者的进一步行动。

广告界流行这样一句话：“使人注意到你的广告，就等于你的产品推销了一半出去。”可见在商业广告设计中，充分应用注意的心理功效是提高广告效果的重要环节。根据注意产生的原因及特点，广告宣传与创作要吸引和维持消费者的注意，大多采用如下办法：①增大刺激物的强度；②增大刺激物之间的对比度；③提高刺激物的感染力；④突出刺激目标。

3.5.4　其他相关理论

1.“需要与动机”理论

20世纪40年代在美国流行的“需要与动机”理论，也是对现代广告学产生重大影响的理论之一，其中需要是指生理需要、安全需要、友爱和归属需要、尊重需要、求知需要、求美需要、自我实现的需要等。它根据人们的心理需要强调广告要有针对性的诉求，不断深化目标受众的潜意识，使其一经遇到适当的条件即能转化为购买动机和行为。

2. CIS理论

20世纪50年代，CIS理论诞生在美国，CIS是英文Corporate Identity System的缩写，中文意思是“企业形象识别系统”。CIS理论的要点是通过一系列的形象设计，将企业的经营理念、行为规范和视觉识别有序地传达给社会公众，并被社会公众认识、认同和内化的系统策略。在这一系统策略下，广告只是其中一个组成部分，因此对广告“说什么”提出了新的要求和主张，形成了广告创意理论中的CIS理论。其基本内容包括：

（1）广告内容必须与 CIS 战略所塑造的整体形象保持统一性，CIS 战略中的广告应注意延续和积累广告效果。

（2）CIS 战略中的广告应着眼于塑造公司的整体形象，而不仅仅是品牌形象的塑造。

3. 品牌个性论

20 世纪 50 年代，通过对品牌内涵的进一步挖掘，美国 Grey 广告公司提出了“品牌性格哲学”，日本小林太三郎教授提出了“企业性格论”，从而形成了广告创意策略中的另一种后起的、充满生命力的新策略流派——品牌个性论（Brand Character，简称 BC）。

该策略理论在回答广告“说什么”的问题时，认为广告不仅要“说利益”“说形象”，更要“说个性”。由品牌个性来促进品牌形象的塑造，通过品牌个性来吸引特定人群。这一理论强调品牌个性，品牌应该人格化，以期给人留下深刻的印象；应该寻找和选择能代表品牌个性的象征物，使用核心图案和特殊文字造型表现品牌的特殊个性。

经典案例导读

卡乐付：社会化营销的人格魅力

2013 年 7 月 18 日，中国银联发布首款自主手机刷卡器——“卡乐付”。“卡乐付”是将手机或移动智能终端与银行卡相连接的移动支付硬件产品，为个人用户提供银行卡转账、信用卡还款、便民缴费、购物商城、景点门票、游戏充值、商旅预订等多种远程支付服务。

用户在手机或移动智能终端上安装指定客户端后，通过耳机接口插入该产品，在其刷卡槽上轻松一刷银行卡即可完成支付。目前，该产品支持 iOS 和 Android 操作系统，包括苹果、三星、HTC、摩托罗拉、小米、华为、中兴、联想等知名手机品牌的主要机型。

该产品除了便于携带、外观时尚外，还具备三大性能优势：①操作方面，所有银行发行的银联卡均可刷卡，客户端无须绑定卡片和注册用户，十分方便。②特色应用方面，“超级转账”支持所有全国性银行和绝大部分区域性银行实时转账，并且推广期间用户可享受免收手续费的优惠；“全国交罚”帮助车主随时随地查询交通违法记录和缴纳罚款，覆盖三十多个省级行政区。③安全性方面，内置安全芯片和多重加密技术有效保障支付安全。

近年来，中国银联通过加大与相关机构的合作，构建了内涵丰富的创新产品和服务体系。此次推出“卡乐付”，是对银联创新产品和服务体系的进一步完善。这款产品将持卡人熟悉的刷卡支付与新兴的移动支付相结合，便利、实用、安全等特点突出，为持卡人日常支付带去更精彩、时尚的体验。银联将以更优质的产品和服务，更好地满足持卡人个性化的支付需求。

银联过去数年在移动支付上投入了重兵，先天优势也很明显。支付宝无线支付业务资深总监诸寅嘉曾说过："银联和银行之间合作基本是由银联来定价的，而第三方支付公司和银行之间合作大多是由银行定价。"这也是支付宝一直视银联为其移动支付业务发展最大潜在对手的原因所在。

作为一款新产品，卡乐付推广之前就面临一个问题：如何将功能卖点迅速传递给目标用户？尤其是从支付宝、微信支付以及诸多类似产品中脱颖，让用户形成记忆？

它选择了新媒体营销方式：

(1) 不同领域的微博大V，直接微博广告展示。

(2) 名人体验分享，人格背书。

(3) 赞助名人回馈粉丝形成互动。

这些都是结合大V自身的人格属性定制的。其实这就等于这些大V都给卡乐付做了一次"代言"——将个人人格与企业品牌绑定在一起。

案例分析

卡乐付不按常规出牌，来了一次"简单粗暴"的社会化媒体营销推广：一是找了很多不同领域的微博大V，直接微博广告展示；二是名人体验分享，人格背书；三是赞助名人回馈粉丝，形成互动。这些，都是结合大V自身的人格属性定制的。

首先，瞄准微博名人的魅力人格面，通过定制化的文案和海报，将之与产品功能和品牌进行结合。

譬如，将"王左中右"化繁为简的"字新闻"的魔力与卡乐付一站式生活服务的功能价值进行匹配；而对于美容教主"小P老师"，则打出了"化妆品除皱，卡乐付祛火"的"美丽牌"。

其次，让名人试用、分享，人格背书的同时，制造互动。

这里的体验，也必须同样融入这些名人的"微博性格"。譬如"常小辉"说："只有学会聪明地对待生活才能被称为'男神'哦。"著名畅销书女作家则分享称，卡乐付是可以实现"拿起手机'逛逛街'并完成支付"的网购神器。

与此同时，赞助这些名人用"卡乐付"向粉丝发放福利，既能让整个营销过程变得自然，又能激发粉丝参与感，形成传播。何乐而不为？

所以，一言以蔽之，这种通过好产品制造好体验，结合魅力人格制造优质内容，通过回馈机制激发互动，自然能够形成一轮好的社会化营销传播。

当然，在卡乐付这个案例中，除了整体策略和内容充满巧思外，营销的节奏感也颇为鲜明，基本可归纳为三步：借势热点，人格化展示，以及情感传递。

1. 借势热点亮相，单一功能突破

12月3日，支付宝开始收费，卡乐付利用自身"超级转账"零手续费为突破口，启动营销；通过电商名人“龚文祥”以及娱乐名人“舞美师”连发两则面对不同群体的“安民告示”，调侃“某宝”（支付宝）；同时，通过“作家崔成浩”，以“最高司令指示”的形式，戏谑地传递“零手续费，占资本家便宜”的信息，引发了不小的反响，借势对支付宝收费进行抨击。

2. 功能价值，人格化展示

社会化营销需要的是让用户会意的、不可抗拒的创意，借此，需要传递的产品功能信息才能让用户接受并印象深刻。卡乐付这一次做到了，譬如，面对“协和章蓉娅”，卡乐付的“自我介绍”变身药品说明书。(因章是知名医生)

3. 找准情感点，建立品牌认同

仔细观察卡乐付的海报，能发现一个比较鲜明的主题：“简单生活”“把时间浪费在××上”。这一主题通过不同的名人，结合他们的身份，从不同侧面在不断阐述。譬如“老李飞刀”(中欧商学院教授、酷6创始人李善友)，则抓住了简化生活、“把时间浪费在奋斗上”这样一个“有志青年”都会关切的情感点；著名文化批评家则是“把时间浪费在读书上”；到了情感作家“陆琪”这里，就变成了“简单活、轻松爱”。

从整体来说，这次卡乐付的社会化营销还是做得比较成功的，关键就在于，它完全利用了社交媒体人格化展示的特性，围绕“魅力人格”做文章，将微博名人们的人格属性结合到了品牌和产品中，在这里，微博名人既是渠道也是内容本身。纵观卡乐付整个传播过程，堪称是一次有血有肉的情感绑定的过程。

案例讨论

众多互联网企业纷纷涉足电子支付市场后，卡乐付电子支付应该如何应对？

行业访谈

谈谈新媒体广告

受访者：冯坚，南方日报广告部（广东省南方广告有限公司）出版部主任，在南方日报工作近5年，主要负责统筹活动，安排设计策划人员工作，与其他部门商谈广告登报问题和批准分配报纸广告版位等。

导入：这次访谈的内容主要是关于这位在传统媒体广告业工作了多年的资深报业广告人对于新媒体广告的想法与感受，主要结合其工作对新媒体广告的现状和发展前景做出评价。

问题1：您觉得现在的新媒体广告比起传统媒体广告有哪些重要优势呢？

冯坚（以下简称“冯”）：我觉得新媒体广告与传统媒体广告比起来，最明显的优势在于其营销方式。它能让消费者自己选择接受，存在很强的互动性，这一点很重要。一个广告的效果最重要就是能让消费者接受，而不是像散花一样没针对性地投放，即使在我们报纸上的广告也要注意广告所登的版面和基调。除了互动性很强外，新媒体广告的创造性也是非常灵活的，新媒体广告丰富且不受地域限制的平台能为广告商创造更多创意的空间，能将更多创造性的东西融入整合营销当中，像报纸这些传统媒体难以做到如此细致。

问题2：您本身在传统媒体做了这么多年，感觉到现在是接触传统媒体多还是新媒体多呢，或者说受哪个的效果影响会大些？

冯：虽然说我在报业集团打拼了这么久，接触的都是传统媒体的广告，但是总的来说，平时还是接触新媒体的广告比较多。因为现在的电脑、手机都可以很方便地浏览、查阅自己需要的信息。老实说，我现在虽然每天回来都有一叠日报放在我桌上，但我真正翻阅的其实都是电脑上电子版的某些版块（笑），所以平时都是接触新媒体广告。

问题3：对于新媒体广告的现状，您是怎么评价的呢，您认为现在的新媒体广告发展得成熟吗？

冯：对于当前的新媒体广告现状，我想我不能用成熟来形容当下的发展形态，因为这个东西很抽象且没有一个对于其发展期的定义。新媒体广告从出现至今，已经迸发出越来越多的形态。只能说，对于传统媒体广告来说，新媒体广告的发展还不够成熟稳定。现在的新媒体广告有太多的平台与形式，但是在这个发达的网络时代，太多的广告形式在我们消费者面前往往显得眼花缭乱。虽然之前说新媒体广告比起传统媒体的效果通常会好一些，但是也有很多例外。不可否认，很多新媒体广告鱼龙混杂，在浮躁的网络世界中掺杂着许多垃圾广告甚至诈骗广告。可是话说回来，我们现在每天接触的新媒体广告绝对比传统媒体的多，像我们现在不管在地铁上看移动电视，还是在户外看LED屏幕，商场触摸屏幕，还是随时随地使用各类手机媒体，都在为新媒体广告做着潜在的贡献。所以，尽管掺杂着不少被消费者“忽略”的广告，其最后的广告效果还是不容忽视的。

问题4：您觉得新媒体广告对传统媒体广告的冲击大吗？

冯：冲击的话是一定有的，因为姑且不论广告，新媒体的发展对传统媒体都有不小的影响。更何况新媒体广告的可塑性和发展性都还很大，所以从广告方面对比的话冲击可能比本身载体的影响更大。但是话说回来，传统媒体广告毕竟发展了这么久，积累沉淀了这么多的经验，加上其本身也是有着很多新媒体无法比拟的优势，因此是不会被新媒体广告的崛起而打垮的，况且我们的传统媒体广告也在不断学习中领悟和改善。

问题5：日报会投入多些新媒体的元素来加强其广告的竞争性吗？

冯：我们报纸与其他的报纸如《南方都市报》《广州日报》《信息时报》等有所不

同的是，我们日报可能内容比较正式，多为政府活动或通告而登广告。受众读者一般为公务员群体，而且主要广告商一般是国企或较权威的企业，如国窖茅台等，这些企业一般都是选用比较权威的传统媒体如报纸而不是新媒体。我们日报做的就是卖出一版或半版等不同版位为这些企业或单位进行广告刊登，所以我想不会出现特别需要以新媒体作为介质的场合，除非我们是搞什么政府的活动，那可能会需要用到LED大屏幕等户外新媒体。

问题6： 您是怎样看待新媒体广告的发展的呢，您认为它会日益取代传统媒体广告吗?

冯： 我觉得，新媒体广告取代传统媒体广告是不会的，正如为什么现在电子书报这么便捷但人们还是要看实体书报一样。可以说，只要这个载体还在，那么这类广告便不会消亡。正如我之前所说的，传统媒体也拥有自己的优势，而且并不是每一类广告都适合以新媒体作为载体的，所以，传统媒体也一直会有相对稳定的广告客户与广告投放。而新媒体广告与之相比，正因为它有日益成熟的格局与规范，所以新媒体广告的发展一定是不可估量的，它必定能创造出更丰富的广告形式，而越来越多的广告商也会渐渐看上这片“沃土”，并且去投资。就像我们在若干年前不会想象到，今天的媒体广告形式竟会变得如此丰富多样。正如我前面的回答，我不能说现在的新媒体广告就是成熟阶段了，只能说它有着无限的发展可能。唯一可以确定的是它一定会发展得更成熟，成为广告投放的领头羊。

4 广告调查

4.1 广告调查概论

4.1.1 广告调查的定义

传统广告调查的定义可以描述为："围绕着广告运动所开展的，针对企业经营宏观和微观环境、产品和竞争对手、消费者等因素的资料搜集和研究，其目的在于将某次广告运动纳入科学与相对可控的范围内，进而取得良好的广告推广效果。"

在以上的定义当中，有三个核心要素需要给予足够的认识。

（1）围绕广告运动所开展的相关研究，为此调查所采用的方法和内容必须贴近广告运动的针对性需要，具有强烈的目的性。

（2）调查的内容范围包括了企业的营销环境和市场竞争要素，但重点应当放在后者上，即企业的竞争态势研究和消费者研究，甚至深入到某个广告细节的调查研究，这是在大多数情况下，广告调查需要重点关注的。

（3）广告调查的目的除了改善广告效果之外，还有一层含义，即广告调查本身也包括了广告效果的调查研究，为衡量广告运动的实施效果提供客观依据。

具体而言，从广告调查实施的角度看，广告调查是指采用系统而科学的方法，按照相对固化的程序和步骤，有计划、有针对性地搜集、分析与广告活动有关的消费者信息、传播媒体信息、产品和企业信息以及广告效果信息等的活动。

根据广告调查的定义，我们不难发现，广告调查与市场营销中的市场调查存在着密切的联系，两者在实施的方法和原则等方面具有很大的相似性。为此我们有必要就两者的异同进行相关的说明。

市场调查是指企业从市场营销的角度和需求出发，着眼于企业发展战略或竞争策略，针对国家或区域经济环境、行业政策、竞争状况、消费趋势和人群乃至渠道和经销商等营销要素展开的系统而科学的资料搜集和研究工作。

由此可见，市场调查更多的是由企业发起的，为企业市场预测和经营决策而采取的主动的信息搜集分析行为。市场调查在大多数情况下可以涵盖广告调查，两者搜集和分析数据的方法也比较类似，但市场调查在调查的目的、信息搜集的范围和深度、持续的时间以及系统性方面与广告调查存在显著的差异。具体可以总结如下：

（1）市场调查是战略性的，服务于企业的营销层面，而广告调查偏重于策略性和执行性。

（2）市场调查立足于企业经营决策，属于市场营销范畴，而广告调查立足于广告推广，属于企业市场营销的执行层面。

（3）市场调查的实施范围和规模比广告调查更为庞大，周期也更长。

（4）广告调查更具灵活性，可以由广告公司或第三方公司随时发起，灵活解决现实问题。

总而言之，企业的市场调查为广告调查提供了可靠的基础，它在一定程度上涵盖了广告调查的内容；广告调查是市场调查的纵深化和针对化，具体解决企业广告推广中的困惑或障碍，更具现实针对性。

随着广告传播环境的日益复杂以及实效广告的大行其道，广告调查在广告项目的运作中扮演了越来越重要的角色，为了能够更加系统地认识和了解广告调查，我们有必要从广告调查的特点入手。

1. 针对性

任何一次广告活动，都是一种针对特定企业和产品的广告推广，因此开展每一项广告调查，首先必须拥有极强的目标针对性，必须是为了解决广告运动中的某些明确的问题而发起的，目标明确且能够清晰界定。在此基础上，再决定采用何种研究和分析方法，搜集掌握怎样的信息资料，并确定调研的范围和深度。这些问题，包括广告预算调查的执行，都需要严格按照目标确定。

2. 系统性

任何一次广告调查都是一项系统工程，从根据调研目标确定调研方案到方案的实施以及数据分析、解读等一系列过程，都需要建立在系统思维的基础上。这就要求在广告调查中重视整个过程的规划性，从可控的角度做到广告调查的整体性，针对各种突发情况制定出切实可行的预案，并对输出效果有相当的预见性。

3. 专业性

广告调查有很强的专业性，主要是一种方法、手段和工具集成应用能力，需要把广告专门知识与社会学、心理学、统计学、营销学、经济学等多种学科知识加以综合运用，才能获取系统、科学、可靠的信息资料。因此，无论是调研方案的拟订，还是具体工具的运用和数据的分析解读，只有各方面的优秀人才通力合作，才能达到良好的预期效果。

4. 可执行性

广告调查从方案的拟订开始，就必须考虑到实施的可执行性，以及调查数据对于广告实践的客观支持，这也是广告调查区别于市场调查的重要特征。因为大多数的广告需要解决的问题是具体而实际的，一般不会涉及企业战略层面，因此对广告调查的可执行性应当给予足够的重视。

5. 累积性

广告调查除了关注问题的现状以外，同样重视某个问题发展的变化过程，需要对某个时期内的调研数据进行累积，对比分析出问题发展的趋势，提供广告策略的支持。另外，建立资料档案或者资料库，累积广告调查数据，也是节约开支的一种途径。

6. 可扩展性

广告调查的数据，可以与企业的 CRM 等信息化管理系统进行数据整合，将企业营销系统的有关数据进行整合、挖掘，得到更加全面和客观的分析数据。随着企业管理的信息集成度越来越高，广告调查的方案拟订和数据分析更加需要考虑其可扩展性。

另外需要说明的是，广告调查是一项保密性较强的业务类型，对参与方进行必要的约束和规范是重要的前提，需要给予充分的重视。

4.1.2 广告调查的类型

按照广告调查在企业营销体系中的价值划分，广告调查的类型可以分为战略型、策略型和战术型。不同层次的广告调查在调查方案的执行、调查范围和样本的规定等方面存在着巨大的差异。

1. 战略型

战略型广告调查通常与企业的品牌战略密切相关，旨在通过系统而全面的调查，为品牌未来发展的某些关键问题提供决策依据，包括品牌发展的方向、品牌体系的架构、品牌定位等具有深远影响的关键因素。战略型的广告调查虽然在研究的规模范围方面与市场调查存在较大的类似性，但其目标依然集中在品牌和广告推广层面，紧紧围绕着广告推广的核心而展开。

2. 策略型

策略型广告调查主要是为了企业近中期品牌的发展规划而发起的调查活动，包括为企业品牌的年度推广方案提供策略支持。其影响的范围通常以年度为最高上限，具有较强的针对性，因此在调查的范围、样本规模、问题的多样性、预算规划等方面稍逊于战略型广告调查。

3. 战术型

战术型广告调查更具问题的针对性，因而其形式和范围更加灵活，便于随时发起，周期比较短。战术型广告调查主要针对的是广告运动实施过程中相对细节的问题，力图在短时间里为提出有效的解决方案提供决策依据。战术型广告调查在实际运用中最为常见，对于系统性和专业性的要求比较低，因而可以由广告公司单独开展。

另外，按照广告调查在广告策划中的作用，广告调查的类型可以分为以下六种：

1. 行业市场概况调查

行业市场概况调查指针对某个行业或细分市场进行广告要素的整体调查，包括行业政策或趋势、市场细分状况、市场成熟度、品牌聚集度等相对宏观层面的调查研究，旨在为广告策划奠定坚实的市场或行业认知。

2. 竞争对手研究

竞争对手研究是有效广告策略不可或缺的前提资讯，正所谓“知己知彼，百战不殆”。对精心选择的竞争对手，进行竞争格局描述、竞争地位和业绩、竞争品牌推广策略、预算投入等方面的系统研究，为本企业或品牌采取针对性的广告策略，提供参照性依据。

3. 消费者调查

消费者调查，准确地说应该是对目标消费者的研究，是广告策略的灵魂所在，也是广告公司相对于企业市场部的“非对称优势”，无论是广告策略还是广告创意设计都需要建立在对消费者的精确界定以及有关消费者行为、消费心理、媒介接触习惯等的客观分析基础上。从这个意义上说，消费者调查应当是广告调查中居于核心地位的调查类型。

需要强调的是，因社会阶层的碎片化趋势以及个性化消费习惯越来越明显，加上国内市场层级固有的复杂性，消费者调查在保证客观真实的前提下，往往具有非常大的实施难度。

4. 服务/产品调查

服务/产品调查也是广告运动中非常重要的一环，尤其对于广告策略的影响更是非同一般，它直接奠定了企业品牌差异化的基础。另外，必要的服务/产品调查对于实施有效广告，精确锁定 USP，取得预期的广告效果也具有关键作用。

广告调查中的服务/产品调查主要从消费者利益出发，看待服务/产品的功能利益以及附加价值，区别于企业从产品开发角度的服务/产品调查。

5. 媒介环境及组合

广告传播面临的媒介环境日益复杂，环境噪音日益加大，包括新兴媒介的崛起、传统媒介的变革等，都要求企业对特定的广告推广运动进行有针对性的媒介环境及组合的调查，精心组合有效的广告传播通路，在广告信息传播的到达率和精确性方面提供客观的决策依据。

6. 广告效果测试

广告效果日益成为广告主评判广告性价比的参考指标，企业希望广告运动能够产生良好的投入产出比例，这也是企业修改和制定广告推广预算的重要参考指标。同样，客观的广告效果调查也是及时调整广告推广策略的重要依据。

另外，在以上的广告调查类别中，还可以进一步细分。例如，服务/产品调查可以细分为产品功能、外观设计、产品包装等调查项目；媒介环境及组合调查中，又可以细分为电视媒体、报纸媒体、杂志媒体、广播媒体等传统媒体以及互联网、手机等新兴数字媒体的调查。

4.1.3　广告调查的意义及作用

广告调查是企业和广告公司全盘了解广告推广运动的客观基础，是达成有效广告的重要保障，同时也能促使广告公司在提供广告策略时，树立应有的客观数据支持的理念。从广告本身的发展而言，广告调查将极大地促进科学广告理念的实践应用。

广告调查的具体作用简述如下：

1. 广告调查为提升广告公信力提供坚实基础

广告的公信力下降已经成为社会公众的基本共识，广告作品乃至广告人和整个广告行业的诚信问题受到了广告主和消费者的双向质疑。究其原因还在于广告策划处在“经验主义”的掌控之下，忽视具体问题具体分析的求证精神，以广告公司经营效益最大化为核心导向；在消费者层面，广告创意和表现过分运用夸张的手法，甚至充斥虚假欺骗信息，导致消费者对广告恶评如潮。

在这样的背景下，科学、系统规划的广告调查、客观的广告数据，能够为广告主和消费者提供认可和可信的广告推广，从根本上遏制虚假广告泛滥的不良风气。

2. 广告调查为企业经营提供决策依据

在市场经济条件下，广告是企业经营的有机组成部分，进行广告调查实际上也是为企业生产决策和经营决策提供信息。比如，进行消费者调查和产品调查，就能为企业捕捉到变动着的消费观念和消费行为，了解到产品开发和竞争的有关信息。这样，就能使企业掌握市场动态，并根据市场变化及时调整或转换产品的品种、产量，从而改进经营管理，增强经济效益。

3. 广告调查能为广告策划提供基础依据

广告调查能使广告策划人员占有大量的客观真实资料，对广告活动所处的竞争环境有全面而又深入的了解，知己知彼，建立全局观念，精确把握广告目标，并针对目标进行合乎实际的广告战略或策略拟定，进而提供广告创意设计的正确策略指引。

需要强调的是，广告调查除了为广告策划提供决策依据以外，还有利于培养策划人员的市场营销意识、重视市场真实环境和数据的意识，并养成以此进行所有广告谋划的专业素养，防止以经验主义左右广告策略的拟定。

4. 广告调查为广告创意设计提供基本依据

无论怎样高明的广告策略，其最终效果的产生还需要广告创意的落实执行，通过精心组织的广告信息影响和改变消费者的态度、购买意向等。广告的创意设计具有一定的独立性和相当的艺术加工成分，但广告作为商业传播的载体，广告创意设计又不能脱离广告目标的要求，不能游离于产品和消费者之外，只有在对产品、消费者和市场状况进行充分了解的基础上构思、设计广告作品，才可能有新颖独特的创意，才能与目标消费者进行有效的沟通。这些信息资料不可能凭空想象得出，需要通过调查来获取。

5. 广告调查是评估广告效果的重要手段

广告调查不仅作用于广告过程本身，也是我们评估和研究广告效果的重要手段。具体可以分为事中和事后调查，通过搜集目标消费者对广告实施的心理和行为反馈，结合广告推广所影响的企业营销效果，综合判断某次广告推广运动所取得的效果，为以后的广告推广改进策略提供基本参考。

4.2 广告调查的宏观环境

任何广告行为都发生在特定的历史和社会环境中，作为广告运动指南的广告调查必须对特定广告运动的广告环境进行宏观或者微观的仔细研究，并结合企业的具体情况，拟订符合实际广告环境的推广方案。

具体而言，广告调查的宏观环境是指影响和制约广告活动策略及实施的社会或行业背景的宏观环境，如自然科技环境、经济环境、人文环境、政治环境等。这些通常不以特定企业的意志为转移的背景因素，对广告运动的影响往往是深远而具有前提决定性的。需要说明的是，并不是所有的广告调查项目都需要投入核心的资源进行广告宏观环境的洞察，只有在涉及战略型广告调查的时候，我们才有必要从相对宏观的广告环境入手，从整体上把握广告运动的环境背景。接下来，我们将具体了解广告调查宏观环境的详细内容。

1. 地理环境

广告推广运动在特定的情况下，需要考虑地理环境气候、行政区划、地形地貌等地理因素以及在此基础上产生的各种风俗文化及消费习惯等因素。一般来说，广告目标市场的地理环境相对比较稳定，不需要投入特别的资源进行跟踪式调查。但地理环境等综合因素的缓慢嬗变会对企业战略经营乃至竞争策略产生明显的作用，进而影响到广告推广的决策和实施效果。比如，特殊的地理气候或者变化，就会影响到农业、渔业、服装业、旅游业等多种行业。一些突变的自然地理灾害，如洪水、地震等，也会对市场、需求产生影响，甚至直接涉及广告活动。

2008 年年初覆盖全国的大雪灾不仅造成了南北交通的中断，也造成了湖南、贵州、江西等地的电力中断，伴随而来的是商品物流的严重受阻，这对企业的营销活动产生了巨大的负面影响，在很大程度上也影响了相应广告运动的开展。2008 年 5 月 12 日，四川汶川大地震震动了半个中国，也震痛了整个中国，这种特殊的突发地理环境变化，导致大多数企业的常规营销活动受阻、物流和信息的阻塞以及整体社会舆论氛围的紧张等。此时各大企业转而发起各种公益活动，抗震救灾，勇于承担企业的社会公民责任，诞生了以公益爱心为主题的特殊广告推广策略，取得了社会效益和经济效益的双赢。

2. 物质环境

宏观环境中的物质环境主要是指自然资源状况。地球上的自然资源大致可分为三类：第一类是如空气、太阳能等取之不尽、用之不竭的资源；第二类是规模局限但能有限更新的资源，如森林、水资源、粮食等，从长远看，这类资源会逐步紧缺，而且面临经济发展与环境污染的冲突威胁；第三类是规模局限又不能更新的消耗性资源，如石油、煤、金属等，这类资源随着经济水平的发展与经济规模的扩张，一般来说总是处于紧缺状态，属于国家的战略资源。

从商品经济的本质来看，企业各种各样的经营活动，就是把这些自然资源经过不同程度的加工转化为人们需要的商品，以满足人们日益增长的消费需求。从这个意义上来说，广告推广就有必要了解企业经营决策中所面对的物质环境，进而洞察企业开发产品的背景以及目标市场的物质基础，甚至从物质环境的变迁中协助企业发现新的产品机会、开发新的业务模式。

3. 科学技术环境

科学技术环境属于自然环境中的人文环境，是推动现代社会和经济发展的直接动力，它构成了现代社会生产力的代表，是企业把资源转化为符合人们需要的商品的基本手段。从古至今，各种新技术的发明和应用都会对人们的生活方式、社会心理和文化、消费和购买习惯等产生催生和裂变的效应。从整体来看，科学技术因素主要包括：

（1）科学基础原理。科学基础原理主要从自然科学的角度出发，提出有关认知物质世界的科学方法和工具，属于人类科技智慧成果的基础部分，为人们开发和利用物质世界提供方法论的指导。例如，20 世纪影响人类至深的核能理论，在一定意义上为人类未来的能源之路指明了发展方向。

（2）加工获取技术。在科学基础原理的指导下，人类开发出的各种获取和转化自然资源的工具和方法，包括各项现代科技产品的加工制造技术。从广告推广的角度来看，我们可以简单理解为这是企业在技术层面的核心竞争力，显然对于企业的各项营销活动有着深远的影响。

（3）社会科学理论。各种社会科学理论立足于社会人文学科，保持对人类社会组织和社会生活的观察、经验与规律的总结，力图发现人类社会行为和心理的各项原理和规律。在相当程度上，社会科学理论推动了人类社会的进步以及社会阶层的优化组合。具体到广告推广的应用方面，诸如社会学、传播学、消费者行为学等社会学科客观上推动了广告传播本身的理论化和系统化，同时也为企业的营销活动提供了关于消费者的可靠经验和规律。

4. 宏观经济政策与法规

宏观经济环境中的经济政策与法规是企业开展各项营销活动的政府背景因素，直接决定了企业介入细分市场、提供相应产品和营销战略的拟定等企业经营的关键要素，因此广告调查对国际国内经济政策与法规的解读就显得非常有必要了。

具体而言，首先是国家整体经济运营状况、国家经济发展阶段、国际经济环境、国际贸易、国家或地域经济制度、地域经济发展阶段、整体或区域购买力状况等内容。宏观经济环境的好与坏，对于各个行业和企业的经营水平和效益有着直接的影响，从而在客观上影响了广告推广的规模和形式。例如，爆发于 2008 年下半年的全球经济危机，导致我国沿海地区外向型经济的严重受挫，经营效益直线下滑，连锁带动国内相关行业经营状况的不断恶化，直接反映在广告行业发展方面就是全国广告经营规模首次出现了个位数的增长，即全年全国广告经营规模同比增长 9%，其背后隐含的是企业因营销环境的恶化而减少了对应的广告投入。

其次，经济政策与法规也会对特定的广告推广运动产生深远的影响。一项法规的制定、一个政策的出台，都直接影响到企业经营决策，进而影响到广告活动的开展。因此广告调查在必要的时候，需要随时了解、掌握某个行业的立法情况，并对法律法规环境进行深入分析，包括熟知政府颁布的任何一项新的法律、规定、条例、办法，了解这些法规政策出台前的背景、辩论经过，并注意跟踪了解、掌握有关法规的实施细则、解释与说明等。另外，一些地方性法规以及半官方组织（如消费者协会）的典型案例裁决，亦不容忽视。

5. 消费收入及支出模式

宏观经济环境对市场营销和广告活动的影响，主要是对消费收入预期和未来支出信心力的影响。显而易见的是，宏观经济环境的恶化将导致社会就业不足、现实和未来收入预期下降，在一定程度上打击人们对未来的消费信心，从而导致消费心理和行为的改变。

消费者的收入及支出模式主要是由消费者的收入、支出、储蓄和信贷等因素影响和决定的，具体可从三个方面进行考察衡量：

（1）消费者的收入预期。消费者收入预期包括消费者个人的工资、奖金、租金、赠予等收入类型，其收入状况处在相对动态的过程中，受到经济环境、就业情况、货币政策、投资等因素的影响而发生波动。消费者的收入状况及构成又可分为货币收入和实际收入，在货币收入不变的情况下，如物价下落，其实际收入的购买力便增强；反之，则实际收入的购买力降低。

显而易见，消费者的收入预期决定了实际购买力的水平，如消费者收入增加会引起消费支出增加，也会使储蓄增加，于是产生潜在购买力、扩大社会总需求。消费者收入及其实际购买力的波动往往引起特定市场的供需波动，是造成许多企业经营不稳定的潜在诱因。

（2）消费者的支出模式。单纯考察消费者的收入预期，进而衡量消费者的实际购买力，在一定意义上存在一个很大的误区。因为消费者的总收入又可分为个人可支配收入和可任意支配收入。个人可支配收入是个人收入减去税款等负担之外可用于消费支出或储蓄的余额；可任意支配收入是消费者个人可支配收入用于维持日常基本生活支出之外而多余的那部分收入。无论是可支配收入还是可任意支配收入，都会对消费者的消费兴趣和满足兴趣的能力产生现实的影响，进而形成动态的消费者支出模式。而消费者支出模式不仅反映了一个国家或地区的经济发展程度，更是衡量居民富裕程度的重要指标，进而对某些商品的销售产生直接的影响。

例如，大家所熟知的“恩格尔定律”是19世纪后半叶由德国经济学和统计学家恩斯特·恩格尔经过对德国萨克地区的深入调查研究之后发现的。其主旨是家庭的收入越少，用于饮食的支出在家庭收入中所占的比重就越大；而随着家庭收入的增加，用于饮食支出的比重就越小，一般情况下，用于住宅、水电、衣着等的支出所占的比重变化不大，而用于满足文化、娱乐等需要的支出则占越来越大的比重。以此可以衡量一个国家或地区的福利水平和富裕程度。基于恩格尔定律，有一个衡量某个国家或地区居民富裕发达程度的系数，即总支出中购买食品的比例，在75%以上为贫困线，50%以上为温饱线，40%达到小康水平，20%进入一般发达国家程度。美国1935年时为35%，1970年时为19%，20世纪90年代已为16%左右。我国在2015年城市的恩格尔系数达到34.8%，已迈向小康生活，但也存在着区域差别大和城乡发展不平衡的问题。

此外，某个特定时期的消费支出模式还会受到社会文化环境、价值观念、信仰、兴趣、行为方式、社会群体及相互关系、科技进步等因素的影响。以我国为例，应当看到经济发达区域向西部不发达省份的梯次过渡，消费支出模式也呈现出多样化、分层化的特点。而总体来看，我国还处于发展阶段，大部分国民还不富裕，消费也还是以家庭消费为主，在社会医疗保障还不健全的背景下，教育、住房、医疗三大消费支出占据了大部分居民家庭经济的支出主体，导致我国居民的整体消费理念比较保守、缺乏未来经济安全感，偏向于储蓄。当然，随着经济水平的提升，也应当看到国内的旅游、娱乐、电影、健康保健等文化消费活动正日益活跃，从而刺激和带动了相关产业的快速发展。

（3）消费者的储蓄率和信贷消费。消费者的储蓄率和信贷消费对于某些行业而言具有十分显著的影响。例如，在国外非常普遍的汽车消费信贷，在国内的发展就比较滞后，起码相对于房屋的信贷消费而言其长期在低水平徘徊。这种情况在很大程度上是由于国内居民缺乏储蓄率和信贷平衡的基本概念导致的，而且传统文化的影响也使其不愿意超前消费。

储蓄率代表了居民收入与支出的一般比例，在其他条件一定的情况下，消费者储蓄与购买力成反比。储蓄额增加，综合购买力就减弱；反之，综合购买力则增强。

如上所述，信贷消费在国内的发展也处于相对初级阶段。人们更愿意把钱省下来存到银行里，用以抵御未来的各项风险，而“花明天的钱，圆今天的梦”的信贷消费则是很多国内居民不敢放心实践的。当然也应当看到这样的一种趋势，随着消费者的更新换代、消费理念的日益更新，信贷消费正成为未来新的消费热点，从国内日益红火的信用卡业务的发展中即可见一斑。这在相当程度上，对于大宗、高价值产品的消费具有重大的意义。

6. 消费者购买力分析

首先我们为购买力下一个定义：社会各方面在一定时期用于购买商品或劳务的货币支付能力，是构成市场和影响市场规模大小的一个重要因素。从消费者的角度而言，购买力分析可以定义为，在特定社会条件下（社会发展层级和人口规模）以及综合经济环境中，对社会居民总购买能力的分析。

购买力分为综合购买力和实际购买力，前者用于衡量居民或家庭的收入和信贷状况，主要反映的是收入水平和信贷（含投资）状况，在一定意义上可以说是理论购买力，更具统计意义；而实际购买力反映的是特定收入条件下，以当时的货币利率和通货膨胀情况为现实背景，居民或家庭持有货币的实际商品转化能力，实际购买力往往更能反映出某个商品品类的居民消费潜力。

消费者购买力的分析着眼于消费者实际支付能力的现状描述及预测，对于企业启动细分市场、产品定位、延伸产品线等营销策略都具有非常现实的意义。它从某种意义上决定了企业产品进入某个细分市场的成败。

因此，购买力是广告调查中需要仔细考察的指标，其中就包括了社会经济发展阶段、社会文化与亚文化、人口规模与素质等宏观层面的因素；微观层面因素包括不同人群（包括亚群）的分布与需求、居民文化层次、生活爱好与消费习惯，以及消费者心理状态和文化价值取向等因素。例如，在同代年龄组的消费者中，所处地理区域不同，消费者对商品的需求常常是有差异的，有的崇尚时尚、格调与品位，有的注重功能、质量与性价比。另外，商品供需关系的现状及其波动也会扭曲特定时期的消费者购买力，发生抢购、竞购或者有价无市等情况。

因此，我们说购买力的分析，需要兼顾宏观和微观两个层面的因素，综合做出准确的分析和判断，真正做到静态描述精确、动态预测准确，唯有如此，广告调查才能够在实践意义上对企业的广告推广运动提供正确的指引。

7. 社会文化环境

社会文化环境是指与企业市场营销活动相关的社会文化背景，反映了特定时期内国民（整体或团体）的文化价值取向、消费趋势、生活观和品牌观以及信息接收的方式和类型。因此市场营销推广的成功与否、广告能否达到预期效果，在很大程度上取决于企业对社会文化环境的深刻洞察与利用。因为人们的需求状况和消费行为必然受到特定的社会文化环境的熏陶与制约，广告推广运动要有针对性地向目标消费者进行诉求，就必须研究社会文化的构成与现状、社会阶层的文化特征、社会运动等因素。

在此，我们从三个层面分析社会文化环境及其对广告推广的影响。

（1）主流社会文化。主流社会文化指的是符合社会发展历史阶段，经过主流权威媒体传播和加强而形成的社会主流价值观。主流社会文化具有两个核心要素：一方面符合社会发展的历史阶段，具有明显的时代背景，是历史的必然。例如，当前社会主流文化中，追求发展和稳定，实现个人价值最大化成为社会发展历史阶段的必然选择。另一方面，主流社会文化必须是符合统治阶层利益的，带有鲜明的政治色彩，并经由国家及其掌控的主流媒体放大传播形成社会舆论关注的焦点议题。

主流社会文化构成了企业所有营销活动的基本背景，也构成了广告推广的基本背景，甚至带有不可违背性，因此有必要纳入广告调查的范围。

（2）社会亚文化。现代社会发展的重要标志就是社会文化的多元化与包容性，因此伴随着主流社会文化的大量反映社会文化趋势的亚文化就应运而生了。亚文化是在主流文化的背景下，针对各种社会现象或目标对象而产生的文化现象。亚文化相对主流文化而言，更具灵活性、更能准确反映社会现状，同时由于其产生的自发性，因而更具针对性的影响力。

现实社会中的亚文化现象比比皆是，例如，“剩男剩女”“御宅族”“播客”“草根”“人肉族”等都是伴随着社会价值多元化而产生的独特文化现象。可以说，每一种亚文化背后都潜藏着独特的生活价值观和行为模式。因此这些文化现象对于特定群体的影响力不容忽视，也是接近和了解这类群体的重要途径。

（3）互联网与文化多样化。互联网正是亚文化的“策源地”，亚文化现象的蓬勃与互联网的快速发展和普及密不可分。互联网（包括移动互联网）极大地改变了传统的文化诞生模式，透过下放话语权，自下而上地催生和促进了某种文化现象的诞生与发展。同样的，在互联网发展的过程中，逐渐自发形成的“互联网文化”本身也是一种亚文化现象，在互联网文化的价值体系中，尊重、平等和自由、公义公平、透明公开、还原人性等标签向我们展示了一幅崭新的社会价值和文化交流的图景，并且在相当意义上辐射和影响了现实社会的主流文化价值观。

因此，互联网以及未来的5G大规模应用，在“三网融合”的背景之下，改变的不仅是传播的模式和技术平台，同样也会对社会文化的多样化产生深远而切实的影响。

总而言之，广告调查后的宏观环境并不因其居高临下而显得高高在上，实际情况刚好反之，广告推广的策略如果要抢占企业营销价值体系的制高点，就必须在广告调查阶段拉升眼光和视野，根据具体的广告推广的层次，将以上宏观环境要素纳入调研视野，才能够在高度和权威度方面把握广告推广的方向。

4.3 广告调查的微观环境

广告调查的微观环境指的是直接关系到企业营销和广告推广的经营要素，它有针对性地影响着广告推广策略的拟定。以下微观调查要素的选择，以广告推广面临的问题和挑战为基本原则，我们可以将其分为外部微观环境、内部微观环境和媒介传播环境。

1. 外部微观环境

外部微观环境可以简单归结为市场竞争的需求，凡是关乎企业市场竞争的因素均可列入其中，具体包括以下内容：

（1）行业的竞争趋势/技术发展趋势。

（2）主要竞争对手的选择/竞争对手的策略研究。

（3）市场区域划分/市场层级的划分及研究。

（4）目标消费者的界定/消费心理和行为研究/媒介接触习惯研究。

（5）媒介应用环境/媒介组合/媒介资源。

2. 内部微观环境

内部微观环境则是企业内部的竞争要素，属于企业内部核心竞争力，关系到企业整体竞争力的企业内部要素，包括企业营销系统的相关要素的调查研究，具体包括以下内容：

（1）企业或品牌的愿景/发展定位。

（2）企业未来的近中长期发展战略。

（3）企业的品牌/产品体系的构成。

（4）企业的营销渠道构成/竞争策略。

（5）品牌核心定位/价值观。

（6）产品功能卖点/情感利益附加。

需要强调的是，广告微观环境的调查必须建立在广告目标的基础上，明确本次广告运动所承担的品牌推广任务，包括企业或品牌的现状、面临的主要挑战等前提因素，在此基础上选定恰当的微观要素，纳入调查研究的范围。

3. 媒介传播环境

媒介传播环境是兼具宏观和微观意义的广告调查范畴，从历史的纵向发展来看，每一次媒介技术革命，从四大媒体的诞生和发展到 21 世纪新兴的移动互联网的成熟，都在深刻改变着社会的结构和文化观念，进而影响到消费者的行为和心理。

从企业营销实施和广告推广的微观层面而言，每一次媒介传播技术的革新与发展都对广告推广这一特殊的传播行业产生了巨大的影响，直接催生了各项崭新的业务模式，更有效地推动了以企业营销为核心的商业传播的发展，使得我们的商业传播更具效率和精准性。

具体而言，媒介传播环境的研究主要集中在以下四个方面：

（1）媒介技术的发展/媒介的变革。

（2）新型媒介的发展/媒介创新应用。

（3）媒介到达率/媒介组合。

（4）媒介传播效果评估/媒介投放新理念。

以上四个方面包含了媒介传播环境的宏观和微观两个层面，构成了广告传播的媒介传播环境的全景图画，帮助我们从媒介发展的时代高度以及媒介传播的实践角度，诠释媒介对于广告推广的核心价值。

广告调查的宏观环境和微观环境，形成了广告调查的基本范畴，构成了广告调查的基本内容。总而言之，宏观环境在广告调查中比微观环境更难以把握，难以界定有效的研究范围，属于战略层面的研究，需要投入更多的调研资源和更长的操作周期。实际运用中，通常在制定企业和品牌中长期发展战略的时候，才会重点研究企业竞争的宏观因素。

微观环境的调查通常更具策略性和战术性，比较灵活，同时具有强烈的目的性，在操作执行层面更容易把控，在成本和周期上也比较容易控制。

4.4 广告调查的内容

广告调查的内容非常丰富，随着广告目标的不同，其繁简程度也有所不同，按照前边我们阐述的广告调查的环境，可以分为五个方面的具体内容。

1. 市场/行业宏观背景调查

宏观背景的调查对于某些类型的广告推广而言是十分必要的，它可以帮助广告公司建立对于行业和社会背景的基本客观认知，使得广告策划更加集中。市场/行业宏观背景调查的具体内容有以下四方面：

（1）行业现状及趋势，即目标行业的基本发展概况、技术趋势和国家的行业政策。

（2）市场行政概况，即目标市场地区的人口规模、性别、年龄的构成状况，文化程度、职业、收入的基本状况以及家庭人口、户数、婚姻状况等。

（3）文化的地域特征，即目标市场地区的民族构成、民族特点、风俗习惯、生活方式、流行风尚、宗教信仰、禁忌、节日等。

（4）社会背景或热点事件，即整个社会层面的政治经济状况、重大社会事件、社会主流文化、各种亚文化的兴起等。

2. 产品研究

产品构成了品牌的实际支撑，也是企业能够纵横市场的物质基础，对产品的全方位研究便成为广告调查的核心内容，深入地研究产品的属性、优缺点是提供广告推广策略的决策依据。其主要内容包括：

（1）产品特质，包括产品的研发背景、历史因素、生产工艺、原材料特质、功能创新、证明材料（奖项或证书）等，通过产品特质的研究建立广告推广的产品基础，准确寻找广告传播的着力点。

（2）产品外观，包括产品的外形设计、规格包装、系列款式等外在视觉表现，通常属于产品 VI 的范畴，研究的核心是设计协调性。

（3）产品线。企业产品线指的是企业所有提供的产品及其系列划分。通常分为战术产品、明星产品（英雄产品）、战略产品三个层次，每个层次的产品在参与市场竞争中分别承担了不同的营销任务，相辅相成、主次有序。

（4）类别属性。产品通过提供相应的功能参与市场竞争，并且归属于市场的某个品类，形成在该品类中的基本市场地位。产品品类构成了产品研究中的核心概念之一，也是为广告策略寻求准确定位的基础。例如，汽车这个品类又可细分为 A 级车、B 级车，其中 A 级车又可分为 A0 和紧凑车型等，产品品类定位通常是企业实施蓝海战略的基础。

（5）产品利益。产品的突出功能有哪些？功能的差异化如何？这些功能给予消费者哪些特殊利益？以上关于产品利益的研究，是确定广告推广策略的核心之一。通常而言，产品利益可分为：经济型产品，即以满足消费者生理性需求和经济利益为重；便利型产品，即以方便消费者使用为主；情感型产品，即以满足消费者心理性需求为主。广告需求不但要突出产品利益，而且要依据不同类型利益的产品而采用不同的诉求方法。

（6）产品生命周期。企业产品进入市场中必然会经历一个从上市推广到退出市场的周期，我们认为产品的生命周期包括：入市期、成长期、成熟期、饱和期和衰退期。处于不同生命周期阶段的产品，对广告的需求不同，其广告推广的策略也有所不同。

（7）产品力研究。将产品的基本特征，包括前面提到的产品特质、外观、功能利益等，放在市场竞争中加以考察，寻找本产品相对于竞争产品的竞争优劣势，只有“知己知彼”，方能“百战百胜”，这在一定程度上属于产品竞争力的研究，也是产品研究的最高层次。

广告的力量在相当程度上归结于企业能够提供的产品，因此产品调查可以看作是构建品牌核心竞争力的基础。

3. 消费者行为研究

消费者是达成企业市场销售的最终决定力量，而决定消费者购买行动的直观因素就是消费者行为，消费行为调查的首要目标就是通过市场环境的消费者调查，搜集和分析目标消费者的行为模式，发现最佳的销售契机。

消费者行为研究主要包括消费者需求研究、购买方式研究和购买决策研究三个方面，以上调查的结论对于确定广告推广策略有着直接的影响。

（1）消费者需求研究。消费者需求包括行业/专业消费需求和大众/零售消费需求，前者主要是发生在行业价值链上下游的消费；后者是针对普通大众市场的消费，在企业的广告推广中最为常见。应当明确的是，以上两种消费需求模式存在显著的差异，应当根据实际情况，分别加以研究。

大众/零售消费需求的研究对象更加分散，主要是以一个地区或一个阶层的公众或组织为研究对象，研究影响其消费需求的各种因素，我们可以将其分为经济因素、社会文化因素和购买时机因素。

第一，经济因素。包括家庭收入与支出情况、产品价格、性价比等，经济因素在很大程度上影响了消费者的消费行为模式，实际上就是购买力的问题，前文已有论述，在此不再赘述。

第二，社会文化因素。包括社会消费观念、社会文化潮流背景、消费者个人的社会地位、文化价值观等因素，均对消费者的行为模式存在确实的影响。例如，见诸大众媒体中的所谓“80后”“90后”的消费人群，因其成长的年代正处在鼓励一部分人先富起来的改革开放经济腾飞期，而且大多受过良好的文化教育，因此其消费观念更加超前，个性化消费的趋势明显，而且往往对产品具有独特的价值判断标准。

第三，购买时机因素。购买时机的选择对于促成购买行动会起到关键作用，我们可以称之为“产品介入度”。当消费者由于综合因素打算购买某类产品的时候，其对于有关该产品的信息就会格外关注，主动搜集资料以便提供决策依据，最终采取购买行动。因此从广告推广的销售促进而言，对于目标消费者购买时机的研究成为必要选项。

（2）购买方式研究。购买方式指的是消费者通过怎样的方式完成最终的购买，并且呈现出怎样的购买心理和行为特点。消费者购买方式的研究对于广告的发布时机、发布频率、主题与创意都有着重要的影响。

消费者购买方式，从购买心理层面划分，可以分为习惯型、理智型、价格型、冲动型、情感型、疑虑型、随意型等多种方式；从购买行为的习惯划分，可以分为经常性购买、选择性购买、考察性购买三种主要方式。

（3）购买决策研究。消费者对任何商品的购买都隐藏了其决策的过程，按照购买决策不同阶段的承担任务和决策内容，我们将其总结为一套决策过程，具体包括搜集商品信息、分析和对比、购买时机、购买渠道、使用效果评价等环节。对以上环节的研究与锁定广告诉求对象、广告创意表现和媒介发布有密切关系，其中的核心要素可以总结为以下三个方面：

第一，购买决策者。大众消费品因其品类不同，购买核心决策者也不同，甚至不同的家庭结构也会有所差异。例如，汽车消费的核心决策者大多是丈夫；日常生活用品的核心决策者是妻子；孩子生活用品的核心决策者大多是双方父母，即带孩子的老人家等。因此对于广告调查而言，我们要有效区分出谁是购买决策者，谁是最终使用者，这两者在很多情况下是有差异的。

第二，购买时机选择。这里的购买时机包括购买决策者对于广告信息的跟踪和分析，消费者往往会选择最佳的时刻出手购买。例如，绝对价值较低的生活用品，消费者通常会等待商家或卖场的打折促销；房产汽车等高价值产品，消费者考虑购买时机的因素更加复杂，甚至国家的某项政策出台都会影响其购买时机的选择。购买时机的研究对于广告信息的发布存在重大而直接的影响，也是广告效果达成的重要诱因。

第三，购买渠道或地点。消费者在何处实现购买对于广告信息本身以及媒介发布十分重要。在客观上要求企业将销售渠道铺设到尽量方便消费者购买的区域，同时销售终端的POP环境物料的设置必须能够唤醒和加强消费者对该产品的广告印象，以在销售的最后一个环节，俘获消费者的购买力。

4. 企业内部调研

企业的竞争力，包括品牌力的发扬，都需要“力从地起”，从打造企业内部的核心竞争力开始。因此涉及重要品牌战略的广告运动，都需要对企业内部的营销要素进行客观而详细的梳理，以奠定广告策略的针对性基础。

企业内部调研包括以下六个内容：

（1）企业历史背景，即企业发展历程，包括企业创始人以及主要竞争领域。

（2）生产设备和工艺，即企业生产设施、渠道设施等关乎产品研发和生产的要素调查。

（3）企业经营战略，即企业的发展目标，包括短期、中期和长期以及品牌战略等。

（4）经营现状和竞争地位，即企业的经营业绩、市场版图、渠道优势、竞争地位等。

（5）渠道和服务体系，即企业的渠道结构和分布情况、服务体系的搭建和运营等。

（6）人才战略，即企业的人才结构和梯队，包括人才的培养战略，以及团队精神面貌等。

5. 媒介环境调查

前文提到媒介环境对于广告推广的基础价值，尤其是当前时代背景下，媒介技术日新月异，网络化和数字化的浪潮不断催生新的媒介，同时也在冲击和改造传统媒介。在这样的背景下，消费者的媒介接触习惯和信息生活方式也在发生深刻的变革，因此更加凸显媒介环境调查的非凡意义。

媒介环境调查的内容主要包括：

（1）媒介环境调查。媒介环境调查旨在针对特定区域的媒介现状进行客观调查和分析，从媒介环境的整体高度奠定媒介传播策略的基础，具体包括：①目标区域媒介发展水平；②区域媒介及受众分布；③各种媒介的影响力分析；④整体媒介的发展趋势及新技术应用状况；⑤当前媒介环境中，媒介传播的应用和发展趋势。

（2）媒介组合调查。媒介组合调查基于各种不同类型的媒介现状及其影响力调查，是制订针对性媒介发布方案的客观依据。具体包括：①平面媒体，包括报纸、杂志、DM等的影响范围及各自的特征（发行量等）；②电子媒体，包括广播电台和电视台播送所覆盖的范围；③媒介影响力分析，目标区域内不同媒介及其组合对目标受众的影响。

（3）媒介触点调查。所谓媒介触点调查是针对目标受众的媒介生活习惯而言的，按照目标受众的年龄、职业和收入状况、社会地位或组织归属等，辅以每天日常作息规律，分析目标受众的媒介生活路线图，进而反映其媒介接触的有效机会。如下图所示，即为特定情况下的目标受众媒介触点分析。

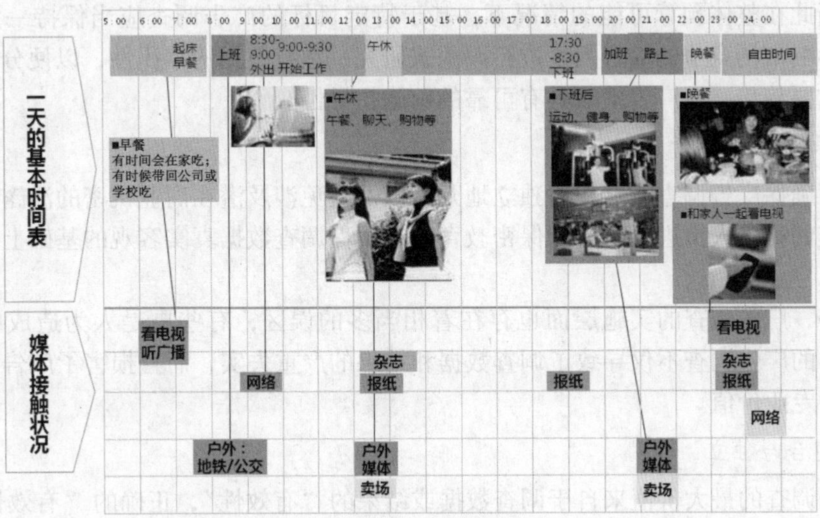

目标受众媒介触点分析图

[资料来源：2009 中国市场与媒体研究（CMMS）]

4.5 广告调查的原则、程序及方法

4.5.1 广告调查的原则及误区

广告调查对于特定的广告推广运动具有非凡的价值和意义，必须慎重对待每一次广告调查，因此我们有必要明确广告调查的基本原则。

1. 独立性原则

广告调查无论是由调研公司发起还是由广告公司发起，都必须秉承独立性原则，在达成调研目标共识的基础上，独立进行调查计划的拟订和实施，排除有可能影响调查结果公正性的主观干扰因素，尤其是来自于企业自身的主观因素。

2. 真实性原则

广告调查的核心价值在于其反映市场和消费者客观情况的真实程度，这也是广告调查数据能够有效指导广告运动开展的基本保障。因此，不管调查数据是否符合相关利益方的主观判断，都必须坚持真实可信的调查原则。

3. 针对性原则

广告调查的发起不仅要慎重决策，而且必须针对明确的目标。因为任何规模的科学的广告调查都将耗费一定的人力和物力，都是一种投入，这种投入必须建立在"有效产出"的基础上。因此，在整体广告策略层面，必须对需要解决的问题进行科学分解，进而付诸即将进行的广告调查中。

4. 延续性原则

任何细分市场都是在不断发展演变的，包括目标消费者的消费趋势以及竞争对手的状况，因此在整体预算可能的情况下，基于特定目标的广告调查应当保持一定的延续性，对影响市场竞争的综合因素进行跟踪式研究、注意数据的累积性，以便分析和判断其中的重要趋势，令广告策略具有可靠的前瞻指导性。

5. 保密性原则

为了确保广告调查能够相对独立地开展以及避免涉及潜在商业机密的泄露，需要对参与调查的相关人员进行必要的保密教育，在确保调查数据真实客观的基础上，降低法律风险。

另外，广告调查的实施层面也存在着相当多的误区，有些更是人为造成的调查失真。这样的广告调查不仅导致了调查数据和结果的严重失实，而且损害了广告公司在企业方面的专业价值。

1. 迎合与独立

广告调查的最大价值来自于调查数据或结果的“有效性”，正确的“有效性”建立在科学而客观调查的基础上，是不以人们意志为转移的。而实际的实施中，无论是相对独立的第三方调研公司，还是直接利益攸关方广告公司，往往为了顺应企业的意志或有利于广告公司的广告策略，而刻意主导广告调查的结果，营造表面上的皆大欢喜的局面，严重缺乏广告调查本应具备的独立精神。

2. 浮躁和深刻

广告调查不仅需要我们有直面真实的勇气，更需要钻研和洞察的韧性，真正本着发现问题和解决问题的执着思路，耐心细致地对待每一组数据的获得和分析。而实际操作的常见误区则是浮躁横行，没有科学的求证精神，不惜为了操纵某种结论而放任广告调查流于表面，以主观判断代替客观洞察，将广告项目的经济利益摆在至高无上的地位，直接损害了广告调查这一科学广告探查手段的威望名声。

3. 经验与客观

实际操作经验的重要性不可否认，经验在某些情况下是提升决策效率的一条捷径，而且对于广告调查而言，同样不能忽略经验的重要性。但是我们在实际项目运作中，不能为了追求所谓的效率和成本因素，将经验凌驾于客观实证之上，使得本应得出客观科学结果的广告调查变成了经验主义的交流会，这样就大大丧失了广告调查对于广告策略和创意的指导价值。

以上重点阐述了广告调查的误区，是因为从当前的广告业界实践而言，大量的本土广告公司依然没有建立起对科学调研的正确认知，仅仅将广告调查作为“忽悠”或取悦客户的一个噱头，根本就没有基于解决关键疑问的心态去实施调研，更没有将广告策略建立在调研结论的基础上。这种现象在一定程度上削弱了广告公司的专业价值，导致广告公司沦落为企业客户的单纯意义上的执行公司，而不是外脑和智囊，使其日益丧失其行业价值链的上游高附加值。

4.5.2 广告调查的程序

广告调查是一项强调宏观高度和微观实施的系统工程，不应因其规模的大小而忽视整个过程的详细规划。在这个意义上，广告调查的规划可以提升至专业的高度，其基本程序和步骤如下。

1. 确定调查目标

实施广告调查，首先就要提出调查的目的和目标。这需要进行认真的分析研究，界定清楚需要调查和解决的问题，明确需要搜集的资料，尽量把调查的范围缩小，选出企业最需掌握或者解决的问题。确定调查目标，是一个由抽象到具体、由一般到特殊的过程。可在现有的与调查问题有关的资料或调查的基础上，明确广告调查需要搜集的资料。尽量采纳可资利用的现有资料，然后确定需要调查获取的资料内容，如市场规模、消费者需求状况、目标市场特点等。

2. 制订调查方案

确定调查目标后，就要拟订具体的调查实施计划，包括调查的目的和要求、调查的项目内容、调查所要采取的方法、调查进度的安排、调查人员分工、调查费用的预算和调查注意事项等方面。这是具体而又复杂的过程，调查方案要翔实、可操作。

3. 展开实地调查

按照调查方案的要求，实施调查活动。

4. 整理分析资料

调查活动结束后，要对收集获取的有关资料进行整理分析。整理的工作主要有：①编校，对搜集来的资料加以校核，消除不准确、不符合实际情况的成分；②分类，把经过核实的资料进行归类，并制成各种统计图表。

分析的工作主要有：①数据处理，计算出各类资料数据的平均数、标准差和百分率；②制作图表，反映各类资料之间的相互关系；③运用统计技术进行分析，整理和分析资料的过程也是对资料进行研究的过程。

5. 编写调查报告

调查报告一般包括三个部分的内容：

（1）序言：简要说明调查的目的、方法和调查结果。

（2）主体：详细分析调查资料，得出相关结论，提出建议。

（3）附录：主要包括分析方法说明、统计图表和公式以及参考数据等。

调查报告是广告调查活动的成果体现，也是分析企业广告机会、进行广告决策的依据，应准确、系统、科学、有针对性。

6. 调研报告的分析解读

调研报告的最后形成只是完成了调研项目的主体过程，更实际的意义在于如何解读报告数据，真正服务于企业的营销实践。从实际操作和效果的角度来看，调查报告的解读需要调研公司、广告公关等推广公司以及企业营销市场部三方共同完成，并付诸营销推广的策略拟定。

最后需要重点补充的是，广告公司运用广告调查为相关策划提供客观支撑，最好的方法不是研读形成的调查报告，而是要全程“非干预式”地参与到第三方调查公司的调查过程中。

4.5.3 广告调查的实施方法

广告调查的方法，基本可以按照两个维度进行划分：定性和定量研究、实证和案头资料研究（或者称为一手或二手资料研究），下面我们以后者为基本划分维度，展示几种常用的广告调查的方法。

1. 实证调查法

（1）观察与模拟。通常选择销售终端，调查人员在不打扰调查对象的情况下，静默观察，记录和获取相关资料。具体手段可以是人力观察，也可以用仪器，如摄像机、录音机等专用设备。这种方法能够获得比较客观的第一手资料，可以反映最真实的消费者购买过程。另外，静默观察的方法可有直接观察、实地测定和行为记录等。

还有一种实证调查法是“神秘客人”模拟调查，通常选择不直接相关的调查者，模拟企业的客户，进而直接感受和记录消费过程中的细节。例如，假扮成入住酒店的客人，切身感受酒店的服务品质，甚至可以故意模拟一些意外情况，观察酒店服务体系的反应速度和质量。

以上方法属于定量研究，而且鉴于实施条件有限，不适合在大范围内开展，可以作为个案研究形成对整体调研的补充。

（2）问卷调查。问卷调查是被应用得最为普遍的一种调研方法，具有适应性强、定量和定性相结合、成本低廉、易于统计等优点。要把调查的事项、内容，通过询问的方式获取。这也是广告受众调查经常运用的方法之一。

调查问卷根据实施的方式可以分为邮寄问卷、留置问卷、电话询问、街头拦截问卷等形式。需要强调的是，调查问卷的效果在很大程度上取决于问卷设计的水平，因此应合理控制难度和完成时间，精心设置问题点，尽最大可能挖掘出调查对象真实的想法。

值得注意的是，随着网络普及程度的日益加深，网络调查问卷的模式日益成熟，进一步降低了问卷调查的成本，同时后台数据库的管理使得数据更易于统计和输出。目前互联网上专门提供网络调查问卷的网站越来越多。

（3）深度访谈或座谈会。深度访谈或者座谈会同样是广告调查的重要手段，具有非常好的实用性，样式灵活且费用低廉，特别适合对于某项问题的深度洞察。深度访谈通常针对一个访谈对象，调查者根据访谈提纲激发被访者的深度观点；而座谈会通常是多人参加，人数通常在8～10人，主持人通过非倾向性的引导，组织被访者畅所欲言。

深度访谈或座谈会都需要提前组织并设定议题和提纲，尤其是调查者或主持人的水平决定了整个调查活动的品质，这一点要引起我们的注意。另外，访谈或座谈的调研方法可以结合定性和定量研究的内容，并注意其比例的合理分配。

（4）实验室或测试研究。实验室研究通常用来验证广告理论或传播效应，因其实验室的特殊环境，往往与广告传播现实存在较大的差异，很难在实际操作的广告项目中获得普遍采用。根据研究的目的和类型，实验室可以分为市场反应机制、广告信息实验和媒体效应实验等。

另外具有一定实用价值的“测试研究”，被称为广告作品测试，包括影视或平面创意测试、产品包装或功能测试，能尽量减少产品和广告创意引发的“广告失效”风险。

实验室或测试研究往往需要特定的场地和设备条件，加之模拟环境与现实环境的显著差异，往往具备不佳的投入产出效果，因此此方法大多应用于学界对于广告原理的探索研究。

（5）CATI 计算机辅助电话访问。计算机辅助电话访问（Computer Assisted Telephone Interview，简称 CATI）是近年高速发展的通信技术及计算机信息处理技术应用于传统的电话访问所得到的产物，目前已经形成了成熟的应用体系。

CATI 指使用一份按计算机设计方法设计的问卷，用电话向被调查者进行访问。计算机问卷可以利用大型机、微型机或个人用计算机来设计生成。调查员头戴小型耳机式电话，通过计算机拨打所要访问的号码，电话接通之后，调查员就读出计算机屏幕上显示出的问答题并直接将被调查者的回答（用号码表示）用键盘记入计算机的记忆库。

应当看到的是，随着家庭固定电话的日益萎缩以及个人手机的私密性，CATI 的应用基础受到了明显的冲击，但作为一种基本的电话访问系统，还具有一定的使用价值。

2. 案头资料研究法

（1）搜索文献。文献研究是利用现有的各种文献、档案材料，阅读分析出有价值的广告资讯。例如，《中国统计年鉴》《中国人口年鉴》以及各种行业发展报告、网络搜寻的资料等，都可以划归为文献调查。需要强调的是，我们在利用文献资料研究的时候，需要注意获取的文献信息是否权威、准确、可靠。最好通过不同的文献来源，交叉验证重要的观点，这也就要求我们加强日常的搜集和整理相关资料的工作，做到类别化、系统化和条理化。

搜索文献的应用非常普遍，适合对某个事物进行定性的研究，描述问题发展的现状以及预测趋势，但不适合定量的分析研究。

（2）购买文献。除了通过公众渠道获取文献资料以外，还可以通过购买文献资料的方法收集足够的素材，进行案头研究。这些文献主要有专业机构定期发布的各种行业调查报告、消费者研究报告、媒体发展报告等。目前市场上已经有众多的专业机构，并日益细分提供各种调查数据和文献，当然其中涉及的费用支出是使用这种研究方法需要重点考虑的问题。

（3）内部文献。内部文献主要是企业内部的文献资料，往往反映了企业内部各个层面的累积资料，对于我们了解和分析企业的内部情况，包括企业发展历史、人员组织架构、企业生产和营销等，都是行之有效的研究途径。

正如广告调查需要遵循一定的实施程序一样，广告调查的方法及其研究也十分重要，好的工作方法往往能够事半功倍，取得良好的实施效果。同时我们应当看到，随着信息化生活的日益普及，人们的生活方式和理念以及信息的接收方式都在发生快速的变化，因此广告调查的方法也需要与时俱进，应更加重视人性化和精准性。例如，手机作为人们随身的媒介载体，如何应用在广告调查实施中？如何通过网络游戏的方式吸引和鼓励受众参与广告调查？如何运用数据库技术加强数据分析的时效性？这些都是这个时代提出的新的挑战。

4.6 广告调查的未来发展趋势

广告调查日益占据了整个广告流程的核心地位，无论是广告客户还是广告公司，都越来越把调查作为决策的客观依据，进而引导了整个行业的价值观提升，也推动了科学广告理念的普及。就广告调查未来的发展趋势而言，我们可以从两个维度进行阐述。

4.6.1 行业维度的广告调查发展趋势

1. 宏观与微观兼顾

广告调查无论对于企业还是专业调研公司，都呈现出宏观和微观兼顾的趋势。随着国家经济结构的调整和整体产业的加速升级，大部分企业经过一轮的发展壮大，其经营决策和广告推广日益受到行业宏观环境乃至国家宏观经济政策的影响，对于宏观信息的调研需求变得现实起来。

另外，伴随着越来越多的企业走向国际市场，宏观的国际政治经济环境、产业政策等也将更为常态化地纳入广告调查的范围，为企业在实施跨国战略的最佳决策时提供支持。

2. 真实与客观趋势

前面我们阐述过，在广告调查实际操作中存在着不少负面的做法，影响了广告调查本身应当具备的客观性和真实性。但是我们也应当看到企业一方越来越重视广告活动的实际效果达成，关注广告的实际效果，而且希望有能够提前评估广告策划方案风险的手段，这就为广告调查的科学实施奠定了现实基础。

从广告公司的角度而言，广告公司的服务价值为什么受到普遍质疑，在相当程度上是因为广告公司的专业性优势正在丧失，仅凭经验和主观臆断来做出决策，缺乏对市场竞争和消费者的敏锐洞察。可以说在广告的专业性方面，企业经历了市场和广告公司的多重教育，在某些专业思维方面已经超越了广告公司。因此广告公司应当回归到专业和客观的基准上，重新构建行业的专业价值，增强服务的溢价能力。

3. 常态化趋势

基于上述的原因，企业与广告公司都需要更加“日常化”地了解市场和消费者动态，包括对于广告实施效果的实时监控、对广告调查的手段了解。当然这里面会有一个问题，那就是广告调查实施的成本，包括时间成本和资金投入，这也正是大多数广告公司宁愿凭借行业经验进行广告策划的原因，也是企业方实施广告调查时经常遇到的最大障碍。

成本问题可以经由调研技术的发展而得到有效的解决，例如，随着网络媒体的日益发展，出现了越来越多的网络调查网站，它们可以提供经常性的、低成本的“快速网络调查”，而且随着网络受众的日益增多，强大技术支撑的网络调查将迎来更大的发展空间。

4. 细分化趋势

广告调查的细分化趋势分为两个方向：行业细分和专业细分。所谓的行业细分是越来越多的广告公司以及调研公司聚焦至特定的优势行业，进行目标行业的深耕，通过长时间和深度服务，累积足够的行业深度，成为特定行业的资深专家，进而帮助服务公司（包括广告公司、公关公司和调研公司）获得在客户面前更大的专业话语权。专业细分则从广告调查的不同侧面入手，例如，竞争对手资讯的搜集和分析、消费者的清晰界定和跟踪研究，以及行业和产业政策的跟踪分析等，它将广告调查的每个侧面加以放大，并形成调研公司的核心优势。

4.6.2 技术维度的广告调查发展趋势

广告调查的技术性特征是非常显著的，因此广告调查的未来发展趋势在很大程度上受到了技术手段的影响。

1. 网络技术的影响

网络对于广告调查的冲击，是伴随着网络受众规模的快速扩张以及网络技术本身的发展而形成的。网络调查具有非常独特的优势，便捷和低成本、具有完善的后台分析程序等，这些特性让广告调查变得易于实施，同时更具精准性。

2. 数据库挖掘技术的影响

数据库挖掘是建立在数字存储技术和统计分析基础上的一次或二次开发。广告调查搜集的消费者信息通过数据库的方式进行存储和加工，累积和固化为更具价值的“金矿”。这些数据库除了本身能够通过筛选和分析加工出特定的数据库产品外，还可以通过企业的智能管理系统（例如 CRM 系统）实现数据库共享，让每次调查变成充实和完善企业 CRM 数据库的持续行为，为企业的营销决策提供更加精准的依据。

3. 数据分析技术的影响

数据分析技术作为广告调查的后台处理必备步骤，通过信息化处理手段焕发了新的价值，尤其是建立在网络调查基础上的数据分析通过“傻瓜式”的问卷设计，自动完成问卷的回收和数据的统计，包括后期针对性的各种统计分析，都依靠信息化技术自动完成，大大提升了广告调查的效率和准确性。

总结而言，广告调查的未来发展趋势，从技术维度来看，网络技术和数据库挖掘技术将扮演非常重要的角色，其不仅让广告调查的成本降低，而且能借助数据库挖掘技术和数据分析技术，实现企业各种智能管理平台的数据交联，让一次普通的调查可以衍生出更具价值的调查产品，这从客观上增加了广告调查的附加值，吸引企业更愿意发起广告调查活动。另外从消费者或者被调查者的角度而言，未来的广告调查将会越来越渗透至我们生活的每个角落，给予我们更多的消费发言权。当然更为现实的动力，还来自于各种各样的广告调查提供了日益丰富的综合奖励计划，尤其是网络调查普遍实施的注册积分计划以及各种优惠计划，这些在客观上都鼓励和吸引消费者接受广告调查。

4.7 影响广告调查未来发展的瓶颈

广告调查提供了企业和广告公司对于广告生态环境的真实客观描述，这对于注重追求营销效率的企业以及提升自身专业服务价值的广告公司而言，都具有非常重要的价值。从这个意义上说，无论现实中的广告调查在获得重视和资源投入方面还面临着怎样的障碍，未来的发展总是给人以充分的信心。

春天和希望就在前方，但路途中难免要经历坎坷和荆棘，下面我们就共同来扫描广告调查未来发展中会遇到的瓶颈问题。

1. 调研行业的经营理念

伴随着广告行业的细分趋势，形形色色的调研公司逐渐独立出来，依托企业战略和营销咨询，广告公司形成了各具特色的业务体系。在这一过程中，我们看到了冰火两重天的格局，一方面是依托外资和央视等强势媒体的高端调查公司，例如益普索、AC 尼尔森、盖洛普、索福瑞等，它们秉承高端和专业的理念，以较高的产品价格服务于实力客户，同时也让一般的广告公司和企业望而却步；另一方面，大量的调研公司，包括如雨后春笋般涌现的网络调查网站在较低层次的竞争层面展开激烈的业务竞争，它们的价格虽然比较低廉，但服务的专业性大打折扣，出现了迎合客户意志和需求的经营理念，主动或被动接受广告公司的“操纵”，这在客观上也降低了广告调查对客户的专业吸引力。

因此广告调研行业中如何摆脱曲高和寡和曲意逢迎的两极姿态，通过专业服务推动整个行业的良性发展，是整体行业性的瓶颈之一。

2. 专业性基础上的性价比

广告调查的费用过高或者是性价比不高，一直是阻碍企业和广告公司实施的重要原因。尤其是为数众多的中小企业，经营环境中的决策要素比较少，往往是凭借企业领导人的个人意志或行业经验提供决策，没有认识到市场调查的决策价值。在这样的思维背景下，广告公司很难为这样的客户提出广告调查的建议。

针对大量的中小客户，唯有提升广告调查的性价比才能够培养这些客户的市场调查意识，为企业的经营和广告决策引入科学依据，同时促进广告调查的普及应用。

3. 广告调研的人才培养

广告调查对于人才的素质要求比较高，无论是调查的计划和实施人员，还是企业和广告公司中能够熟练运用广告调查数据的人才，都在很大程度上影响着广告调查的发展和应用。尤其是广告公司的策划人员需要从实践出发，培养自身对广告调查的重视程度，将市场调查结果作为广告策划的真凭实据。

经典案例导读

“昵称瓶”“歌词瓶”“台词瓶”

——年年新花样，根本停不下来

可以说，可口可乐是全世界认知度最高的品牌。其每天为全球 200 多个国家的消费者提供19亿杯畅爽可口的可口可乐系列产品，且长期致力于推动社区可持续发展与环保节能理念。

然而，随着消费者可选择范围的增多，可口可乐汽水饮料的霸主地位已经被撼动。新一代年轻人对汽水饮料并不买账，而第一代主力消费者——“70后”“80后”对汽水饮料也没有那么热衷了。对可口可乐而言，新一代消费者的培养是重中之重，赢得年轻一代的认同很重要。2011年，可口可乐公司在英国和澳大利亚发起名为“Share a Coke”的营销活动，将最常见的150个名字印在可口可乐的瓶子上，消费者还能在社交网站上定制名字，并分享给好友。后来可口可乐是把类似的成功经验带到了中国，接地气地把时下网络热门词语、歌词和台词印在了传统的包装上。

为迎合年轻消费者，可口可乐2013年悄然推出针对中国市场的新包装，在一贯的红色包装上，“可口可乐”四个大字已经“退位”，取而代之的是诸如“文艺青年”“高富帅”“白富美”“天然呆”等网络流行语。

根据市场调查和分析，新一代年轻人的注意力主要放在网络媒介上，可口可乐正是巧用网络提供的资源，再借用网络媒介这个平台进行推广。

为了取得更好的品牌宣传效果，策划部门做了前期宣传，深圳可口可乐“爽动红PA”歌迷会在深圳市宝安体育馆举行，台湾歌唱团体五月天成为可口可乐最新一季的代言人，并发布了首支广告片。五月天还特别为此创作了一首主打歌《伤心的人别听慢歌》，正如歌词所写“此时和此刻，不得不去贯彻快乐”，想要以此鼓励身边的人多点分享快乐，忘却烦忧。

二十几款“昵称瓶”，选用流行的网络用语印在饮料瓶上，如“文艺青年”“小清新”“纯爷们儿”等，希望通过这种方式，更贴近消费者的互联网社交方式和沟通习惯，让消费者能通过分享，拉近彼此的距离。五月天的五位成员也分别拿到了他们各自专属的“昵称瓶”。此外，“昵称瓶”在国内某些城市推出时，还将会有极具地方特色的昵称，例如重庆的“重庆妹儿”、湖北的“板尖儿”等。消费者还可以参加相关活动，定制自己的个性“昵称瓶”。

分享传播，通过明星的预热，成功吸引到第一批想要购买定制瓶的粉丝，第一批购买并收到昵称瓶的网友就自发在微博上进行分享，于是有更多的网友知晓并且参与到活动中来。在接下来的几天中，如同滚雪球一样，知道和参与的人越来越多，抢购一空的时间也越来越短。而这种从“线上”微博定制瓶子到“线下”消费者收到定制瓶，继而通过消费者拍照分享又回到“线上”的O2O模式，让社交推广活动形成了一种长尾效应。

2014年的夏天，可口可乐卷土重来，《被风吹过的夏天》《最重要的决定》《倔强》等多首流行歌曲的歌词被印在可口可乐的瓶身和易拉罐上。而这个又一次的营销举措，仅在六月份，就为其带来了10%的增长额。

继“昵称瓶”之后，之所以会选择“歌词瓶”，是因为在做消费者调研和分析之后，可口可乐中国市场团队选择了适合“含蓄表达情感”的音乐载体。

如果说“昵称瓶”是人与人之间身份认同或风趣打招呼的一种方式，那“歌词瓶”就是一种深入的情感表达与双向对话，两者都使包装本身成为一种“自媒体”。“歌词瓶”是延续了流动性传播和策略性连接的营销理念，把瓶身社交化做得更加深入。

可口可乐正是将每一瓶“歌词瓶”化身为表情达意的载体，让消费者可以向家人、朋友、爱人、同事或同学“唱出”心声，分享情谊。这些被选择上瓶的歌词大多来自明星们脍炙人口的单曲，而且经过了精心挑选，并且考虑到不同年龄、不同性别、不同性格的人群的喜好和对流行歌曲的认知区别。虽然应用场景不同，但共同点是具有正能量，积极乐观。有周杰伦、五月天的歌，世界杯主题曲，毕业季应景歌，充满感情和活力，有不同种类和不同风格的。有不同年龄段人群对流行歌曲的认知区别，歌词既有“70后”熟知的“阳光总在风雨后”，也有“80后”熟知的“我一直有双隐形的翅膀”，还有“90后”和“00后”都喜欢的“时间都去哪儿了”；有适合女性的“因有自信所以美丽”，也有适合男性的“做个好汉子”；有的适合表白“蝉鸣的夏季我想遇见你”，也有适合分手的“好心一早放开我”，还有的适合表达友谊“有今生，今生作兄弟”“记得找我，我的好朋友”。虽然应用场景不同，但它们共同的特点都是非常具有正能量，感情充沛，充满青春活力。

可口可乐“歌词瓶”推广营销步骤首先针对意见领袖进行定制化产品投放，利用明星效应激发首轮社会化媒体分享；其次，利用关键意见领袖在社交网络上的活跃度和影响力，引发社会化媒体的讨论、关注，制造信息高点和热点话题；再次，引发活跃粉丝的跟进，把地面活动与线上结合，造成全方位的推动；接着利用社交媒体的扩散作用影响到更多普通消费者；最后定制服务，为消费者提供专属体验。

可口可乐首先给各个大V定制瓶身，随着大V在社交平台的曝光，通过大V的影响力引起热点讨论，这一趋势激发了受众的兴趣，待“歌词瓶”真正推出便能引起人们的火热购买。上市之后，可口可乐还在微博展开定制服务，只要转发微博加上特定语言就有机会获得专属定制瓶。粉丝们也围绕话题“最打动你的歌词”，自发分享自己所喜欢的歌星和歌词，这也是一种病毒式营销。

在微信端，只要扫描可口可乐瓶子上的专属二维码就可以进入微信页面，听取特定的歌曲，还能看到一段根据歌词创作的Flash，虽然不长，但对用户来说，却是一次足够新奇的体验，满足了用户的好奇心。

继“昵称瓶”“歌词瓶”之后，2015年可口可乐再次在标签上玩出新花样，将消费者熟知的台词印在瓶身上，和生活场景紧贴在一起，每个人都能在“台词瓶”中找到自己的专属回忆。以亲民路线，全面营造一种新式的双向沟通，通过一系列的策略、互动、创意和执行，带动消费者发现可口可乐“台词瓶”中所蕴含的分享乐趣，使消费者内心产生情感共鸣，让可口可乐“台词瓶”走入消费者的内心。

首先，可口可乐推出一系列使用不同艺术表达形式重新演绎的影视剧经典海报，开启本次“台词瓶”营销战役。风格突出的电影海报，围绕同一主题——“让夏天更有戏”，再现经典，运用社交媒体，多平台传播。

在传播形式上，视觉营销利器——创意微动图技术也被应用到此次战役中来。创意微动图是动态摄影和静态图片的结合，将静止的图片和视频结合在一起，“解冻”了尘封在图片中的某一个片刻，一静一动具有如电影般优质的画面，向受众展示了静止时空的魔法，体会“刹那芳华”的视觉效果。

抓取热点事件速度延展，创意发挥，从情感入手，吸引粉丝自主讨论和传播。范冰冰李晨公开恋情，官方微博实时推出“我们”文案以及相关配图；黄晓明和Angelababy领证，官方微博第一时间借势而上引发好评；高考期间，官方微信推出图文消息并配以原创手绘图为高考考生加油助威；周杰伦升级当爸爸，官方微博及时推出文案以及配图给予祝福；抓取的热点还有张亮女儿出生，周星驰、孙燕姿等明星的生日等。

可口可乐还与上线电影《煎饼侠》《命中注定》《我是路人甲》结合，推出电影的“台词瓶”，借势营销。

在节日期间通过创意的互动和内容，有效地传播“台词瓶”。端午节，官方微信推出了“小可电影院”端午粽子大片H5互动游戏，选取了三部经典电影、电视剧，将里面的经典场景变换为与粽子相关的互动小游戏。例如将《疯狂原始人》改名为《疯狂水果粽》，只要动动手指将太阳点到一定亮度就可顺利通关，并出现《疯狂原始人》的经典台词“骑着太阳去明天”，掀起了互动狂潮。

父亲节，则是推出挑战与爸爸亲密指数的小测试，共设置了10道有趣的题目，每道题目各有三个选项，做完所有题目后统计分数，不同的分数对应不同的亲密测试结果。通过这一系列的举动，成功地向消费者传达可口可乐“台词瓶”信息。

此次“台词瓶”一共收录了49句台词，有来自国内外经典以及流行的电影或电视剧台词，包括《甄嬛传》的“臣妾做不到啊”，《阿甘正传》的“生活就像一盒巧克力”，《乱世佳人》的“不管怎样，明天是新的一天”，《集结号》的“下辈子还做兄弟”，《万万没想到》的“万万没想到”等。

案例分析

可口可乐为什么一次次和瓶子“过不去”，在瓶子上“大做文章”？最耐人寻味的原因恐怕就是营销者看中了这个创意可以真正推动人们去消费产品。

继“昵称瓶”“歌词瓶”之后，可口可乐“台词瓶”再次以个性化的紧跟潮流的特性打入市场。一个企业的营销策略是否成功，创意永远是不可忽视的原动力，是一切传播和营销的基础。可口可乐对于个性化外观设计的执着和创意，是这场营销战役取胜的关键因素和决定力量。

1. 个性的包装设计——碳酸饮料市场营销的创意新领地

在日益激烈的市场竞争环境下，除了产品价格、质量以外，产品的外观设计也日益为企业所关注，成为吸引消费者的重要因素。在品类繁多的碳酸饮料市场上，其实饮料口感大多区别不大，所以吸引消费者的主要亮点转到了产品包装上。可口可乐公司在产品的个性化包装方面有自己独特的创意模式和营销模式，因此可以在竞争激烈的碳酸饮料市场屹立百年而不倒。从这点可以看出，可口可乐的个性化包装对其所获得的巨大收益功不可没。

2. 采用多种广告创意手法，提升传播力

利用流行台词提高情感共鸣。可口可乐瓶身上的台词都是经过精挑细选的流行台词，切合当下的流行文化和最新最热的话题，符合年轻人的胃口。在当下这个越来越强调自我、突出个性的时代里，每个人都不希望被同化、被忽略，渴望拥有属于自己的独特标签。并且，随着社会物质力量的发展，我们对生活的要求也逐渐提高，对个性化的要求也随之渗透到生活的每一个细节中去，哪怕只是一瓶汽水。而可口可乐台词瓶正好满足了年轻群体对自我的标榜，切中了受众要害。

3. 满足顾客的情感诉求

其选用的台词多为正能量的励志话语，例如“你能赢”“给你 32 个赞”等。这类台词能够满足顾客的某种情感所求，与人内心的情感产生共鸣，或者使心中的情绪得以宣泄。每个人都有自己的情感诉求，而可口可乐为其打造了一个供人们发泄情绪、抒发情感的平台。当人们意识到自己的情感诉求被关注或者得到满足时，必定会产生愉悦的心情，其潜在的购买欲望也就提升了。

4. 结合创意微动图技术，营造情境，深化共鸣

创意微动图是动态摄影和静态图片的结合，将静止的图片和视频结合在一起，可以“解冻”图片，让定格的照片“舞动”起来。在营销传播中使用这种技术，创造特定的情景，让顾客不知不觉地融入所营造的情景中，深化情感共鸣。在这种情境下，广告传播不会显得那么刻意和生硬，更容易为受众接受。

可口可乐一贯以新颖的活动挑动消费者的神经，在传递快乐的同时，也夯实了自己在市场中无可替代的位置。经过“昵称瓶”“歌词瓶”“台词瓶”后，可口可乐又会想出哪些创新的玩法呢？还会继续“换装”游戏吗？

案例讨论

1. 可口可乐提供的仅仅是饮料吗？它提供的核心是什么？

2. 除了上面的列举案例外，近三年可口可乐与百事可乐在品牌策划和塑造中各有哪些案例让你印象深刻？

5 广告策划

广告策划是一种非常复杂的活动，它不同于一般的建议，也不是单纯的“点子”，它是一种包含创造性的策划活动。因此，广告策划是为了解决现存的问题，为实现特定的目标，提出新颖的思路、对策并制订出具体可行的方案，以达到预期效果的一种综合性创新活动。

5.1 广告策划的含义与特性

5.1.1 广告策划的定义

所谓广告策划，是根据广告主的营销计划和广告目标，在市场调查的基础上，制订出一个与市场情况、产品状态、消费群体相适应的经济有效的广告计划方案，并加以评估、实施和检验，从而为广告主的整体经营提供良好服务的活动。

广告策划可分为单独性策划和系统性策划两种类型，如图 5－1 所示。

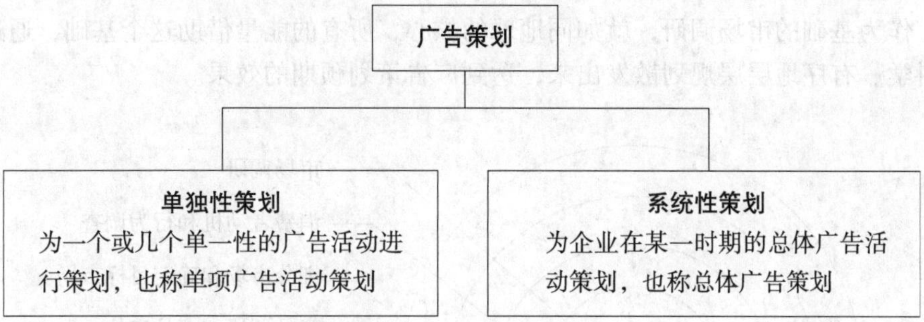

图 5－1　广告策划类型

5.1.2 广告策划的特性

广告策划作为广告公司运作业务的战略性统筹谋划，具有不同于一般计划的特殊性。

1. 战略性

广告策划是从广告角度对企业市场营销管理进行系统整合和策划的全过程，因而它要配合企业的整体营销，进行战略层面上的运筹，策划思维要开阔，策划要具备实效性。

2. 全局性

广告策划的全局性表现在广告策划者在策划时必须尽量全面地考虑到一切因素，包括常规的和突发的，要时刻秉持整体的概念，这样的策划才能统筹全局。

3. 策略性

广告策划的灵魂和核心是战略指导思想、基本原则和方向的确立，是决定“做什么”的问题。一旦战略被确定，有与此相匹配的可操作性强的、巧妙的战术和方法，就要同时制定出关于“如何做”的一系列策略。

4. 动态性

广告策划伴随着整个广告活动的全过程，包括事前谋划、事中指导、事后监测，因而各个环节都具有相应的阶段性。它要适应变化多端的未来环境和条件，因此应该是富有弹性的、动态的、有变化的。

5. 创新性

广告策划活动是一项创造性思维活动。创造性的策划要求策划人具有从别人的所有特点中找出空隙的能力，具有找出别人没有做过的事情的能力，其具体表现在广告定位、广告语言、广告表现、广告媒体等各个方面。

5.2 广告策划系统及特征

广告策划系统由五个部分组成，如图 5－2 所示，五个部分环环相接，并逐层展开延伸。作为基础的市场调研，就如同地球的核心，所有的能量借助这个基础，通过广告策划科学、有序地层层规划散发出来，达到广告策划预期的效果。

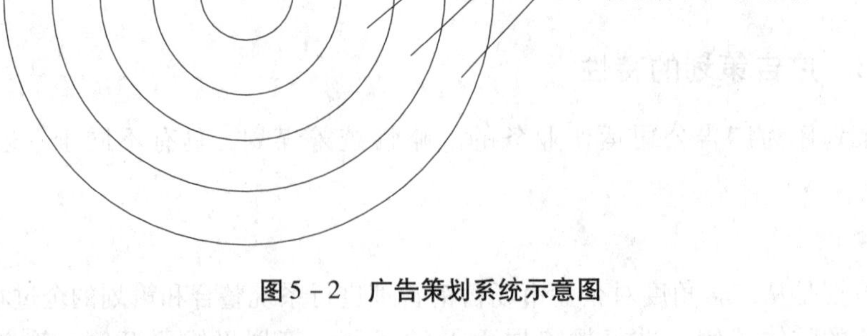

图 5－2　广告策划系统示意图

广告策划作为一个动态的系统过程具有的特征，如图 5 - 3 所示。

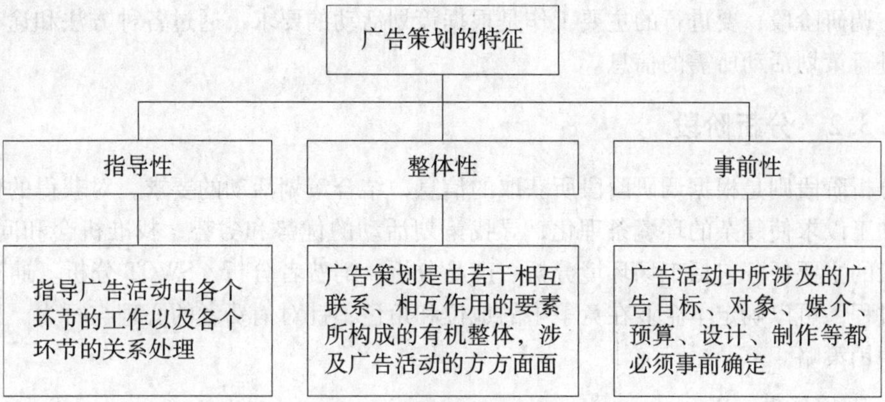

图 5 - 3　广告策划的特征

5.3　广告策划的主要内容

广告策划的内容因具体策划活动的不同而不尽相同，但这些内容彼此密切联系，相互影响又相互制约。将广告策划的内容进行梳理后，大致可分为调研阶段—分析阶段—决策阶段三个方面，如图 5 - 4 所示。

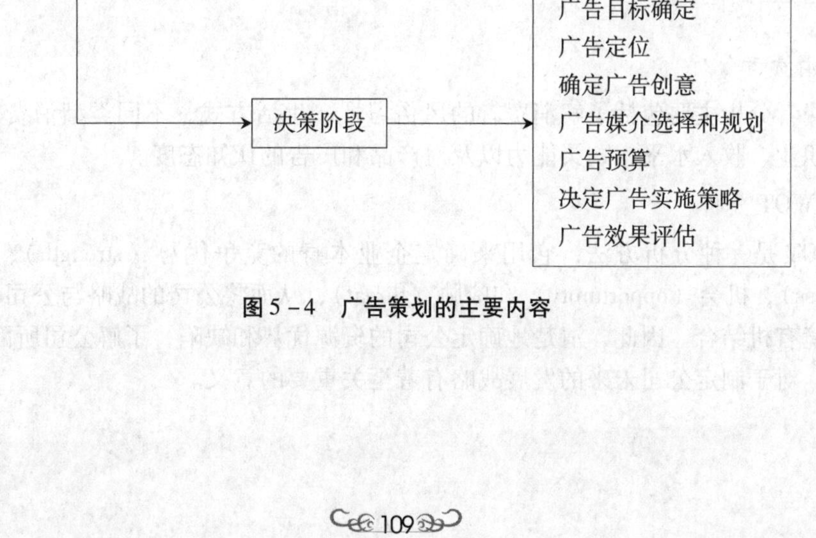

图 5 - 4　广告策划的主要内容

5.3.1 调研阶段

在调研阶段，要进行的主要工作是根据策划活动的要求，通过各种方法和途径获取成功进行策划活动所需的信息。

5.3.2 分析阶段

分析阶段则是根据调研阶段所获取的信息，结合策划活动的要求，对获得的信息进行深加工以求使复杂的环境条理化，寻找策划活动的优势和劣势，找准机会和问题点。此阶段的主要任务包括市场环境分析、产品分析、消费者分析、SWOT 分析。通过分析以上过程，可以确定本企业在竞争中的地位和角色，针对消费者的心理与行为，采取不同的营销策略。

1. 市场分析

市场分析是广告策划和创意的基础，主要以产品营销活动为中心展开，围绕市场供求关系来进行，分析得出广告主和竞争对手及其产品在市场上的地位，为后续的策划工作提供依据。

2. 产品分析

对产品的分析主要从产品的供求关系、产品方案、企业等方面进行，如表 5－1 所示。

表 5－1 产品分析

产品分析	对产品的成本、费用、产量、价格、特点、性能、寿命等进行分析
产品供求关系分析	了解、分析哪些产品是滞销产品，哪些产品是畅销产品
产品方案分析	包括对企业产品的政策、产品规划和产品开发经营计划、品种搭配情况进行分析
企业分析	主要是对企业规模、企业观念、企业文化等进行分析

3. 消费者分析

消费者分析主要包括了解消费者的风俗习惯、生活方式，不同类型消费者的性别、年龄、职业、收入水平、购买能力以及对产品和广告的认知态度。

4. SWOT 分析

SWOT 是一种分析方法，它用来确定企业本身的竞争优势（strength）、竞争劣势（weakness）、机会（opportunity）和威胁（threat），从而将公司的战略与公司内部资源、外部环境有机结合。因此，清楚地确定公司的资源优势和缺陷，了解公司所面临的机会和挑战，对于制定公司未来的发展战略有着至关重要的意义。

5.3.3 决策阶段

根据上面的分析结果，可以确定目标消费者、目标受众、广告目标、产品定位、表现策略、广告效果等，从本质上讲，广告是一种以说服为目的的信息传播活动。广告能否针对目标消费者进行诉求以及广告诉求能否达到预期的效果，决定着广告活动的成败。除确定正确的诉求对象、明确恰当的广告主题、诉求点和采用正确的诉求方式外，广告策划还要追求最佳创意。

1. 广告目标确定

广告目标是指企业广告活动所要达到的目的。确定广告目标是广告计划中至关重要的起步性环节，是为整个广告活动定性的一个环节。企业制定的广告目标主要有以下七种：

（1）加强新产品宣传，使新产品能迅速进入市场。

（2）维持或扩大产品目前的市场占有率。

（3）提高产品和企业的知名度。

（4）帮助消费者确认其购买决策是正确的、有力的。

（5）增加消费者对企业的好感，为企业建立信誉。

（6）介绍新产品的用途。

（7）纠正错误印象和不正确的传闻，以排除销售上的障碍。

2. 广告定位

广告定位是企业制定广告战略的起点。它是利用广告为商品在消费者的心中找到一个位置，其关键点在于抓住消费者的心，并通过广告定位为其创造一个崭新的、恰到好处的购买理由，从而促使其产生购买欲望。

3. 确定广告创意

广告创意是将广告策划人头脑中的东西从无形转为有形的阶段，也是广告策划的重点。首先要对产品信息和消费者心理构成进行详细分析，然后确定能打动消费者的广告主题，再在此基础上进行广告创意，并将创意生动形象地表现出来。

4. 广告媒介选择和规划

媒介策划是针对既定的广告目标，在一定的预算约束条件下，利用各种媒体的选择、组合和发布策略，把广告信息有效地传达给市场目标受众而进行的策划和安排。广告活动是有价的传播活动，因此只有选择合适有效的媒介组合并进行科学地规划安排，才能使传播更有效。

5. 广告预算

“花的广告费一半浪费掉了，但却不知道是哪一半。”这句流传于广告界的名言透露出一个信息，即要对广告活动进行科学合理的预算，规定在一定的广告时期内，从事广告活动所需的经费总额、使用范围和使用方法。准确的广告预算能确保企业的广告活动顺利进行。

6. 决定广告实施策略

广告活动的实施必须制定出一套具体的措施和手段，其中的每一个步骤、每一个层次、每一项宣传都规定了具体的实施办法，如图 5 - 5 所示。

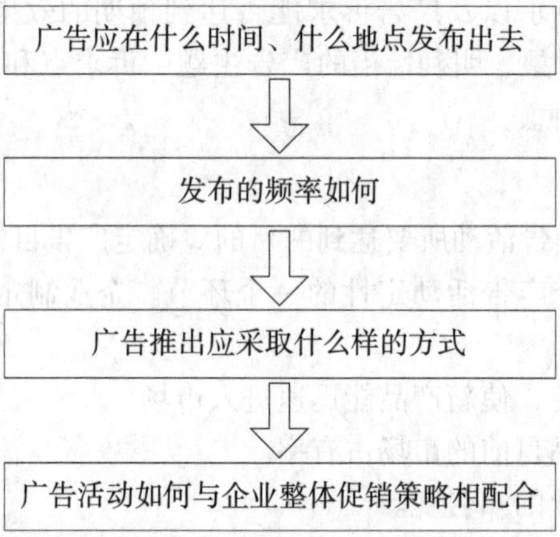

图 5 - 5　广告实施策略的内容

7. 广告效果评估

广告发布出去之后，想要了解有没有达到广告目的或能否产生对其他方面的影响，这就要对广告效果进行全面地评估。为了增加广告的有效性，还应在广告活动中甚至广告活动前进行广告效果的监控和评估。

通过对广告效果的评估，可以了解到消费者对整个广告活动的反应，对广告主题是否突出、诉求是否准确有效以及媒体组合是否合理等做出科学判断，从而使有关当事人对广告效果做到心中有数。

5.4　广告策划的作业流程

所谓广告策划的作业流程，就是在广告策划的具体作业过程中，通过操作性强、效率高、专业化的方法步骤，有目的、有计划地使广告目标、广告策略、广告预算、广告实施计划及广告效果监测等逐渐明晰和完善，最终形成可供操作的策划方案的过程。

广告策划的作业流程包括六个阶段，如图 5 - 6 所示。

图 5－6　广告策划的作业流程

5.5 广告策划的策略应用

5.5.1 广告策划的战略决策

1. 分析广告战略环境

广告战略环境可分为内部环境和外部环境。

内部环境分析主要是指对产品和企业进行分析。

外部环境分析主要是指对市场环境、竞争对手和消费者的分析。分析外部环境主要是为了找出外部环境中的问题与机会，从而把握有利因素、消除不利因素，制定出正确的广告战略。广告战略环境分析如图 5－7 所示。

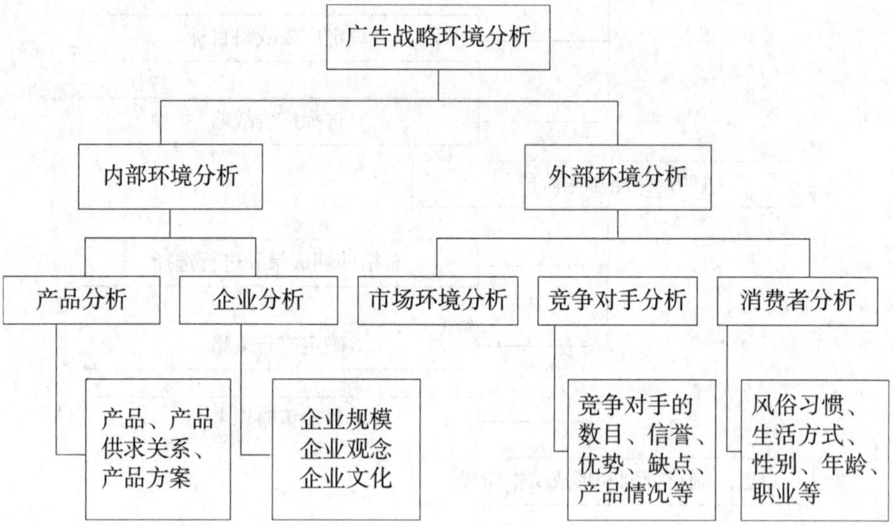

图 5－7 广告战略环境分析

2. 确定广告战略思想

广告战略思想决定着整个广告活动的价值取向和行动特点，从而产生不同的广告运作效果和风格。广告战略思想的四种类型如图 5－8 所示。

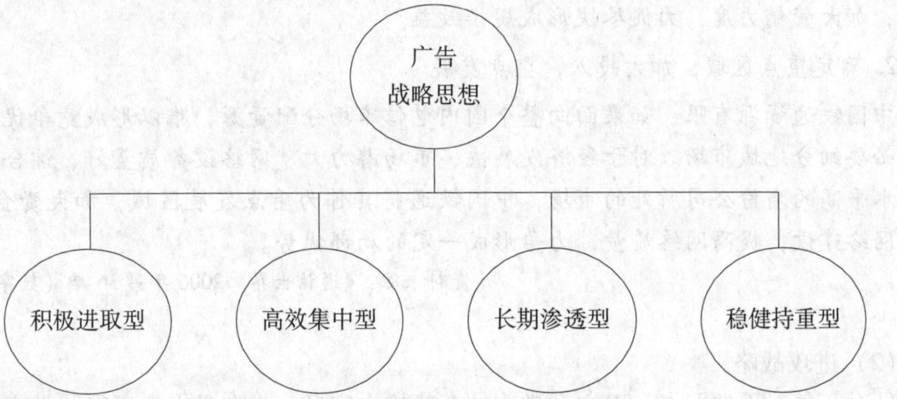

图 5-8 广告战略思想的类型

3. 选择具体广告战略

在分析了广告战略环境，确定了广告战略思想、战略任务之后，接下来的工作就是对广告战略进行选择。以下列举的几种战略手段是广告策划中经常用到的，具有显著的实效性。

(1) 集中战略。

选中一个目标市场，采取立体式广告，在最短的时间内突破一点，取得市场优势，然后再逐步扩大到其他地区。

案例透视 中国铁通：差异化集中战略的突围

中国铁通作为中国五大电信运营商之一，一直受到中国移动、中国联通和中国电信三大强势对手的压制。成立已有6个年头的中国铁通为求在夹缝中突围，进行了卓有成效的战略转型，实施了差异化集中战略，开辟出了属于自己的新道路。

中国铁通实施差异化集中战略的重点是加快特色业务的开发和推进重点区域的发展，即专业化加区域化。

1. 细分市场，提供特色业务服务

(1) 在专用通信市场上，重点关注铁路大客户的需求，以中国铁通跨越式发展为契机，为铁路客户提供量身定做的专业化服务。加快铁路增值业务的开发，以推进铁路数字移动通信业务为切入点，拓宽铁路通信业务的品种，提高服务的质量，引导旅客和货主通信业务的消费，满足我国铁路跨越式发展对通信信息的需求，确保中国铁通在铁路通信市场上的主导地位。

(2) 在公众市场上，以企业信息化建设为契机，以铁路关联大用户为切入点，提供完善的信息服务。同时，积极推进数字集群等基础电信业务及呼叫中心等增值业务的开发，加大营销力度，力促尽快形成规模效益。

2. 确定重点区域，加大投入，重点发展

中国铁通资源有限，如果面向整个国内电信市场分配资源，难以形成竞争优势，因此有必要细分地域市场。对于经济发展快、市场潜力大、网络设备质量好、综合管理及效益水平高的省份公司所处的市场，中国铁通将其作为重点发展区域，加大资金投入，加快网络建设，提高网络质量，力争形成一定的局部优势。

[资料来源：《通信世界》2006 年第 36 期（数字杂志）]

（2）进攻战略。

针对竞争对手的弱点，以主动进攻的态势抢占市场，志在必得，赢得同类市场的制高点。

案例透视　今麦郎剑指康师傅

今麦郎 VS 康师傅

康师傅作为城市市场方便面的第一品牌，其强势地位一直无法被撼动。而今麦郎公司前期则采取“农村包围城市”的策略，在确立了自己在农村市场的强势地位后，开始进军城市市场，投入巨资，实施对康师傅的战略进攻，以图改变康师傅一统城市方便面市场的格局。

今麦郎为了在城市市场建立差异化的优势，推出了今麦郎弹面，诉求弹面才好吃，以便与康师傅的口味诉求建立差异，并邀请葛优、张卫健担任代言人，进行了一系列的广告轰炸。

1. 上品直击康师傅要害

且看今麦郎在电视热播的上品广告，代言人葛优继续保持着他那幽默的神态和语气讲道：“红烧牛肉面，老是一个味，群众不满意，产品该升级了，上品卤蛋红烧牛肉面，有料就是不一样，高一年级的味道。”

这则广告看似是今麦郎对自己的红烧牛肉面所做的产品升级广告，实则是对康师傅的强势产品红烧牛肉面的攻击。广告语中“红烧牛肉面，老是一个味，群众不满意，产品该升级了”的语句，显然是冲着康师傅红烧牛肉面的“就是这个味”而来的，不仅一下子把康师傅置于产品不创新、形象保守的被动境地，而且使康师傅的优势一下就变成了劣势；而后话锋一转“上品卤蛋红烧牛肉面，有料就是不一样，高一年级的味道”，向消费者清晰地传达

了这样一种信息：厌倦了康师傅的老口味，想要更好的产品，那就选择今麦郎的升级产品——上品。

2. “弹面 + 上品”，让康师傅腹背受敌

当康师傅的口味受到今麦郎的致命攻击时，今麦郎就势推出弹面产品，发挥弹面诉求的威力。这是一款高档方便面，虽然面体对消费者的影响力低于口味，但不能说不重要。如果康师傅想要在口味的强势地位上进行面体升级来展开对今麦郎的战略防御，那么这条路已经被今麦郎给堵死了。

(3) 渗透战略。

瞄准竞争对手的同类产品在市场上的已有地位，通过广告渗透及营销扩散战略，把自己的产品打入同类产品所占市场。

案例透视 海马汽车：县级渗透战略

2009 年年初，海马瞄准微车市场，与长安和上汽、通用、五菱等老牌微车企业向下延伸销售网络不同的是，海马微车的销售点立足于乡下，然后结合百强县和二、三线城市的布局，全面推进 4S 店、2S 店和 1S 店的网络建设。

海马目前分别有海南和郑州两个生产基地，郑州基地主要负责微型车的生产，其产品开发将立足两微：微客和微轿。

海马汽车

实施网络的逐步发展、县级渗透，是海马汽车“下乡”的指导方针。由于海南基地与郑州基地在产品上存在明显的差异性，海马微型车通过河南的区位优势来拓展自己的销售网络，以中原为中心逐渐辐射，全面铺开。第一阶段重点开拓河南、山西、河北、山东、广东等地区。

海马微车希望通过县级渗透策略，在未来可以做精、做大、做强微车市场，成为微车市场上的主流品牌。

(4) 心理战略。

主要针对消费者心理需求和感受对某一产品或消费观念进行引导，从而使消费者对某一产品或企业产生兴趣，进而转化为购买行动。

案例透视　宝洁公司六大洗发水品牌中的心理战略

宝洁公司大家都很熟悉，它的产品在日常生活中随处可见。宝洁公司旗下的洗发水品牌有六个：飘柔、海飞丝、潘婷、沙宣、伊卡璐、润妍。这不禁让人产生疑问，宝洁为什么推出这么多个洗发水品牌呢？为什么不集中精力做一个品牌？那样可以省下多少的广告费啊！

且看这六种洗发水都有什么独特功效：飘柔强调发质柔顺；海飞丝强调去屑；潘婷强调营养修护；沙宣强调专业，走美容院路线；伊卡璐强调能唤醒睡美人的香味；润妍强调自然之美。六个品牌，六种不同的选择，这正是宝洁公司针对消费者所实施的心理战略。

如果只推出一种洗发水品牌，就算把这个品牌做得无可挑剔也肯定会有人不喜欢，但如果同时做多个品牌，消费者总能从中找到一个中意的。而六种洗发水品牌强调的六种不同功能适合不同的消费者，这就是品牌心理战略的效果。正因为宝洁公司在心理战略上的成功运用，才出现了今天宝洁独霸洗发水市场的局面。

（5）名牌战略。

针对消费者追求产品的附加值，并以此获得荣耀感以及身份、地位象征的心理，引导消费者产生购买行为。比如金利来领带、宝马汽车等产品，其价值已超越简单的功能价值，其身份、地位的符号意义更明显。

5.5.2　广告策划的策略运用

1. 广告产品策略

产品策略具体又可分为产品定位策略、产品生命周期策略。

（1）产品定位策略。

产品定位是指确定产品在市场中的最佳位置，以利于自己的产品创造培养一定的特色，满足消费者的某种需求和偏好，从而达到促进销售的目的。

以香港的手表业为例，香港的手表业能够从落后到与瑞士、日本并列三强，靠的不是技术、工艺压倒对方，而是对自身行业进行了精准的定位，推出一系列多功能定位的手表，如时装表、儿童表、情侣表等，从而一举畅销全世界，获得了巨大成功。

(2) 产品生命周期策略。

任何产品都有一个发展周期，不同时期的产品，它的工艺成熟程度、消费者心理需求、市场竞争状况都有不同的特点，因此其广告策略运用也就不同，如表5－2所示。

表5－2 产品生命周期策略

策　略	特　点
产品投入期广告策略	重点提高产品知名度
产品成长期广告策略	强调品牌意识
产品成熟期广告策略	强调服务质量和优惠政策
产品衰退期广告策略	发掘新的消费方式

2. 广告市场策略

确定广告市场策略，首先要细分市场，把市场分为消费品市场和生产资料市场。

消费品市场细分标准：地理、人口、经济、心理。

生产资料市场细分标准有不同角度，可根据用户的不同作为细分标准，还可根据用户规模和购买力大小以及用户的地理位置作为细分标准。

市场细分为广告策略的选择与制定提供了依据，使广告策划目标准确，通过细分市场，还为确定目标市场提供了可选择的多个市场面。为了从多个市场面中选出理想的目标市场，必须认真评估每一个细分后的市场。适应产品生存的目标市场一般应具备两个条件：

第一个条件：该目标市场是否具备一定的消费规模与增长潜力；

第二个条件：企业是否有能力满足目标市场需求。

广告市场策略可分为三类：

(1) 无差别化市场广告策略。针对的是大一统的大目标市场，所有的消费者对某一商品有共同需求，广告主题相对单一。

(2) 差别化市场广告策略。针对多个细分市场的不同特点，采取不同的广告形式，以不同的广告主题、媒介组合向不同的消费群体进行有差别的广告宣传。

(3) 集中市场广告策略。把广告宣传重点集中在细分市场中的一个或几个主要目标市场上，以求在市场中先突破一点，进而向市场的广度扩张。

案例透视　贝因美婴儿奶粉：差异化营销巧占市场

BEINGMATE

贝因美集团

贝因美品牌初入市场时，婴儿奶粉市场在高端品牌上有以“惠氏”“美赞臣”为首的外资品牌，在中高端市场则是“多美滋”“力多精”等外资品牌独霸一方，而在中低端市场是以“伊利”“完达山”为首的本土奶业品牌，还有以各种杂牌奶粉为主的低档市场。

贝因美在分析了各个不同级别市场的状况后，将自己的目标消费市场定为国产高端市场，这是一个巨大的市场空缺。由于高档婴儿奶粉一直是外资品牌的天下，国产婴儿奶粉一直给人的感觉是大众化、档次不高，市场上几乎没有高端定位的国产婴儿奶粉。针对这个难得的市场，贝因美制定了一系列差异化营销手段。

(1) 产品成分及包装的差异化。

考虑到与现有国产奶粉的差异性，贝因美率先在婴儿奶粉中添加“DHA + AA”营养成分，此配方在外资高端奶粉中刚刚采用，但在国产奶粉中却很少见。贝因美审时度势，抢得先机。

在包装上，贝因美选定有封口拉链的立袋作为袋装奶粉的包装。因为在市面上尚无奶粉采用，贝因美的率先采用体现了差异化策略的需要。

(2) 重点销售区域选择的差异化。

大城市已被外资品牌所占领，因此贝因美锁定的目标顾客基本分布在众多的二、三线城市和富裕的乡镇，于是，贝因美的销售通路也集中在这些重点销售区域。事实证明，贝因美奶粉上市后，奶粉销售前列的终端均位于这些区域。

(3) 市场推广的差异化。

贝因美仅是中型企业，不可能像大品牌那样有巨额的广告投入，但是贝因美实施了终端导购推广策略，稳住了自己的阵脚。终端导购推广，即有贝因美导购的终端必须销售贝因美奶粉，有贝因美奶粉铺市的终端必须上贝因美导购终端，同时在销售现场开展“育婴顾问”活动，推销产品、散发传单和试用装作品牌推广工作，并且解答顾客在育婴方面遇到的问题，从而时时体现“贝因美——您的育婴专家”的品牌形象。

3. 广告促销策略

广告促销策略如图 5 -9 所示。

这种广告策略由于向消费者提供感兴趣的有价值的信息，同时给予消费者更多的附加利益，因此具有明显的促使消费的诱导作用。

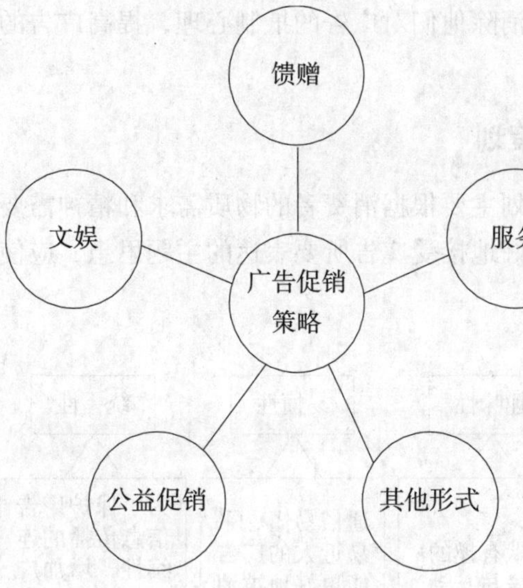

图 5－9　广告促销策略

4. 广告实施策略

广告策划变为现实行动必须有具体的实施策略。广告实施策略包括：

（1）提前策略，即产品上市前先行广告宣传。

（2）即时策略，即广告宣传与产品上市同步进行。

（3）置后策略，即产品先行上市试销，随后根据市场情况确定广告宣传的力度。

（4）时机策略，即把握节假日产品销售的淡旺季和重大活动时机，使广告信息融入节日文化气氛之中，易被消费者所接受。

5. 广告媒介策略

广告媒介策略，实质上是根据广告的战略要求，对广告媒介进行选择和搭配的策略。其目的在于用最低的投入取得最大的广告效益，因此在选择媒介时，应对媒介社会威望、受众范围、受众对象、有效目标、受众群做详细了解。这样才能使媒介应用得当，使广告收到最好效果，保证整个策划的实施效果。

5.6　新媒体环境下的广告策划

新媒体环境的“新”体现在以高科技为基础的技术手段及数字技术上。新媒体的表现形式集中体现在传播媒介上，特别是作为网络广告载体的“第五媒体”。

5.6.1　广告目标与受众的策划

新媒体环境下广告预期目标的完成首先取决于对广告受众的策划。

为了迎合受众的消费需求，新媒体广告对受众可进行分众传播、聚向传播和窄告传播的定向传播，将广告内容和信息有针对性、一对一地传送给需要得到信息的消费者，引起受众的注意和兴趣，消除他们对广告的抵制心理，提高广告的到达率，产生更大的经济效益。

5.6.2　广告主题策划

新媒体广告主题的策划主要根据消费者的物质需求和精神需要制定对应的广告诉求重点。为了使消费者能更好地接受广告所要表达的主题思想，应使广告主题具有以下特征，如图5－10所示。

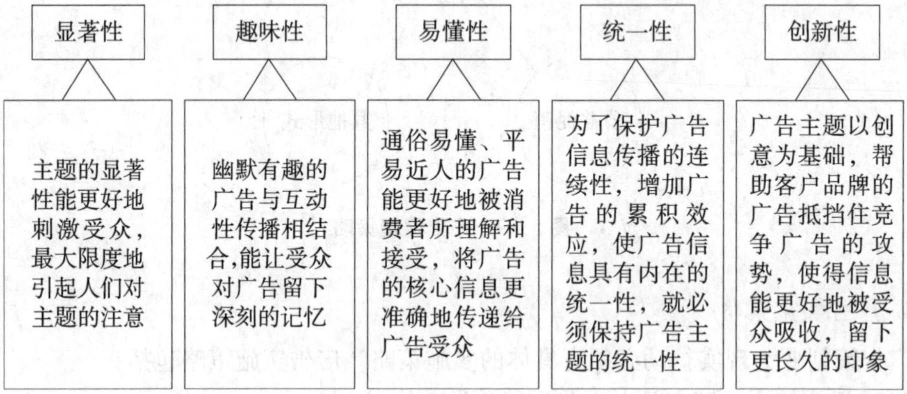

图5－10　广告主题的特征

5.6.3　广告的媒体策划

新媒体环境下的广告媒体策划是将现有的多种媒体进行选择与组合，最大限度地发挥各种媒体的影响力，从而达到广告目标。仅凭借单一媒体向消费者诉求极易淹没在媒体的相互干扰中，很难引起消费者的关注。为了使广告信息更容易被消费者注意与记忆，必须根据广告主题进行广告媒体的选择与策划，根据选择媒体的结果和广告的目标进行搭配组合。这是因为：

（1）媒体都有其特定的受众群，不可能覆盖所有目标对象，靠单一媒体是不能有效锁定所有的目标对象的。

（2）今天的消费者获取消费信息的途径是多样化的，如果只是死守单一媒体，企业将失去与其他消费者接触的机会，无法获得预期的认知度。

（3）媒体本身所具有的属性特征不同，决定了不同媒体在同一广告活动中扮演着不同的角色，而不同角色之间的相互补充和相互强化更能达到广告的有效传递。

因此，综合考虑媒体自身的特性，对媒体进行有机组合的媒体策划，是决定广告传播效果的关键一环。

新媒体环境下的广告策划应根据广告目标的特征，通过广告媒体的组合宣传建立良好的产品品牌形象和企业形象。广告媒体组合策略可通过各种媒体之间的组合、媒体内部的组合、媒体中广告内容的组合来实现。广告媒体的组合须遵循以下原则：

（1）互补性原则。利用不同媒体间的优势互补，实现媒体运用的“加乘效应”。

（2）有效性原则。能有效地显示企业产品的优势，能有效地传递企业的各种有关信息，不失真、少干扰，有说服力和感染力。

（3）可行性原则。选择广告媒体时应当充分考虑各种现实可能性。

（4）目的性原则。遵循企业经营目标，适应企业的市场目标，并充分考虑广告所要达到的具体目标，选择最有利于实现目标的广告媒体。

（5）效益最大化原则。以最小的经济投入达到最佳的广告效果。

5.7 广告策划书

5.7.1 广告策划书的概念

广告策划书是反映广告活动策略和具体实施方案的应用文件。“广告未作，策划先行”，撰写广告策划书是企业营销过程中的一个重要环节。一份好的广告策划书能够成为企业创立名牌、迎战市场的决胜利器。

5.7.2 广告策划书的特点

1. 突出的预见性

广告策划书的本质就是在把握市场变化趋势的基础上，通过对广告活动的设计与安排，实现市场营销的目标。广告策略的制定、广告活动中每一个细节的安排与布置都是基于对未来市场的科学预见；广告策划书的内容，同时也体现了企业应对未来市场的策略。

2. 鲜明的综合性

广告策划活动涉及广告创意、市场营销、活动策划等各个环节，包括广告定位策划、公关活动策划、广告媒介策划（广告的发布媒介、广告的发布时间、广告的发布地域、广告的媒介组合等的策划）、商品营销策划等。因此广告策划书的撰写是一个系统的、综合的、动态的过程。

3. 严谨的逻辑性

广告策划书的撰写通常按照逻辑性原则来构思，围绕“做什么广告、为什么做广告、怎样做广告”这样一条思维路线展开。撰写者正是在对策划思维进行严密的、多层面的逻辑展示中，从已知推出未知，从现在推出将来，反映事物发展的内在规律，写出极具说服力的作品。

5.7.3 广告策划书的写作流程与要求

1. 广告策划书的写作流程

广告策划书的写作流程如图 5－11 所示。

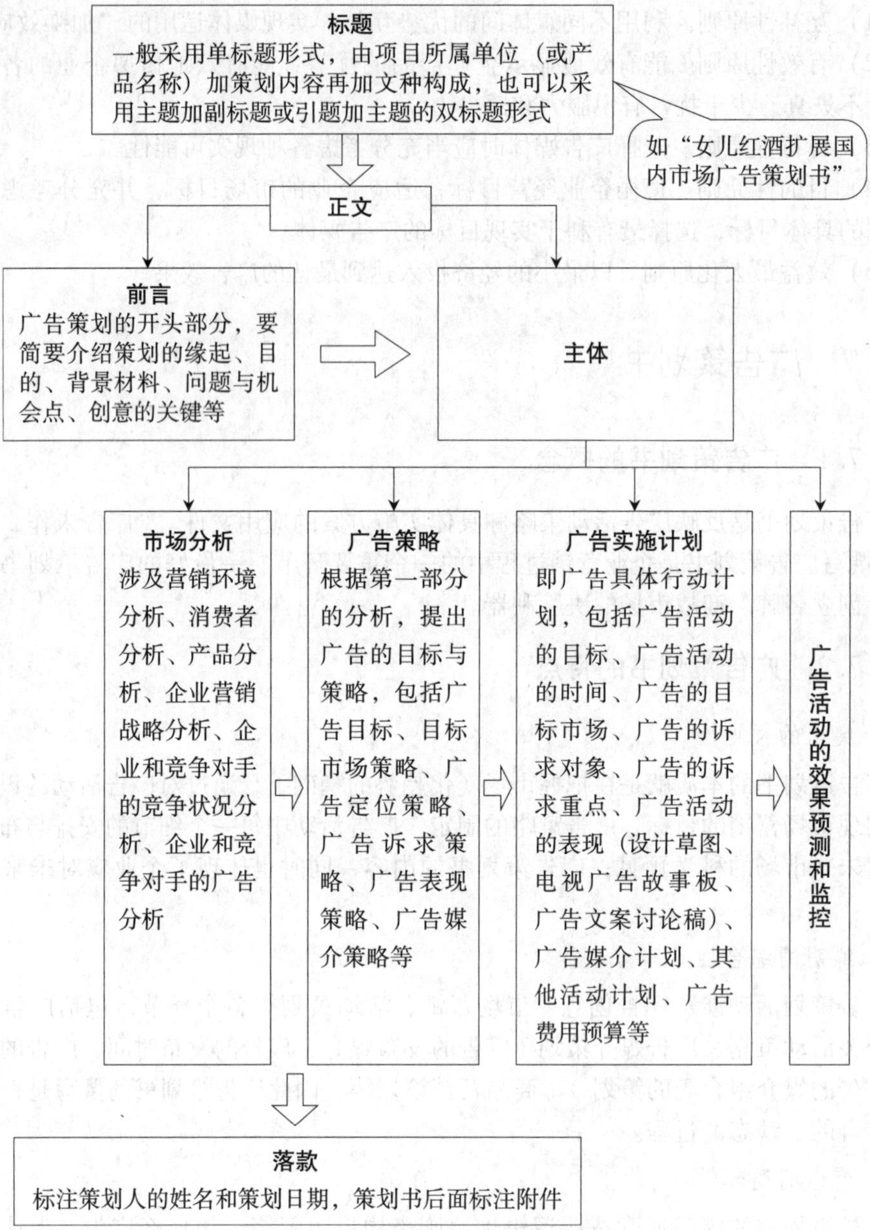

图5－11　广告策划书的写作流程

2. 广告策划书的写作要求

广告策划书的写作要求包括以下内容：

（1）重视调查，立足分析。一个成功的广告策划，首先要从市场调查开始，进行广告市场定位。通过分析产品特征、竞争对手、市场供求等情况，确定目标市场，制定广告策略，确定广告计划和实施方案。

（2）明确目标，突出重点。明确广告目标就是要确立一个与营销策略相配合的广告目标，是鼓励原有消费者，还是吸引潜在顾客，是巩固自己的市场定位，还是从竞争者手中夺取市场，目标必须清晰明确。

突出重点是指要抓住企业营销中所要解决的核心问题，深入分析，提出具有可行性的对策与具体行动计划，突出针对性，以利于实际操作实施。

（3）创意新颖，美观醒目。在广告策划创意中，一是要突破常规，用崭新的方式传达意念；二是要优化组合，即策划者在把握商品、市场、受众多方情况的基础上，通过创造性的劳动，使策划项目的潜在优势升华为受众能够感知的具体的新形象。

大型的广告策划书一般还要设计精美的封面，对封面的包装要力求简单清晰，可以附以设计精美的徽标，图文并茂。

经典案例导读

为每个不平凡的平凡大众

——大众银行微电影广告营销

大众银行由前高雄市议会议长陈田锚先生于1990年邀请工商巨子及社会各界人士共同发起，1992年1月设立于高雄，同年4月2日正式开业。大众银行股票于1999年在中国台湾上市。为增强业务推展及提高竞争力，大众银行于2000年将总行部室迁移至台北，成立台北管理处。2001年5月29日与大众票券完成合并。从最早的经营理念“大众结圆、结缘大众”到后来的“关怀客户心，大众用真情”，都是对客户的坚持与承诺。

大众银行一开始并不为人们所熟知。2009年，大众银行做了一份消费者认知调查，发现大部分消费者并不认识大众银行。这样的品牌要和全台湾38家银行竞争，谈何容易。银行服务的内容包罗万象，并不是每一个消费者都需要所有的商品。如何在众多广告中凸显自己？银行形象广告难以广泛传播，更缺乏意义的联结，消费者看完后根本不知道是哪家银行，更不知道产品诉求，如何突破？广告预算不多，如何以小博大？基于此，大众银行董事兼总经理许健洲提出了“建立品牌”的策略。

台湾奥美广告公司创意总监胡湘云针对“建立品牌”进行了广告营销策划和创意活动，大众银行联合台湾奥美创作了几部在网络上广为流传的广告片——《母亲的勇气》《梦骑士》《马校长的合唱团》。大众银行的广告始终把握一个明确的基调——重感情。坚持真实故事改编剧情，呈现台湾人的真感情。其影片取材于台湾的当地故事，都是简简单单的小人物甘苦谈，却能彰显大众银行的台湾本土精神。《母亲的勇气》《梦骑士》《马校长的合唱团》等乍看之下，几则故事和大众银行之间并没什么联系，但实际上大众银行潜移默化地树立了一个感性的品牌形象，赚到知名度，也就是达到了提高企业知名度的广告目标。微电影打动了人们，让大众银行这品牌树立了与消费者亲近的形象，使得大众银行为人们所认识和了解，提高了大众银行的品牌影响力。三则独立的广告故事在2010年、2011年传遍台湾，后又通过网络传遍大陆，被各大社区类网站热捧为最感人的微电影广告。

据了解，在2010年到2011年短短一年的时间里，大众银行从原本品牌认知排行榜的22名，一跃前进至第4名。能取得这样的成绩，这几支小人物故事为主题的广告片功不可没。

一、2010年台湾最感人的广告《母亲的勇气》

2010年春节，当人们还沉浸在春节合家团圆的氛围中时，台湾电视上一则叫作“母亲的勇气”的感人至深的广告片里出现了一位在异国机场无助狂奔的妈妈。她叫蔡莺妹，63岁，第一次出国，不会英文，没有人陪伴，一个人独自飞行3天，经过4个国家，里程32 000公里，只为了送上几包中药材给远在他乡刚生产完的女儿。

“母亲的勇气”于2010年2月12日农历除夕前首播。大众银行之所以选择在此时推出品牌广告，除了希望能强化“不平凡的平凡大众”的品牌精神，也希望能与人们分享正面的信念与价值。事实上，根据调查，消费者对于大众银行友善、温暖且亲切的形象印象相当深刻。

故事原型是2006年12月14日深夜，台湾民视记者萧惠芬在洛杉矶遇到了一个纯朴的台湾阿嬷。她千里迢迢从中国台湾飞到委内瑞拉，想要看看自己女儿嫁得怎么样，住得如何，顺便看看自己的孙子，再帮刚生完二胎的女儿打理家务。

但是，不会西班牙文、英文，普通话也说得不太好的阿嬷徐莺瑞，只能靠着一张破破烂烂的中文、英文、西班牙文对照的小抄，一路从台北转洛杉矶再转委内瑞拉过来。

在洛杉矶，因为华航回台北的班机是第二天下午，所以她女儿特地请洛杉矶的友人去接她母亲在当地住一晚。

只是，由于少填写了一张入境表，且其所携带的中药材被怀疑是违禁物品，阿嬷被机场的工作人员带进问询室接受询问，站在她身后的萧惠芬正好帮助了她。

广告中这位无助的台湾妈妈，因为不懂外语，差点被当成嫌犯被海关扣留搜查，一个思念女儿的母亲，在机场奔波的孤单身影，真的很催人泪下，因为这是真实故事，更格外令人感动。

二、2011年台湾最励志的微电影《梦骑士》

2011年2月，同样是春节，由《母亲的勇气》原班制作团队负责制作的微电影《梦骑士》出炉了。据报道，这部微电影由台湾广告人廖伊森于除夕这一天在网络上公布，短短两日便获得了数万网友的转发，在网络上掀起一阵风潮。这支台湾奥美为台湾大众银行打造的感人广告，5周内在Facebook影片分享达246 356次，YouTube播放量超过百万，youku播放量达500万以上。

《梦骑士》讲述的是平均年龄81岁的5位老人追梦的故事。他们1个重听，1个得了癌症，还有3个患有心脏病，而且5个人都得了退化性关节炎，但就算背着一身病痛，他们还是毅然决然地丢掉拐杖，甩开药罐，骑上早已蒙上一层灰的摩托车，开始环岛13天——从北到南、从黑夜到白天，一路奔驰总共1 139公里的旅程。

微电影一开始便是一句意味深长的“人为什么活着”，昏暗的隧道仿若人生的旅程，充满未知，令人彷徨，同时又令人期待。

接下来的镜头在几位老人的生活情境中切换，家人朋友的离去，自己病痛缠身。之后，影片基调突然一变，背景音乐突然变得欢快，与之前的沉闷形成反差，几个老人开始产生交集，其中一位拍桌号召“去骑摩托车吧”，让观众为之一惊。紧接着，背景音乐开始播放激昂的*On your mark*，几个老人下定决心，抛弃往日的束缚，勇敢追逐年轻时的梦想。落满灰尘的摩托车重见天日，尘封的记忆也被打开，5位老人开始健身锻炼，摆脱病痛。最后，他们带着对友人与爱人的思念，带着对过去的怀念及对未来的憧憬，将摩托车驶出隧道，开始了自己梦的征程。

广告后半段是华丽的镜头运用，全景、近景、中景和特写的相互配合，大量的蒙太奇切换进一步升华了广告片主题，音乐也渐渐转为舒缓温柔，但整个广告的气氛被音乐、镜头烘托进了高潮。广告中，五位老人骑着摩托，走走停停，相互扶持，相互帮助，常常思念逝去的亲人，在海边狂奔、呐喊、回忆……广告的最后，五位梦骑士终于找到了“人为什么活着”的答案，其实答案很简单，就是“梦”。

该广告片从一开始，就有一个深沉有力的男旁白，向我们娓娓道来这段广告的动人故事，出色的文案也是《梦骑士》成功的一大重要原因。

“人为什么活着？为了思念？为了活下去？为了活更长？还是为了离开？5个台湾人，平均年龄81岁，1个重听，1个得了癌症，3个有心脏病，每一个都有退化性关节炎。6个月的准备，环岛13天，1 139公里，从北到南，从黑夜到白天，只为了一个简单的理由。”

当今广告数不胜数，银行广告亦有许多创意作品，但很少有像台湾大众银行的这则广告真正能够引起观众内心深处的共鸣，更别说令观众微笑着流泪。就这一点来说，《梦骑士》无疑是成功的，这是一部近年来难得的佳作。

若问该广告能够成功打动人心最重要的因素是什么，我想是因为这是一个在现实世界中发生的温暖人心的故事。通过真实的故事，广告有了灵魂；通过镜头与音乐，广告将温暖的感情表现得淋漓尽致，让观众看后，感同身受。动之以情、晓之以理，充分地展示了企业形象。

广告改编自2007年弘道老人福利基金会所发起的“挑战八十、超越千里——不老骑士的欧兜迈环台日记”活动，当时活动带领了17位平均年龄81岁的不老骑士完成机车环台的创举。17位不老骑士透过弘道所安排的活动，如互助团体、平衡体能训练、文字与影像记录等，追求身心健康，以摩托车环台壮举挑战自己暮年生命的里程碑。

三、《马校长的合唱团》

这部微电影以马大山的故事作为引带，最后提出了大众银行“关注·陪伴·相信”的商业理念。

以下为微电影中的旁白：

马大山校长先生，他不懂乐器，不懂乐理，但是他有一个合唱团。

15年来，他坚持每天放学后教孩子们唱歌，他像父亲一样，用歌声教他们长大。他对孩子们说：“你能唱出那么美的声音，就表示上帝对你与众不同，你也要爱自己的与众不同。”

那个大日子（合唱比赛日），孩子们吓坏了。

校长告诉他们：闭上眼睛，张开嘴巴，只管唱出山上的你自己。

广告中采用的是来自张惠妹的配音，其真实的故事是在南投信义乡的东圃小学，马彼得校长，凭着他的热诚，组成了“原住民童声合唱团”，15 年来，辛苦地带领这群原住民部落学童练唱，利用课余时间，教导着他们。马校长不只是圆了一个人的梦，而是圆了许多人的梦，圆了小朋友最美丽的梦想，让这群原住民小朋友找到自己，开拓新的视野。尽管平凡，无论生活再怎么困顿，只要有坚持下去的心，相信就可以做到自己想要的，马校长始终相信：让天使相信，自己就是天使。

案例分析

这几则微电影广告，看似没有多大的诉求，但实际上却在新媒体领域大社区类网站热捧为最感人广告。大众银行潜移默化地树立了一个感性的品牌形象，赚到了知名度，也就是达到了提高了企业知名度的广告目标。

1. 新媒体的正确选择

《梦骑士》的总长度是 3 分钟左右，奥美选择的是以网络广告的形式传播。现在的年轻一代在新媒体上的时间比较长，所以在微博、人人网、贴吧以及各种门户网站上的热议，使得《梦骑士》感动了无数的人，让人们看到这个故事并得到激励的同时也记住了大众银行。通过成功的广告，大众银行亲民的形象也深入人心，得到了人们的认可。

2. 人性的共鸣

看了奥美为大众银行设计的几则广告，我们不难发现，奥美都是用了比较贴近人们生活的题材和人物，如校长、学生、母亲、女儿、老人等。而在这些故事中，其中的元素又是人们所为熟悉和容易接受的，再将人性所固有的情感和追求加入到广告之中，形成了能够令人们动容的价值观，如《母亲的勇气》就是一个很好的说明。《梦骑士》中，5 位老人不服老，克服了家人的反对，身体的不适等重重困难，征服了 1 139 公里环岛骑行中的各种严峻的挑战和考验，为自己的人生增添了色彩。这样的故事引发了人们对人生意义的思考和探索。而广告中所提倡的价值观也是人们所普遍认同的，所以在人性追求的本质挖掘上，奥美和大众银行无疑打了一场漂亮的胜仗。

3. 广告与品牌诉求概念的完美结合

在前文的企业背景文化中曾提到大众银行“关怀客户心，大众用真情”的企业理念。而广告的创意概念“大众缘，无限延伸你的财富”正与之完美切合。很显然，大众银行的《马校长的合唱团》广告的主要目的不在其销售本身，而是在于向大众宣传，大众银行的营销宗旨——“关注 · 陪伴 · 相信”。从侧面看，广告会给受众很强的暗示：选择大众银行，您所托付的将会受到关注；选择大众银行，我们将陪伴您的成长；选择大众银行，我们可以让你们相信。在广告之中，并没有直接和观众介绍关于大众银行的业务，而是以故事的形式，将人与人之间的距离拉近了，增强了人情味，而弱化了其本身的商业味儿。这样的情感诉求无疑是聪明且独具匠心的。在现在这样一个观众对商业广告极为敏感和抗拒的时代，选择情感诉求，而且能够与品牌的理念结合起来的广告实在难得。

大众银行一直深信也期望自己是“属于大众的银行”，系列品牌广告的创意“不平凡的平凡大众”即是希望能去发掘社会上平凡大众的不平凡故事，并透过这些故事传达人们坚韧、勇敢、真实且善良的一面。这些是大众银行希望传达给社会的正面价值，这就是感性诉求广告的力量。

案例讨论

台湾大众银行联合台湾奥美而创作的《母亲的勇气》《梦骑士》《马校长的合唱团》微电影营销案例，其他行业的企业能从中学习到什么？

圈内点评

广告策划业的“二十一条军规”

第一条：销量是检验策划效果的唯一标准。衡量策划人优秀与否的标准只有一个，那就是提升了多少销售业绩。策划人的尊严就是提升的销售业绩，其他一切都是空谈。

第二条：策划团队至高无上。策划人信奉团队合作的力量，彼此尊重，互相鼓励，共同迎接挑战，为共同的成就而深感荣耀。策划人尊重英雄，但反对个人英雄主义，策划人相信：如果一个企业或团队需要靠一位英雄才能成功，那么这个企业或团队已时刻活在危险之中；优秀团队是策划企业、单个策划人生存和永续发展的最佳资源。

第三条：策划是开发身体和大脑的职业。

第四条：策划人扮演的角色是专家和顾问，是帮助企业解决问题的角色。策划人应该有一种心态，就是随时随地拥有帮助企业、帮助媒体的心态。

第五条：策划业界没有大师，任何人面对新项目一切都是从头开始。策划人尊重权威，但不崇尚权威。策划人认为：权威只能代表某些方面或者某些经历曾经比策划人优秀，而环境是变幻莫测的，老标准和老方法不一定管用。

第六条：策划人只做创造资源的事，不做消耗资源的事。策划人的使命是创造文化、创造生活、产生社会文化价值。对社会而言，策划人是微观经济学者；对企业而言，策划人是企业的运营顾问。为社会、为客户创造资源是策划人生存与发展的基础，消耗资源只能导致策划人成为被淘汰的一群。

第七条：先做人，后做事；做实在人，干专业事。策划人要有高度的责任心，诚信、科学地对待工作，勤奋工作、专业精神使策划人赢得胜利。

第八条：每天都是新的开始，策划人以超越自我、超越企业及客户的期望为荣。策划人尊重每一位曾为企业过关斩将的策划元勋，但反对有人躺在功劳簿上不思进取；策划人尊重每一位为企业赢得利益的策划功臣，但反对有人投机取巧、鼠目寸光。策划人坚信，没有一种利益值得以牺牲策划人的信誉为代价。

第九条：点子时代已经过去，单点不能实现整体突破。

第十条：策划之后需落地，执行力应大于策划力；三分策划，七分执行。

第十一条："无法无天"。策划人不崇拜英雄，而以打倒英雄为己任，应低调做人，高调做事。无法无天，即没有任何方法和框架可以束缚策划人。低调做人，可以在你周围保持健康的空气，不要言必称自己是某某大师，那是虚弱的表现。策划人应高调做事，才能赢得支持和声誉。

第十二条：标新立异，原创第一。标新和立异是策划人策划方案吸引他人眼球的第一把板斧。原创是决定性、持续性市场的第一拉动力！策划人的价值在于原创，策划人是把激情与严谨集于一身的人。策划人不排斥模仿，但策划人拒绝抄袭，策划人渴望有灵魂的想象和有执行力的创意。

第十三条：别把自己太当回事，要把事当回事。团队属于客户，尊重从尊重工作开始。只有具有共同价值观，相互依赖、相互信任、相互支持、相互尊重、相互需要的人，才能构成团队。项目团队就是属于客户的团队，他们在任何时候都以客户的利益为最高利益。只有这样他们才能创作出为客户实现利益的作品。也只有这样，项目团队才能在为客户服务期间主动发现客户的需求，主动提供专业服务。他们会很自豪地说：我正服务于我的客户！团队成员在团队是否获得大家的尊重取决于其是否足够尊重自己的每一项工作。策划人没有只是简单应付的工作，没有自己不满意的出品。策划人常说：别把自己太当回事，要把事当回事！

第十四条：没有状态就不要工作，有所为、有所不为，能力决定空间。策划人应深知自身、企业的发展来自客户信任的不断积累，因此强调对客户的每一项工作负责。不因人废事，坚持自己应有的专业原则与专业态度，是做好客户委托的每个项目的前提。策划人只有一个标准：做自己比别人做得更好的事！团队的能力有多大，未来的空间就有多大！因此，策划人的团队杜绝任何不良工作习惯，要求每个团队工作成员在投入工作前要充分激活自己的思维，使自己在工作中始终都保持最佳的工作状态。否则一个环节的工作质量会影响整个项目团队，成员的能力有多大就在于公司承担多少责任、获得多少资源和利益，没有状态就不要工作！

第十五条：实操最重要，专业只是解决问题的工具，事实的一半是真相。一切的专业都只是解决问题的工具，策划人创造的是客户所委托课题的解决方案，绝不能只是展示专业的文本。因此，策划人为客户提供具有科学性与可执行性的专业方案，不唯专业而专业。专业一定强调客观的研究，在繁复的事实背后寻找事物存在和发展的内在规律。"事实的一半是真相"是策划人始终不移的责任和信条。而专业的出品就是对社会资源整合后的、符合事物发展的客观规律和必然趋势的行为策略。因此，策划人交给客户的应是实效性方案而不是漂亮的方案，方案的实际操作性最重要。

第十六条：一分钱的项目和一百万的项目一样做！对于策划人而言，不管项目的经营状况如何，策划人的职责就是尽团队的能力提供最优化的方案与服务。因此，从专业角度而言，一分钱的项目和一百万的项目一样做！

第十七条：做足一百分是本分。一百分是完美的表现，追求顾客满意、追求完美服务，是策划人的工作标准。不要以为这是高要求，如果你能实现一百分，那只不过是刚刚完成了任务而已。

第十八条：关注策划的每一个细节，好的结果来自过程的完美。任何一项工作的成绩都来自完美的工作过程。因此，策划人崇尚简单管理，在工作中关注每一个细节，对工作过程的关键点进行控制，强调良好的工作环境、进取的工作氛围、严谨的专业平台，有良好的工作间去创造性地工作。

第十九条："投机取巧"，简单、简单、再简单。投机：抓住事物发展的运行规律。取巧：找到最有效的捷径。不要太夸张，不要虚张声势，更不要节外生枝。寻找捷径是策划人的首要方法。同样的一个策划案，如果你能完成得比别人更简单，就是好样的！

第二十条：策划就是算账的过程，要省钱、省钱、再省钱！

第二十一条："喜新厌旧"，与时俱进，要么上去，要么出去！永远保持进取、保持开放心态，知识经济中的一切都与学习、进取、开放的心态相关，所以生存的第一要诀就是学习、学习、再学习，进取、进取、再进取，开放、开放、再开放。懒于学习、没有开放心态和与时俱进观念的人，实际是在选择落后，也就是在选择离开策划业。

6 广告创意

创意是广告的灵魂，销售是广告的目的。不要为了创意而创意，也不要为了广告而广告。李奥·贝纳说："成功的广告不是让受众说'这是一个伟大的广告'，而是说'这是一个伟大的产品'。"

大卫·奥格威指出："要吸引消费者的注意力，同时让他们来买你的产品，非要有很好的特点不可，除非你的广告有很好的点子，不然它就像很快被黑夜吞噬的船只。"奥格威所说的"点子"，就是创意的意思。

6.1 广告创意概述

6.1.1 如何理解广告创意

创意（creative、creativity、ideas），是创作、创制的意思。广告创意，无非就是广告要有新奇的主意、独特的视角、高明的技巧以及出色的创意表现水平。

广告创意有广义和狭义之分，通常我们所说的广告创意是指狭义的广告创意。

狭义的广告创意往往和广告表现联系在一起。用形象一点的说法，广告创意是广告作品的灵魂，广告表现是广告作品的肉体。广告作品是可以看得见的，而广告创意则是在视觉形象以及各种符号背后的思想。视觉形象和各种符号是广告创意的外显，它们共同构成了广告作品。

广义的广告创意体现在整个广告活动中。它可以包括媒体创意、促销创意、公关创意等。在实际操作中，广告创意的思想往往渗透于整个广告活动过程中。

有一种广告创意被人们称为"大创意"。所谓"大创意"，是指广告创意的核心策略在横向和纵向上都具有延展性。

广告创意是为实现企业营销战略目标服务的，它以广告战略目标为导向，寻求最适合于广告信息策略的、最能有效传达表现独特诉求的独特广告语言、独特广告表现手法以及独特媒体传播方式的创意思维活动过程。

广告创意是广告创作人员针对广告的主题内容和表现形式所提出的创造性"主意"，是一个复杂的思维过程。广告创意包含两层含义：一是创造性思维，二是巧妙的构思。前者指创意的思维过程，后者指创意的思维结果。

经典的创意总能让人眼前一亮，给人留下难忘的印象，或者是一声惊叹，或者是会心一笑，或者是心灵为之一震、情绪为之昂扬，或者是情牵一处、与之共鸣，想不动心都难。

6.1.2 广告创意的特征

广告创意必须具备以下六个特征：

1. 广告创意要以广告主题为核心

广告定位是广告创意的前提，而广告主题则是广告定位的重要构成部分，即“广告什么”。广告主题是广告策划活动的中心，每一阶段的广告工作都紧密围绕广告主题而展开，不能随意偏离或转移广告主题。

一个广告一定要有且最好只有一个广告主题，这个广告主题必须明确，要能在短时间内就吸引消费者，让消费者眼前一亮，吸引其进一步阅读广告内容。事实证明，好的广告主题能够吸引消费者更多的注意力，并引发消费者思考与共鸣，达到意想不到的效果。

2. 广告创意要以广告目标对象为基准

广告目标对象是指广告诉求对象，是广告活动所有的目标公众，这是广告定位中“向谁广告”的问题。广告创意除了以广告主题为核心之外，还必须以广告对象为基准。“射箭瞄靶子”“弹琴看听众”，广告创意要针对广告对象，要对广告对象进行广告主题表现和策略准备，否则就难以收到良好的广告效果。

3. 广告创意要以新颖独特为生命

广告创意的新颖独特是指广告创意不要模仿其他广告创意，人云亦云、步人后尘，给人以雷同与平庸之感。唯有在创意上新颖独特才会在众多的广告创意中一枝独秀、鹤立鸡群，从而产生感召力和影响力。

4. 广告创意要以情趣生动为手段

广告创意要想将消费者带入一个印象深刻、浮想联翩、妙趣横生、难以忘怀的境界中去，就要采用情趣生动的表现手段，立足现实、体现现实，以引发消费者共鸣。但是广告创意的艺术处理必须严格限制在不损害真实的范围之内。

5. 广告创意要以形象化为表现形式

广告创意要基于事实，凝练出主题思想与广告语，并且从表象、意念和联想中获取创造的素材，利用形象化的妙语、诗歌、音乐和富有感染力的图画、摄影，使之融会贯通，构成一幅完美的广告作品。

6. 广告创意是原创性、相关性和震撼性的综合体

所谓原创性是指创意的不可替代性，它是旧有元素的新组合；相关性是指广告产品与广告创意的内在联系，是既在意料之外、又在情理之中的会意；震撼性则是指广告创意通过机智独特的视角、出色有趣的见解以及高超的表现技巧，带给广告受众强烈的感官感受，形成足够的震撼力和冲击力，吸引消费者的注意力。

6.1.3 广告创意的原则

我想，创意有着某种神秘的特质，就像传奇小说中所描述的一样。在南海中有许多岛屿，古代水手们说，在航海图上所表示的深海黑水洋的某些点上，在水面上会突然出

现许多可爱的环状珊瑚岛，那里充满奇幻的气氛。我想，许多创意就是如此形成的。它们的出现，就像突然漂浮在脑际表面，接着就是相同的奇幻气氛，并且是一种无法摆脱的状况。

——詹姆斯·韦伯·扬

创意，就像是轮船在大海上航行，看起来似乎是无边无际的海洋，可以任意畅行，但是，我们永远不要忽略了：再广阔的海洋也有尽头，那就是岸、是陆地。越是广阔的海洋，危险也就越多，航船也越容易迷失方向。所以，轮船需要按照一定的路线、一定的方向，才能确保在难以预测的海上畅通无阻，更加快捷顺利地到达目的地。广告创意不也正是如此吗？

广告创意人是一群“戴着镣铐起舞的忠实演员”，广告人与营销策划人员、产品研发人员、企业管理人员一样，都是产品和品牌幕后的推动者，只有产品和品牌才是广告真正的主角。创意的目的在于更好地表现和衬托产品和品牌，创意永远不是目的，再好的创意都不能取代产品和品牌成为最耀眼的明星，切忌“喧宾夺主”。

广告创意唯有遵循一定的原则，才有可能成就成功的广告。广告创意的原则主要包括独创性原则、实效性原则、合规性原则三大原则。

1. 独创性原则

所谓独创性原则是指广告创意不能因循守旧、墨守成规，而要勇于且善于标新立异、独辟蹊径。独创性的广告创意具有最大强度的心理突破效果。与众不同的新奇感可以引人注目，且其鲜明的魅力会触发人们强烈的兴趣，在受众脑海中留下深刻的印象，从而长久地被记忆，这一系列心理过程符合广告传达的心理阶梯的目标。

广告创意，首先应该是原创的，其次要独特新颖。广告创意人员要充分发挥自己的想象，利用发散思维，大胆创新，从生活中发现线索，从个人的经验和知识积累中找寻灵感，从成功广告创意大师和经典的广告创意作品中得到借鉴，而不是一味地模仿或者按部就班地使用一些陈词滥调。

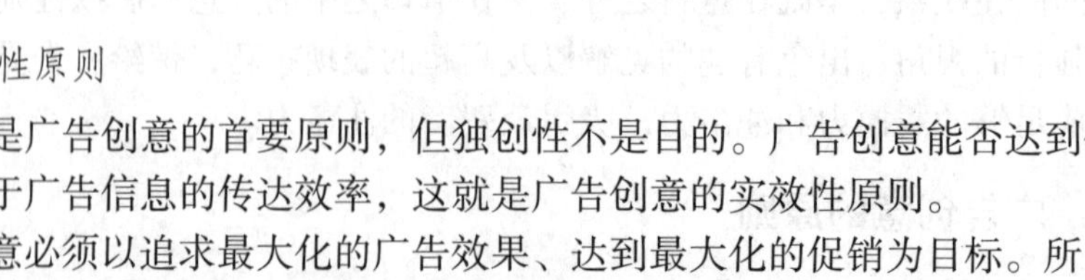

喜力啤酒的世界

2. 实效性原则

独创性是广告创意的首要原则，但独创性不是目的。广告创意能否达到促销的目的基本上取决于广告信息的传达效率，这就是广告创意的实效性原则。

广告创意必须以追求最大化的广告效果、达到最大化的促销为目标。所以实效性是广告创意的根本原则。实效性原则包括理解性和相关性两个要点。

（1）理解性：即广告创意要简明易懂，易为广大受众所接受。在进行广告创意时，要首先明确广告主题，并善于将各种信息符号元素进行最佳组合，使其具有适度的新颖性和独创性，关键是在“新颖性”与“可理解性”之间找到最佳结合点。

（2）相关性：指广告创意中的意象组合和广告主题内容存在紧密的关联。广告必须时刻围绕着产品和品牌展开创意，无法被消费者理解或者不能引起消费者对产品和品牌的联想认知的广告创意，根本无法起到应有的广告效果，也不会是有效的创意。

有些广告片面或过度追求创意，希望“语不惊人死不休”，却忽略了创意与产品的紧密相关。创意惊人的效果达到了，产品却被忽视了，这种“为创意而创意”的广告不像是为产品销售而更像是为参加比赛拿奖的所谓“飞机稿”。有些产品起用明星做广告，但没能找到明星与产品之间的联系，创意缺乏相关性，受众看了广告之后只记得某明星做了一则广告，却把广告所应该表达的主要信息——产品信息给忘了，或者是使得人们对产品和品牌产生混乱的印象，这种创意无疑是失败的。例如，金嗓子喉片与巴西球星罗纳尔多的广告组合，一经播出就叫人大跌眼镜，实在搞不懂一个踢足球的跟金嗓子喉片会有多大联系。再看看 1997 年周润发给百年润发做的代言广告，首先是在名称上的紧密联系，仿佛结合为一体，其次是周润发的深情表演，一句“青丝秀发，缘系百年”，一个充满美好故事情节的广告，迅速红遍了全国，堪称经典。

3. 合规性原则

广告创意既要符合法律法规对于广告行为的有关规定，又要遵守伦理道德，尊重当地的文化传统和风俗习惯。

由于各个国家和地区的广告法规和风俗习惯都有所不同，因此在广告创意时一定要做到符合规范。比如，香烟广告在很多国家都被禁止在公共场合发布。在我国，不能做比较型广告和以“性”“暴力”为诉求点的广告，而在一些西方国家则是允许的。除了广告相关法律法规的约束外，还要通过群众的监督，在人文情感和伦理道德层面上，对广告创意加以限制。

例如，英特尔曾经因为推出了一个被认为带有种族歧视的广告（见右图）而遭受猛烈的抨击。广告为了宣传 Intel 的新一代微型处理器，画面上有六个黑人做着弯腰起跑的动作，在中间的位置是一个身穿衬衫的白人男子。从画面的构图上看，这让人感觉明显带有种族歧视的色彩。英特尔在舆论面前，几乎是被迫撤回广告并进行道歉的。他们从数以百计的出版物中撤回了这个广告，但是仍然不能消除其造成的恶劣影响。

6.1.4 广告创意的类型

广告创意的类型主要有以下十三种：

1. 商品情报型

这是最常用的广告创意类型。它以诉求广告商品的客观情况为核心，表现商品的现实性和真实性本质，以达到突出商品优势的目的。这种类型的广告创意一般较多地出现在汽车、房产、较大型机械制造或者特殊药品、医疗器械等关乎消费者健康安全，或需要承担大笔费用的产品上。

上图所示的广告主要提供沃尔沃轿车有关高性能、高品质的信息，以及销售服务中心所做的保障。

2. 比较型

这种类型的广告创意是以直接的方式，将自己的品牌产品与同类产品进行优劣比较，从而引起消费者注意和认牌选购。在进行比较时，所比较的内容最好是消费者所关心的，而且是要在相同的基础或条件下的比较，这样更容易获得消费者的注意和认同。

比较型广告创意的具体应用就是比较广告。在进行比较型广告创意时，可以是针对某一品牌进行比较，也可以是对普遍存在的各种同类产品进行比较。广告创意要遵从有关法律法规以及行业规章，要有一定的社会责任感和社会道德意识，避免给人以不正当竞争之感。

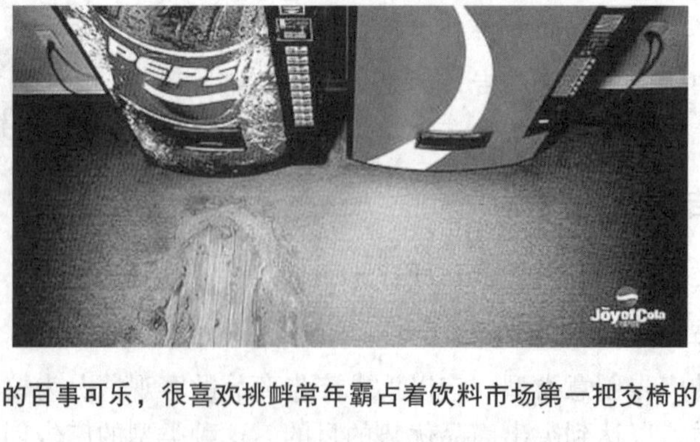

屈居老二的百事可乐，很喜欢挑衅常年霸占着饮料市场第一把交椅的可口可乐

在我国，对于比较型广告有严格的要求，所以在进行比较型广告创意时一定要慎之又慎，不要招惹不必要的麻烦或纠纷。农夫山泉曾经就做过轰动整个国内饮用水行业的“水仙实验”广告，用天然水攻击纯净水，后来娃哈哈又做了一个“金鱼实验”广告，力证娃哈哈纯净水更好。

3. 戏剧型

这种广告创意类型既可以是通过戏剧表演形式来推出广告品牌产品，也可以在广告表现上进行戏剧化和情节化的处理。在采用戏剧型广告创意时，一定要注意把握戏剧化程度，否则容易使人记住广告创意中的戏剧情节而忽略广告主题。

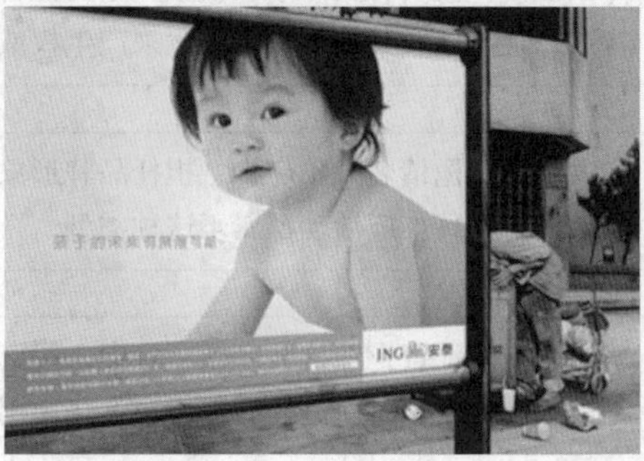

上图是安泰保险的广告。大大的广告牌中是一个健康可爱的小宝宝，广告牌右侧是一个衣着褴褛、正在翻垃圾桶的人，再看看广告牌上那一句清晰的广告语——孩子的未来有无限可能。为了避免右侧的那个人成为孩子未来的可能，您应该为孩子买一份保险。创意的戏剧性正在于此。

4. 故事型

这种类型的广告创意借助生活、传说、神话等故事内容而展开，在其中贯穿有关品牌产品的特征或信息，借以加深受众的印象。由于故事本身就具有自我说明的特性，所以易于让受众了解，使受众与广告内容发生连带关系。

利用故事型广告创意，尤其是具有煽动性的故事情节，往往容易打动人心。在采用这种类型的广告创意时对于人物选定、事件起始、情节跌宕都要做全面的统筹，以使在短暂的时间里和特定的故事中，宣传出有效的广告主题。

香港有一家保险公司曾有这样一则寓言广告：彼得梦见与上帝同行，路面上留下两双脚印，一双是他的，一双是上帝的。但当彼得经历一生中最消沉、悲哀的岁月时，路面上的脚印却只剩下一双。彼得问上帝：“主啊！你答应过我，只要我跟随你，你永远扶持我，可是在我最艰苦的时候，你却弃我而去。”上帝说：“孩子，当时我把你抱在怀中，所以只有一双脚印。”广告的最后一句话，道出了保险公司的广告主题：“当你走上坎坷的人生之路时，本公司陪伴着你。当你遇到不测之时，本公司助你渡过难关。”

故事情节可以给创意人更为广阔的创意空间，可以让创意人表达更为充沛和饱满的情感和内容。南方黑芝麻糊的广告也是采用故事情节的表现手法来表达产品的相关信息：在青石铺成的幽长小巷，悠扬的“芝麻糊”叫卖声，小男孩用舌头舔尽碗底最后一滴黑芝麻糊……这情景不知勾起多少人对童年的回忆。

5. 证言型

广告主比较常用的一种信息策略是让代言人推荐广告中的品牌，而不是单纯地提供信息。当代言人以倡导者的姿态出现在广告中时，这种做法就被称为证言型广告。证言型广告的价值在于代言人对品牌个性和利益的权威性代表。

证言型广告的三种形式如图 6-1 所示。

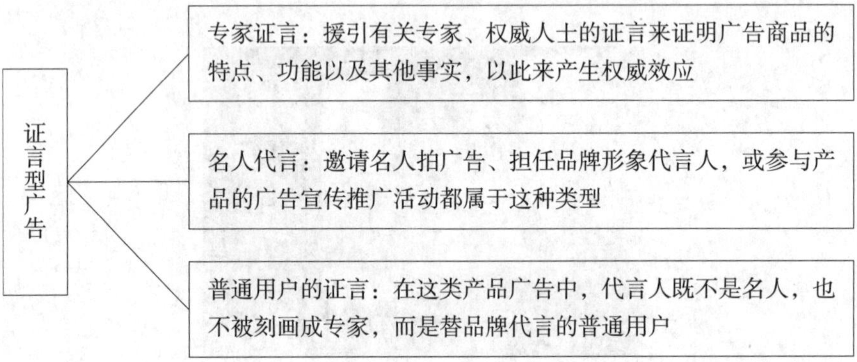

图 6-1　证言型广告的三种形式

6. 拟人型

这种广告创意以一种形象表现广告商品，使其带有某些人格化特征，即以人物的某些特征来形象化地宣传商品。这种类型的广告创意可以使商品的形象生动、具体，给受众以鲜明深刻的印象，同时还可以用浅显常见的事物对深奥的道理加以说明，帮助受众深入理解。例如，法国 Perrier（巴黎水）的广告（见下图），分别将 Perrier、橙子、柠檬进行拟人化，戴着眼镜项链，酷炫的装扮，或拿着吉他相互交流，或打电话聊天，画面生动而有趣。

7. 类推型

这种类型的广告创意是以一种事物来类推另一种事物，以显示出广告产品的特点。采用这种创意，必须使所诉求的信息具有相应的类推性。如一个汽车辅助产品的广告，用类推的方法宣传为："正如维生素营养你的身体，我们的产品可营养你的汽车引擎。"

上图是 INEN 癌症预防中心呼吁禁止吸烟的系列广告——吸烟就好比是一个人站在高空中逐渐融化的巨大雪糕搭建的天桥上，或像是装扮成弱小的斑马去引诱笼子里的狮子，又像是在理发师用锋利的剃刀为自己刮胡子的时候拿大喇叭吓他，是很危险的事，简直是最为愚蠢的自杀。

8. 比喻型

比喻型广告创意是指采用比喻的手法，对广告产品或劳务的特征进行描绘或渲染，或用浅显的道理对深奥的事理加以说明，以帮助受众深入理解，使事物生动具体，给人以鲜明深刻的印象。比喻型的广告创意又分明喻、暗喻、借喻三种形式。

例如，下图的公益广告采用的是比喻手法。皇家牌威士忌广告采用明喻，在广告中宣传其"纯净、柔顺，好似天鹅绒一般"。塞尼伯里特化妆公司粉饼广告采用暗喻，宣传自己的粉饼为"轻轻打开盒盖，里面飞出的是美貌"。

9. 夸张型

夸张是“为了表达上的需要，故意言过其实，对客观的人、事物尽力作扩大或缩小的描述”。夸张型广告创意以客观真实为基础，对商品或劳务的特征加以合情合理的渲染，以达到突出商品或劳务本质与特征的目的。采用夸张型的手法不仅可以吸引受众的注意，还可以取得较好的艺术效果。

夸张是从一般中求新奇变化，通过虚构把对象的特点和个性中美的方面进行夸大，赋予人们一种新奇与变化的情趣。按其表现特征，夸张可以分为形态夸张和神情夸张两种类型，前者为表象性的处理品，后者则为含蓄性的情态处理品。夸张手法的运用为广告设计的艺术美注入了浓郁的感情色彩，使产品的特征性鲜明、突出、动人。

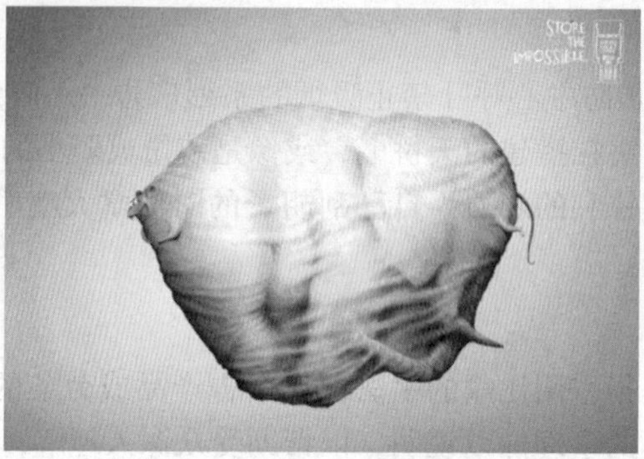

上图的广告中，一只小老鼠能吞下一头大象，你说容量大不大，这种明显夸张的比喻，就是要告诉你，小小的 U 盘具有超大的存储空间。

10. 幽默型

幽默“是借助多种修辞手法，运用机智、风趣、精练的语言所进行的一种艺术表达”。采用幽默型广告创意，要注意语言应该是健康的、愉悦的、机智的和含蓄的，切忌使用粗俗的、令人生厌的、油滑的和尖酸的语言。要以高雅风趣表现广告主题，而不是一般的俏皮话和耍贫嘴。例如，杀虫剂广告：“真正的谋杀者”；脚气药水广告：“使双脚不再生‘气’”；电风扇广告：“我的名声是吹出来的”。

原来土豆也可以这么搞笑，这样的薯片广告是不是令你忍俊不禁呢？

智威汤逊招聘时曾经有这样一个考题：你怎样将一份吐司推销给外星人？这个题目沿用了很多年，一直没有一个好的答案。终于有一天，来了一个年轻人，几秒钟后轻轻松松地交了份答卷，主考官看了后，当场就把他录用了，你猜他写的是什么？看不懂，奇怪的符号一大堆，这就是答案！你的对象是外星人，你用得着对他说人话吗？

上图是一则丰胸广告，含蓄又幽默，相对于内衣广告里常见的半裸女郎，这样的广告给人更多的想象空间。

11. 悬念型

悬念型广告是指在广告开始时设置一个悬念，使受众产生疑问和期待，然后展开情节，最后运用视听语言将谜底揭开。这种手法旨在唤起观众的好奇心，使观众对产品或广告凝聚浓厚的兴趣，产生窥探的心理。悬念型广告成功与否，在很大程度上取决于广告的开头是否有调动观众好奇心的构思。

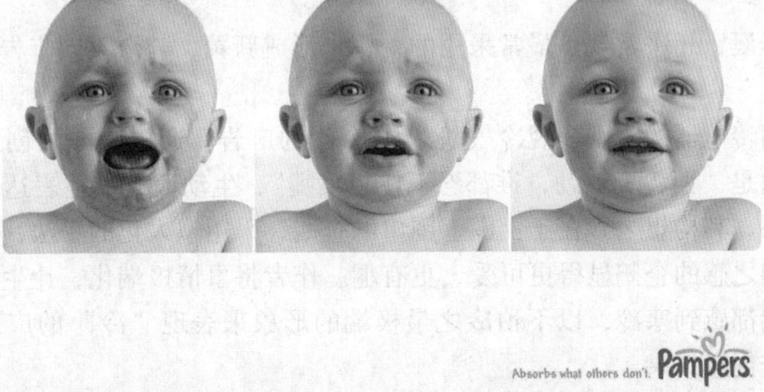

上图中的小宝宝为什么一开始哭得稀里哗啦，紧接着就破涕为笑了呢？看看右下角那几个字：Absorbs what others don't——吸收别人所不能，还有那个 Pampers（帮宝适纸

尿裤的 logo)，你就会恍然大悟了。

12. 联想型

联想是指客观事物的不同联系反映在人的大脑里而形成心理现象的联系，它是由一事物的经验引起回忆看似不相关联的另一事物的经验的过程。

“坚固、耐磨、牢靠”引发的联想

联想出现的途径多种多样，可以是在时间或空间上接近的事物之间产生联想；在性质上或特点上相反的事物之间产生联想；在形状或内容上相似的事物之间产生联想；在逻辑上有某种因果关系的事物之间产生联想。联想主要可以概括为四种不同类型：①接近联想；②类似联想；③对比联想；④因果联想。例如，由合着的嘴巴联想到紧闭的大门，由正在抽烟的嘴联想到汽车排气筒、工厂的高烟囱等。

13. 反常型

奇异、怪诞、超乎常规是最常采用的，用来形成新颖、与众不同广告创意的基本思路和方法。

例如，西泠电器的一则表现冷气机之“冷”的广告，通过画面的创意，让企鹅围上围巾，标题是“西泠真够劲，谁都忍不住打喷嚏”，生动而有趣地表达出了冷气机优良的制冷效果。其构想之妙在于：围上围巾的企鹅，采用拟人化的手法，使本来就给人以可爱、笨拙之感的企鹅显得更可爱、更有趣。作者将事情极端化，让生活在冰天雪地最耐寒的企鹅都感到寒冷，以不怕冷之最极端的形象来表现“冷”的广告主题，达到了良好的广告创意效果。

再如，诺基亚手机在香港曾做过一则电视广告片——欧式公园的长椅上一名男子正在看报，突然响起了手机铃声，接电话的却不是那位男子，而是左边的雕像！雕像活了过来，“喂”了一声之后，竟又将电话扔给右边的雕像，说：“你妈妈找你。”随后推出

“诺基亚”品牌的名称和产品，这种出人意料的方式大大吸引了观众的眼球。下面的Converse广告也有异曲同工之妙。

人与鞋，与环境融为一体，这就是Converse的魅力

6.2 广告创意的过程和方法

6.2.1 广告创意的过程

广告创意从一开始的调查研究构思到最终形成并发布，需要经历一定的过程，这个过程可分为下列五个阶段：

1. 准备期

研究搜集资料，根据旧经验启发新创意，资料分为一般资料和特殊资料。所谓特殊资料是指专为某一广告活动而搜集的有关资料。

广告创意人员应该养成平时就多搜集积累资料、多注意观察生活的习惯。

2. 孵化期

把所搜集的资料加以咀嚼消化，使意识自由发展，并使其结合，因为一切创意都是在偶然的机会中突然产生的。

3. 启示期

大多数心理学家认为“印象是产生启示的源泉”，所以本阶段是在意识发展与印象的结合中，产生各种创意。

4. 验证期

把所产生的创意予以检讨修正，使其更臻完美。

5. 形成期

以文字、图形或声像将创意具体化，使得创意形象充分展现出来。

创意源于生活，生活中的一些不经意的细节可以在广告创意中得到很好的体现。广告创意是一项充分利用脑力智慧和精神意志的工作。广告创意的过程可以很漫长，充满曲折，需要消耗很多的精力；但也可以很短暂，几乎在一瞬间灵光一现，充满乐趣。广告创意的过程对有些人来说可能很痛苦，因为它是要你“戴着镣铐起舞”，你绞尽脑汁，付出那么多，结果未必会如你所愿。但是对于一个有着渊博的见识、丰富的阅历、机智的头脑、大胆的勇气以及创新意识的人来说，创意就是信手拈来，创意的过程便是一种享受。

6.2.2 广告创意的方法

旧元素，新组合——广告创意思想中永恒的核心，不变的经典。

广告创意的构思方法有很多种，但都必须以产品和品牌自身的基本信息为基础，结合市场需求和消费者的特点，发散思维，大胆创新。激发广告创意的方法主要可归纳为以下八种：

1. 垂直思考法

垂直思考法又称直接思考法或逻辑思考法，它是按照一定的方向和路线，运用逻辑思维的方式，在一个固定的范围内，面向纵深即垂直方向进行的一种思考方法。它一向被评价为最理想的思考法。其优点是比较稳妥，有一个较为明确的思考方向；其缺陷是偏重于以往的经验、模式，只是对旧意识进行重版或改良。例如，人们看到苹果掉下来的时候，只是习惯性地认为苹果熟了就该往下掉，唯独牛顿在思索“苹果为什么是往下掉而不是往上掉”。

垂直思考法是指传统逻辑上的思考，其特征主要体现在思考的连续性和方向性上。

思考的连续性：思考从某一状态开始，直接进入相关的下一状态，如此循序渐进，直到解决问题，中间不允许中断。

思考的方向性：思考问题的思路或预先确定的框架不得随意改变。

例如，WMF 的广告：WMF 刀具很锋利，有多锋利？连十几厘米厚的砧板、坚硬的铝制盘、酒瓶，都可以一刀斩断，切得整齐干净，看起来几乎毫不费力，它们就摆在你的面前，还用多解释吗？这里就是利用垂直思考法进行深度创意，再灵活地加以夸张体现。

2. 水平思考法

水平思考法和垂直思考法都是英国心理学家爱德华·戴勃诺博士所倡导的广告创意思考法，此方法通常又被称作戴勃诺理论。在广告创意领域，这一思考方法不同于垂直思考法之处在于其思考不具有连续性和方向性，可以弥补垂直思考法的不足，克服垂直思考法所引起的头脑偏执和旧观念对人的思维的局限，进而有利于人们突破思维定式，转变旧观念，获得创造性构想。

爱德华·戴勃诺认为，平常人都习惯于以叠罗汉的方式一件一件地作累积式的思考。这就像在地面上挖洞一样，越挖越深，这就是垂直思考法。为了打破传统的单一方向的思考习惯，戴勃诺又提出一种新的思考方法，被称为水平思考法或横向思考法。

水平思考法的主要用意在于打破定型化的思考模式，依靠“非连续式”及“为变而变”的横向思考而重新建构一种新概念、新创意。例如，在人们普遍考虑“人为什么会得天花”这个问题时，“免疫学之父”琴纳考虑的则是“为什么在奶牛场劳动的女工不得天花”，正是采用这种发散式思维法，使他得出了医学上的重大发现。

运用水平思考法，要注意以下四点：

(1) 敢于打破占主导地位的观念，避免模仿，摆脱人们最常用的创意、表现方法等。

(2) 多方位思考，提出对问题各种不同的新见解。

(3) 善于摆脱旧意识、旧经验的约束。

(4) 要抓住偶然一闪的构思，深入发掘新的意念。

爱德华·戴勃诺建议，通过以下七种方式可以激发水平思考，它对我们的广告创意很有启发性：①提出对应现状的弹性方案；②向现有之假设提出挑战；③革故鼎新；④暂时搁置对某事之判断；⑤推翻一般的诉求方法；⑥对某一情景建立起类比思考；⑦动脑法。

你见过跳天鹅湖或穿婚纱参加婚礼的时候，裙子里面还穿着牛仔裤的吗？

因为这是 Levi’s 牌牛仔裤

3. 逆向思考法

逆向思考法实际上是一种颠倒思考法，对广告创意者来说，有时把自己的思路颠倒一下来思考，也能够发现许多新东西。在广告创意的过程中，逆向思考法往往是“反其道而行之”，它常常能打破心理定式，导致思维“突变”，以此获取让人意想不到的效果。

一般的广告，都宣传产品如何好、如何可靠、如何美。如果一则广告，利用人们的逆反心理，宣称产品如何丑，新颖的表现与人们的逆反心理相结合，也许会产生更强烈的刺激和说服的效果。例如，在美国的俄勒冈州，有一家取名为“最糟菜”的餐馆，这家餐馆的外面竖着大广告牌，广告语是：“食物奇差，服务则更坏”，墙上贴出的即日菜谱上介绍的是“隔夜菜”，奇怪的是，餐馆开业十五年来却常常是门庭若市。餐馆如此取名，其意图在于利用人们的逆反心理，赢得顾客，出奇制胜。

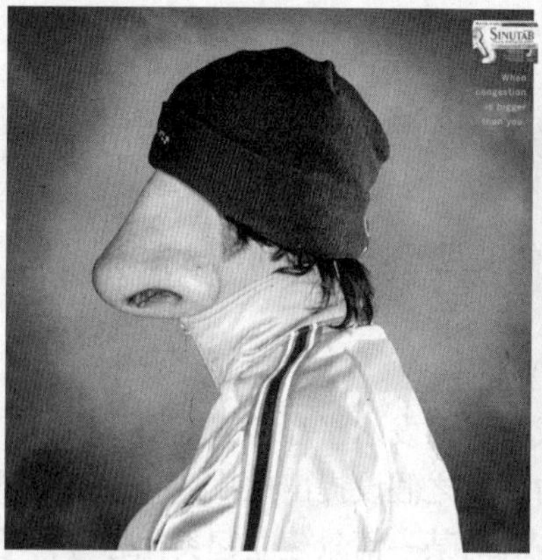

以上两幅图片是国外一种感冒药的平面广告，创意者不从正面直接诉说感冒药有多好，对治疗感冒又有怎样的效果，而是采用逆向思维，从人们得了感冒后会多么难受着手，暗示消费者，假如你感冒了不服用该品牌的感冒药，就会打喷嚏打到鼻子像头那么大。

4. 分析综合法

在广告创意的主题中，有一些主题比较单一，而另一些主题比较复杂。对复杂的广告主题，在进行广告创意时，可采用分析综合法，即在对广告的局部细节处理时运用分析的方法，在对广告创意的整体布局上运用综合的方法。

分析思考法要求我们凡事都要深入细节，在整体构思时虽然要“大胆地假设”，但在表现策略上还得“细心地考证”。研究诸多广告失败的原因，大都是因为“细节的失败”。就此而言，说广告创意的“细节决定成败”，一点也不夸张。

综合思考法又叫系统思考法，是广告创意中一种力求全面、丰富、系统、综合的思考方法。综合思考的基础是对细节（如产品定位是否清晰等）的分析与把握，系统思考的核心是“见树先见林”。它克服了分析思考法中过于关注细节而导致“一叶障目，不识泰山”的缺陷。下面的葡萄酒广告，就是系统思考的结果。

三毫米的旅程，一颗好葡萄要走十年

三毫米，
瓶壁外面到里面的距离，
一颗葡萄到一瓶好酒之间的距离。
不是每颗葡萄，
都有资格踏上这三毫米的旅程。
它必是葡萄园中的贵族；
占据区区几平方公里的沙砾土地；
坡地的方位像为它精心计量过，
刚好能迎上远道而来的季风。
它小时候，没遇到一场霜冻和冷雨；
旺盛的青春期，碰上了十几年最好的太阳；
临近成熟，没有雨水冲淡它酝酿已久的糖分；
甚至山雀也从未打它的主意。
摘了三十五年葡萄的老工人，
耐心地等到糖分和酸度完全平衡的一刻才把它摘下；
酒庄里最德高望重的酿酒师，
每个环节都要亲手控制，小心翼翼。
而现在，一切光环都被隔绝在外。
黑暗、潮湿的地窖里，
葡萄要完成最后三毫米的推进。

天堂并非遥不可及，
再走十年而已。

5. 加减乘除法

“加减乘除”是小学算术中最基本的运算法则，俗称“四则运算”。就加、减法而言，亚历山大·奥斯本认为：“思考如何将物品加大或缩小之类的问题，是激活思维的重要方法之一，它可以刺激作者的想象力，以产生更多的创意。”

“加减乘除”在数学中千变万化，在广告创意中也可以用它来“呼风唤雨”。

（1）“加”法。

把“加”字用于加大、加宽、加强、加倍、加深、加速、加热等，还可以用“增”“添”“补”“增强”和“提高”等同义词，例如，增加厚度、增加密度、增强信心、添油加醋、添加气氛、添加色彩、提高效率等。只要运用得当，就能产生新创意。

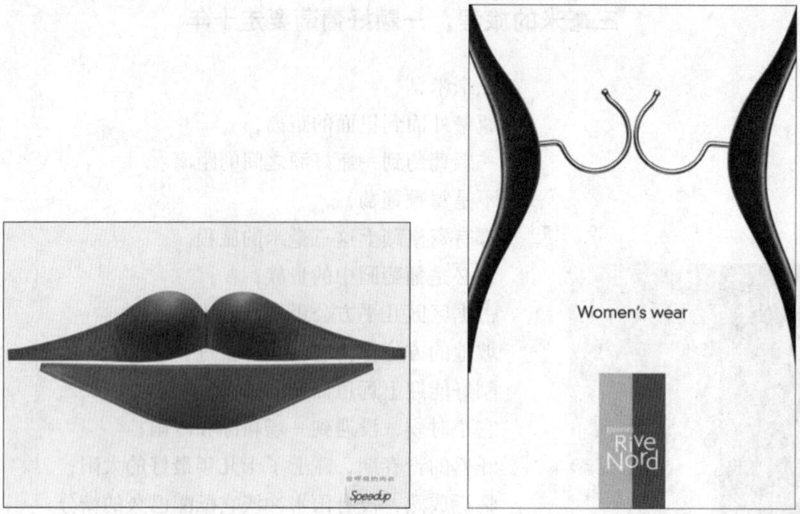

原本比较单一的事物形象，经过这样巧妙的组合搭配绝对起到了 1+1>2 的效果

（2）“减”法。

“减”法是“加”法的逆运算，在广告创意中运用减法同样会产生较好的创意。减字的表面意思是减少，可用于减缩、减低、减轻、减退、减速、减色、减免、削减、缩短等，也可以用“去”“消”“缩”“降低”“弱化”“免去”和“消退”等同义词。例如“祛斑”“减肥”“消炎止痛，选择×××!”“只需轻轻一按，免去××烦恼!”等。

意大利餐厅（Gondola Veneziana）的系列平面广告——剃掉了一边头发的天使，
该作品还获得 2008 年戛纳广告节的平面类铜奖

（3）“乘”法。

“乘”是指成倍增加，用以强化“加”的概念，加快“加”的速度。这种方法也可以帮助广告人创造具有新意的广告作品。除此之外，“乘”字还有许多另外的含义，诸如“乘坐”“乘借”“乘势”“搭乘”“乘东风”“乘风破浪”“乘龙快婿”等都是广告创意中常常用到的因素。细细体味下面的啤酒广告，你会发现“乘”的乐趣。

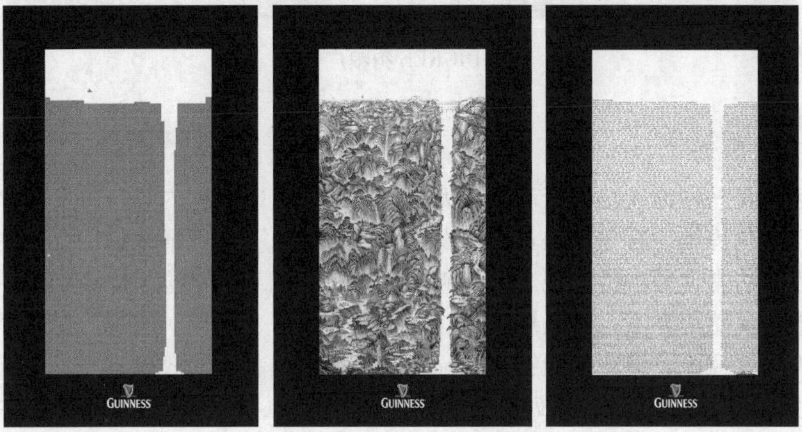

吉尼斯黑啤酒系列平面广告

（4）“除”法。

“除”原意是指成倍减少，但在实际运用中往往取其“排除”与“否定”之意。例如，“除此之外”“除非……”“除了……还有”，还可以用“无”“不”“非”之类带有否定意义的词来强化广告概念。例如，“非可乐”“无糖分”“不含色素”“没有防腐剂”“绝无苏丹红”等。仔细琢磨下列的广告，你会发现“除”的巧妙运用。

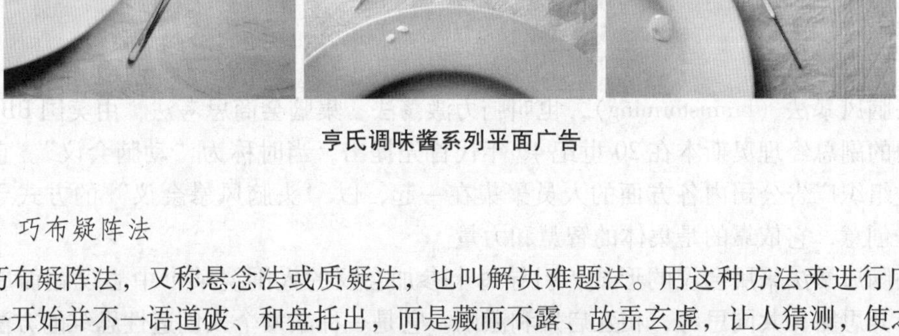

亨氏调味酱系列平面广告

6. 巧布疑阵法

巧布疑阵法，又称悬念法或质疑法，也叫解决难题法。用这种方法来进行广告创意，一开始并不一语道破、和盘托出，而是藏而不露、故弄玄虚，让人猜测，使之情趣盎然。运用质疑法进行广告创意，大致上有以下四种具体做法：①设悬念；②出难题；③连环扣；④布迷宫。下面的“PEDIGREE 狗粮”广告就巧设悬念。

PEDIGREE 狗粮广告

7. 自由发挥法

广告创意是一种创造性的劳动，文无定法，创意可以根据内容自由发挥。自由发挥法大多源于直觉思维，直觉思维具有突发性、偶然性与不合逻辑性的特点。在广告创意中，自由发挥法常常冲击传统观念、突破心理定式、打乱逻辑规则，运用想象、幻想、猜想、联想、灵感等方法，其表现手法往往荒诞、离奇、怪异、幻视、变形等。这类创意虽然会有一些风险，但往往能够达到标新立异、出奇制胜的效果。

"触发词法"正是通过一系列有相似动作含义的词，使各种概念的变化在头脑中涌现。比如，在"运动"这个标题下，我们会联想到动、挪、移、搬、推、拉、牵、拖、转、滚、旋、撞等一系列含义的动词，这些联想可能会触发我们的创意灵感。

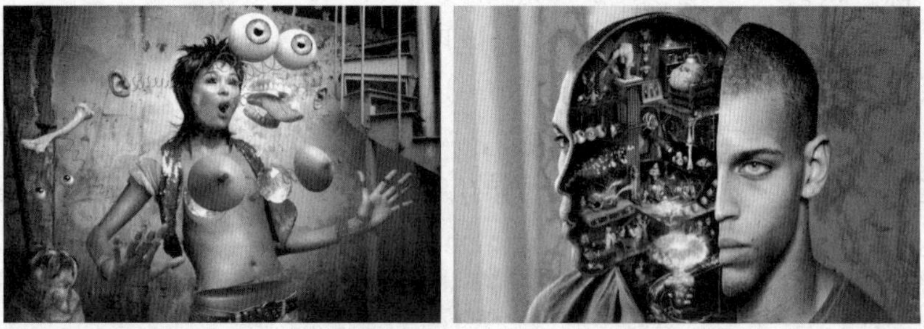

SONY PS2 的这组广告获得 2006 年戛纳广告节平面类金奖，可谓想法很疯狂，绝对刺激大家的眼球

8. 头脑风暴法

头脑风暴法（brainstorming），也叫脑力激荡法、集脑会商思考法，由美国 BBDO 广告公司的副总经理奥斯本在 20 世纪 40 年代首先提出，当时称为"动脑会议"。它主要是通过组织广告公司内各方面的人员聚集在一起，以"头脑风暴会议"的方式寻求最佳广告创意，它依靠的是集体的智慧和力量。

头脑风暴法采用会议的形式，引导每个参加会议的人围绕某个中心议题而展开讨论，广开思路，共同思考，相互启发和激励。它是一种激发个人创造性思维的方法。

在广告创意的过程中，我们可以用头脑风暴法来激发灵感，毫无顾忌地发表独立见解，并在短时间内从其他与会者处获得大量的思想、观点、想法与创意。应用头脑风暴法时必须遵守下列四个原则：

（1）畅所欲言，无论想法是多么幼稚，甚至是荒唐，都可以照提不误。

（2）强调数量，发表意见多多益善。

（3）对于任何人提出的任何意见与想法都不能批评，也不作评论。

（4）集思广益，强调群体意见的相互启发与结合。

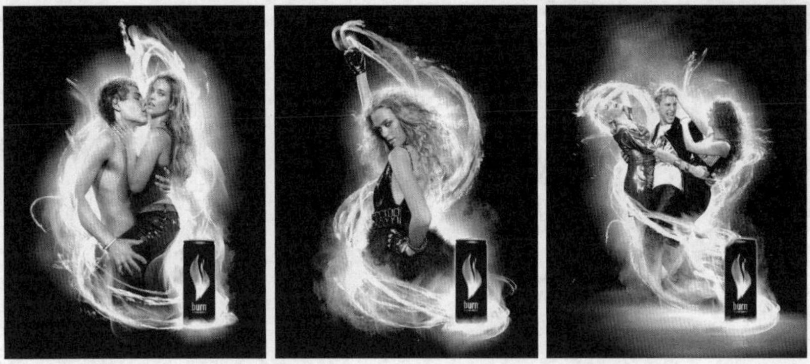

能量型饮料 Burn 系列广告——让能量尽情释放，让魅力火热展现

6.3 著名的广告创意理论

关于创意，北京电通广告有限公司总经理志波干雄先生这样说：“世界著名的广告人都有独树一帜的广告理论，例如，李奥·贝纳的‘与生俱来的戏剧性’，罗瑟·瑞夫斯的‘独特的销售主张’，大卫·奥格威的‘神灯’理论，韦伯·扬的‘创意过程论’等。这些理论的共同之处是，关注的都是如何产生创意，谈的是手段、是方法、是技术操作，所以才会有‘不要卖牛排，要卖嗞嗞声’这样的名言。”而他提出的理念却是“广告人”，强调“广告的作用是由人的头脑组合而成的，在电通能销售的商品就是人，也就是说，我们本身就是商品，在广告主面前的广告人就是商品”。

下面我们来重点介绍李奥·贝纳的“固有刺激法”，大卫·奥格威的“神灯”理论以及威廉·伯恩巴克的“ROI”理论。

6.3.1 李奥·贝纳的“固有刺激法”

“固有刺激法”是由李奥·贝纳提出的，是李奥·贝纳一生创作无数经典广告的创意心得。“固有刺激法”也称“与生俱来的戏剧性诉求法”，广告创意最重要的任务是把固有的刺激发掘出来并加以利用，也就是说要发现生产厂家生产这种产品的“原因”以及消费者购买这种产品的“原因”。

产品本身内在的固有刺激的产生是建立在消费者的欲求和兴趣基础之上的。但是，此种创意方法的出发点是产品，从产品出发去寻找消费者心中对应的兴趣点，即认为产品中必然包含有消费者感兴趣的东西。因此，我们可以认为，这种创意的方法带有产品至上时代的思考特征。但是，从另一方面来说，这种创意方法也包含了以消费者为思考中心的萌芽。

下面，我们以李奥·贝纳创作的“绿色青豆巨人”这个广告来说明固有刺激法。

广告标题：月光下的收成

广告文案：无论日间或夜晚，青豆巨人的豌豆都在转瞬间选妥，风味绝佳……从产地到装罐不超过三个小时。

这则广告是李奥·贝纳为“绿巨人”公司所创作的。当时，这家公司的名称叫作“明尼苏达流域罐头公司”。在这个广告文案作品中，作者首先从“绿巨人”公司的产品及其服务的特点入手，在真实的广告信息的基础上，作形式上的广告创意。这与作者的广告文案写作主张有相当大的关系。李奥·贝纳解释道：“如果用‘新罐装’做标题是非常容易说的；但是‘月光下的收成’则兼具新闻的价值和浪漫的气氛，并包含着特殊的关切。”“月光下的收成”，这在罐装豌豆的广告中的确是难得一见的妙句，犹如散文一样为消费者呈现一幅优美迷人的画面。

6.3.2 大卫·奥格威的“神灯”理论

大卫·奥格威从“广告是科学而不是艺术”这一基本观点出发，力主广告创作应遵循一定的法则。他曾亲自为奥美公司的广告创作制定出一系列被称为“戒律”的法则，要求员工必须严格遵守，并把这些法则自称为“神灯”，比喻能满足一切欲求之物。

1. 大卫·奥格威的“神灯”——创作高水平广告的11条戒律

（1）广告的内容比表现广告的方法更重要。

（2）若你的广告的基础不是上乘的创意，你必遭失败。

（3）讲事实。

（4）令人厌烦的广告是不能促使人买东西的。

（5）举止彬彬有礼，但不装模作样。

（6）使你的广告宣传具有现代意识。

（7）委员会可以批评广告但却不会写广告。

（8）若是你运气好，创作了一则很好的广告，就不妨重复地使用它直到它的号召力减退为止。

(9) 千万不要写那种连你也不愿让你的家人看到的广告。

(10) 形象和品牌。

(11) 不要当文抄公。

2. “神灯”理论的调查途径

“神灯”的魔力主要来自五个主要方面调查汇集的数据和信息，如表6-1所示。

表6-1 “神灯”理论的调查途径

1	邮购公司的广告经验	可从订单中直接判断广告的高低
2	百货商店的广告技巧	好的广告对消费者是一种诱惑
3	调查公司对广告效果的调查	广告创意几乎从调查研究得来，而非个人的主见
4	对电视广告的调查	电视广告一开始时有一个与商品不相关的小手法，很能抓住人们的注意力
5	应用别人的智慧	(1) 直接应用 (2) 倾听同事的意见 (3) 借鉴别人的智慧，启动自己的思维 (4) 综合别人的智慧成果，融会贯通，独树一帜

6.3.3 威廉·伯恩巴克的“ROI”理论

“ROI”理论是一种实用的广告创意指南，是20世纪60年代的广告大师威廉·伯恩巴克创意理论的集中表现，DDB广告国际有限公司又根据自身创作积累总结出一整套完善的创意理论。

该理论的创造者伯恩巴克是广告唯情派的旗手，是艺术派广告的大师，他认为广告是说服的艺术，广告“怎么说”比“说什么”更重要。该理论的基本主张是优秀的广告必须具备三个基本特征，即关联性（relevance）、原创性（originality）、震撼力（impact）。三个原则的缩写就是ROI。

1. 关联性

所谓关联性就是说广告创意的主题必须与商品、消费者密切相关。

商品广告最重要的是传达商品的有效信息。为了强调商品的特点、生动形象地表达商品的个性特征，广告常常需要为产品找一个关联体，把产品的有关特征从关联体身上反映出来。

关联体必须具备的四个特性：

(1) 关联体是生活中司空见惯的。

(2) 关联体是生动、形象的。

(3) 关联体为大众所喜爱。

(4) 关联体与商品特性的关联性强。

广告与产品两者的关联性越强，消费者就越能够理解，广告效果就越好。关联体可以是生活中人们所熟悉的具体的人、物、事，也可以是消费者广为认同的道理、观念。名人广告中名人也可以作为产品的关联体，广告中名人的个性特点应该与产品的特色相吻合。

2. 原创性

所谓原创性，即广告创意应与众不同，其创意思维特征要求“异”，但这种求异思维是有参照系的思维。

广告创作的一个根本要求就是新颖，广告必须有所创新以区别于其他的商品和广告，创新首先要突破常规的禁锢，善于寻找诉求的突破。广告怎样才能令人耳目一新呢？可以从以下六个方面着手：

（1）反传统的角色。百事可乐的一则电视广告获得2000年第41届克里奥广告奖的金奖。广告的内容是：在一间退休士官们常去的酒吧里，一个小女孩想喝百事可乐却没有，就痛斥了侍者一番。接着小女孩走出酒吧，所有的顾客都跟着小女孩离开了酒吧。用小孩教训大人的方式来推销可谓用心良苦。

儿童收养中心的公益广告创意：反传统的角色表现，意在大人与孩子之间建立起“呵护”“抚养”与“反哺”这一“爱”的桥梁

（2）反传统的观念。我们这个社会总的来说还是男权社会，在这个男权社会里，德国的kookai时装提出了一个大胆的理念：女人是世界的主角，男人尽在我掌握。这种带有女权主义色彩的反传统表现，自然独树一帜。

（3）反传统的表现。一种小儿感冒药的平面广告，没有产品，没有包装，没有商标，也没有成分，画面上只有黑底白字的两句简单的对话——“约翰，是比利在咳嗽吗?”“起来，喂他吃咳定。”这则不像广告的广告打破了传统的药品广告模式。

（4）寻找独特之处。这也正是美国广告创意大师罗瑟·瑞夫斯提出的USP理论（独特的销售主张）的核心理念。

(5) 旧元素，新组合。旧元素是消费者司空见惯或非常熟悉的，从一个新的角度重新运用这些旧元素，可达到出奇制胜的效果。如 Perrier 的广告创新（见下图）。

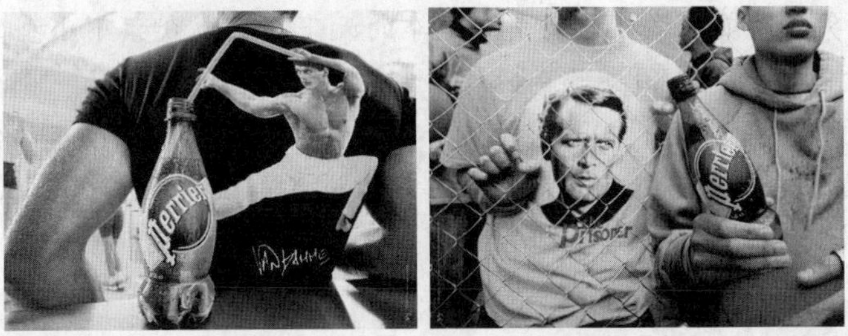

Perrier（巴黎水）有一系列这样的广告创意，将多种元素巧妙地结合在一起，制造了有趣而惊喜的效果

(6) 从生活中来，到生活中去。生活中有很多素材可以用在广告上，广告应该来源于生活，又高于生活，是艺术化了的生活。

3. 震撼力

所谓震撼力，就是指广告作品在瞬间引起受众注意并在其心灵深处产生震撼的能力。一条广告作品在视觉和听觉以至心理上对受众产生强大的震撼力，其广告信息的传播效果才能达到预期的目标。

从“ROI”理论来看，关联性、原创性和震撼力在逻辑上存在着先后的关系，在作用上各有不同，独立而联系，相互之间不能取代。

“ROI”理论的基本要点如表 6－2 所示。

表 6－2 “ROI”创意理论的基本要点

1	好的广告应具备三个基本特质：关联性（relevance）、原创性（originality）、震撼力（impact）。	
2	广告与商品没有关联性，就失去了意义；广告本身没有原创性，就欠缺吸引力和生命力；广告没有震撼力，就不会给消费者留下深刻印象。	
3	同时实现“关联”“创新”和“震撼”是个高要求。针对消费者需要的“关联”并不难，有关联但点子新奇也容易办到，真正难的是，既要“关联”，又要“创新”和“震撼”。	
4	达到“ROI”必须具体明确解决的五个问题	(1) 广告的目的是什么？ (2) 广告做给谁看？ (3) 有什么竞争利益点可以做广告承诺？有什么支持点？ (4) 品牌有什么独特的个性？ (5) 选择什么媒体是合适的？受众的突破口或切入口在哪里？

“ROI”理论体现了一种广告思维方式的转变，即从产品到消费者、从诉求到表现的转变，它强调广告的艺术表现力，一改原来陈腐的广告风格，因而被业界纷纷仿效。实践也同样证明，凡是真正领会到它的真谛、学到一招半式的广告人，都会在这个方面

有所斩获。但如果只是盲目模仿，很可能会适得其反。

案例透视　伯恩巴克的小型车广告——想一想小的

20世纪60年代的美国汽车市场是大型车的天下，而大众旗下小型的甲壳虫刚进入美国时根本就没有市场，是伯恩巴克拯救了大众的甲壳虫，他提出“Think small”的主张，运用广告的力量，改变了美国人的观念，使美国人认识到小型车的优点。从此，大众的小型汽车销量稳居全美之首，直到日本汽车进入美国市场。这套60年代的广告创意风格，90年代仍然得到延续！这正验证了一句话：好东西是不会过时的。

Think Small（想一想小的）

我们的小车不再是个新奇事物了，不会再有一大群人试图挤进里面，不会再有加油生问汽油往哪儿加，不会再有人觉得其形状古怪了。事实上，很多驾驶我们的“廉价小汽车”的人已经认识到它的许多优点并非笑话，如1加仑汽油可跑32英里，可以节省一半汽油；用不着防冻装置；一副轮胎可跑4万英里。也许一旦你习惯了金龟车的节省，就不再认为小是缺点了。尤其当你停车找不到大的泊位或为很多保险费、修理费，以及换不到一辆称心的车而烦恼时，请考虑一下小的金龟车吧！

经典案例导读

杀死无趣，用创意让世界有趣起来

——杜蕾斯新媒体营销案例

杜蕾斯为全球知名的两性健康品牌，于2010年被利洁时集团收购。利洁时是全球知名的消费品公司，致力于通过提供创新性的产品和解决方案，让人们的生活更健康、家庭更幸福。利洁时集团为伦敦证券交易所上市公司，是伦敦金融时报100指数的成分股，总部设在英国。

位于中国的青岛伦敦杜蕾斯有限公司成立于1998年，是中国首家生产安全套的合资公司，为利洁时集团下属的独资公司，生产和销售世界知名的杜蕾斯品牌旗下的安全套和润滑液产品，专供中国市场，占据30%～40%的市场份额。

杜蕾斯在2011年2月开通新浪官方微博（以下简称“官微”），人称“小杜杜”。在微博用户眼中，小杜杜的微博形象是多种多样的：可以很性感，也可以很幽默；可以很雷人，也可以很智慧；可以很活泼，也可以很感人；可以很媚俗，也可以很高雅……杜蕾斯把官微定位成一个“有一点绅士，有一点坏，懂生活又很会玩的人，就像夜店里的翩翩公子”。

杜蕾斯微博用户众多，潜在消费者数量大。2016年3月3日，微博发布了2015年第四季度及全年财报。财报显示，微博的用户规模、活跃度和收入均实现高速增长。截至第四季度末，微博月活跃用户达到2.36亿，同比增长34%，日活跃用户达到1.06亿，同比增长32%。用户的不断增加表明了消费者也在不断地增加，所以说，杜蕾斯微博营销是一种机智的营销手段。

微博主要用户是17～33岁的青年群体，占了全部移动用户的83%。众所周知，17～33岁的青年荷尔蒙旺盛，是发生性行为的高峰年龄，杜蕾斯选择在微博营销，明显针对这一大群消费者。并且，调查表示，17～24岁年龄段的女性占比相对较高；24岁以后年龄段的男性用户占比相对较高。

微博活跃用户中，性别比例相对均衡。拥有大学以上高等学历的用户是微博的主力用户，占比高达76%。这表明，微博用户大多是知识分子，他们对于性这方面的知识了解得比较多，在他们进行性行为时，对于安全套这方面的需求也会比较大。杜蕾斯的营销方式能够有效地针对消费者，效果会相对地有效。其微博每天发布数量较为恒定，平均下来7～8条，而每条微博很多时候都只是简简单单的一句话、一张图，但是所有内容都是紧跟热点立足于自身品牌进行营销。

2011年6月，北京连续下了几天的暴雨，当天下班时间新闻报道地铁站积水成灾导致路上大堵车。“带你看海，来北京”成了炒得特别热的流行语。23日下午下班时间，雨越下越大，新闻报道地铁站积水关闭以及京城大堵车，这意味着很多人回不了家，同时意味着很多人在微博上消磨时间。杜蕾斯营销团队成员山杏看着窗外和同事杠子闲聊说小心你新买的昂贵球鞋弄脏了，杠子说不怕我有伞等雨小点再回家。山杏反驳道即使天上的雨小了，地上还是有积水啊，不如就用杜蕾斯当鞋套，给你的新鞋子套个套子吧。杜蕾斯内容编辑小宝随即对此表示赞同，恰好团队的摄影爱好者张宇随身带着相机，于是他们咔咔咔拍摄完毕，简单修图。五分钟后图修整完毕，先由杠子的私人账号“地空捣蛋”发出来，看看效果，而后再由“杜蕾斯官方微博”转发。就这样，杜蕾斯可以当鞋套防水的广告创意诞生，网上的转发量、评论数都大大超过预期，成为后来人们津津乐道的雨夜传奇。

可以看到，当时发布不到几小时，转发量已经快达到九万。这对于当时开通微博没多久（杜蕾斯微博开通时间为2011年2月，比杰士邦晚一年）、粉丝量也并不出众的杜蕾斯官微来说，已经是个奇迹。起初这个创意提出来，杜蕾斯官微创造者马向群害怕用这个概念做广告会涉及品牌的形象问题，所以最终执行是通过官微运营团队的成员之一“地空捣蛋”发布。该微博发布两分钟后，已经有一些活跃账号主动转发，扩散速度惊人。5分钟之后，杜蕾斯官微才转发并发表评论“有杜蕾斯回家不湿鞋”。20分钟后“杜蕾斯”登上新浪微博热门榜榜首，且稳稳地占据了当天微博转发量的第一名，比当天雨灾最严重的积水潭和地铁站的排名还高。

值得一提的是，微博中用避孕套套住的鞋子出自凡客，当时凡客迅速反应过来，与杜蕾斯联合推出了原款鞋子和品牌产品避孕套的套餐，通过聚划算进行团购，用支付宝支付购买，使得这个热点又继续有效传播。此后杜蕾斯和凡客确定了长期合作的关系，在2012年七夕，合作推出39元大礼包。

这一点让笔者想到微博营销中相当重要的一点，就是“官微互动”。为了进入对方的粉丝受众圈从而扩大影响力，而与其他的官微互动（除竞争品牌），这使得官微看上去更加人性化，也能更好地制造话题，引发围观。

根据传播链条的统计，杜蕾斯此次微博传播覆盖至少5 000万新浪用户。同时在腾讯微博、搜狐微博的发布，影响人群也在千万以上。此后一周，国内的微博营销业界对此事大加赞赏，《中国日报》（*China Daily*）甚至将这一事件评为最有代表性的社交网络营销案例之一。

在2011年4月12号晚上十点零八分，草根大号“作业本”发布了一条“今晚一点前睡觉的人，怀孕”的微博，大概十分钟后，杜蕾斯官微转发并评论：“没事，有我！”这两条内容的转发量达到七千以上，虽然说转发量和影响力不能与“雨夜传奇”相比，但是在品牌微博运营方面不难发现，杜蕾斯的运营团队相当出色。

在苹果召开2015年春季发布会，正式发布Apple Watch等系列产品后，杜蕾斯又迎来了它借势营销的最佳时机，甚至放话：“能和你形影不离的，才是真正出色的可穿戴设备。”

“VANCL粉丝团”发布一条微博：“韩寒新书《私》中提及送给未来十八岁女儿的一句话——套好安全带，带好安全套。韩少真是语不惊人死不休哇！”杜蕾斯发现后评论并转发道：“所谓安全第一，韩少作为赛车手深谙此道啊。”诙谐风趣简洁明了，巧妙地将品牌诉求点与名人话题结合，引起强烈的共鸣。

可以说杜蕾斯互联网营销做得非常成功，节奏完全把控，对时事热点的了解是一般的运营团队无法企及的，甚至不仅是了解，还要能深评浅议地说道两句，找到热点和产品的关联点，更有针对性，效果也就更好。

在2016年跨年的时候，杜蕾斯官方微博发表了微博：“嗨，陪妞一夜！”与Happy New Year谐音，非常创新，也让人一看，就懂得话里的意思。之后，官微又陆续发出了对新春的祝福，例如笑口常开等祝福语，配有GIF动图，真是想象力丰富，直白易懂。

不少网友在微博下面评论：“论文案，只服杜蕾斯。”“每到节日和重大事件发生，我就先来看看你，我就想看看杜杜你还能写出什么幺蛾子。结果这次你又赢了。”

案例分析

杜蕾斯在数字化营销竞争中较早地感受到了移动互联网带来的改变与价值，每个用户在不同的场景中受它的引导和影响从而选择购买其产品，杜蕾斯从思想上认同和理解移动互联网的这种价值，通过社会化营销可以降低成本，可以转化为更大的用户收益。

杜蕾斯官方微博的定位很明确，要塑造一个有点绅士，有点坏，懂生活又很会玩的夜店翩翩公子形象。但在2011年创建微博初始，杜蕾斯的定位并非像现在这样风趣诙谐，它将自身塑造为一个“宅男”的形象，仅仅将微博当成一个免费的广告平台，发布一些与产品相关的话题。相当于自说自话，反响平平，没什么影响力。在转变了自身定位之后，其内容风格自然而然地就跟着转变，变得诙谐幽默。不论是其努力制造的粉丝互动机制也好，还是发布内容的风格也好，通过案例中的描述不难看出，杜蕾斯正在致力于树立在粉丝心目中幽默、好玩、诙谐而亲近的品牌形象。而这个形象在大多数消费者眼中都是讨喜的。品牌知名度并不能代表着成功，杜蕾斯官博运营团队深谙现在企业需要放下姿态，需要平等真诚地沟通才能“吸粉”的道理。所以塑造一个更加亲近而不做作的形象，培养起独有的“人格魅力”以此巩固粉丝圈、吸引更多的粉丝。

杜蕾斯运营有一支专业的团队来运营，这使得及时的数据分析和粉丝互动反馈得到可能。以上说的所有案例都离不开这样一个专业的团队。杜蕾斯官微创造者马向群曾如此表示道，微博运营的日常叫作“勾搭”。而这所有的“勾搭”都依赖于杜蕾斯大约20人的微博运营团队。团队需要把行业里的所有行家全部建立起关系，把行家“勾搭”成粉丝，并且在日常过程中不断向他们学习，对自己的微博运营进行调整。这种“勾搭”能使得微博账号传播更有效，从而使得品牌在界内界外的影响力得到提升。由于社交媒体最重要的并非权威性，而是关系。杜蕾斯明白关系的重要性，所以能够诚恳热诚地与粉丝建立关系。传播的过程其实是一种对关系的利用，当一个企业，或者说一个品牌加入新媒体，在把握好度的同时，最重要的就是建立一个较为完善的互动方式，才能得到持久的关注，用简单的话来说就是“不掉粉”。

杜蕾斯所有的文案都有浓厚的原创性和创意性，在新媒体平台上更是将这两种性质表现得淋漓尽致。上面提到“不掉粉”，而“不掉粉”的前提是“吸粉”。原创与创意是“吸粉”利器，这两个特点跟杜蕾斯本身品牌的特质脱离不了干系。杜蕾斯在微博上致力于塑造一个夜店翩翩公子的形象，这导致其所有的营销内容都充满诙谐创意感。一般来说，在中国像杜蕾斯这样的产品其实是一种有些敏感的话题，在传播中需要注意许多问题。但是如今新媒体传播盛行，其门槛已经降低很多，这使得新媒体成为杜蕾斯主要的宣传战场。翻阅近期杜蕾斯的微博，可以看到的都是些与当下热点结合紧密的创意营销，比如与6月高考月的结合。事实上，避孕套的受众十分局限，就像卫生巾一样。但是笔者发现，其实杜蕾斯官博的许多粉丝并不是避孕套受众群，但由于其原创的诙谐幽默，加上如今段子盛行，许多粉丝只是为了看段子而关注。这是另一种曝光方式，该品牌很懂得这种私密的产品不能不顾忌公序良俗，所以要在遵从社会道德的同时巧妙营销。这种巧妙也是杜蕾斯和其他竞争品牌相比所具有的很大的不同点。

杜蕾斯运营团队懂得跨品牌合作，这一点和与热点结合其实有异曲同工之妙，同样是靠他物提高曝光度，比如前面提到杜蕾斯“雨夜传奇”案例中与凡客的合作，还有与MINI中国的合作等。很多时候，品牌和企业与公众人物一样，粉丝圈容易被固化，就像喜欢甜美系的男人或许不会喜欢性感系一样。所以笔者认为企业品牌应该学会热点带热点，进而扩大粉丝覆盖。

杜蕾斯策划人金鹏远说过：“现在我们每天每个人平均打开手机的次数是 267 次，我们从早晨起来看看今天天气如何，到晚上睡觉之前看看星云大师布道方法论，绝大多数信息来自于手机。笔者曾经调查过 3 000 多人，平均下来每天每个人会有 100 到 200 个品牌接触，在这个信息爆炸的时代，什么样的品牌才能给我们留下深刻印象呢?”

实现社会化营销的核心之一就是有趣，有趣才能留下深刻印象，有趣才能转化为有效。杜蕾斯在每个对外媒体平台都能准确定位，传达出自己的“有趣”。需要“改变固有观念”，因此把避孕套摆到大家面前来调侃，让微博成为最好的段子分发渠道，段子是用来吸粉的。事实上，编造段子是一种极其容易被模仿以及被厌倦的营销手段，杜蕾斯作为“借势营销”的“段子大神”，创造出众多经典案例，累积足够的固定粉丝群以后，开始考虑像雨后春笋一般出现的微信平台。

案例讨论

1. 你认为杜蕾斯以上系列营销创意最大的亮点在哪里？你在第一眼看到这个创意时，是否很快就被吸引？当时有什么样的感觉？
2. 请分析“论文案，我只服杜蕾斯”的微博营销策略？
3. 杜蕾斯的营销创意为什么很多企业没有做到？

行业访谈

广告行业经历和对新媒体产业的看法

受访者：赵海东，现任广州市光明在播广告有限公司设计总监，曾任奥美、麦肯光明、蓝色创意等知名广告公司美术指导。毕业于广州美术学院，拥有 15 年以上广告行业设计经验。参与过许多百万项目的他，具备成熟出色的企业项目 VI 设计、公关技巧。此外，他还给予设计师们有益的指导和适当的设计空间。

导入：赵总监，您好，感谢您在百忙之中参与这次访谈。很高兴能够与您聊聊您的广告行业经历以及您对随着高科技发展而产生的新媒体产业（特别在设计方面）的看法。

赵海东（以下简称“赵”）：大家互相交流，很好。借此机会，我也想多了解一下你们“90 后”——未来广告人对于广告行业的一些看法。

问题 1：在我眼中，广告人都特别具有个性或者说他们的故事看上去较一般人更多、更复杂。假如要您用一个简单的词去概括自己，您会选哪一个？

赵：爱新鲜。我是一个爱新鲜的人，我乐于尝试新手机、新衣服、新发型等。同时，广告也是一个爱新鲜的行业，我们需要挖掘新内容、新形式等。不太确定是行业选择了我，还是我选择了行业。All in all，爱新鲜是我的个人标签。

问题2：新事物的确具有吸引人的魅力，特别是新设计，有很多VI设计不仅美丽而且具有商业价值和使用价值。在您做过的设计或者带领设计师参与过的设计项目中，有没有十分满意的？

赵：设计能够“出街”，我们都应该感到十分满意。首先，我们应该肯定自己的作品，毕竟自己为此付出过精力和汗水。假如连自己都不满意的作品怎么可以轻易交给客户？其次，客户能够赞同设计并不是简单的事，一个设计能够变成现实是需要客户和我们进行多次磨合和修改的。

问题3：一些设计师和客户感到满意的广告设计投入到市场，却并非有很多消费者理解广告人的辛勤劳动，相反，消费者对于一些广告设计还是很排斥。我在想现在的广告设计会不会有忽视从消费者角度创作的嫌疑？

赵：关于这个问题，我们要从不同分类的两种广告形式考虑。

第一是政府机关项目。这时不需要去考虑消费者，谁出钱谁就有话语权，这类型的项目客户便是我们的衣食父母，只要谈拢，客户对我们的创作满意，就能够达成任务。

第二是商业活动项目。这种类型的项目，虽然是客户需要推广，但直接接触到广告的是消费者。而这类型的项目，我们无法避免地可能轻视了消费者的利益。一些项目时间紧迫，可能晚上赶稿早上就必须交给客户。在设计的时候甚至不会有时间做消费者调查，这是行业通病。特别是有经验的设计师，会根据以往案例和参与过的项目素材拼合，在短时间做出符合客户又“出得街”的广告。

问题4：您在这行沉浸了这么久，有什么经验可以分享给想成为设计师的新手吗？您认为一个成功的VI设计师应该具备什么素质？

赵：执行力与创造力。在未入行前，请收集齐所有的装备。也就是说，作为广告设计师，最基本的是执行力。一张设计稿要在短时间内设计出来，软件的使用、搜索的技巧等是最基本的。这些基本技术只能够适用于入门阶段，所谓提升，也就是创造力。仅仅会使用PS、3D MAX、Al、CDR这些软件是远远不够的，客户的要求不仅仅是一张平面图或一个展览3D图，还会看你的审美，你的创意，平时应该多翻阅设计类书籍，多浏览素材网站，参考其他4A公司的设计，应尤其注意的一点是手绘。

说起素质，我认为，如今大多设计师都能够短时间制作出精良的作品，但是设计绝非设计师一人单枪匹马就能完成的，举凡和客户讨论、反复开会并拟定企划、运用电子邮件和网络交换意见及资料、让大家检视设计方案、与印刷厂和制版厂说明问题等。因此，团队合作和注重细节是一名成功VI设计师应该具备的重要素质。

问题5：随着技术的拓展，越来越多的平面设计师转而投入到VI、网络交互设计等一些新媒体设计行业当中，对于新媒体设计您怎么看呢？会对现在我们公司的传统广告设计有影响吗？

赵：新媒体设计是近几年走红的，它的影响还是见仁见智，广告推广中的确开始有部分利用新媒体广告设计，可事实上在全部类型的广告设计中并没占很大比重。传统的广告设计（如宣传物料、企业系统标识等）仍然有很大的客户群，传统硬广、项目VI设计依然是不可或缺的。新媒体设计在如今广州还未完全成熟，正在发展中，很多客户也不会为此冒险。我们公司作为传统的广告公司在这，在新媒体设计这块接触不太多。我相信网络广告公司在这方面的运用会更多一些。

此外，新媒体技术加入到我们公司这种展会广告设计中会增加成本。新媒体设计有它独特的魅力。但考虑到现实状况，特别是如今经济不比以往，客户的广告预算会比往年减少。因此，即使新媒体设计有它的吸引力但仍然是举步维艰或者是能够发挥的可能性还是很小。

问题6：在中小企业博览会、论坛、晚宴等设计项目中，其实如果经费充裕可以在展会中增加互动元素的设计，让来宾可以通过点击屏幕了解展会信息，不必用呆板的平面设计。假如在经费允许的情况下，公司企业项目的VI设计会运用哪种新媒体设计？

赵：这个提议挺好的，果然创意什么时候都不缺，缺的是预算。我们在一些展会中的确融入了一些新媒体设计的元素，如此前的南国书香节书房博览会上，我们研究过开幕式加设一个触碰球与LED互动展示屏幕。可是后来由于经费问题，LED互动屏被腰斩了，只剩下触碰球。在这里有必要强调一下，如今很多人都狭义理解了新媒体设计，以为仅仅是电商或者网络营销所弄的Flash类设计，其实新媒体设计很广泛，甚至有很多国外公司如DDB、MCKimey等，会用新型科学装置或者Arduino来进行广告推广。

问题7：我对新媒体还是有一定的了解，我很喜欢DDB为公益企业设计的一个交互网站。这个项目的总监说过："好创意只要有空间去发挥，品牌商就会信任我们。"您认为是哪方面的困难，如没有发挥的空间、缺乏品牌商的信任等，使得新媒体设计对于我们公司这类传统广告公司还不太广泛应用呢？

赵：我认为这几方面的困难都有，但是从传统媒体到新媒体之间需要有时间上的过渡，我们无法那么快跟上世界的脚步，只能一步一步向前走。现在Flash类交互设计在广州早已发展起来，同时有些大项目在北京、上海等地进行，特别是大型装置类的新媒体设计广告推广或者街旁APP类那种已经有试点项目。广州这边的设备和条件还有客户的需要都要结合我们的实际情况应用，不能因为它很有趣、很符合审美就要去应用，却忽视了传统广告还具有一批固定客户群。

问题8：那么，在您看来，传统广告设计和新媒体设计之间应该是何种关系？新媒体能不能代替传统媒体呢？

赵：传统广告设计可以通过新媒体加强它本身的表现力，达到更好的推广效果。而新媒体设计也依然需要借鉴传统媒体的一些审美。因此我认为，传统广告设计与新媒体设计是可以共存并互相影响的。代替这很难说，或者说传统广告设计会转化为新形式再出现在公众的视线中。由于新媒体设计范围很广泛，涉及面甚至超过了广告本身，它横跨科学、艺术等领域。广告利用新媒体技术不仅为新媒体提供资金的来源，更重要的是新媒体的性质非常符合如今消费者的口味，使得广告推广能够一击即中所销售的目标消费群，同时由于涉及新技术，甚至可以达到精确监控。

问题9：每当项目来临，加班、通宵简直是家常便饭，压力大。您如何看待这个问题呢？广告人应该如何去释放压力？

赵：广告人压力大很正常，对此我表示无奈。

从客户方施加的压力产生了条件限制的连锁反应。一层一层的工作压下来，底层的广告人是最不好受的。我也是过来人，当然明白设计师的苦楚，往往一天被逼得要求交出几种方案。

还有工作效率的问题。广告人的工作时间安排确实非常有问题，早上公司没有项目要完成可能很闲，什么事情也不用去管，而到了下班，客户确定了方案等，工作就随之而来。

此外还有设计师的执着。例如以前，我还是设计师的时候，往往对自己要求很高，做不到满意的设计稿，我是绝对不下班的。正所谓专业坚持，才换取今天的成就。因此，广告人所承受的压力不可小觑。

释放压力方面，有很多选择。我首选旅游，每年的假期，和驴友一起去新疆、西藏等地旅游。旅游除了可以让人放松心情，体验到不同的民族文化，还可以让人忘却工作中的烦恼。

7 广告媒体

广告活动与传播密切相关，而传播活动是通过媒体来实现的，所以广告要达到预期的效果，就要通过媒体传递信息来实现。简言之，在广告活动中，媒体的角色就是以成本效率确定恰当的人在恰当的地点和时间看到恰当的广告。因此，广告媒体战略是广告活动的一个重要方面，广告发布者要充分发挥各种广告媒体的传播优势，及时、准确、巧妙地把有关信息传递给目标消费者。

7.1 媒体和广告媒体

7.1.1 媒体概述

媒体一词源于英文的“media”，是指一系列传播工具，如电视、报纸、杂志等。换言之，就是指具有一系列相似特性的传播工具。

从传播学角度来看，媒体通常是指传达、扩大、延长人类信息的物质形式。媒体是人用来传递与获取信息的工具、渠道、载体、中介或技术手段，也可以理解为从事信息的采集、加工制作和传播的组织，即传播机构。

1. 媒体的基本特性

（1）实体性。作为实体性的媒介，它有质地、形状、重量，并且可见、可触、可感，是具体的、真实的、有形的物质，故也就有磨损、消耗和锈蚀。在大众传播中，报纸、广播、电视、网络都是用于传播的实体。

（2）中介性。媒体的中介性特征，一是指它的居间性，即它居于传播者与受传者之间；二是指它的桥梁性，即传受两者通过它交流信息、产生联系。

（3）负载性。负载符号既是传播媒介的特征，也是传播媒介存在的前提和必须完成的使命，如纸张、收音机、电视机、电脑就分别负载了报纸、广播、电视、网络的信息或内容。

（4）还原性。作为中介的传播媒介，它决定了其在传播过程中所负载符号的原声、原形、原样，而不应对负载符号作扭曲、变形、嫁接处理。

（5）扩张性。媒介不仅可以“穿针引线”使传受两者产生关系，还可以将一个人的思想、感情和所见所闻扩张开来为更多人所共享，从而实现大众范围内的传播。

2. 媒体的功能

任何事物都具有两面性，媒体功能也具有一分为二的特点，即正功能和负功能，具体内容如图 7－1 所示。

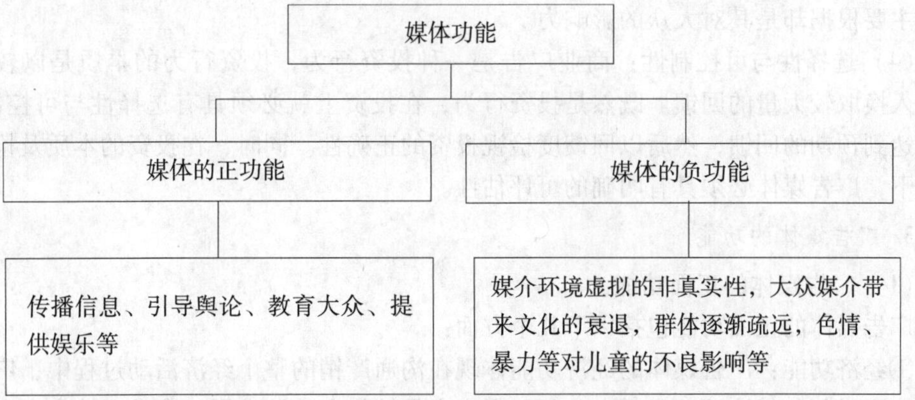

图 7－1 媒体的功能

7.1.2 广告媒体概述

1. 广告媒体的基本概念

根据上述对媒体的阐述，可以对广告媒体作一个大致的概述：

（1）广告媒体是有形的物体；

（2）广告媒体是人们在比较方便的条件下就能看得见的有形物体；

（3）广告媒体是广告信息的载体，对广告信息进行承载、扩张和传输，同时也是广告传播的中心环节，在广告传播过程中不可或缺；

（4）广告媒体是沟通广告主、广告发布者、广告经营者、广告受众以及广告环境的桥梁；

（5）广告媒体可以是一件承载物品（如一页传单），也可以是某一种（类）甚至是全部广告媒体的总和；

（6）广告媒体只是广告信息的载运物体，而不是发布、拥有或者经营这些广告信息载体的机构或组织，就好比说它是一张报纸，不是一个报社；

（7）广告媒体是广告信息的有偿载体；

（8）广告媒体是人的劳动的产物，只有在人的作用和控制下才能发挥效用。

因此，广告媒体是指广告主以传达商业情报为目的，向显在以及潜在的消费者传达广告作品相关信息所使用的具体的、收费的媒介手段。

2. 广告媒体的特性

广告媒体的特性有以下内容：

（1）动态性：广告媒体是动态的，永远处在变化之中。随着科学技术的进步，广告媒体日益丰富，并正朝着电子化、现代化和艺术空间化的方向发展。

（2）广泛性：现代工业的大量生产，导致营销地域的扩大，因而使为营销服务的媒体也必须面对大众进行传播，因此商业广告涉及的媒体往往指的是大众媒体。

（3）有偿性：广告媒体的另一个特性为商业性，所谓商业性是指媒体以广告收入为主要盈利来源，所以具有付费特性。媒体的角色与功能当然不仅是盈利，然而媒体定价的主要根据却是其对大众的影响力。

（4）选择性与可控制性：商业广告是一种投资行为，投资行为的本质是以较少量的投入换取较大量的回馈。既然是投资行为，在投资上就必须具有选择性与可控制性，以求达到预期的回馈，然后以回馈度检视投资的正确性。同时，在投资的本质及检视的需要下，广告媒体必须具有明确的可评估性。

3. 广告媒体的功能

（1）广告媒体的正面功能。

广告媒体的正面功能包括以下几个方面：

①经济功能：广告媒体的经济功能体现在沟通产销的整个经济活动过程中，广告的信息流通时刻与经济活动联系在一起，促进产品销售和经济发展，有助于社会生产与商品流通的良性循环，加速商品流通和资金周转，提高社会生产活动的效率，为社会创造更多的财富。它能够有效地塑造企业的品牌形象，促进产品的销售和大众的消费，同时又能指导生产，对企业发展有不可估量的作用。

②消费者功能：对消费者而言，消费者通过广告媒体可了解到广告的基本信息，即了解到更多的产品信息，此即为认知性功能；受众通过了解广告信息从而有选择地接触、购买广告产品，进而引导自己的消费行为和生活方式，即为广告媒体的引导性功能。

③社会文化营造功能：广告以各种媒体形式交相辉映，美化了市容环境，优化了城市形象，使城市充满了现代化气息。在营造广告外部环境的同时，广告媒体也给消费者营造了一个广告心理环境。绚烂多彩的广告形式和内容给人以艺术上的享受，创造了前所未有的广告文化氛围。

（2）广告媒体的负面效应。

当然，我们也不可忽视广告所带来的负面影响。由于受社会各种复杂因素的制约，广告媒体也产生了诸多不足之处，主要存在着以下局限性（见表7－1）。

表7－1　广告媒体的局限性

从广告主、广告媒体的选择运作策略来看	他们在选择广告刊播时，一般只从自身效益和广告主利益出发，较少甚至没有考虑到受众的心理感受和实际利益关系
从广告媒体的广告内容来看	某些广告主为了获得更大的经济利益，故意发布虚假广告、传播不健康的广告信息
从广告媒体的文化观念来看	低格调的广告易污染整个社会文化环境
从广告媒体的广告效果来看	容易导致物欲主义的过度膨胀

7.2 广告媒体的分类

广告媒体类别划分的主要意义在于各媒体类别因不同的传播方式而有不同的传播特性及功能，在媒体运用上亦因不同目的而有不同选择，同时因传播特性的差异，在传播效果上也将有所不同。

广告媒体可以分成很多类。以下（表7-2）是日本广告学学者清水公一将诸多研究者的分类标准与方法进行整合后，提出的一个相对完备的广告媒体分类框架。

表7-2 不同形态的广告媒体分类

大分类	中分类	小分类
大众传播四媒体	印刷媒体	报纸、杂志
	电子媒体	广播、电视
其他媒体	地点媒体	户外广告、交通广告、电影、幻灯
	直接媒体	直邮广告、报纸夹页广告、其他直接广告
	POP 媒体	POP 广告
	特殊媒体	赠品广告
	其他媒体	其他

（资料来源：清水公一．广告理论与战略．北京：北京大学出版社，2005：134.）

接下来我们将从大众传播媒体、小众传播媒体和新媒体三个方面阐述各种类型的广告媒体。

7.2.1 大众传播媒体

大众传播媒体主要是指报纸、杂志、广播、电视、电影、互联网等媒体。特别是前四种，是广告传播活动中最常用的媒体，通常被称为四大广告媒体。

1. 报纸

报纸是传统的四大传播媒体之一，它综合运用文字、图像等印刷符号，定期、连续地向公众传递新闻、时事评论等信息，同时传播知识，提供娱乐或生活服务信息。

2012年排名前50位的报纸见表7-3。

表 7-3　2012 年报纸媒体广告投放花费排名前 50 名

排名	媒体列表	花费占比	排名	媒体列表	花费占比	排名	媒体列表	花费占比
1	南方都市报	2.56%	18	都市快报	1.21%	35	重庆时报	0.85%
2	广州日报	2.50%	19	大连晚报	1.19%	36	北京娱乐信报	0.85%
3	扬子晚报	2.40%	20	半岛都市报	1.18%	37	大河报	0.85%
4	新京报	2.36%	21	现代快报	1.17%	38	潇湘晨报	0.84%
5	北京青年报	2.17%	22	新民晚报	1.15%	39	新快报	0.84%
6	京华时报	1.89%	23	重庆商报	1.15%	40	华商晨报	0.83%
7	新闻晨报	1.86%	24	金陵晚报	1.15%	41	生活新报	0.83%
8	齐鲁晚报	1.71%	25	钱江晚报	1.09%	42	羊城晚报	0.82%
9	成都商报	1.50%	26	半岛晨报	1.05%	43	重庆晚报	0.80%
10	华商报	1.49%	27	新晚报	1.04%	44	海峡都市报	0.77%
11	今晚报	1.44%	28	深圳特区报	1.04%	45	新闻晚报	0.77%
12	每日新报	1.40%	29	辽沈晚报	1.02%	46	北京晨报	0.77%
13	楚天都市报	1.38%	30	合肥晚报	1.02%	47	东方早报	0.75%
14	春城晚报	1.33%	31	法制晚报	1.02%	48	青岛早报	0.75%
15	重庆晨报	1.27%	32	贵阳晚报	0.93%	49	江南都市报	0.75%
16	华西都市报	1.25%	33	北京晚报	0.89%	50	都市时报	0.71%
17	精品购物指南	1.25%	34	新安晚报	0.86%			

（资料来源：梅花网）

（1）报纸广告媒体的基本特性（见表 7-4）。

表 7-4　报纸广告媒体的基本特性

报纸是一种纯平面、趋于理性的广告媒体	版面载体，以文字传播为主，报道新闻，发挥评论诉说的功能，引导读者的意识观念和舆论方向。
报纸是一种主动选择性强的广告媒体	读者可以根据自己的兴趣爱好和需要对不同的报纸、版面和内容进行筛选，根据自己的知识能力对报纸信息进行解读。
报纸是一种比较经济、廉价的广告媒体	制作成本比较低廉，其采编、纸张、印刷等费用比电波广告媒体的节目制作成本要低得多。
报纸是一种可信度高的广告媒体	在大众媒体中，报纸发展的历史最为悠久且最成熟。"白纸黑字"的观念历来受到人们的关注，报纸的这一独特优势使它具有较高的权威性和可信度。
报纸广告传播的时效性短、注目率低	报纸以新闻报道为主，在读者阅读完后便失去了价值，再次阅读的机会也极其渺茫。假如广告在当天没有引起读者注意，很可能就再也不会被留意到了，因此报纸广告的时效性短，一般来说，其广告生命周期只有 12 个小时。报纸内容以刊发新闻为主，广告在报纸中不可能占有突出位置。读者在筛选信息的时候往往是先阅读新闻报道等内容，然后才浏览广告信息，加之报纸又是以多条信息在同一版面进行编辑排版，使得广告的干扰度高、注目率低。

(2) 报纸广告媒体的特征。

经过二十多年的快速发展，报纸广告媒体在内容和形式上都得到了进一步发展，从广告学角度看，主要呈现出以下几个特征，如图 7-2 所示。

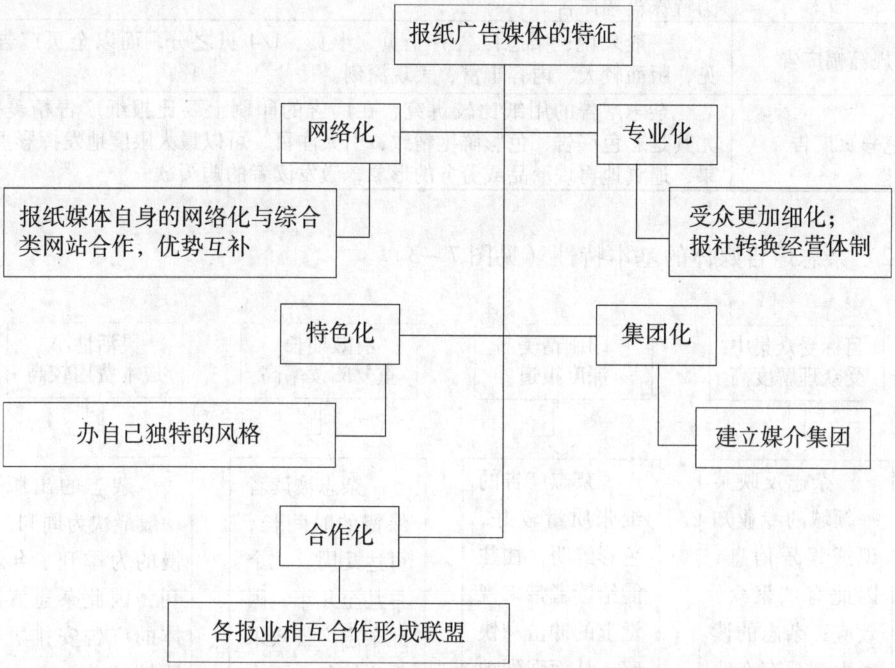

图 7-2 报纸广告媒体的特征

(3) 报纸广告媒体的优劣势（见表 7-5）。

表 7-5 报纸广告媒体的优劣势

优势	劣势
市场覆盖范围广	生命周期短
选择性购物	干扰度高
消费者态度积极	产品类型限制
灵活性强	再版印刷质量差
全国和地区间的互动	

2. 杂志

杂志，又称期刊，是一种以固定的时间周期发行的，刊登某一门类的知识性或娱乐性文章、图片等供读者研究或消遣的小册子形式的平面印刷读物。

(1) 杂志广告媒体的类型（见表 7-6）。

表 7-6　杂志广告媒体的类型

杂志广告媒体类型	特点
特殊篇幅广告	扉页和封底广告的费用通常是最贵的；封二、封三广告费依次降低；内页广告相对便宜。其他根据各杂志之不同而设定特定位置的彩版广告均称为特殊篇幅广告。
常规篇幅广告	一般来说，杂志广告有全页、半页、1/4 页之分，而以全页广告为多见，版面较大、内容丰富、表现深刻。
色彩页广告	杂志广告的用纸比较讲究，在广告的印刷上要比报纸广告精美得多，尤其是彩色广告，色彩鲜艳精致，引人注目，可以最大限度地发挥彩页的效果，逼真地再现商品或劳务的形象，激发读者的购买欲。

（2）杂志广告媒体的基本特性（见图 7-3）。

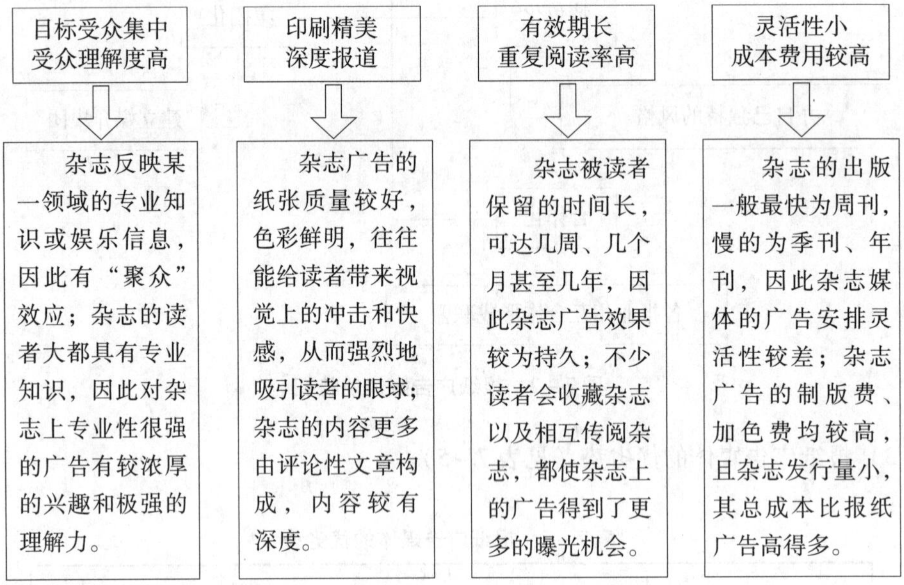

图 7-3　杂志广告媒体的基本特性

（3）杂志广告媒体的优劣势（见表 7-7）。

表 7-7　杂志广告媒体的优劣势

优势	劣势
目标受众明确	有限的灵活性
受众接纳性高	缺乏及时性
生命周期长	成本高
版式富于创造性	递送不方便
视觉效果好	
具有销售促进作用	

3. 广播

广播媒体依靠无线电波或导线传播诉诸人的听觉，重视语言、音响、音乐的结合，用声音承载信息。广播媒体作为世界上最早的电子媒体，在其黄金时期发挥了核心媒体的作用。当电视媒体兴起后，广播媒体成功转型为一种贴身的伴随媒体，成为一种不可替代的媒体。

单位：百万元

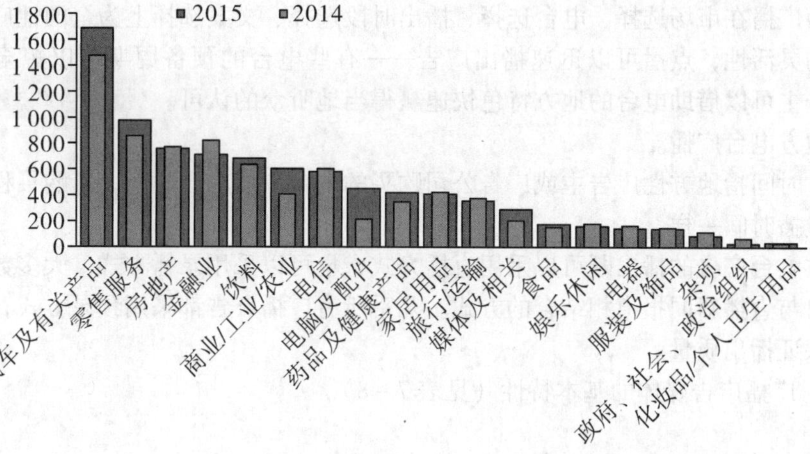

图 7-4 2014 年上半年、2015 年上半年的广播媒体投放类别排名

单位：万元

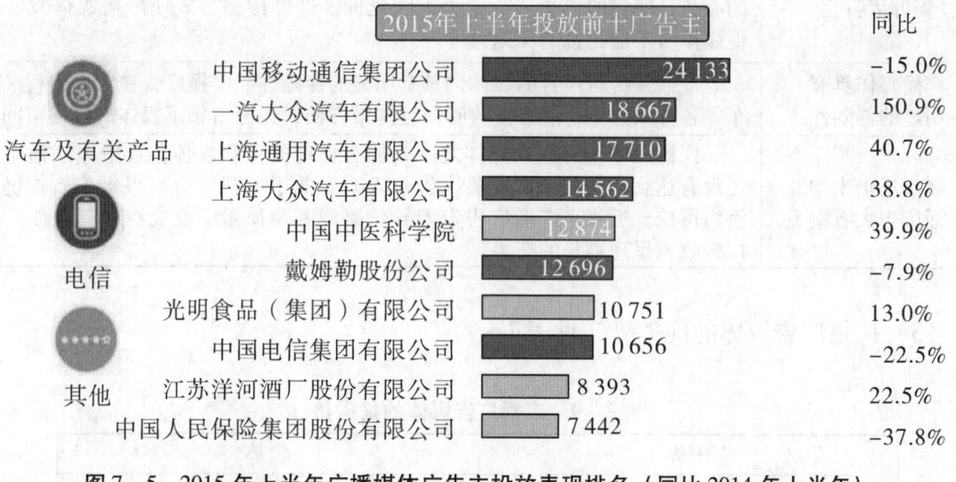

图 7-5 2015 年上半年广播媒体广告主投放表现排名（同比 2014 年上半年）

（数据来源：尼尔森网联 AIS 媒体广告监测）

（1）广播广告媒体的类型。

从广告主的角度看，广播媒体可以分为联播、点播和地方电台广播三类。

①联播。

广告主可以订购某一全国性广播网联播电台的时间，在同一时间向全国市场传播自己的信息。

广播网只能为全国性广告主和区域性广告主提供简单的管理，电台的纯成本效益较低。广播网的缺点包括无法灵活地选择联播电台、广播网名单上的电台数量有限以及订购广告时间所需的预备期较长。

②点播。

点播广播在市场选择、电台选择、播出时段选择、文案选择上为全国性广告主提供了更大的灵活性，点播可以迅速播出广告——有些电台的预备周期可以短至 20 分钟，并且广告主可以借助电台的地方特色快速赢得当地听众的认可。

③地方电台广播。

地方时间指地方性广告主或广告公司购买的电台点播广告时间，其购买程序与购买全国性点播时间一样。

地方电台广告的播出既可以采用直播方式，也可以采用录播方式。大多数电台采用录播节目与直播新闻报道相结合的方式。几乎所有广播广告都采用预录方式，以求降低成本，保证播出质量。

（2）广播广告媒体的基本特性（见表 7－8）。

表 7－8　广播广告媒体的基本特性

广播广告纯粹诉诸听觉	广播广告单纯通过听觉唤起受众的相关记忆和想象，形成其对事物立体画面的动态感知。富有表现力的、声情并茂的广播广告作品能撩拨受众的心弦，使美的感受从听觉上无限延伸。这种传播方式使广播媒体具有其他媒体所不能比拟的深邃意境。
广播媒体具有明显的伴随性	广播是传送声音的媒体，具有明显的伴随性。广播广告在人们出行、乘车等各种状态下皆能方便收听，且携带方便，充分占领了媒体的流动空间。
广播市场仍未饱和广播广告大有潜力	广播媒体作为大众媒体之一，拥有稳定的受众媒体，且中国广播市场还没有达到饱和状态，广播广告收入明显低于电视广告与报纸广告，仍有潜力可挖。近年来广播广告走差异化路线和高质量、低成本的趋向使广播广告收入呈现增长的态势。

（3）广播广告媒体的优劣势（见表 7－9）。

表 7－9　广播广告媒体的优劣势

优势	劣势
受众明确	易被疏忽
灵活性强	缺乏视觉
费用较低	干扰多
想象空间大	时间安排和购买的难度较大
接收程度高	缺乏控制

4. 电视

随着20世纪最重大发明之一——电视的出现，电视广告媒体开始走进人们的生活。电视是第一位的主流媒体，是多功能的大众传播媒介。电视广告凭借电视媒体巨大的影响力，已成为广告行业的主力军。

（1）电视广告媒体的类型（见表7－10）。

表7－10　电视广告媒体的类型

类型		特点
时段广告		相对比较固定，根据不同电视台的不同规定，分为A段、B段、黄金时段等，如A段为19：00—20：00，在这个时间段播出的广告就叫作时段广告
栏目广告		在电视栏目内播出的广告，是目前电视广告的一种常规形式，广告主根据产品的特点选择电视台某个电视栏目，在节目中播出自己企业的广告
特殊广告	电视广告片	时长一般为30秒或60秒，但15秒更为常见，且价格相当于30秒的85%
	标版	通常为了体现企业形象的画面和广告语，企业多数会选择电视黄金时段的标版，时间较短，一般为5秒甚至更短
	赞助广告	一般在片头、片尾注上某企业赞助字样，该类广告价格昂贵，赞助形式有赞助电视晚会、赞助体育比赛直播、赞助电视剧拍摄等
	冠名广告	用企业的名称或产品品牌命名某热门栏目，具有一定的排他性，“特约播出”也属于栏目冠名广告，是企业常用的赞助形式之一
	购物广告	对产品功能进行介绍和演示，出现产品价格并提供热线电话供消费者电话订购，电视直销广告就属于这一类，另有一类侧重展示产品形象
	贴片广告	在栏目标版出现后播出，固定地“贴”在电视连续剧的片头、片尾或片中插播
	字幕广告	播放正常节目时，在屏幕下方打一行滚动的字幕，即时播放产品促销信息

（2）电视广告媒体的基本特性（见图7－6）。

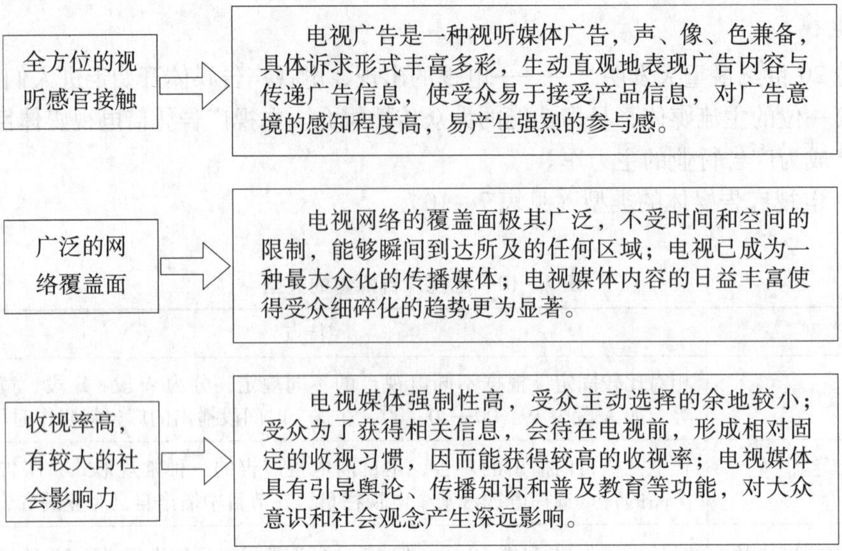

图 7－6　电视广告媒体的基本特性

（3）电视广告媒体的功能（见图 7－7）。

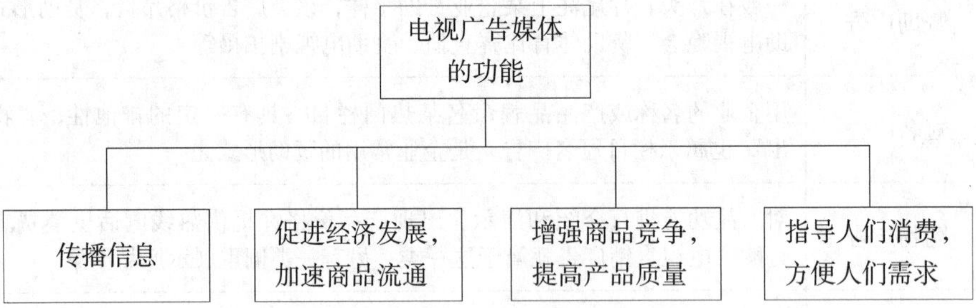

图 7－7　电视广告媒体的功能

（4）电视广告媒体的优劣势（见表 7－11）。

表 7－11　电视广告媒体的优劣势

优势	劣势
成本效用高	费用较高
冲击力大	干扰多
影响面广	对观众没有选择性

7.2.2　小众传播媒体

1. 户外广告媒体

户外广告媒体，又称 OD 广告（Out-door Advertising）。随着科技的进步，户外广告媒体不断得到补充发展，许多新的电子信息技术转换成户外广告媒体，为社会经济的发展作了不少贡献。

户外广告媒体的概念有狭义和广义之分。狭义的户外广告媒体，是指传统的户外媒体，如路牌、招贴、霓虹灯、灯箱、民墙等，以及在此基础上发展而来的空中广告媒体，如飞艇、热气球、降落伞、烟雾等，或者其他立体模型、雕塑等（见表 7－12）。一切设置于户外的用于传递广告信息的媒介均称为户外广告媒体。广义上的户外广告媒体还包括交通工具内、写字楼内、候车室内、候机室内、加油站里的招贴、灯箱、电子翻转广告牌及电视屏幕墙等。虽然这些媒介放置或悬置在相对封闭或半封闭的空间内，但从宏观角度来讲，仍属于户外媒体。

表 7－12　户外广告媒体的分类

电子类	电视墙、电子快播板（Q 板）、电视显示屏（LED）、DAV 广告车
绘制类	招贴、条幅、路牌、墙体
空中类	烟雾、激光、气球、飞艇、降落伞、火箭
其他	赛场、雕塑、自动售卖机、立体充气模型

（资料来源：严学军，汪涛．广告策划与管理．北京：高等教育出版社，2001. 229）

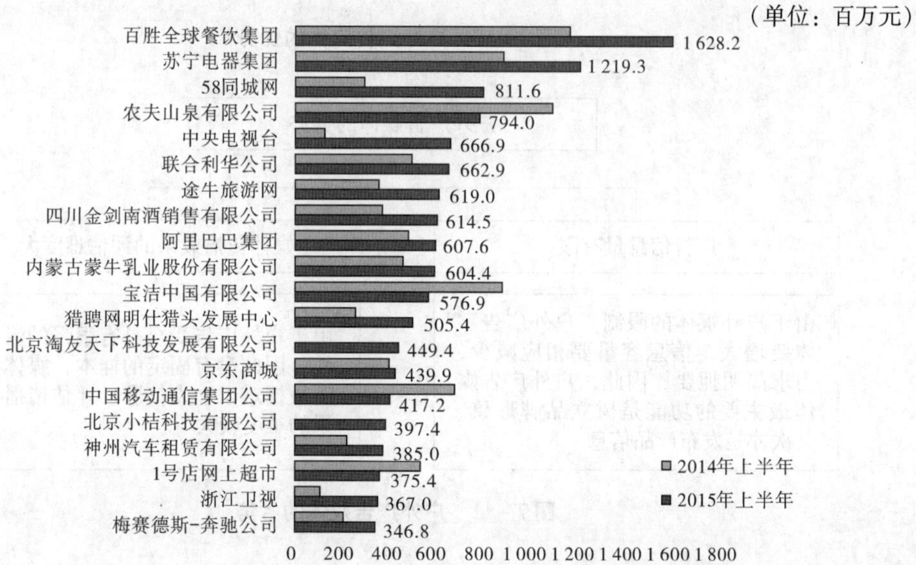

图 7－8　2014 年上半年、2015 年上半年户外媒体广告投放企业排名

（数据来源：CODC）

（1）户外广告媒体的广告功能（见图7－9）。

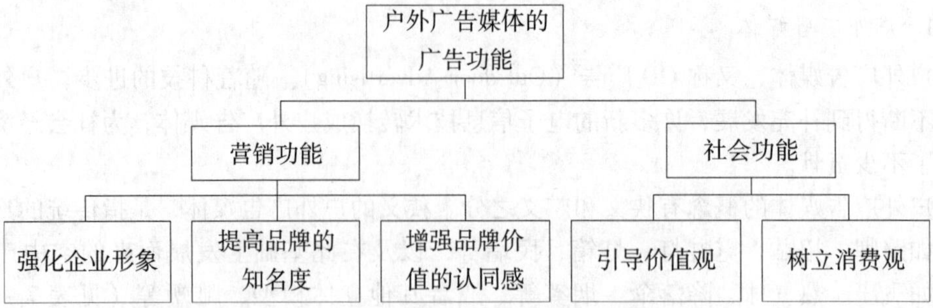

图7－9　户外广告媒体的广告功能

（2）户外广告媒体的优劣势（见图7－10和图7－11）。

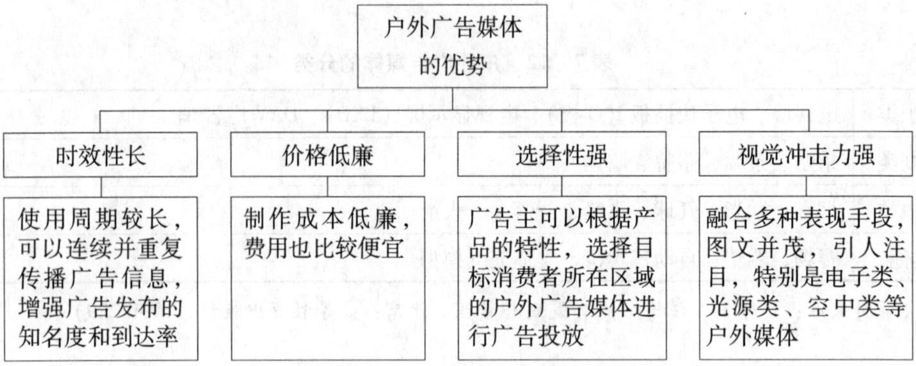

图7－10　户外广告媒体的优势

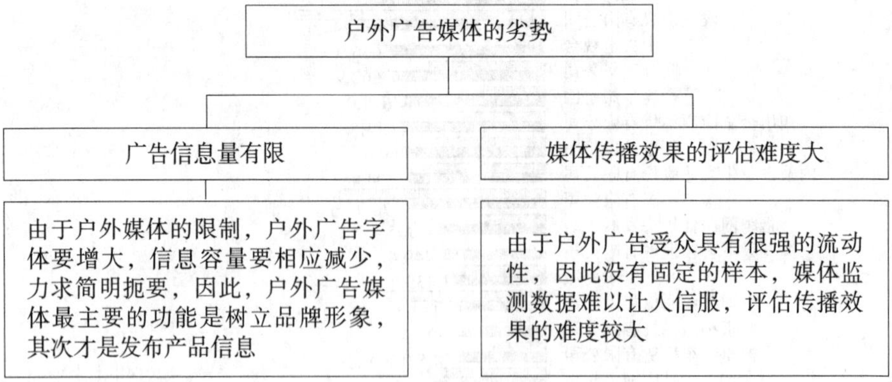

图7－11　户外广告媒体的劣势

2. 交通广告媒体

交通广告（Transit Advertising）媒体被称为最大的户外移动媒体，是指以公共汽车、出租车、地铁、飞机等各种交通工具以及候车亭、站台等相关区域作为广告发布载具的媒体。

相对于其他传统媒体，移动交通广告主要发布在城市的人群聚集地，可针对性地靠近特定场所，具有明显的地理选择性和流动性。交通广告具有高接触频次、高到达率的特点，是较为经济的广告形式之一。交通工具内形成相对单调的密闭环境，使其承载的广告信息具有比其他媒体更强的主动选择性和重复阅读性。

交通广告媒体的类型主要有：

(1) 公交广告媒体。

①车身广告：广告发布面积大且清晰，多面立体地展示广告信息。

②车内广告：包括吊环广告、车厢插片广告、座椅靠背广告、公交电视、公交杂志等。

③候车亭广告：日夜可见，靠近终端受众，传播效果强且时效性佳。

(2) 地铁广告媒体。

①灯箱看板类：包括走廊、站台灯箱看板位置、扶梯旁灯箱看板、站台连套灯箱看板、保洁箱灯箱、滚动灯箱等形式。

②贴画类广告：发布在地铁进站口到站台的通道墙面、地面、立柱、检票口、座椅，以及地铁车窗、车门等位置，其大小与形式不受限制。

③其他类别：TVM 影像隧道、实物、模型广告、互动广告等。

(3) 其他交通广告媒体。

①飞机广告媒体：飞机冠名、外部机身广告、登机牌、机票封套、座椅头巾、餐桌板、航空杂志等形式。

②出租车广告媒体：置于车顶灯或车尾等位置，流动性强，广告范围广，覆盖不同类型场所。

3. 焦点广告媒体

焦点广告（Point of Purchase，POP）是一种在销售点（商场、售货亭、流动售货车等）发布的广告形式（如店内悬挂物、橱窗和柜台的设计、商品陈列、商店的招聘、门面装潢等），它通过音乐、色彩、造型、文字、图案等手段，向受众强调产品具有的特征和优点，被喻为“第二推销员”。

(1) 焦点广告媒体的基本特性。

①创造即时购买与消费的气氛，以促成现场的最终交易。

②内容简洁明快，最大限度地引人注目和激发受众的兴趣；表现形式组合巧妙，手法简明新颖。

③广告发布与商品销售计划紧密结合，可以及时适应商品促销活动的变化。

(2) 焦点广告的类型。

①手绘广告：以手工绘写，告知受众最新消息，灵活、多变、即时，适应销售服务现场，多属于短期广告。

②POP 包装：经济有效，利用商品包装盒盖或盒身部分进行特定结构设计，可开启或悬挂展示具有突出商品信息的促销广告。

③货架广告：通过现场广告方式凸显商品，引人注意，易激发人们的购买冲动。

④橱窗广告：在商场临街或商店内橱窗中，配合典型的商品陈列展示所进行的图片、文字、灯光烘托等手段来推销宣传。

⑤悬挂广告：利用空中的空间悬挂附有商品信息的吊旗、吊牌、彩条广告等，传达商品与服务信息，增强销售与消费气氛。

⑥离子电视广告：高频次地播放广告，当顾客浏览商品或犹豫不决的时候，适时地说明商品内容、特征、优点等，激发顾客兴趣，并担当售货员的角色。

4. 直邮广告媒体

直邮广告（Direct Mail），指通过邮局把宣传品寄给广告宣传对象的广告形式，包括商品目录、产品说明书、广告函件、传单、折页、小册子等。直邮广告是超市运用非常广泛的一种广告宣传手段，也是地产业、金融业和汽车业组合式推广方案中重要的组成部分。

（1）直邮广告的分类及形式。

直邮广告主要可分为三类：印刷品、电子目录和实物。从形式上看，直邮广告具有多样性，包括信件、图表、产品目录、折页、名片、订货单、日历、挂历、明信片、宣传册、折价券、家庭杂志、传单、请柬、销售手册、公司指南、立体卡片、小包装实物、e-mail 广告、QQ 广告等。

（2）直邮广告媒体的基本特性（见图 7－12）。

选择性和针对性强	⇨	比任何广告形式都更能精确地定位客户群，发送针对性的信息
承载广告信息量大	⇨	包含大篇幅的信息，可以详细全面地传递商品与服务信息
发布形式灵活	⇨	广告主可以根据需要自行选择广告版面、色彩、信息量、数量、发布时间的长短及发布的范围等，不受过多的限制
制作、发布费用低廉	⇨	设计、印刷、邮寄费用低廉，可大大降低广告成本

图 7－12　直邮广告媒体的基本特性

5. 其他广告媒体

（1）礼品广告媒体。

礼品广告是在礼品上标明广告主的主要销售信息（如地址、名称、电话等）后，免费赠送给顾客的广告形式。礼品广告大致可归为三类：广告赠品、广告日历和商业赠品。

①广告赠品：广告主将公司及品牌的名称印刷在钥匙扣、圆珠笔、T 恤衫、打火机等物品上赠送给顾客。

②广告日历：广告主将企业主要信息印制在日历上赠送给顾客，可以长期宣传企业、产品或品牌名称，树立企业形象。

③商业赠品：广告主为了开拓销售业务而向与产品销售有关的人员赠送的礼品，其价值一般高于广告赠品。

（2）黄页广告媒体。

黄页是国际通用的按企业性质和产品类别编排的工商电话号码簿，相当于一个城市或地区的工商企业的户口本。黄页广告将广告信息印制在黄页上面并随同黄页到达受众手中。黄页广告具有以下几个特点（见图7－13）：

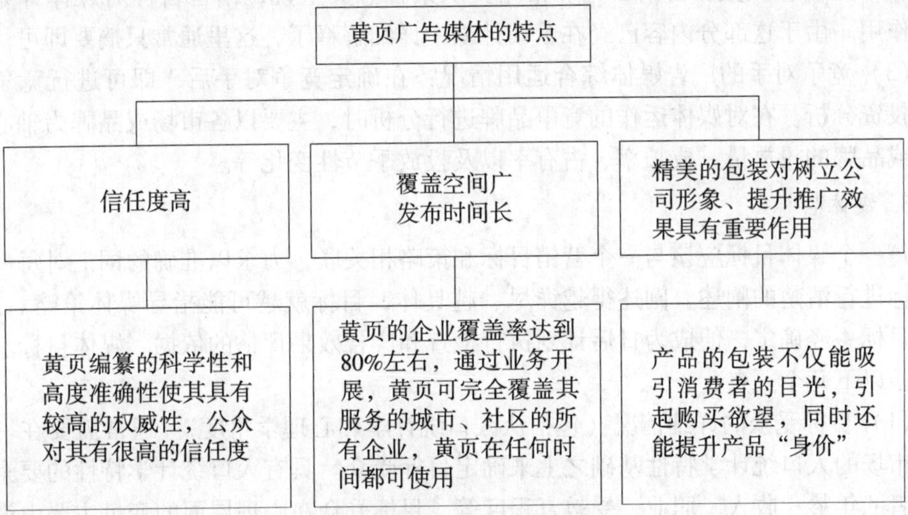

图7－13　黄页广告媒体的特点

7.3　广告媒体计划

广告媒体计划是为了建立品牌所采取的媒体细节行为中的一种重要的沟通方式。良好的广告媒体计划有助于客户快速而准确地执行媒体策略。

7.3.1　媒体计划书的组成要素及编写流程

一份全面周详的媒体计划书应包含哪些信息？这些不同种类的信息又分别在哪些方面起作用？这些是媒体计划人员在撰写媒体计划书前应考虑到并熟练把握的内容。下面是一份典型的媒体计划书。

1. 标题、概要和目录

这部分作为广告媒体计划书的开端，是对全盘计划的一个概述，扼要介绍媒体计划的总体构想，并作出简要评述，可使执行人员对要采取的行动进行快速浏览，以便了解此计划的全部内容。

2. 背景与环境分析

广告媒体计划的背景和环境因素应包括企业面对的市场状况、竞争环境，企业的特长及不利因素以及各种媒体在广告活动中的占有率等。对于一个媒体计划者来说，若想制订出一个完整、可行的媒体计划，就必须对构成上述环境内容的背景进行分析、研究。一般来说，它包括以下几个方面的内容：

（1）市场形势和产品的历史及现状：包括市场规模、成长趋势及品牌占有率，产品的生命周期，产品在何时、为什么发生变化以及这些变化对于每一个竞争品牌的影响等。

（2）与媒体相关的营销目标和策略：从某种意义上说，销售目标对媒体计划起到控制作用。由于这部分内容已经在营销计划中详细解释了，这里通常只摘要即可。

（3）竞争对手的广告媒体综合运用情况：在确定竞争对手后，即可进行竞争品牌媒体投资分析。在对媒体运作的竞争品牌进行分析时，主要以各市场或品牌为轴心分析市场或品牌的投放量、成长率、占有率以及投放季节性变化等。

3. 媒体目标

每一个媒体目标应该与一个营销目标和策略相关联，力求以准确的词汇对每一个媒体目标进行清楚的阐述。阐述得越详尽、越具体，目标就越可能指导媒体策略。此外，媒体目标一经确定，便成为日后计划执行检查和广告效果评估的依据。媒体目标至少应该包括以下几个要点：

（1）目标受众的详细情况（包括从人口统计学和心理学角度）。通常需要在一个或多个市场的人口统计学特性基础之上来确定目标受众。具有人口统计学特性的要素包括消费者的年龄、收入、职业、受教育程度等。目标受众在心理层面的变量主要由消费者的价值观、生活态度及个人兴趣构成。

（2）需要的到达率、有效到达率和频次。从本质上讲，媒体计划所需的到达率和频次更多地建立在判断和经验的基础之上。

（3）需要的可持续性以及可持续的方式。

（4）有特殊需要的区域比重。区域比重是对一个或多个具有可变性销售潜力的市场加以特别考虑。

（5）如果需要的话，媒体的商业特性也需描述。在媒体类别选择上，主要是根据品牌广告活动的需求去选择符合要求特性的媒体。因此，在为品牌广告选定媒体前有必要先对各类媒体特性加以描述。

（6）可以利用的预算和其使用上的限制。可根据不同方法制订媒体预算及其分配方案。

（7）所需的灵活性。

（8）必须支持促销的媒体水平。

（9）创造性策略定义。

4. 媒体策略

媒体目标和媒体策略的不同之处在于，媒体目标是关联到营销和策略的目标，而媒体策略是履行这些目标的行为。履行一项目标通常有许多可供选择的策略，而每个策略应与一个或多个媒体目标相关联。所以，有时媒体计划者需要制定两种或两种以上可供选择的策略，并说明其中一种为何优于另外两种。媒体策略至少应该包括以下内容：

（1）媒体类别选择（如报纸、杂志、电视或网络等）。

（2）分配到预算的地理区域的策略以及必须使用的区域比重需求。

（3）媒体类别的预算分配（实际费用和占媒体预算的百分比）。

（4）一年中月与季度的预算分配。

（5）一年中月与季度预期的到达率与频次水平。

（6）首要和次要目标市场的范围。

（7）策略目标受众的比重。

（8）使用媒体范围的详细情况。

（9）使用、选择或安排媒体的标准（对于排期的需要）。

必要时，计划者应撰写每一项媒体策略的基本原理，向阅读者解释为何选用这项策略，并说明它明显优于其他策略的原因；说明该媒体策略与竞争者策略的关系；对于重点品牌的特殊强调等。

5. 媒体计划细节和说明

媒体计划细节和说明如图 7－14 所示。

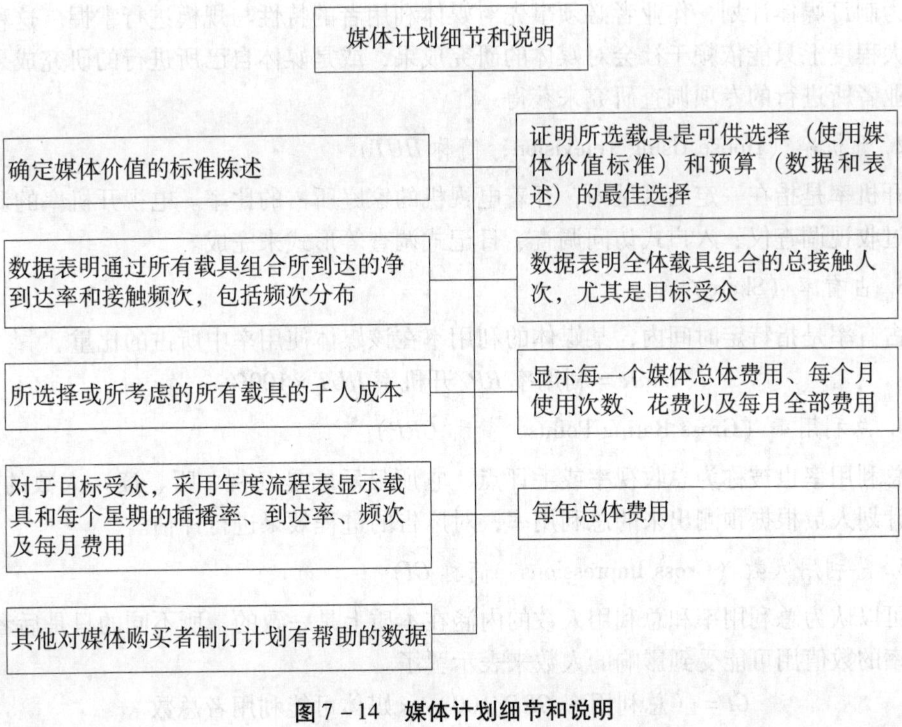

图 7－14　媒体计划细节和说明

6. 媒体流程表

媒体流程表以图表和注释的形式表现，使计划者在很小的空间内表达媒体计划中的所有主要行动。流程表最重要的目的是使所涉及的每个人——计划者、媒体购买者以及客户都有对全部行动计划进行细致观察的机会。媒体流程表以简单明了的方式表明了整年媒体购买的流程，所以应易于理解且不可忽略任何要点。

7. 总结

最后，必须对撰写好的媒体计划书进行检查并总结，内容应包括以下几个方面：

（1）计划怎样被组织好，如何能更轻易地得到所需的信息。

（2）标题和抬头是否相配合，是否有关于页数的表格。

（3）所有数据表格是否都能正确表明数据的作用。

（4）对重点的营销目标和策略是否进行了评论。

（5）计划书在逻辑推理方面是否存在不足。

7.3.2 媒体计划中常用的基本概念

1. 利用率（Rating Points，简称 *RP*）

它反映的是某一特定媒体所具有的目标利用者的规模。

$$RP = 利用者数 / 该媒体可能利用者人数 \times 100\%$$

为制订媒体计划，作业者必须事先对媒体利用者的特性与规模进行掌握。这种掌握在很大程度上只能依赖于社会对媒体的研究成果，或是媒体自己所进行的研究成果，加上作业者所进行的专项调查研究来获得。

2. 开机率（House Using Television，简称 *HUT*）

开机率是指在一定的区域内，开着电视机的家庭所占的比率。电视开机率的调查通常通过收视调查仪、入户式访问调查、日记式调查等形式来完成。

3. 占有率（Share）

占有率是指特定时间内，某媒体的利用率在该媒体使用率中所占的比重。

$$Share = 利用率\ RP / 开机率\ HUT \times 100\%$$

4. 总利用率（Gross Rating Points，简称 *GRP*）

总利用率也被称为总收视率或毛评点，它所显示的是（视、听、读）人数的规模。媒体计划人员根据预测出来的总利用率，对广告的进程效果进行评估。

5. 总利用人数（Gross Impressions，简称 *GI*）

可以认为总利用率和总利用人数的内涵在本质上是一致的，所不同的只是后者把总利用率的数值用可能受到影响的人数来表示罢了。

$$GI = (总利用率\ GRP/100) \times 媒体可能利用者总数$$

6. 每千人成本（Cost Per Mille，简称 *CPM*）

每千人成本是指一个媒体或一个媒体计划每传递 1 000 人或家庭所需的成本。媒体计划者为了将不同的计划进行比较，必须有对某一具体媒体和它的广告进程进行效益测定的尺度。这时每千人成本就成了这个尺度中较为有用的一项。

$$CPM = \text{成本}/\text{总利用人数}\ GI$$

以总利用人数为基础算出的每千人成本，不受广告推出进程、规模的影响，因此对于不同规模的广告，只要是基于总利用人数而得出的数据，均可进行比较。

7. 到达率（Reach Points，简称 *RP*）

到达率所反映的是传递出去的广告信息与它所传达的对象在多大程度上实现了接触。到达率以广告目标对象人数的百分比来表示，因此也可以理解为广告到达范围的表现形式。

$$\text{到达率}\ RP = \text{总利用率}\ GRP - \text{重复率}$$

8. 平均到达次数（Frequency，简称 *F*）

它指的是目标消费者对同一广告接触的平均次数。

$$F = \text{总利用率}\ GRP/\text{到达率}\ RP$$

9. 有效到达次数（Effective Frequency，简称 *EF*）

从对目标受众、广告信息、商品特性等的分析中可以发现，对于广大的广告受众而言，接受广告信息存在着一个能产生效果的最低程度，这就是有效到达次数。这对于媒体计划者来说是一个必备的常识。

10. 有效到达率（Effective Target Reach，简称 *ETR*）

有效到达率是指在某一期间内，在规定的接触频次水平，一个媒体计划所触达的人口群的数量或百分比。

7.3.3　广告媒体计划的执行

在广告信息的传播中，好的媒体计划还有赖于科学合理的执行。媒体计划对广告执行加以确定，并指明对媒体时间、空间的购买。作为一种确定的广告信息发布和媒体购买决定，它的具体执行包括媒体的购买、谈判以及执行过程中的检测等内容。科学合理的执行源于对媒体排期的深入了解，即对广告信息发布的具体媒体、时段、版式、频次、价格等各项具体的有形因素的准确把握。在此基础上，执行人员才能通过媒体购买达成既定的广告目标和广告策略。

1. 媒体排期方式

广告媒体计划中常常按照相应的广告排期方式来安排媒体的购买。主要的广告排期方式有以下四种：

（1）持续排期法。按照广告策划要求，在整个广告运作过程中自始至终均匀地安排广告。假设前提是产品市场在不断扩大，消费者购买商品比较频繁或者该产品属于某种短缺性的、有限的产品。

（2）交叉排期法。在一个较长的广告周期内，根据广告规模和媒体传播情况，将不同规模的广告相互交叉播出。采取这种方式可以通过不同规格的广告形成互补性冲击，同时，也相应地降低了广告的播出成本。

（3）集中排期法。在一个较长的广告运作周期，对特定媒体的广告发布只集中在一个相对较短的时期内，以期达到良好的广告效果。使用前提是在这一时期通过集中广告轰炸形成突破性的市场影响。

（4）间歇排期法。在一个相当长的广告周期中，广告的连续性不是通过不间断曝光来实现的，而是在连续性发布的过程之中，有规律地采取某种间歇行为来强化广告效果。这种方法是连续式广告的折中运用，既避免了持续高强度广告发布所造成的浪费和对受众所形成的过度信息重复，又可以保持广告的连续性，有益于广告信息传播效果的充分发挥。

2. 媒体的购买

规范的广告媒体购买一般通过广告代理公司进行，即广告主委托广告代理公司代其向媒体订购广告单位并负责广告刊播及监测。在广告媒体购买过程中，广告主应根据产品的需要以及目标市场的特点采取不同的购买策略。

（1）充分发挥媒体广告效益，巧妙运用非黄金时段资源。

媒体时空的差异，导致了媒体广告单位价格的不同。一般认为，黄金时段具有较高的收视率和受众关注程度，在该时段投放广告的效果也相应较高。但如果涉及具体的产品，则要根据媒体节目安排和受众特性加以分析，有时也能达到甚至超过黄金时段所产生的广告效果。

（2）注意集中购买的优势。

广告公司在进行媒体购买时应尽可能争取集中购买，它不仅有费用上的优惠，还能获取付费上的灵活性。现在虽然大多数媒体都已制定了固定的价格标准，但实际上媒体的广告收费标准并不是一成不变的。媒体购买人员在与媒体进行谈判时，要参考当时以及相当一个时期的广告供需情况。当要投放的广告数量较大时，媒体给予优惠是必然的。

（3）特约广告和贴片广告。

特约广告是对某一媒体栏目前后广告实行特别购买，或者随着一类节目进行播出。随着媒体协作中对电视节目资源的共同运用以及节目制作中经营机制的引入，一种固定的贴片广告也十分普及。这种广告通常是随着某一节目的交流在不同地区的不同媒体上进行播出。作为一种特别约定，贴片广告是与电视节目合为一体的。这种广告成本相对较低，对于那些要求高曝光率、产品营销空间较大、又有统一广告规划的公司比较有利。

3. 媒体的监测

广告在媒体投放以后便进入了对媒体的监测阶段。媒体购买人员需要通过对媒体刊播质量、广告投放数量、目标受众情况、媒体投放目标实现程度等各项指标进行调查与研究，以此分析媒体战略及媒体计划的实施情况并对其不足进行弥补和应急处理，以确保广告预期目标的实现。

经典案例导读

借助新媒体和 AR 翅膀，让公益广告传播得更远

若问近几年最火热的媒体是什么，大家会异口同声回答是新媒体。科技的发展与普及无疑为新媒体的飞速发展提供了强有力的硬件条件。而这其中，最炙手可热的便是近年来在国外引起大量关注的新媒体——AR（Augmented Reality），也就是增强现实。

什么是增强现实？所谓增强现实，是利用计算机生成的一种逼真的具有视、听、触、力和动等感觉的虚拟环境，它通过各种传感设备使用户“进入”到该虚拟环境中，实现用户和环境直接的自然交互。它是一种全新的人机交互技术，是以交互性和构想为基本特征的高级计算机人机界面。

什么是新媒体？新媒体是相对于传统媒体而言的，是在电视、报刊、广播等传统媒体之后发展起来的新的媒体形态，它利用数字技术、网络技术以及移动技术，通过互联网、无线通信网和有线网络等渠道以及手机、电脑、数字电视机等终端，向用户们提供信息和娱乐的传播形式和媒体形态。

就公益广告而言，越来越多的公益广告开始利用新媒体进行传播，公益广告借用各种新型媒介，把传统广告内容融入其中，更好地向公众准确传达公益主题，让大量受众从中受益，达到很好的公益成效。就其所借用的新媒介来说，主要有以下几大类：

(1) 通过新型信息交流平台进行传播；

(2) 以企业品牌为代表的公益广告网络视频传播模式；

(3) 以移动媒体为媒介的传播模式；

(4) 以电子杂志、视频交互平台、网页首页为传播媒介的公益平面广告；

(5) 利用计算机生成逼真的视、听、触、力和动等感觉的虚拟环境。

在国外，AR 在近几年的公益活动中的应用越来越广泛。到底 AR 是一项怎么样的技术，它会对我们广告营销行业的未来产生怎么样的作用呢？下面我们通过几个案例，来研究 AR 在公益活动中的传播作用，以及分析 AR 这一新媒体对于未来广告行业的影响。

百事可乐伦敦巴士站广告牌与增强现实结合。百事可乐利用现代 AR 技术，在伦敦巴士站的广告牌上进行投影，等巴士的路人通过广告牌可以看到许多现实中不可思议的东西，以此来呼应百事可乐“unbelievable”的主题。

巴士站采用的 AR 技术有哪些效果？透过影像处理技术把虚拟 3D 和现实影像融合在一起，让真实环境和虚拟世界实时叠加到同一个画面或空间，产生有趣的交互性，同时能使信息立体化、动态化。乘客无聊地坐在巴士站台等待公共汽车，一切都和往常一样，但是似乎又有不同寻常的地方。

美国国家地理学会（National Geographic Society）是世界上最大的非营利性组织和教育机构之一，成立于 1888 年，以“增进并普及地理知识”为宗旨，学会资助了对世界最远的角落的探索，同时还发行了数百种获奖的出版物，包括它的旗舰出版物《国

家地理》杂志。

美国国家地理学会在一个商场举办了一场别开生面的互动公益活动，利用AR技术创造出一个虚拟的动物世界，人们透过显示屏如同身处动物世界一般，而且还可以与这些虚拟场景、虚拟动物互动交流，给了人们“与动物亲密接触”这样一个特别的全新的互动体验。美国国家地理学会的工作人员在大型商场里面安装了一个投影装置，人站立在该投影装置前，该装置就会将人投影在里面，同时里面会出现各类自然景观、动物等。

在墙壁的装置显示屏里，突然蹦出几只秀颌龙，大家赶紧和小家伙互动起来，秀颌龙生活在大约15 000万年前的欧洲地区。通过各种传感设备使远古动物进入现代人类生活中，通过AR增强技术实现用户和环境直接进入自然交互。

小恐龙离开后，庞然大物——雷克斯霸王龙出现在我们的视野中。它生活在700万到655万年前的北美洲地区。和其他霸王龙一样，雷克斯霸王龙是一种两足食肉动物，它巨大的头颅恰好与又长又重的尾巴相平衡。

WWF（世界自然基金会，World Wide Fund For Nature）是在全球享有盛誉的、最大的独立性非政府环境保护组织之一，自1961年成立以来，WWF一直致力于环保事业，在全世界拥有将近520万支持者和一个在100多个国家活跃着的网站。WWF使用增强现实技术，当消费者购买老虎T恤并试穿时，在店面的特殊显示屏前或者网上下载的应用程序面前，便会发生被射杀的血腥场景，该活动旨在提醒人们保护濒临灭绝的老虎，呼吁人们不要猎杀老虎。

Village杂志公益项目“死亡启示录”：Village是一家墨西哥的本地杂志，致力于城市生活，包括交通问题、环境问题等。Village制作了一个APP，结合AR技术和交通信息数据库，当用户拿起手机在马路上扫描的时候，可以看到当前路况发生了多少车祸，有多少人因此去世。而在后续的活动上，他们利用QR二维码，在马路上模拟事故现场，然后利用二维码，用户可以看到当前现场的一些详细信息。这个公益项目“死亡启示录”旨在通过提高人们的交通安全意识，提高人们对交通事故的关注。

日本iButterfly捕捉优惠券：日本电通将各色优惠券变身为一只只翩翩飞舞在城市各个角度的虚拟蝴蝶，用户下载iButterfly APP，便可以利用手机摄像头进行捕捉。根据各个地区的特色，蝴蝶的种类也有所不同，同时可以达到帮助服务、餐饮行业进行有趣宣传的目的。该项目正是将APP、AR技术、LBS有机结合，使客户既能够得到实惠，又可以得到良好的、有趣的游戏体验。

由于这个应用获得了巨大的成功，因此电通公司还将它开发成一款社交应用程序iButterfly Plus，用户可以在这个应用中养花，花朵盛开之后，会吸引蝴蝶过来驻足，那么用户就可以抓取蝴蝶（优惠券）。同时，用户可以利用这个程序和其他好友交换蝴蝶，收集到特定的蝴蝶就可以获得更大的奖励。简而言之，优惠券变成了促使消费者行动的利益点，比如用户需要到特定的地点签到或是购买商家的某个商品，才可以为花朵施肥、使花朵成长，以吸引更多的蝴蝶（优惠券）。借助这个社交应用，可以玩的东西真的有很多。

案例分析

21 世纪对于传媒业来说是一个充满机遇与挑战的时代，新媒体形式空前拓展，极具前瞻视野的革新者们试图打破传统守旧的信息传播模式。

新媒体凭借数字科技使得公益广告的设计形式有了广阔的拓展及延伸空间，利用新媒体交互品格特性引导受众交流互动参与其中，能切实唤起观众的共鸣，满足受众对于信息接收及反馈的需求。新媒体时代的到来不仅满足了人们对于信息交互的心理需求，拉近了人与广告的距离，更为公益广告的交互性设计提供了创新性依据。

在近年来的一些公益活动或公益营销中，我们可以看到 AR 非常活跃。在美国国家地理学会的虚拟动物世界的案例中，AR 成为人们与虚拟动物亲密接触的一种工具。由于 AR 当前还是一种比较新奇、有趣、高科技的新技术，因此能够很容易地吸引人们的眼球，引起大家的关注。而且 AR 本身的互动性也使人们更加愿意、乐意参与到公益活动之中，使得活动影响力更大，公益目标更容易达成。

伦敦巴士站的百事可乐广告完全不同于在中国播放的百事可乐广告，没有明星代言，没有大大的特写，甚至没有喝可乐这个动作，但是却比以往的广告方式更让人印象深刻。

广告也没有像以往一样在传统的电视里面大张旗鼓、轰炸式地传播，而是利用 AR 技术，这是由网络的发展而衍生的。这种技术给人带来的新鲜感，完全符合百事可乐系列“难以置信”的产品理念。

百事可乐广告利用 AR 技术可以进行互动的明显特征，把自己和虚拟的画面、显示的场景结合起来。观众不再是被动地收看广告，还能参与到广告设置里面，这是一种形式上的创新。

广告中的人开始都被吓一跳，看着看着就觉得很惊奇，产生“究竟是什么原因”的疑问，从而去屏幕后面看看有什么东西，然后在后面看到了百事可乐的图标，就会恍然这是百事可乐设置的。这种通过游玩来获得答案，以及百事可乐的图标完美地出现在视频里，远胜一个硬性的产品介绍。

交互性设计立足于新媒体交互品格，运用虚拟与现实交替等独特的沉浸式体验以及人机交互、创意植入的设计方式，实现视、听、触觉以及其他感官信息的呈现与交互，为公益广告的未来创造了无限可能。

WWF 增强实景互动装置“老虎 T 恤”则是 AR 在公益活动中的一个创新应用。在该活动中，AR 技术不仅带给用户新的体验，而且该互动装置脱离了地理或者设备的局限，用户除了可以在店面互动外，还可以上网体验，使得该公益活动的影响力更大、更持久。同时活动本身还利用了 AR 的虚拟性，通过对血腥场景的模拟再现，使用户们看到老虎被猎杀时的场景，以达到呼吁人们保护濒临灭绝的老虎的目的。

除了在公益活动中的投放应用，AR 技术在公益营销中也大有发展空间。公益营销，并不是一个全新的概念，在国外早已有人使用。公益营销就是以关心人的生存发展以及社会进步为出发点，通过与非营利性的公益组织合作，充分利用其权威性、公益性的资源，搭建一个能让消费者认同的营销平台，进而促进市场销售的一种非常有效的营销模式。非营利组织的资源往往都是能够让公众广泛认同和信任的，正因为他们的权威性可以被更为广泛的消费者接受，而且他们的公益性又能够得到国家各级主管部门的支持，因此利用他们的资源来推动产品销售，这种推动力是不可估量的。

新媒体公益广告交互性设计顺应时代的发展，其传播理念以及方式也逐渐转向多元化，创意维度也由单一转向多维，传播面更加生动广泛且有效互动，预示着交互性设计将成为未来公益广告设计的主流方向。

公益营销的优势主要有：提高品牌形象、提高企业经济效益、拉近与消费者的关系以及提高社会效益。Village 杂志的公益项目“死亡启示录”正是公益营销优势的一个体现。在“死亡启示录”这个公益项目中，APP 和 AR 的优势得到最大化的结合和利用，用户只需下载这样的一个 APP，便能够通过 AR 技术体验到“死亡启示录”带给用户的危机意识，进而达到提高用户交通安全意识的公益目的，而 Village 杂志也通过这样的一个公益项目获得了一定的知名度及社会效益，在公众心目中树立起一个关注社会的公益形象。

日本 iButterfly 捕捉优惠券的活动是 AR 的一个颇有趣味性及吸引力的应用。该项目是 APP、AR、LBS 的完美结合，在使用户得到实惠的同时，又得到良好的游戏体验，同时也带给用户不一般的社交体验。在这个活动中，AR 借助计算机图形技术和可视化技术制作出现实环境中不存在的虚拟对象，并且通过传感技术以及 LBS 的定位服务将虚拟对象准确“放置”在真实环境中，借助智能手机等显示设备将虚拟对象与真实环境融为一体，呈现给用户一个真实感官效果的新环境。

AR 技术不仅在公益活动方面，而且也将给未来的广告行业带来一次巨大的技术冲击。“互动性”日益成为广告营销的制胜关键，而参与度与互动性极高的 AR 技术的革新，使这种互动犹如《阿凡达》3D 电影一般的真实、直接，能够极大地调动广大受众的参与积极性。AR 技术的出现与应用为互动营销行业的发展带来了巨大影响，它创造了全新的用户体验，使用户在一种轻松活跃的互动环境中与品牌或产品产生零距离的接触。AR 技术凭借其灵活性、交互性以及它所带来的高关注、高参与和传播速度快等优势，无疑将在未来成为互动广告、互动营销的一大热点，无论在公益活动还是在商业活动中，都为受众带来全新的感官上的冲击，为广告主制造出前所未有的巨大效益。

案例讨论

1. 商业性公益广告与纯商业性广告有何不同？
2. 增强现实技术给公益广告的发展带来了怎样的机遇？
3. 案例中百事可乐的广告创意与一般碳酸饮料的广告创意有什么异同？

8 广告效果评估

广告是一种付费的营销传播活动，所以其必须要具有将广告主的信息有效传递给目标受众并最终促使其达成购买行为的功能，因此在广告活动中，广告效果的评估既是最后一环，也是极其重要的一环。

8.1 广告效果概述

8.1.1 广告效果的含义

广告效果就是指广告信息经由媒体向大众传播之后，对社会的各个方面以及个人的心理和行动所造成的即时的或者长期的综合影响（见图 8－1）。

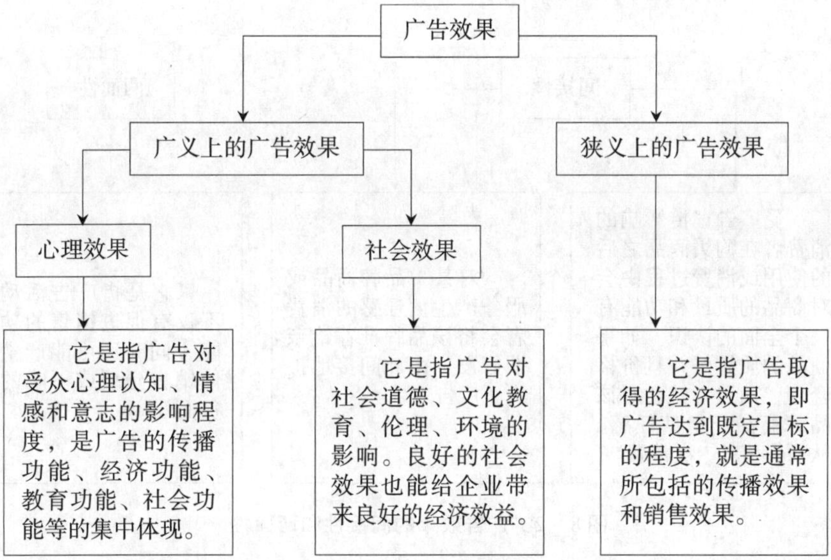

图 8－1　广告效果

8.1.2 广告效果的特征

由于广告的营销传播性质，加之媒体传播、受众心理、市场经济规律等对其的影响，广告效果具有以下几个基本特征。

1. 复合性

（1）广告信息传播方式具有复合性。现代媒体形式的多样性，极大地丰富了广告信息的传播形态，广告主在进行广告运作时很少会只选择一种媒体进行广告投放，因此，某一时期的广告效果也就成为多种媒体共同作用的结果。

（2）广告效果同时也受到企业其他营销策略和市场竞争环境的影响，广告只有与其他各个要素紧密配合才能取得最终的效果。

2. 迟效性

广告对消费者的影响程度具有迟效性，即广告效果往往不是立竿见影的。有些受众对广告的反应快一些，有的则慢一些；广告对目标受众的影响可能是连贯的、继起的，也可能是间断的、迟效的。

3. 累积性

广告活动是一个持续的、动态的过程，受众最终所接受的信息是经过多次广告宣传累积的结果。大多数的广告效果不是一次、一时或者一种信息和媒体作用的结果，而是广告信息的多次重复，造成累计效果的体现。

4. 间接性和两面性

广告效果的间接性和两面性如图 8－2 所示。

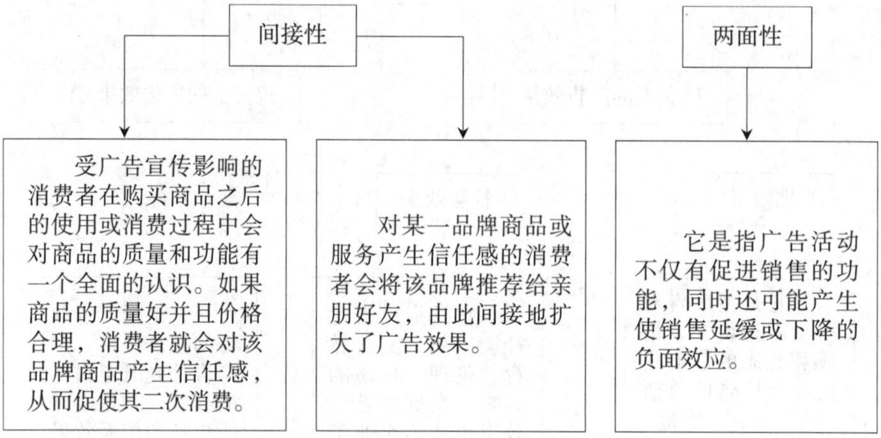

图 8－2　广告效果的间接性和两面性

5. 竞争性

广告的竞争性是指广告主向受众推介自己的产品以求达到取代竞争性产品的目的。

如果广告的诉求点选择、目标人群定位、广告媒体投放以及排期都能准确高效的话，广告的竞争性就强，对受众的影响力就大，就有助于树立企业良好的形象。如果仅仅将广告看作向消费者传递信息的活动，而忽视市场经济条件下企业之间竞争激烈的现实，对广告的制作与投放没有给予充分的重视，那么广告目标往往难以实现。同时，由于同类广告之间存在竞争，彼此之间的广告效果必然会被削弱。

8.1.3　广告效果的分类

广义的广告效果是十分广泛的，根据不同的角度有不同的分类，大致有以下几类。

1. 从广告效果发生作用的范围角度划分

从宏观角度看，由于广告既是一种经济活动，又是一种针对公众的信息传播活动，所以它既会产生经济效果，也会产生社会效果。

（1）广告的经济效果。

广告的经济效果，指的是广告对商品生产、流通、消费等社会经济活动各个环节所具有的促进与推动作用。表现为：

①广告在企业的产品、价格、渠道定位都正确的情况下，是有助于提高消费者的整体需求水平的，同时广告推介新产品时也发挥了重要作用，这些产品需求量的上升也会对国家的 GDP 产生影响。

②广告在商业活动衰退时，可以发挥平抑作用。许多企业在衰退期反倒增加广告费，希望通过这种努力摆脱经济颓势。有调查显示，这些在衰退期仍然保持广告投入的企业后来都比那些砍掉了广告投入的企业运行得更好。

③广告刺激了竞争，进而促使企业努力生产出更好的产品，采用更加高效的生产方式，最终使整个经济受益。

（2）广告的社会效果。

广告的社会效果，指的是广告对价值观、社会伦理、道德等精神文化生活方面所产生的影响。广告所倡导的消费观念、道德规范、文化意识等都会产生一定的社会影响。同时广告还有助于建立品牌的象征性价值和社会价值，从而影响消费者对价值的感觉。

象征性价值（Symbolic Value）是指产品或服务在消费者心目中所产生的非字面含义，例如，耐克和阿迪达斯这类品牌服装就象征着某些消费者的自我信念；人们通过使用和展示可以表明阶层归属的产品来表示自己的社会地位。

2. 从广告效果的表现形式角度划分

广告效果在微观层面可以表现为传播效果、销售效果和心理效果三个方面（见图8－3）。

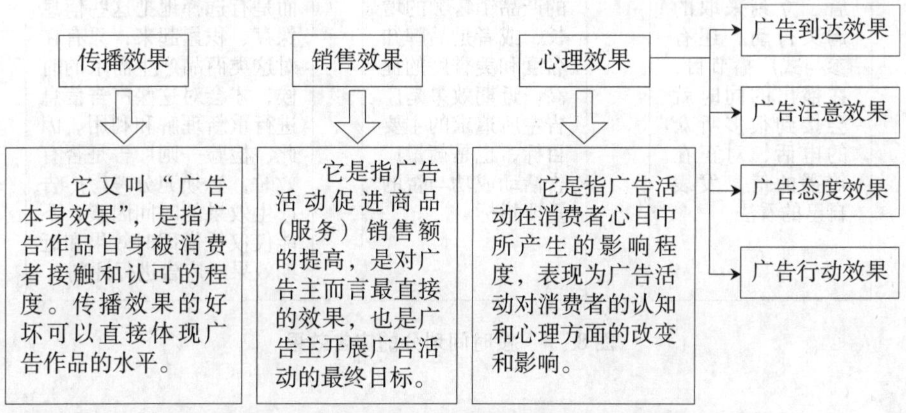

图8－3　广告效果在微观层面的三种表现

广告心理效果四个阶段的内容如表8－1所示。

表8－1 广告心理效果的四个阶段论

四个阶段论	内容
广告到达效果	广告媒体与消费者的接触效果，通常以广告媒体的发行量和收视率、覆盖面等指标来评析。广告到达效果的评估可以为广告媒体的选择提供参考。
广告注意效果	消费者收听、收看、阅读广告的程度，通常以广告的收听率、收视率、阅读率以及影响范围等指标来评析。它也是衡量广告效果的标准之一。
广告态度效果	消费者受广告影响所引起的对企业商品（服务）的情感和态度的变化。态度的变化是注意和行动的中间环节，也是属于承上启下的关键环节，因此，广告态度效果的评估是一项极受关注的内容。
广告行动效果	消费者受广告影响所采取的购买行为，通常是以销售额为评析指标。因此，行动效果与销售效果在某种程度上是相通的。

3. 从广告效果产生的时间角度划分

法国著名公共评论家罗贝尔·格兰认为："广告只是表示了想卖的心情，并非卖出去的行动。"一则广告发布后，按效果产生的时间可以分为即时效果、近期效果和长期效果三种（见图8－4）。

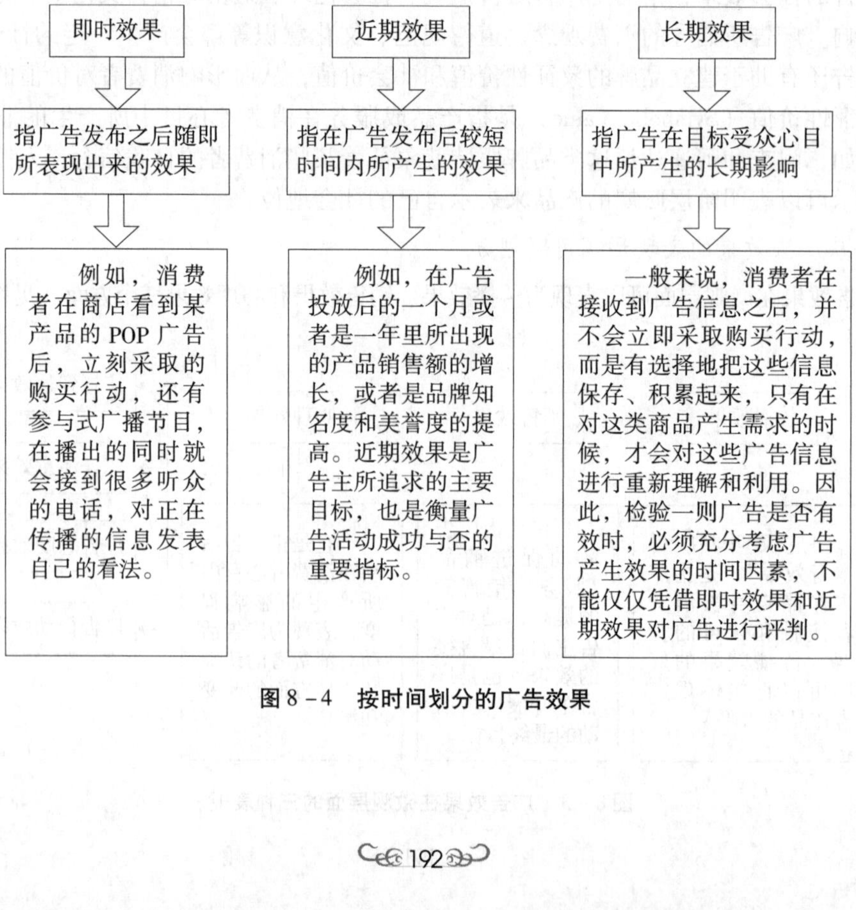

图8－4 按时间划分的广告效果

4. 根据广告宣传活动的整体过程划分

按照广告宣传活动的整体过程，可以分为事前效果测定、事中效果测定与事后效果测定。这是一种常用的划分方式，其目的是随时了解广告在各阶段的具体效果，并据此调整和修改广告计划。

8.1.4 广告效果评估的内容

广告效果评估是指评估广告目标经过广告活动之后实现的程度。广告活动无论是完成还是中途放弃，都会存在相应的结果。这一结果包括两方面的含义：一是针对行为目标完成情况，体现行为水平的实际效果；二是由行为过程和效果所带来的联动效应。

根据广告效果的分类和指导企业决策的需要，可以明确广告效果评估的以下几个主要内容。

1. 广告作品本身评估

广告作品本身评估主要是针对广告作品向受众传递的各方面信息进行检测，评估作品是否具有足够的表现力和感染力。作品评估主要包含对广告主题的评估和广告文案的评估。

广告主题评估：是广告效果评估的第一个环节，直接关系到广告作品能否把有效信息告知目标受众，能否有效激发消费者的需求潜力。因此要求针对目标消费者进行调查，了解他们对广告主题的看法，即是否认可并接受广告主题；是否有充分的论据支持主题；是否有充分的感情渲染主题。

广告文案评估：是对广告广播、电视、网络广告文案作品所作评估的总称，目的是进一步检验广告制作是否充分地体现了广告创意。一般是通过邀请广告目标受众来观看完成作品，听取他们的意见来获得评估结果，以保证作品更加完美。

2. 广告媒体组合评估

广告媒体组合评估是对报纸、杂志、广播、电视、户外、网络等媒体的特征及各媒体受众群特征的评估。其中包括：各广告媒体“质”的特征；媒体投资效益评估；媒体选择与组合；各媒体近期视听率、阅读率、点击率的变化；对媒体执行方案的评析。

3. 广告活动效果评估

广告活动效果评估是对广告活动执行、开展情况与效果的全面测定，包括对销售效果的评估和消费者心理效果的评估两方面的内容。

销售效果评估：主要是在广告发布一段时间后进行，通过对广告活动实施前后销售额的比较，检测和测定商品销售的变化情况。

心理效果评估：主要是评估广告对消费者的影响程度，主要体现在消费者的认知、情感、意志等心理因素方面。

8.1.5 广告效果评估的原则

为了保证广告效果的科学性与准确性，在广告效果的测定与分析过程中我们必须遵循以下原则。

1. 针对性原则

针对性原则是指测定广告效果时首先要有明确、具体的目标，即要明确测定的广告效果是经济效果还是社会效果，是短期效果还是长期效果，是传播效果还是销售效果、心理效果等；同时还要注意测试的内容必须与所追求的目的相关，不可作空泛或无关的测试工作。

2. 可靠性原则

坚持可靠性原则是为了保证所得到的论证能够正确地为企业决策提供帮助，防止结论的片面性给企业认识或决策带来负面作用。内容包括：调查表的设计要合理；汇总分析的方法要科学；对广告效果影响因素的考察要全面；前后测试的结果应该具有连续性，并可多次进行，以证明其可靠。

3. 综合性原则

在测定广告效果时，除了要对影响因素进行综合分析外，还要考虑广告效果之间的竞争性、媒体使用的并列性及广告播放时间的交叉性，以避免片面性的干扰，得到客观的测定效果。

4. 建立合理的评估体系原则

在不同的阶段需要制定不同的评估目标，使评估活动反复进行，把各阶段的评估结果结合起来，最终形成一个有机整体。它要求在样本的选定、问卷的设计、统计方法的运用上要考虑前后联系，使它们能够相互关联、互相补充，以利于广告主掌握各方面的材料，为下一步广告战略的制定提供有力的参考依据。

8.1.6 广告效果评估的意义

广告效果评估的积极意义主要表现在以下几个方面：

1. 广告效果评估可以帮助企业检验、调整和完善广告策略和广告目标，实现经济效益

广告效果评估是检验广告计划、广告活动合理与否的有效途径。某一时期的广告活动结束之后，必须正确评价广告效果，检查广告目标与企业目标、市场目标、营销目标相互吻合的程度，总结营销组合、促销组合是否协调。广告效果的评估还可以为广告活动提供约束机制，监督并推动广告效益的提高。

2. 广告效果评估可以检验广告本身的设计与制作

通过广告效果评估，促使企业改进广告的设计和制作，使广告宣传的内容和表现形式的结合日臻完美，从而使广告的诉求更加准确。

3. 增强企业的广告意识，提高其广告信心

企业虽然对广告效果有一定的认识，但是由于广告主没有意识到效果评估的重要作用，评估广告效果时缺乏科学的评析方法，其认识大多数是主观的和不准确的。因此要运用科学、客观的方法对广告效果进行评估，具体说明广告为企业带来的效用，有益于增强企业的广告意识，提高其广告信心。

8.2　广告效果测定的基本方法

8.2.1　广告传播效果的测定

1. 广告作品效果的测定方法

（1）实验室测定法。

在进行实验室测定时，首先要选择与目标相符的测定方法，并做好以下几项工作（见图 8－5）：

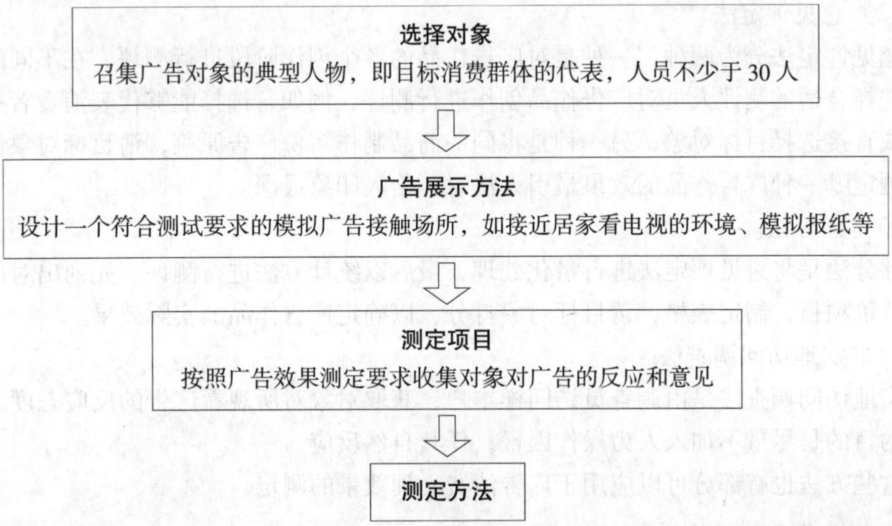

图 8－5　实验室测定法

实验室测定法包括以下两种：

一是斯威林法。这种方法是请被邀请的代表观众持票入场，挑选自己喜欢的商品后观看广告，在广告播放完后重新挑选商品，对比两次挑选的结果和变化，并由此判断哪个广告效果较好。此外，还可以对观众进行提问，测试观众对广告作品的记忆程度。

二是仪器测试法。主要是在实验室场景内，在目标对象观看广告的过程中，使用不同的仪器设备测定不同目的的广告作品。主要有以下五种仪器（见表 8－2）。

表 8－2　仪器测试法的分类和特点

名称	特点
程序分析仪	用于收听、收看广播电视时，在视听者旁边设置“＋”（有意思）和“－”（没意思）两种按钮，“程序分析仪”按时间推移显示曲线图。这种方法用于广告唤起消费者兴趣的效果测定。

（续上表）

名称	特点
反应测定仪	观众在回答问题时用按钮，结果通过计算机立刻显示出来，可以边看统计结果边测试实验内容。这种方法用于测定一般广告意见。
瞬间显示器	这是一种以 1/100 秒为时间单位的短时间展示报纸广告的装置。放完一次后立即重放，用于测定广告作品中各构成要素受关注的程度和容易记忆的要素。
眼睛照相机	这种装置用反射光捕捉眼球的运动，记录下被测试者对广告作品的关注点和注意时间，可以测定对象注意了哪些广告要素。
皮肤反射测定仪	广告对象在观看作品时情感上的起伏使皮肤表面出现发汗变化，通过记录发汗变化所产生的电抵抗反应，测定广告唤起受众兴趣的效果。

（2）意见评定法。

意见评定法分为两种，一种是对广告作品的各个创作阶段进行测评，在不同的阶段严格选择合适的测评人员对广告作品创作进行测评，例如，选择能够代表消费者态度的专家或直接选择目标对象；另一种是将同一商品制作多份广告原稿，请目标对象作出选择，测定哪一种广告作品的效果最引人注意，给人印象最深。

（3）评分法。

评分法是将意见评定法进行量化处理，最后以统计方法进行测评。先列出对广告作品的评价项目，制定表格，请目标对象打分，以确定广告作品的实际效果。

（4）实地访问调查法。

实地访问调查法是由调查员访问样本户，获取对象对所观看广告的反应态度。这种方法的目的是尽量不加入人为操作因素，任其自然反应。

这些方法也有部分可以应用于广告消费心理效果的测定。

2. 广告媒体效果的测定

广告媒体效果的测定，是调查消费者对于各种媒体，如报纸、杂志、电台、电视、户外广告等的接触情况。广告媒体的调查通常根据三个测定标准进行：一是媒体分布，如报纸、杂志的发行量，电视广播的到达范围，户外广告的装置情况；二是媒体的受众群，即读者群和收视群；三是广告的受众群，即对各媒体刊播的广告的接触群体。

后两者的测量主要是考察媒体受众群与广告受众群之间的关系，以便于作出更精确的媒体计划。

主要的测定方法根据媒体的不同特质分为两大类：印刷媒体和电子媒体。

（1）印刷媒体的测定方法。

印刷媒体主要是指报纸、杂志以及户外招贴广告。常见的测定内容包括：报纸、杂志的发行量，读者对象，阅读状况。

目前国际上对报刊发行量的调查普遍使用的是报刊发行量核查制度（Audit Bureau of Circulations，简称 ABC 机构），以确保公正。而我国目前还未设立 ABC 机构，大都由报刊自身公布发行情况，也有的通过公证处证实其发行情况。

测定读者群和广告阅读状况有利于了解广告的认知效果。测定的阅读情况主要通过三个指标表明（见表8－3）：

表8－3　测定阅读情况的三个指标

指标	定义	测评公式
注目率	接触过广告的人数与阅读报刊的读者人数的比率	注目率＝接触过广告的人数／阅读报刊的读者人数×100%
阅读率	通过向接触过广告的人提问广告的主要内容，如主题、商标、插图等元素，测定能记得这些元素的人数所占的比率	阅读率的计算方法与注目率大致相同
阅读效率	是指不同程度的广告阅读者人数与支出的广告费用之间的比率	阅读效率＝报刊阅读人数×每一种程度读者的百分比／支出的广告费用×100%

（2）电子媒体的测定方法。

广告电子媒体通常指的是广播和电视，主要是通过视听率调查来测定广告媒体的接触效果。目前通用的视听率调查方法有：

①日记调查法。

由被调查者（抽样选出）将每天所看到或听到的节目一一填在调查问卷上。主要以家庭为单位，把全部成员收看（听）节目的情况按性别、年龄等类别填好。一般调查时间为一周或更长。在此期间，必须有专门的调查员按期上门督促被调查者填好问卷，调查结束后，收回问卷。经过统计分析得出的百分比，就是视听率。

②记忆式调查法。

在节目播出后的当天（如果是下午或晚上的节目就在次日上午），调查人员立即进行访问调查，请被调查者回忆所看到的节目。从调查视听率角度而言，调查访问的时间离节目播出时间不能太久，以免产生遗忘；从调查目标对象对节目或电视台的态度而言，这是个可行的办法。问卷设计可在日记调查法的问卷基础上稍作修改。

③电话调查法。

电话调查法，顾名思义，就是向目标对象打电话询问正在观看的节目。选定一个时间段（如19：00—20：00），请调查员同时向目标对象打电话，询问他们是否在看电视、看什么节目、有几个人在看等，并记录下询问结果。记录表上要有电话号码以及被调查者姓名、性别、年龄段的记录。提问的问题要特别简单，时间不能太长，以免引起受访者的厌烦情绪，一般只设4～5个问题，如：您是否在看电视？请问您在看哪一台？请问您是不是常看这个节目？请问您家现在几个人在看电视？请问您有否看过××节目？（回答有）您认为这个节目好不好？

④机械调查法。

采用机械装置进行收视率调查的公司较早的有美国尼尔逊公司（Nielsen A. C. Co.）和日本电通广告公司。在目标对象家中安装自动记录装置，按照时间自动在装置内的软片上记录下目标对象所观看的电视台、电视节目等。随着机械装置的不断发展，装置也能够自动识别收看电视者的性别、年龄等信息。机械调查法可以以家庭为单位进行统计，也可以以个人为单位进行统计。

8.2.2 广告心理效果的测定

广告心理效果测定的目的是了解广告对受众在知晓度、了解度和偏好度方面产生的影响。这三方面的具体内容可以用表 8－4 表示。

表 8－4 广告心理效果测定的三个方面

	含义	计算公式
广告知晓度	是指广告受众了解某则广告的比率和程度	知晓度＝被访者中知道某则广告的人数／被访者总人数×100%
广告了解度	是指此则广告的受众对广告宣传的内容有较深入了解的比率和程度	了解度＝被访者中对广告宣传的内容有较深入了解的人数／知晓此则广告的人数×100%
广告偏好度	是指对广告内容有较深入了解的受众对广告有好感的比率和程度	偏好度＝被访者中对广告的内容有喜好的人数／了解此则广告的人数×100%

广告心理效果测定的方法很多，根据广告的不同阶段，可以把它分为事前、事中和事后测定。

1. 事前测定

事前测定主要以样本直接测试和仪器测试为主。

样本直接测试的方法无论对广告界还是企业，都比较可行，也便于操作。

仪器测试目前只在广告界作为一种辅助性手段，对设计制作的广告作品进行测试，以了解和研究相关作品被媒体受众接受和喜好的程度。如视线测试仪、电流跟踪反应仪及记忆鼓等。

2. 事中测定

在事中测定中，可以把可供选择的广告让样本受众观看或收听，也可以将同类型的一组广告编辑到一起，然后要求他们讲述所看到或听到的全部广告及内容，并请他们对这些广告打分，以此来评估广告的突出性及其信息被了解或记忆的程度。虽然这种测定对于广告的实际效果评定来说不是很完善和到位，但如果某则广告得分高，也可以说明该广告可能是较为有效的。

市场试验法也是事中测定中经常使用的一种方法。测试者先选定一两个实验地区刊播已设计好的广告，然后再观察实验地区和尚未推出广告的地区的媒体受众所反映的情况，比较实验区和一般地区的差异，这样，就能得出广告促销活动所产生的心理效果。

3. 事后测定

事后测定则可以直接了解媒体受众在日常生活中对广告以及广告的刊播媒体的反应，得出的结论也将更加准确可靠。广告单位和企业的市场部门可以根据测定结果，对广告宣传的目的和策略以及媒体选择、媒体组合方案进行必要的修改。

大部分企业在广告心理效果测试中，只注重对事前和事中的效果进行测定，而对于广告的事后测定认识不深，以至于不能全面把握广告的整体效果。虽然心理效果的事后测定不能直接对广告促销活动进行修改或补充，但对于广告的宣传效果却能进行全面、正确的评价，以指导下年度广告策略的科学制定。

事后测定中被广泛运用的打分法，简单易行，便于企业内部操作。测定人员请被调查者就已发布过的广告的一些重要部分进行打分，各方面的得分总和就是该广告的实际效果。

8.2.3　广告销售效果的测定

影响产品销售效果的因素是多方面的，一方面有广告持续的传播效果的累积效应；另一方面也有营销策略中各个因素的综合效应，例如，促销、产品试用、公共关系等。同时，有人购买商品不一定看过广告，而是通过人际传播、柜台推荐等方式购买。因此，测量广告销售效果时，还要在确定广告是唯一影响销售的因素而其他因素能够暂属于不变量的条件下进行测定。常用方法有以下几类：

1. 实地考察法

通过零售商店或超市的货架进行直接调查。在售场展示 POP 广告，或将广告片在购物环境中播放，请商品推销员或导购员在现场派发产品说明书和附加购买回函的广告单，从现场的销售情况可以看出广告的效果。

还有一种方法是将同类商品的包装和商标卸除，然后在每一种商品中放入一则广告和宣传卡片，观察不同商品的销售情况，以此判断销售效果。不过这种方法用于实验室测验更为合适，在现实生活中，要让消费者作出购买无商标的生产厂家的产品的决定难度较大。

2. 销售地区测定法

销售地区测定法是较为常用的一种方法。把两个条件相似的地区（规模、人口因素、商品分配情况、竞争关系、广告媒体等不能有太大差异）划分为“实验区”和“控制区”，在实验区内进行广告活动，控制区内不进行广告活动。在实验进行前，将两个区的其他影响因素（经济波动、重大事件的影响等）控制在相对稳定的状态下；最后，将两个区的销售结果进行比较，可测出广告的促销效果。这种方法也可应用于对选样家庭的比较分析。在计算销售额（量）的增长比例公式中，实验区的广告效果按照控制区的增减比率调整（见表 8－5）。

表 8－5　控制地区与实验地区市场比较表

	实验广告前销售	实验广告期间销售	增减比率（%）	调整增减比率（%）
控制区				11.0
销售额	300（美元）	270（美元）	－10.0	
销售量	300	250	－16.7	

（续上表）

	实验广告前销售	实验广告期间销售	增减比率（%）	调整增减比率（%）
实验区				
销售额	400（美元）	480（美元）	+20.0	30.0
销售量	400	460	+15.0	31.7

实验区销售额增长比例公式为：

$$400-(400\times 0.10)=360$$

$$(480-360)/400=0.30$$

3. 统计学方法

运用经济学上的统计学原理和运算方式，广告学上也发展了几种测定广告效果的运算方法，这种方法被认为更科学和准确，也更为普遍。但也有人提出，广告效果的产生，不是单纯看数字那么简单。

广告销售效果测评，主要是通过广告活动实施前后销售额的比较、检验和测定商品销售的变化情况、商品销售额是增加还是维持、销售增长率是多少、广告增销率是多少、广告占销率是多少、单位广告费效益是多少等。各衡量指标的计算公式如表8－6所示。

表8－6 广告销售效果衡量指标

	计算公式	意义
销售增长率	销售增长率＝（广告实施后销售额－广告实施前销售额）/广告实施前销售额×100%	反映出广告对促进商品销售所发挥的作用
广告增销率	广告增销率＝销售增长率／广告费增长率×100%	反映出广告费增长对销售带来的影响
广告占销率	广告占销率＝广告费用支出/同期销售额×100%	反映出一定时间内企业广告费支出占同期销售额的比例，广告占销率越小，广告效果越大
单位广告费效益	单位广告费效益＝（本期销售额－上期销售额）/本期广告费用支出×100%	反映出平均每元广告费带来的促销效益

8.2.4 广告社会效果的测定

广告社会效果是指广告在社会道德、文化教育等方面所产生的影响和作用。

1. 广告社会效果的测评方法

广告社会效果的测定方法分为两种情况（见图8－6）。

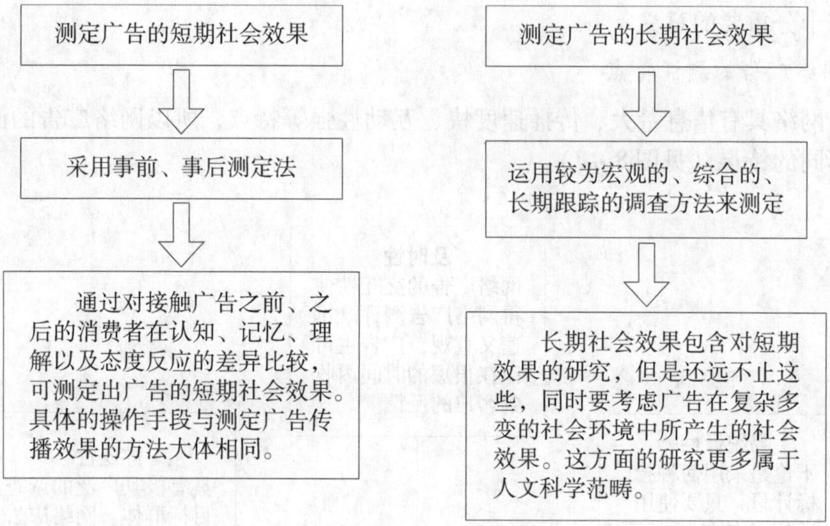

图 8－6　广告社会效果的测定方法

2. 广告社会效果测定注意事项

在测定广告的社会效果时，一般要把握以下三个主要方向：

（1）是否有利于树立正确的社会道德规范。

测定广告的社会效果，要看它是否与社会的道德观念、伦理价值、文化精髓等社会道德体系的规范相悖，如果广告产生了违反社会道德规范的不良效果，就应该立即停止。

（2）是否有利于培养正确的消费观念。

如果广告歪曲了正确的消费观念或者宣传了不健康的消费理念，那么对消费者个人、对社会、对国家会造成很大的伤害，不利于我国社会主义市场经济的建设和发展。因此，不利于培养正确消费观念的广告也应该勒令停止。

（3）是否有利于社会市场环境的良性竞争。

同类广告之间的商家竞争是非常激烈的，即使是在这种情况下，广告也要维护市场的良性竞争。类似于发布假信息、模糊信息压制对方或完全不顾市场规范的广告行为都将产生恶劣的社会效应，应被禁止。

8.3　新媒体传播效果的测评

8.3.1　网络广告效果的测评

通常所说的网络广告效果，指的是网络广告作品通过网络媒体刊登后所产生的作用和影响。目前网络广告效果的测定方向与传统媒体的测定方向大体一致，评价体系都是建立在传播效果和销售效果的两个主方向之上。但两者又有所不同，较之传统广告效果测评，网络广告效果测评有自己独特的手段与技术，也有自己独到的成效。当然，作为新生事物，它也有许多不足之处。因此，研究网络广告效果的测评对于网络广告的健康发展具有十分重要的意义。

1. 网络广告的测评特点

由于网络具有信息量大、传播速度快、互动性强等特点，所以网络广告的测评也具有与众不同的特点（见图8-7）。

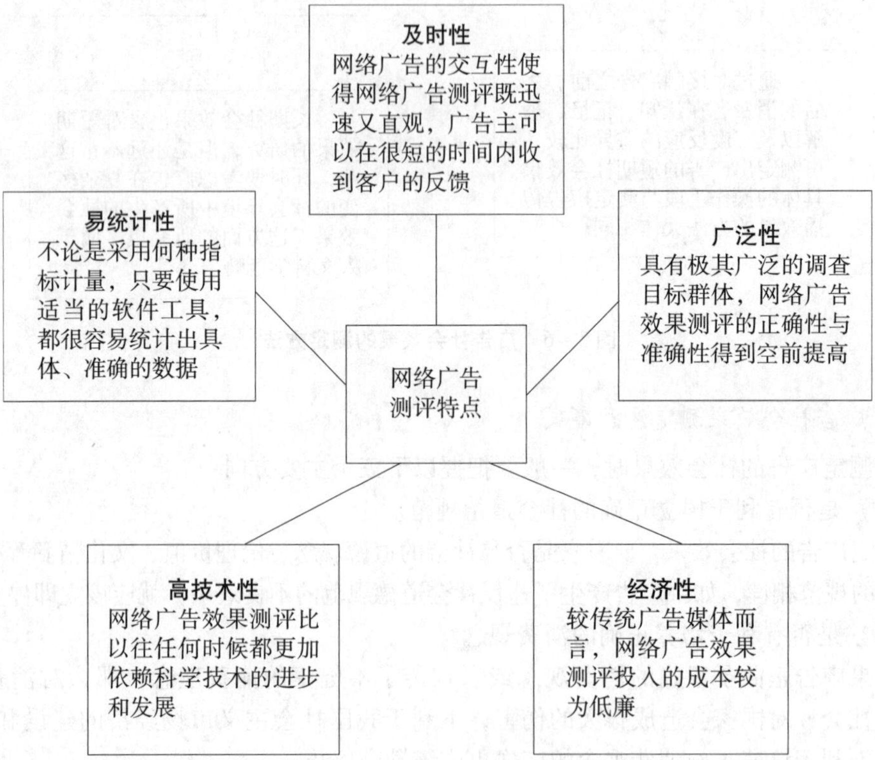

图8-7　网络广告的测评特点

2. 网络广告的测评指标

对网络媒体广告效果的测评，需要用到以下四个指标：

（1）广告曝光次数：也称收视次数，即广告页面被访问的次数。计数器上的统计数字，即该页面的广告收视次数。

（2）点击率：点击率是网络广告最基本的评价指标，也是反映网络广告最直接、最有说服力的量化指标。这种方法主要是通过消费者对网络广告的点击率或回应率来测定消费者对广告的接触效果。

（3）转化率：转化率是指观看而没有点击网络广告所产生的效果。

（4）千人成本：即传递每1 000次“广告曝光”所需要的成本。目前，按照CPM收费已经成为网络广告的惯例。

3. 网络广告的测评方法

（1）认知测定法。

该方法主要是测定网络广告受众的浏览率和点击率。我们可以将网络的访客行为分为如下三类：一是看到该广告但没有点击；二是看到该广告并点击；三是点击该广告并进一步与广告赞助商联系。

这样，我们就可以通过服务器中的 cookie 或 log 文件来记录一段时间内访客对该网站所有页面的综合浏览量（Pageviews 设为 N）以及第一、二、三类访客各自的数量。这样，我们就很容易得出如下数据：

浏览率 = 第一类行为的数量/N

点击率 = 第二类行为的数量/N

交互率 = 第三类行为的数量/N

从以上的数据中，我们大致分析出网络广告对受众的认知态度的影响。消费者的认知态度的变化主要有如下四种：注意、兴趣、记忆、行动，依次表示认知态度的逐步加深。

我们可以通过浏览率来考察受众注意的程度；通过点击率来考察受众的兴趣；通过交互率来考察受众的记忆程度和行动的可能性。通过网络广告的测量，将这些心理因素量化，从而给网络广告赞助商和网络媒体经营者提供了重要的参考依据。

目前的主要问题在于要在通过考察多家网站的多个广告的基础之上提出各个认知态度变化的具体尺度。例如，把注意分为三个层次：当浏览率小于5%时为轻度注意；当浏览率大于5%、小于8%的时候为注意；当浏览率大于8%的时候为非常注意。这样，就进一步细化了注意这个模糊的概念，使之更容易让人把握。

（2）软件法。

这是目前最常用的网络广告效果测定的方法。网络和网络广告测定软件的出现大大提高了效果测定的效率和准确性。这种效果测定主要有两种方式，如图 8－8 所示。

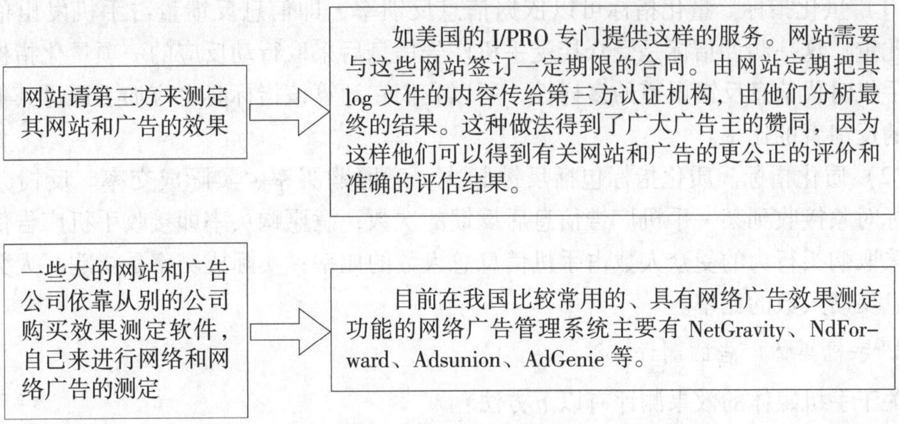

图 8－8 软件法的测定方法

（3）对比分析法。

对比分析法主要是运用传统媒体的效果测定方法，结合网络广告目标测定广告效果。例如，可以把收到 e-mail 的顾客的态度与没有收到 e-mail 的顾客的态度进行比较，以此来测量用户对不同类型 e-mail 的心理反应，并测定网络广告产生的传播效果。对比方法也可用于测量投放在不同站点的广告效果。操作方法有以下三种（见图8－9）：

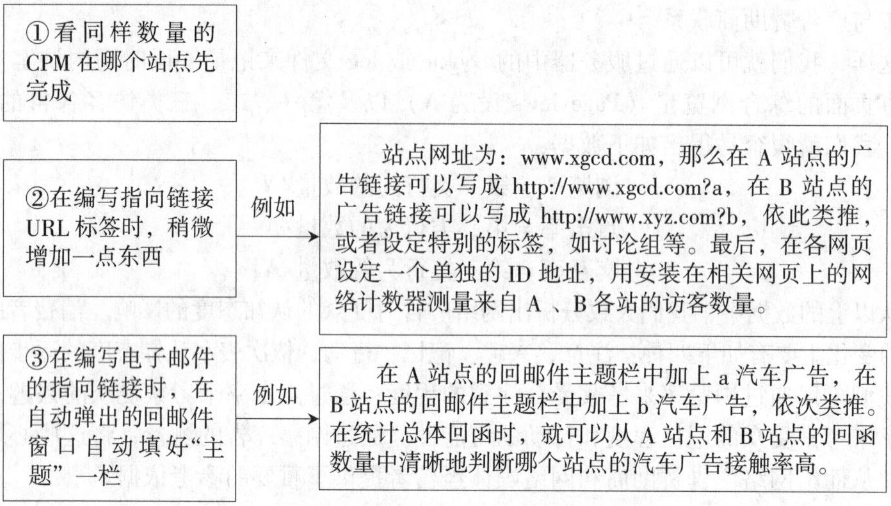

图8－9　对比分析法的操作方法

8.3.2　手机广告效果的测评

1. 手机媒体广告的测评指标

由于手机媒体广告属于一对多的传播模式，所以对其效果测评的一些指标也不同于传统媒体，主要有以下两种：

（1）量化指标。量化指标可以依据信息反馈率，即信息反馈量占手机发出信息总量的比重，这一测评指标是受众接受手机广告信息后采取行动反应的一项量化指标。但由于手机时代信息反馈渠道的多样性，所以我们在计算该指标时也应加上通过其他有效渠道的反馈者的比率。

（2）质化指标。质化指标包括反馈频次、意愿购买率、实际成交率。反馈频次是指目标对象接收到某一手机广告信息后反馈的次数；意愿购买率即接收手机广告信息后愿意采取购买行为的受众人数占手机信息总人数的比率；实际成交率是指购买人数占所有信息反馈人数的比率。

2. 手机媒体广告的测评方法

关于手机媒体的效果测评有以下方法：

（1）传统的广告效果测试方法仍然有效。

（2）第三方监测。为了防止网站虚报手机网络广告的浏览和点击量，需要一个第三方为手机广告的效果评价与广告计费提供公正的数量依据。

手机网络广告被访问者浏览的次数可以通过手机网络广告监测系统监测手机广告的浏览量，即访问者去广告主网站访问了哪些页面以及在各页面上停留的时间来测定。以此可以帮助广告主了解目标受众对哪些信息更感兴趣，从而计算出千人成本，为手机广告投放的成本及广告效果的评价提供依据。

通过手机媒体的无线广告监测系统可以分析无线手机广告点击率以及多种手机无线广告（包括搜索引擎）给广告主的无线网站带来的访问量，可以评估手机无线广告的投放质量和投放策略，并根据评估结果随时调整无线广告的形式、创意内容或无线网址的选择等。

8.3.3　户外电视媒体的测评

1. 户外电视媒体的测评指标

由于户外电视媒体是一种复合型媒体，所以它具有常规户外媒体和电视媒体的特点，因此对它的测评指标，我们可以参照以下两种媒体的测评指标（见图8－10）来分析户外电视媒体。

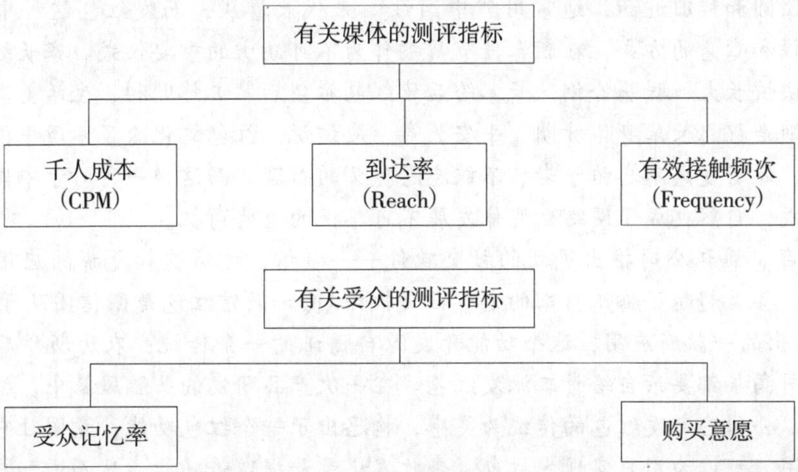

图8－10　户外电视媒体测评指标

2. 户外电视媒体的测评方法

户外电视媒体是传统电视媒体和户外媒体的结合，其效果测评也和后两者大体相同，常用的方法有问卷调查法和抽样调查法（见图8－11）。

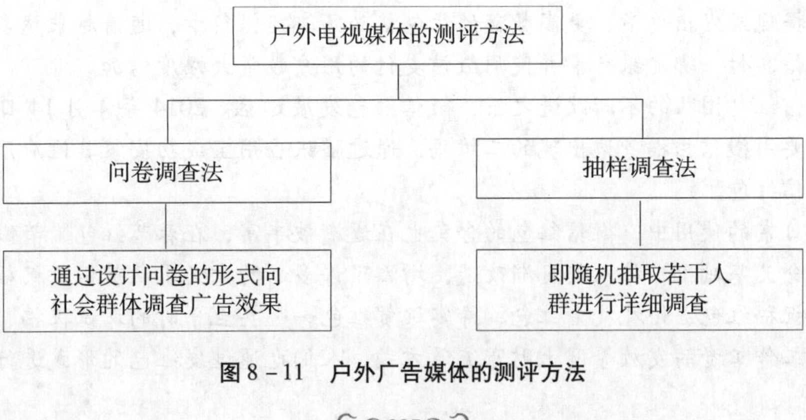

图8－11　户外广告媒体的测评方法

由于户外媒体的位置不同，广告效果的测评方法也会有一定的差异。例如，卖场对液晶电视广告效果的测评，可采用对照法进行，即对比某产品在卖场广告前与广告后的销售情况，并以此作为广告效果测评的依据；同样，对户外电视广告效果的测定也可以通过反馈法得出结论，即销售人员或话务员根据反馈的信息测定出广告效果。

经典案例导读

2015 羊年春晚微信“摇一摇”红包大战

春节是中国的传统节日，也是从古至今中华民族最盛大的节日。春节在中华儿女心中意味着团圆和辞旧迎新，通常用“中国红”来代表喜庆，而发红包这种中国礼尚往来表达祝福和心意的方式，在新春佳节常被作为不可缺少的重要仪式。家长给孩子红包希望孩子快快长大、聪明伶俐，长辈给后辈红包希望后辈工作顺利、生活美满，后辈给长辈红包则是祝愿长辈身体健朗、平安长寿。应该说，红包文化除了体现中国人注重礼尚往来外，还有受惠不忘施予者、不敢忘恩负义的心理。而这样一种对于中国人有特殊意义的方式，自然也成了网络新媒体发展不可忽视的重要商机。

2011 年，腾讯公司推出了新的社交软件——微信，之后这款免费的应用程序迅速抢占市场，甚至超越了腾讯自家的老牌社交软件 QQ。微信红包是微信团队于 2014 年 1 月 27 日推出的一款新应用，这个功能开发源自腾讯的一个传统：农历新年后上班的第一天，公司高层都要亲自给员工派发红包。在一次产品研发的头脑风暴中，微信的产品策划人员以公司内部发红包的传统为灵感，构思出了一个红包功能，意图让它去吸引普通用户使用，可以为用户实现发红包、查收发记录和提现等功能，从而增加启用微信支付的用户数量。

微信红包主要有两种形式：一种是等额红包，一对一或者一对多发送等额红包，即每个人领到的红包都是同等数额；另一种是拼手气红包，即发起者设定好总金额以及红包个数之后，每人随机抢到 0.01~200 元的金额。一般说来，拼手气红包更受欢迎，每个人有多有少，甚至出现谁手气最好（抢得最多）要再发一个的新玩法。微信红包自推出以来迅速流行起来，它在原有客户的基础上吸引了更多不同年龄层的用户，而收到红包想要提现或发出更多、更高数额的红包就必须绑定银行卡，随着越来越多的商家支持使用微信支付，绑定银行卡并使用微信支付的用户数量大幅度增加。

在微信红包团队的不断改进之下，微信红包发展迅猛。2014 年 4 月 14 日，安卓手机用户只要用微信扫描身边出现的二维码，通过腾讯应用宝成功安装其他应用软件，即可领取微信红包。

而在日常的使用中，微信红包的含义也在逐渐被丰富，在春节红包、节假日祝福红包的传统含义基础上，被人们日渐改造，增添了许多新的意义。从节假日祝福红包，发展到生日祝福红包、婚礼礼金红包、寿宴祝贺红包……甚至平时的考试祝福、小额财富的交换、工作工资的发放等网上财富流通方式，人们也通过发红包的形式进行。而抢红包被视为一种时尚，从家庭微信群、班级微信群到其他类型的微信群，发红包、抢红包成了活跃气氛的重要工具。

2015 年 2 月 18 日是农历年的除夕。每到除夕，家家户户张灯结彩，喜气洋洋，阖家团聚在一起，享受丰盛的饭菜，之后守候在电视机前观看春节联欢晚会已经成了中国的一个传统。在这一年的春晚舞台上，腾讯公司旗下的社交软件微信与央视的春节联欢晚会合作开启了跨屏互动的新模式：观众在观看春晚的同时，可以根据晚会的提示，通过微信的“摇一摇”功能来获取各类赞助商发出的现金红包或代金券红包，抢到的红包也将显示“××品牌给你发了一个红包”的类似内容。

这次活动得到了全国观众的极大响应，成千上万的手机在同一时刻疯狂摇动，仅仅是为了得到几块甚至是几毛钱的红包，人们乐此不疲，而春晚也借助此次活动提高了收视率，挽回了近些年来一直在丢失的年轻观众。赞助商们所投放的广告，不仅可以随着春晚节目的播出进行传播，并且在观众收看节目时通过“摇一摇”抢到红包后又分享红包的这一行为中，继续向下传播，收到了很好的传播效果，极大地提高了广告的传播效率。据了解，除夕夜微信红包全部来自京东、泰康人寿、陆金所、微店、伊利、海尔、微信电影票、雪佛兰、华为、招商银行、平安、洋河、妈妈圈等各领域的领先品牌，其中京东、泰康人寿、陆金所、微店、伊利更是包下了专属时段。

通过微信“发红包”“抢红包”成了当下人们热衷的网络娱乐方式之一。2015 年整个春节假期，微信红包的快速传播成了当时最热门的话题之一。据统计，在春节假期里，发红包最多的一位国人发了将近 2 000 个红包，而另一位抢到红包最多的国人，则抢了 800 多个红包。

从农历除夕到正月初八仅仅 9 天，800 多万用户共领取了 4 000 万个红包，遍布全国 34 个省级行政区域，每个红包平均包含 10 元钱。据此推算，总值 4 亿多元人民币的红包在人们的手机中不断发出和领取。

2015 年的除夕夜，相信很多人在以后的春节中都还是会不断提起。那天，全国人民手上和心里最热的一个词就是“抢红包”。

问：2015 羊年春晚令你印象最为深刻的节目是什么？

答：摇一摇。

这正是 2015 年春节的真实写照，这场看不见硝烟的全民红包大战已经和春晚一起，深深地刻在了大家的记忆中。

案例分析

多方共赢，除了微信团队、央视，赞助商广告主也可以算赢方。广告主的信息不仅在电视上呈现，还会伴随着人们抢红包和分享红包的行为继续向下传播，层层递进，改变了传统单向、单层的传播模式，顺着微信群的“强关系”，品牌信息将会带来多层次的裂变式传播。

“期待让每一个人都成为春晚中的一分子，不仅乐享视听盛宴，更在互动中获得快乐。”这是2015年春晚总导演哈文接受《人民日报》专访时提到的首次引进新媒体互动的创意。春晚正是希望能达到全民为春晚动起来，一起互动一起参与的目的才选择了和微信团队合作，开启了跨屏互动新模式，发起抢红包的活动，最终实现多方共赢。结果不言而喻，全民的确为了红包动了起来，更挽回了不少年轻的观众。虽然不少人仍然是没看节目只关注红包，但无疑这样的“摇一摇”使得春晚与全国群众的互动更加鲜活，缩小了距离感。

从1983年的第一届央视春晚开始，央视春晚与观众的互动主要依靠电话热线；到移动通讯发展起来，手机普及，互动形式变成了发短信留言；随着互联网时代的到来，短信慢慢地被QQ、微信等取代了。在互联网时代，微博成为网民点评吐槽春晚的主阵地，但互动的实时性和共鸣感仍然不强，让观众觉得还是“不过瘾”。但在2015年的央视春晚中，微信红包与央视春晚合作开启了跨屏互动新模式，以这种老少皆宜的零操作门槛的形式实现了全民齐参与和更加鲜活的互动。摇一摇，除了能抢到现金红包，还能摇出电子节目单，让人随时可以了解当前的节目状况和之后上演的节目详情。

当看到自己喜爱的明星在舞台上表演时，可以通过“摇一摇”摇出他们的拜年语音，这与节目直播进程是完全同步的，实现了实时的跨屏趣味互动，让用户可以将春晚的精彩与感动随时与好友分享。有些用户还可以上传全家合照，这些合照有机会出现在春晚屏幕上，增加观众的现场感，还可以摇出好友发红包送祝福，增加了春节的喜庆感。央视选择了微信等移动互联网社交平台，通过这些平台抓住了参与感和娱乐化的互动精髓，改变了过去观众单向接受的观看习惯，也凭借这次活动巨大的参与量与话题量抓住了不少一直以来未曾抓住的年轻观众的心。

曾经支付宝刷新了我们的支付习惯，现在微信支付又刷新了一遍。春节微信“摇一摇”改变了人们看春晚的习惯，不少人蹲在电视机前拿着五六部手机等待主持人叫“摇一摇”。2015年2月18日当晚8点整，微信“红包雨”伴随着央视春晚直播而开始，在节目进行过程中由主持人提示，让观众打开微信“摇一摇”参与互动和摇出各种惊喜。在除夕夜，微信将红包变身为新的广告营销平台，携手众多品牌赞助商派出逾5亿元现金红包，抢到的红包会显示“××品牌给你发了一个红包”，以达到宣传该品牌的效果和提高品牌友好度。用户观看春晚的全程都有机会摇到红包，而到了10点30分左右上演了用户最为期待的“全民抢红包”，单个红包最大金额高达4 999元，每个抢到红包的用户还可以领取多个额外的红包分享给微信好友，加大了裂变的可能性，从而更有效地提高品牌曝光效果，同时也增强了用户之间的互动性，所有红包皆为免费领取。除了抢红包，在春晚整个直播过程中，用户摇一摇，还可能摇出春晚节目单，摇出当前播出节目的电子节目单，还有可能摇出新年贺卡、直播节目的明星拜年祝福、用户上传的团圆照片等。数据统计显示，2015年中央电视台羊年春晚微信“摇一摇”互动总次数超过110亿次，央视春晚摇红包创造了全民欢乐互动的历史，让“看春晚”“摇一摇”“抢红包”成了2015年亿万中国家庭的新年关键词。

微信红包“摇一摇”在央视春晚进行的这一次营销活动给腾讯公司创造了很大的价值，产生了相当高的利润，而且它的影响较为持久、固定，长远利益远大于眼前的利益。这次腾讯公司新媒体营销借助的实际上主要是传统媒体——电视机这种最普遍的媒体工具，且其广告投放也并不是在新媒体上，但是营销的最终目的是将手机这一新媒体工具中的社交软件——微信推销给广大用户，这就引出了一种数字化营销的新方向——连接管理。

微信的春晚“摇一摇”活动节约了大量的营销成本，运用电视媒体和网络媒体相结合的手段，把产品通过一种潜移默化的方式送到了用户的面前，营销的时间较短，但是效率很高，效果令人满意。微信的“摇一摇”功能、微信支付以至于微信本身都是这次营销的获益方面。社交软件中社交渠道的价值，其实最主要来自连接的价值，例如：一个受众获取了信息，受到了广告的影响，可能他所活跃的一个圈子都会受到这种影响，这样，这则广告的价值就远远超出了它本身投放在某个媒体中所预期的价值，这就是连接的价值。微信在社交平台上投放广告，这些广告又经过用户的转发，加深了下层传播者的印象。这样层层传播下去，广告主的目的就达到了。这种数字化营销的方式给其他许多企业提供了借鉴的模板。近年来中央电视台的收视率呈下降趋势，其中一个原因就是节目创新度不高。此次央视通过与微信这一新媒体的合作，开启了媒介融合的先河，增强了与观众的互动，获得了更高的关注。

把握良好的时机。春节是中国最热闹的节日之一，春节最常见的习俗就是人们四处拜年，长辈给晚辈发红包。而微信选择除夕夜发力，可谓一举两得：第一，每个华人家庭都有在除夕夜团聚守岁的习俗，这时他们都会暂时放下工作和学习，相对比较轻松，这时候推出手机抢红包活动，人们可以有更多的空闲时间和精力参与；第二，春节有长辈给晚辈发红包的习俗，微信以抢红包的方式，呼应了这个习俗，旨在让更多人在春节期间使用微信发红包。

选择央视春节联欢晚会作为合作平台。众所周知，央视春节联欢晚会是春节最盛大的晚会，它本身具有巨大的影响力，其观看人群分布全国涉及各年龄层。因此，凭借和春节联欢晚会的合作，微信不仅推广了红包功能，也进一步推广了其自身品牌。随着抢红包活动的推出，微信在晚会的中老年龄层收视人群中的认知度提高，其用户自然也会得到增长。

跨屏互动这一模式可以把许多不可能变为可能。第一，微信的自主性较强，它十分注重用户的使用和体验，立足于产品本身而不是注重这款软件所能创造多少利益。第二，在微信的这次“摇一摇”营销活动中，微信与央视春晚合作，却不会因为合作方是春晚而产生卑下的情绪，它没有在合作中失去自己的特色，仍然保持着微信的本色。第三，微信的设计较为人性化，讲究的是及时和新鲜，有创新能力，也能抓住用户的需求，这也是营销成功的重要因素。第四，笔者认为，微信进行营销的时机把握得恰到好处，抓住机会，借助春晚的影响力，吸引了一大批三四线城市和农村地区的用户。第五，其实微信的目的并不仅在于跟支付宝竞争赢得红包大战，而在于推广连接管理这一营销方式：与电视行业进行连接，与更多以往没有用过微信的用户进行连接，与微信用户的支付进行连接。微信红包让用户将钱包和银行卡进行绑定，以连接用户的支付。春晚恰巧也是一个非常好的连接二三四线城市的舞台，通过春晚的普及和宣传，无数的大叔大妈一夜之间学会了“摇一摇”，学会了绑定银行卡。而春晚过后，这一风潮会让曾经参与的人带动他们的亲人朋友，带来更广大的连接，更多的连接就代表着更加广阔的市场，微信平台通过这些连接能够创造更大的价值。微信的“红包”和“卡包”功能虽然一直存在，但被受众认知的程度还不高，此次通过与央视春晚的合作，彻底激活了这两项功能。

即时营销功能推动人与人即时互动。微信的出现与发展，使得社会信息的传播从“单向渗透”向“双向互动”、从“大众”向“聚众”转变。而微信基于通讯录联系人的“强关系网”以及基于手机移动端的特点，使得它既有很强的信任度，又有很强的便捷性。这样的优势需要辐射到更大范围，以扩大其影响力，这就需要对微信的功能进行进一步开发和完善，加强其互动性。央视春晚微信红包“摇一摇”的出现，不仅贴合春节这样一个仪式性很强的节日，也紧扣“红包”这一主题，加上线上红包的场景设置与传统红包相似，因此具有“仪式化传播”的功能，使得受众在互相讨要和派送红包的过程中，加强了互动。微信红包“炸”出了许多微信群里的“潜水”用户。许多平时交流不多的人通过这次营销活动，加强了联系，构建了新的朋友关系。如此，用户更多地参与微信互动，其营销效果必然加强。

从产品自身设计看，微信“摇一摇”设计的用户体验好感度高于支付宝的戳屏幕、猜红包、输数字等设计。首先，“摇一摇”这个功能简单易懂，实行起来也十分方便，“界面”设计成拿着手机的手同时旁边有晃动效果的巨大提示图案，且春节期间该界面由黑灰色转换成红色和白色，体现了节日气氛，还有完成摇晃动作后让用户欲罢不能的音效奖励“Chua Chua Chua”，都让这个功能在参与抢红包活动时显得简单易上手。同时，手机红包的概念体现了隐喻设计的精髓，将几乎每个人都会接触到的概念“红包”，运用到了手机程式的场景里，微信产品设计的功力从细节处可见一斑。

抓住消费者心理，准确地实施营销策略。无论是除夕当晚为微信“摇一摇”用户准备的5亿现金红包和3.78亿张商品券，还是为用户设计抢红包功能以至用户可以趁春节这个节日不停地收发红包，甚至叫朋友圈里更多的朋友参与发红包的活动，都准确地抓住了人们的节日心理，对于当晚通过“摇一摇”摇到红包、商品券，或是不停地收发微信红包的人们来说，微信支付都将更深入其心。

与众多品牌合作，品牌为红包买单，达成共赢。微信当晚推出的“摇一摇”活动还涉及成本问题，5.5亿的现金红包由谁买单呢？事实上，人们参与微信“摇一摇”抢到的红包都是由品牌买单，而红包显示“××品牌给你发了一个红包”以及可以让你领取到额外的“红包”分享给好友的设计，都有利于品牌的宣传。这样，微信在“摇一摇”活动中只用付出很少的费用便实现了多方共赢。

微信本身具有海量用户群，其作为新媒体社交平台拥有巨大的宣传效果。首先，微信作为以熟人社交定位的社交平台，在春节这个亲戚朋友们互相问候的节日推出“抢红包”功能，宣传效果事半功倍。从使用人群来说，只要有手机，手机里有最新版本的微信客户端，而且有网络的人，都可以参与到这次巨大的联欢中来。因此，我们可以看到，在联合央视春晚让大众参与到“抢红包”活动时，微信的策略是海量用户群能通过微信自主学习使用该功能，简单易懂的设计使人们快速上手。其次，由于收发“红包”是具有互动性的功能，且因抢到红包的用户想要抢更多红包的心理，用户自觉在朋友圈中推广，同时还有央视春晚互动的继续以及媒体的热炒。最后，微信达到自身目的，微信抢红包活动得到广泛推广，微信支付进一步深入人心。

把握受众心理，找好平台，精准投放，蓄势待发。央视春晚是个大众传播力极强的平台，加上其作为中央台，本身就具有很好的先天优势。每年除夕，央视春晚都会吸引不少观众，在各种引擎搜索上占据话题榜，基本上能在春晚“站上台”，就会火一把。

春晚除夕当头，央视春晚和微信红包及其他品牌一同合作打造的策略，完全地将两者结合在一起。人们可以在吃完饭看春晚时，和家人、同事用微信聊天时，抢抢红包，奔个好彩头。偶尔，有些见不到的人，也可以通过微信客户端发红包表达问候。

微信与央视春晚的强强联合，使“抢红包”活动取得了漂亮的成绩，但同时微信支付暴露出的一些不足，也不容忽视。人们在参与“抢红包”这场大联欢活动时，也在节日中有了全新的体验。科技的进步和新媒体的快速发展给人们的生活方式带来了巨大的改变，利用新媒体平台宣传自己的产品，需要用心去做营销策划，这也是一门值得我们深究的学问。

案例讨论

1. 从微信“抢红包”借助央视春晚完成品牌大提升的案例中，你认为企业在做品牌营销时应该注意什么？

2. 微信“抢红包”的成功是否可以复制？为什么？

3. 为什么说微信通过春晚引发的全民“抢红包”是各方获利多多，一举多得？

9 广告经营

9.1 广告代理制

9.1.1 广告代理制概述

广告代理制，就是广告公司在广告经营中处于主体和核心地位，为广告主全面代理广告业务，向广告主提供以市场调查为基础、广告策划为主导、创意为中心、媒体发布为手段，同时辅以其他促销手段的全面性服务的广告运作机制。

广告代理制最早产生于19世纪40年代的美国，经过170多年的发展，已经达到了相当成熟的程度，并有一整套完善的、与之相适应的法律法规和广告运行机制。在世界范围内，尤其是广告业发达的国家，形成了一套以欧美国家广告代理模式为主导的模式。

在我国，实行广告代理制，对代理广告业务有以下规定：

（1）代理广告业务，是指广告代理人在被代理人的授权范围内，以被代理人的名义从事广告经营活动，且其经营活动的法律后果由被代理人承担。

（2）代理广告业务必须是经工商行政管理机关核准登记，在确定的文选经营范围中有代理广告业务项目的广告经营者。不是经工商行政管理机关核准登记的广告经营者，或虽然是广告经营者，但广告经营范围中没有代理广告业务项目的，不能代理广告业务。

（3）广告媒介单位，即新闻单位经过工商行政管理机关核准登记，可以代理同类媒介的广告业务。一是广告媒介单位在代理广告客户的广告业务时，只能代理在与其相同的媒介上发布广告；二是广告媒介单位只能代理与其相同的媒介单位承办广告业务。

（4）广告业务代理费必须严格遵守《广告管理条例施行细则》的规定，即代理国内广告业务的代理费为广告费的10%；代理外商来华广告业务，付给外商的代理费为广告费的15%。

（5）代理广告业务的代理人必须查验广告证明，审查广告内容。

（6）广告经营者代理广告业务应当与被代理人签订书面合同，明确各方的责任。

9.1.2 广告代理制的类别

广告代理业的类型一般是以其所经办的业务类型或所提供的服务范围来划分的，在我国，又以所有制性质来划分。广告代理业类型总的趋势是分工越来越细，越来越专业化。按照其功能和业务内容，主要类型有：全面服务型代理业、有限服务型代理业、专业型广告代理业。

1. 全面服务型代理业

全面服务型代理业亦称营销导向型代理业。它从市场调查开始，协助广告主制订营销计划和广告计划，并付诸实施，在传播和推广的各个方面都能为客户服务。主要内容包括：研究产品或服务，研究现有的和潜在的市场，了解客户的销售因素，熟悉媒介的特点和影响力，制订广告计划，实施广告计划，从事其他营销组合工作。全面服务型代理是广告代理业的主体，其发展程度是一个国家或地区广告事业发展程度的标志。日本前10名广告公司的营业额占全国总额的50%以上。这种广告业务的集中性说明了全面服务型代理的实力强大。

2. 有限服务型代理业

有限服务型代理业是创作导向型的，以设计制作广告为主要业务。它将事先制订好的营销计划发展为广告计划，并进行创作。这些代理业不负责媒介购买，不需要媒介认可，直接向客户收费。但它也可受客户委托向媒介代理购买媒介的时间或版面。这些创作型的代理业，人才是高水准的，往往召集兼职的或自由职业的撰稿人、设计师、电视制作人员来完成订单。他们除了制作广告外，也承担电视灌溉和展览制作、包装和CI策划。

3. 专业型广告代理业

专业型广告代理业是指经营特定的广告领域的代理，擅长某类商品广告或某种媒体的广告业务。其主要内容包括：工业品（生产资料）广告代理业、金融广告代理业、新产品开发广告代理业、直销广告代理业、主办活动广告代理业、户外工程广告代理业、交通广告代理业、礼品广告代理业、分类广告代理业、影视广告代理业和专属广告代理业等。

9.1.3 广告代理制的特点

在广告业的三位一体——广告主、广告公司和广告媒介中，广告公司占据中间位置，是广告主与广告媒介连接的桥梁，一头是广告客户，另一头是能提供广告手段的媒介单位。

广告公司实质上实行双重代理：一是代理广告主开展广告宣传工作，即从事市场调研、拟定广告计划、设计制作广告、选择媒体安排刊播、提供信息反馈或效果测定；二是代理广告媒介，寻求客户，销出版面或时间，扩展广告业务量，增加媒介单位的广告收入。

现代广告代理制最大的特点就是强调广告业内部合理分工、各司其职、互相合作、共同发展，从而可以最大限度地发挥各自的长处，促使广告行业形成良性运行秩序，提高整体竞争力，促进广告市场的成熟发展。

1. 广告代理制运行的基本要点

(1) 广告经营中承揽与发布分开 。

广告公司承揽广告业务，将设计制作好的广告投放在媒介上；而媒介单位专司发布广告，提高信息的传播、接受质量。双方分工协作，优势互补。

（2）代理认可制。

代理首先要经过工商行政管理机关核准，但这并不意味着该广告公司有特别好的质量和大量的业务。按国际惯例，广告代理的认可是由媒介或其他团体根据广告公司实际具有的财务状况、业务能力、信用、声誉，承认其代理资格，允许按照购买版面时间的数量，提取佣金，并可赊买媒介的版面时间。

（3）代理充当业务委托人。

广告代理代表客户与媒介交易时，在法律地位上即为委托人，负责支付因客户广告所发生的债务。如果客户破产或违约，广告代理须担负支付账单的责任。广告代理是专门从事广告服务的、具有法人地位的、自主经营的经济组织。它一般不依附于某个广告主或广告媒介，它是广告交易中的中间者，具有客观公正的立场。

（4）实行佣金制。

广告公司主要收入来自媒介用广告版面时间的售出而给予的佣金。按国际惯例，大众传播媒体的佣金比率是广告费的15%，户外广告为16.67%，我国现行的标准为10%。

2. 实行广告代理制的优点

实行广告代理制，要求广告公司处于广告经营的主体地位。

广告代理制的优点如表9－1所示。

表9－1　广告代理制的优点

广告代理制的优点	有利于实现广告专业化、社会化，可提高广告策划、创意水平，提高广告的社会经济效益。
	有利于加强对广告业的宏观调控。政府有关部门可以采取措施扶持各种类型的广告公司，促进完善其经营机制与提高从业人员素质，提高广告业全面服务水平，还可以集中力量，抓住广告管理重点，防止虚假违法广告的出现。
	有利于制止广告业中不正当竞争。可以促使广告行业内分工明确：广告主的投资决策，委托广告公司策划、实施，媒介单位负责广告的编排发布。各司其职、互相协作，有利于消除争拉广告的混乱现象。
	有利于广告客户广告计划的保证实施。广告公司能提供一批有熟练技能的广告人员为客户服务。对多数客户来讲，聘用广告专职人才是不合算的。而且，广告公司人员有广泛的市场营销经验，一般比本单位雇员有较大的客观性、创造性。因此，客户可以依靠广告公司全面实施自己的广告计划。
	有利于向广告媒体提供销售时间罢免的经济方法。因为媒介无须与成千上万个广告主洽谈生意，只需与少量的经认可的广告代理商打交道，从而减少了信用的风险，并且广告制作的形式和内容，也将会更加符合要求和规范。

9.1.4　我国的广告代理制现状

1993年，国家工商行政管理局颁布的《关于进行广告代理制试点工作的若干规定

(试行)》被认为是我国广告业开始全面推行代理制的标志。根据该规定，我国目前实行的广告代理制的基本内容包括：

(1) 广告客户必须委托有相应经营资格的广告公司代理广告业务，不得直接通过报社、广播电台、电视台发布广告。但不包括分类广告，如简短的礼仪、征婚、挂失、书讯广告和节目预告等。

(2) 兼营广告业务的报社、广播电台、电视台，必须通过有相应经营资格的广告公司代理方可发布广告（分类广告除外）。报社、广播电台、电视台的广告经营范围核定为“发布各类广告（含外商来华广告），承办分类广告”。

(3) 广告公司为广告客户代理广告业务，要为广告客户提供市场调查服务及广告活动全面策划方案，提供、落实媒介计划。

(4) 广告公司为媒介承揽广告业务，应有与媒介发布水平相适应的广告设计、制作能力，并能提供广告客户广告费支付能力的经济担保。

(5) 报社、广播电台、电视台下属的广告公司，在人员、业务上必须与本媒介广告部门相脱离，不得以任何形式垄断本媒介的广告业务。

(6) 广告代理费的收费标准为广告费的15%。

欧美的广告代理模式是当今世界最主流的模式，被世界上大多数国家所引进和效仿。然而，中国的广告业几乎是照搬欧美的广告代理模式，没有进行创新和发展，所以导致了广告代理制模式与中国国情的高度不适应，出现了中国广告业紊乱乃至畸形发展的局面，与国家的经济发展脚步很不协调。

我国改革开放已近四十年，随着经济的快速发展，市场也在不断扩大，甚至据国内外相关权威行业组织预测，中国将超越日本成为世界上仅次于美国的第二大广告市场。然而，中国的广告业从复兴到发展，虽然有了很大进步，却依旧存在很多问题和障碍，与广告业发达的国家和地区相比还有很大的差距。

究其原因，除了国家政府和社会的重视程度不够、相关制度和法律法规不健全外，其中最大问题就是广告客户、广告公司、广告媒介三者之间的关系还没有真正理顺，分工不明确、广告行为不规范、行业结构不合理等问题使得广告经营秩序混乱，中国本土广告行业（尤其是本土广告公司）竞争力不强。

目前，我国广告市场还较为混乱，广告行业发展还不是很成熟。一方面要求国家更加重视广告行业的发展，适当地采取行政和经济手段进行调控监管，借鉴欧美和日本等广告业发达国家的成功经验，结合中国本土实情，尽快制定和完善广告相关法律法规；另一方面，应该大力提升广告客户、广告公司、广告媒介三者对广告代理制的正确认识，遵守广告相关法律法规，优化健全广告行业运行机制，加大合理广告代理的执行力度，使得我国在广告代理制得到进一步完善的基础上，广告行业朝着更加规范更具强大竞争力的方向发展。

9.2 广告公司概况

广告市场中存在着广告客户、广告公司和广告媒介三个主体，而在以广告代理制为基础的广告经营机制中，广告公司处于广告市场的主导地位，它是实施广告代理制的中心环节。广告公司就是专门从事广告代理与广告经营的商业性服务组织。

9.2.1 广告公司的类型

广告公司按照服务功能与经营业务的不同，可以分为广告代理公司、广告制作公司和媒介购买公司三类。而不同类型的广告公司也就相应地具有不同的组织形式和机构设置。

1. 广告代理公司

广告代理公司是为广告主提供广告代理服务的机构。它一般又可根据规模大小分为综合型广告代理公司和专项服务型广告代理公司两类（见图9-1）。

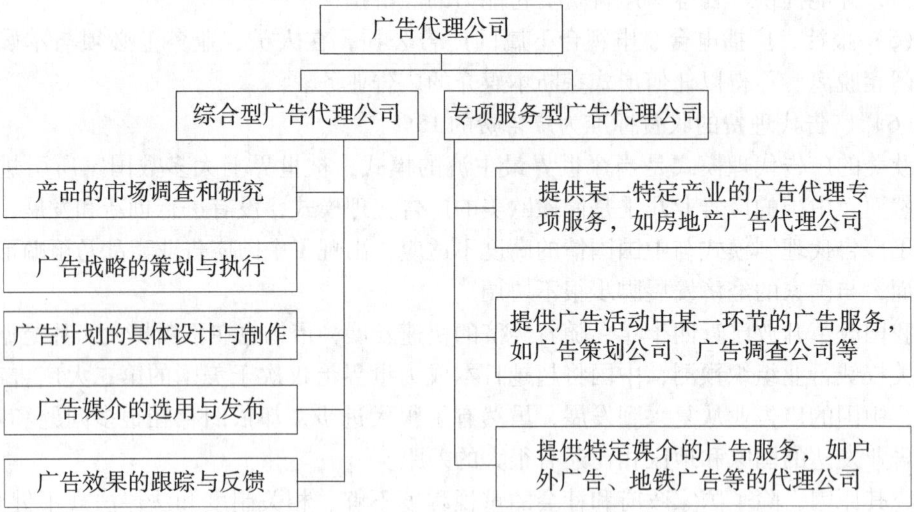

图9-1 广告代理公司的类型

（1）综合型广告代理公司除了为广告客户提供全方位的广告代理服务，还能为广告客户提供信息咨询、企业形象设计、大型公关活动等战略层面的服务和建议。随着信息技术的不断发展、全球市场竞争的日益加剧，综合型的广告代理公司也开始由纯粹的广告代理越来越趋向于提供综合性的信息服务，日益向集广告服务与信息服务于一体的综合型广告代理公司发展。例如，世界著名的奥美广告公司、李奥贝纳广告公司、智威汤逊广告公司等国际4A广告公司都属于综合型的广告代理公司，而且相对于中国本土较大型的综合型广告代理公司，如广东平成广告公司、梅高广告公司等来说，前者提供的服务更加全面和先进。

（2）专项服务型广告代理公司的广告经营范围较狭窄，服务项目较单一，一般不承担广告运作的整体策划和实施，但它能满足特定广告客户的特殊需要，具有一定的专业优势，同时顺应了广告专业化分工的趋势，有利于广告专业水平的提高。例如，以提供专业、高水准房地产广告服务著称的深圳黑弧广告公司，专注于户外广告代理服务的白马广告、大贺户外传媒、Tom 户外等广告代理公司。

2. 广告制作公司

广告制作公司一般只提供广告设计与广告制作方面的服务。由于广告制作业务的专业性，广告制作从一开始就与广告代理分离，成为独立的广告业务服务机构。如平面广告制作公司、影视广告制作公司及路牌、霓虹灯、喷绘等专营或兼营制作机构等都属于这一类。它可以直接为广告客户提供广告设计和制作服务，也可以接受广告代理公司的委托，通过提供广告制作服务收取广告制作费用。广告制作公司最大的优势在于它设备的精良和人员技术的专业化。随着科技和现代广告业的飞速发展，广告客户对广告制作的要求越来越高，广告制作设备和人员的投入也越来越大。所以，即使是大型的广告代理公司，也日益倾向于委托专门的广告制作机构来完成其广告设计，而不再设置专门的广告制作部门。

3. 媒介购买公司

媒介购买公司的专业称谓是“媒介专业代理商”（Media Specialist），专门从事媒介研究、媒介购买、媒介策划与实施等与媒介相关的业务服务。它是早期广告代理中媒介代理职能的一种延续，又是适应现代广告业与广告市场变化的一种新发展。媒介购买公司一般设有媒介研究、媒介策划、媒介购买与媒介执行等几大业务部门，对媒介资讯有系统的掌握，能为选择媒介提供依据，还能有效实施媒介资源的合理配置和利用，并有很强的媒介购买能力和价格优势。因此媒介购买能力、媒介策划与实施能力以及巨额资本的支持是媒介购买公司生存和发展的必备条件。

从全球范围来看，独立的媒介公司及媒介购买公司正呈现快速发展的趋势。而目前在我国，媒介集中购买是广告媒介业务发展的大势所趋，这一点也得到了业界的普遍认同。我国大陆的第一家专业媒介购买公司是 1996 年在北京由盛世长城（Saatchi & Saatchi）与达彼思广告公司合并成立的“实力媒体”（Zenith Media）。1997 年智威汤逊与奥美广告公司在上海组建了“传立媒体”（MindShare）。中央电视台的未来广告公司、北京的海润国际都是国内较有影响的媒介购买公司。

9.2.2 广告公司的功能

1. 代理广告客户策划广告

广告公司以广告代理为工作核心，代理广告客户策划广告是广告公司最本质的功能。它具体包括：为广告客户进行有关商品的市场调查和研究分析工作；为企业发展确立市场目标和广告目标；为代理客户制订广告计划和进行媒体选择。广告公司从自己专业领域出发，为广告客户提供广告主题和实现广告主题的广告创意、构思和策划。

2. 为广告客户制作广告

为广告客户制作广告是指广告公司将创造性构思和创意转换成具体的、外在表现的广告产品的活动。广告公司选择最具表现力、影响力和感染力的手法，客观地、真实地赋予其美感和艺术性，从而表现创造性广告思想的广告形式是制作广告的根本要求。

3. 为广告客户发布广告

广告公司在策划和制作出广告作品之后，通过广告媒介的合理选择和应用，把广告信息及时、迅速地传递给社会大众。发布广告时，广告公司要为客户利益着想，注意选择最具表现力和传播效果、投入最低的媒介，将广告信息传递给最多的潜在购买者，从而引导社会公众对广告客户信息的认可、接受，以产生购买行为。

4. 为广告客户反馈广告信息、评估广告效果

广告公司在代理客户发布广告之后，要对所发布的广告进行市场调查和研究，对广告效果进行科学的测定和评估，并及时向广告客户反馈有关市场的销售信息及相关的变动信息。

5. 为客户提供咨询服务

广告公司要为广告客户的产品计划、产品设计、市场定位、营销策略、广告活动和公共关系等提供全方位的综合信息，为客户提供各方面的咨询服务，从而实现企业资源的合理流向与最佳配置，推动企业经营的发展。

6. 影响广告业水平

在广告行业内，广告公司是广告业中最重要的主体之一。广告公司的发展会影响到广告行业的整体水平和发展状况。在与客户和媒介合作时，广告公司又对广告市场的容量、分配、流向、趋势等方面具有一定的调节功能。

9.2.3 广告公司的组织机构

广告公司由于不同的规模和不同的服务类型，会在组织机构设置方面有所差别，这里主要介绍服务类型和人员配备较为完整的综合型广告代理公司的机构设置。

一般来说，综合型广告代理公司，在总经理和副总经理的领导下，按照一定的部门职能类型会划分为市场部、客户部、策划部、创意部、媒介部、公共职能部等几大职能部门，各个部门往往又会视服务客户的情况而分为若干小组（见图9－2）。例如，创意部负责构思及执行广告创意，重点人物是执行创意总监（ECD），其下会视人手而分为若干组，每组由一至两位创意总监（CD）或副创意总监（ACD）带领，其中一位是文案出身，另一位是美术出身，但也有不少人身兼两职。创意总监的工作除构思广告外，也负责指导及培训下属。

创意总监下会有不同的小组，每个小组由一位文案（CW）及一位美术指导（AD）组成。基本上两人会共同构思广告。由于美术指导的执行工作一般都较繁复，所以大都有一位助理美术指导（AAD）协助。有经验的文案及美术指导将会晋升为高级文案（SCW）及高级美术指导（SAD），但工作与以前大同小异。创意部还包括电视制作（TV Production）、平面制作（Print Production）、画室（Studio）及平面统筹（Traffic）四个小部门。

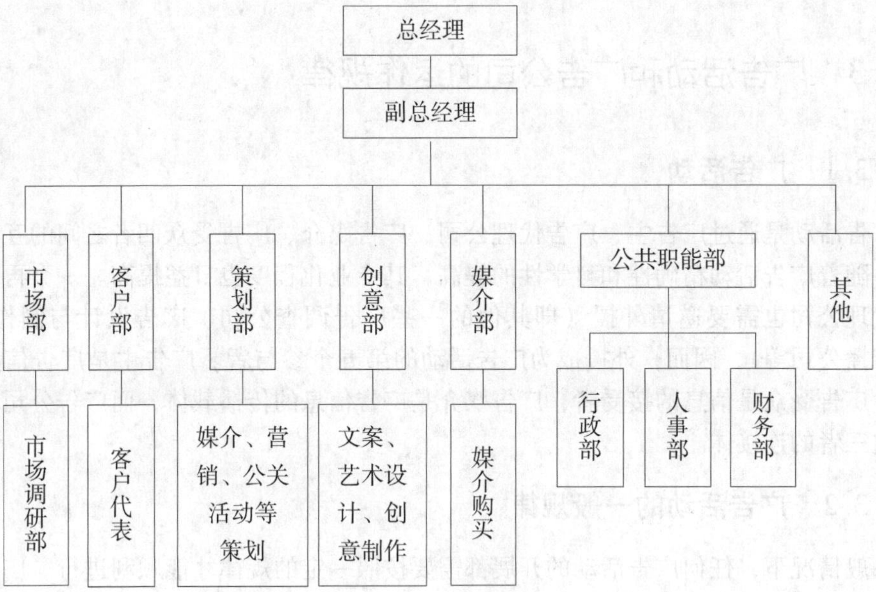

图 9－2　广告公司的组织机构

客户部（或称客户服务部、业务部）：具体负责广告客户的开发，广告业务的联系与接洽，依据广告客户提供的有关企业、产品和市场方面的信息以及对广告宣传活动的要求和制订的广告预算，会同公司其他有关部门，在进一步调查研究的基础上，制订出广告计划及具体实施方案，在征得广告客户认可后，交由各部门执行。在整个广告活动运行过程中，客户部扮演着双重角色，对外代表广告公司，负责与客户联络，协调、保持和发展公司与客户的良好关系，是公司与广告客户联系的纽带；同时又负责协调公司内各部门的工作，代表广告客户的利益，对广告计划的执行，从广告的设计、制作、发布到具体活动的展开以及后期对广告效果评估和广告经费总结，进行全面监督。

市场部：主要负责对广告实施前的有关产品、消费者、市场等进行调查分析；对广告计划、营销计划和广告作品进行事中测验以及对广告实施后的效果进行调研和总结，包括广告媒介的调查、及时掌握消费者的信息反馈、为公司和广告客户准确制定和及时调整广告策略提供参考依据等。

媒介部：主要职能是广告媒体的购买，确定广告媒体策略以及广告媒体费用的分配。主要负责发布广告，即为广告主选择最合理的媒介组合方法，制定准确的媒介投放策略，还要对媒体广告发布进行监督，确保广告信息最有效地到达目标受众。

策划部：主要负责包括销售推广、活动赞助、直销营销和公共关系等在内的一系列广告辅助活动以及企业品牌推广方面的策略制定、计划实施与监控。

公共职能部：类似于其他行业的正规大中型公司设有专门负责公司人事、财务、内部行政管理等事务的部门或人员。

总而言之，综合型广告公司就像是一个完整的人类躯体，由以上这些部门器官组成，各部门相互分工协作，共同维护和促进公司的躯体健康运作。

9.3 广告活动和广告公司的运作规律

9.3.1 广告活动

广告活动是通过广告主、广告代理公司、广告媒介、广告受众四者之间的互动而展开的。随着广告活动精确性和科学性的提高，其专业化程度也日益提高。一个再全面的广告代理公司也需要邀请外援（即其他的一些广告调查公司、广告设计与制作公司、营销传播公司等），因而，外援成为广告活动的第五个参与者。广告主是广告信息的发布者，广告受众是信息的接受者，广告媒介是广告信息的传播载体，而广告公司和外援则是这三者的连接体。

9.3.2 广告活动的一般规律

一般情况下，任何广告活动的开展都需要按照一定的规律才能顺利进行。广告主发起广告活动，付出一定代价，与广告公司之间产生交换；广告公司承揽业务，制作广告作品，通过代理行为，与广告媒介交易；外援接受广告公司的要求，提供专门性的服务；广告媒介出卖时间和版面，发布广告信息，传达给广告受众；广告受众通过广告了解商品或服务信息，依据自身需求产生购买行为，从而完成广告交易过程。这就是广告活动的一般规律。

1. 广告主

广告主主要是指商品生产者、服务机构、转卖商（包括零售商、批发商和经销商）以及政府机构和社会团体，它是整个广告活动的起点。广告主发起广告活动，寻找代理商，通过与广告代理商的交换与合作，达成自身的广告目标，满足经济利益，获得更多效益。

2. 广告公司

广告公司是广告市场的经营主体之一。目前有综合型的全面代理公司、专项服务型的代理公司，后者包括创意公司、媒介购买公司以及企业和媒介专属的广告公司。在广告市场的整体活动中，广告公司居于核心地位。通过承揽广告业务，广告公司与广告主形成了合作关系，通过自身的专业化广告运作，广告公司完成整个广告的策划活动。通过代理，广告公司向广告媒体购买广告版面和时段，将广告信息向最广大人群投放，争取目标受众，以达成广告目标。通过自身的服务代理行为，广告公司获取经济效益。

3. 外援

外援通常包括营销和广告调查公司（为广告主调查产品潜在市场或消费者对产品和服务的看法，以及提供效果测定）、制作公司（在广告的制作过程中和过程后提供一些必不可少的服务）、咨询顾问公司（就广告活动的相关领域提供咨询服务）以及其他传播公司（主要包括公共关系公司、直销营销公司和销售推广专业公司）。

随着整合营销传播的盛行以及广告业中专业化程度的提高，即使全面代理广告公司也无法完整出色地完成每一项活动。因而，外援在广告活动中日益担当起重要的角色。虽然广告公司可以给广告主提供许多服务，并且正在增设更多的服务项目，但广告主往往要依靠专门的外援进行广告的策划、准备和发布。外援就是指向广告主和广告公司提供专门服务的组织或个人。

4. 广告媒介

在规范化的广告市场运行中，广告媒介担当的角色主要是广告信息的发布者。媒介是广告媒体资源的供应者，通过出卖版面和时段来获取经济效益。媒介组织主要包括电子媒介、印刷媒介、互动媒介以及一些辅助性媒介和媒介集团。在广告信息的传播过程中，广告媒介起到了重要的渠道作用。对于广告市场而言，它往往形成渠道提供和制约。借助媒介渠道，广告公司向广告目标受众传播广告信息，通过不同媒介向不同受众发送广告信息。

5. 目标受众

广告活动的目的是通过改变或强化广告受众的观念来达成广告目标。受众是整个广告活动的终点，也是广告全过程的重要评价者，广告能否成功，起到什么样的效果，要看目标受众最后的反应。在广告活动中，目标受众是无须付出任何物质代价的直接受益者。广告应该尽可能地到达目标受众群体中，吸引他们的注意，同时广大受众通过广告了解商品或服务信息，依据自身需求产生购买行为，使广告主的广告目标得以实现。

9.3.3　广告公司的运作规律

随着广告市场的不断发展壮大和广告行业的不断成熟进步，广告公司形成了一套越来越完整的运作流程，有助于广告活动更加顺利流畅地运行。广告代理公司的业务从接受广告主的委托开始，然后进行广告策划，再将广告作品传达给目标受众，最后将广告效果调查数据反馈给广告主，至此，广告公司的一次完整的广告运作活动才算完成。广告代理公司的整个运作流程需要经过以下基本流程：

1. 客户委托

客户委托是广告公司业务开始运作的起点。广告公司以得到客户的代理委托书为工作目标。广告主需要广告公司对其产品或服务进行代理，达到广告主预期的效果。广告公司首先通过客户服务人员与客户进行接触与沟通，了解客户委托代理的意图和愿望、委托代理的业务内容及其欲达到的目标，并向客户全面推介本公司；然后广告公司调研部开始初步收集相关的市场资料，为具体代理业务活动的开展做好初步准备；最后召开由双方高层管理人员和相关业务人员共同出席的客户说明会，由客户代表正式说明委托代理的业务内容，并详细通报有关客户的基本情况，包括产品、通路和市场状况以及客户的营销状况与营销目的等，完成客户与广告公司高层与深层的沟通与交流。

2. 前期准备

广告公司得到客户的正式代理委托书后，就要确定具体的工作计划，为紧接着的广告策划做好充分的准备。这个阶段的工作主要是召开业务工作会议，对客户委托代理的业务项目进行具体的讨论和分析；确认这项业务推广的重点和难点；检查相关资料的收集是否齐全。如资料不够详备，还需对该种资料的市场调研以及结论进行分析。资料收集详备后要确定为开展此次业务的具体工作计划，包括确定该项目的客户联系人与业务负责人以及具体工作内容与工作进度的安排。

在广告运作的前期准备中，收集资料，进行市场调查，尽可能多地了解企业、产品和消费者状况是这一阶段工作的重点。

3. 广告策划

广告公司负责在调查的基础上进行广告活动的整体策划，包括依据广告主的营销策略、总体广告策略和广告计划制定具体的广告战略、广告活动计划以及所需要的广告预算。

这一阶段的工作是广告公司业务运作的重点，是广告公司代理水平与服务能力的集中体现，主要工作内容为建立具体的广告目标以及确定为达成这一目标的策略手段，也就是具体规划如何将最适当的广告信息，在最适当的市场时机，通过最适当的传播途径，送达最适当的广告受众，最有效地实现预定的广告目的。其重要的工作方式就是广告策划会议、广告创意与表现会议。完整的广告策划方案或广告计划书是这阶段需达成的工作目标，如果广告公司还为广告主代理整合营销传播的其他内容，则需要同样制订详细的执行计划。

4. 广告提案

广告提案是指广告策划阶段所形成的广告策划方案或广告计划书。进行广告提案包括两个方面的内容，首先是广告公司对提案的自我审核与确认，然后再让客户对该提案进行审准与确认。因而这一阶段的工作方式为公司的提案审核会议以及对客户的提案报告会。公司的业务审核由公司的业务审核机构执行，或由公司资深的业务人员组成临时小组，具体负责在正式向客户提交前，对该提案的科学性与可执行性进行审核。提案报告会，由公司向客户具体报告已形成的广告方案，并接受客户对该方案的审核和质询，最终获得客户对该方案的认可。

5. 广告执行

广告执行阶段主要包括广告制作、广告测试、广告媒体购买、广告发布、广告监测以及与广告活动相关的公关促销等一系列活动。这阶段的工作内容为具体执行获得客户认可的广告策划方案或广告计划书。

一方面，依据方案所确认的广告创意表现策略，进行广告制作，可由本公司制作部门执行，也可委托专门的外援执行，并对已制作完成的广告作品进行发布前的效果测试和刊播试验；另一方面，依据方案所确定的市场时机、媒体策略和媒体计划，进行媒介购买、媒介投放与发布监测。此外，还需执行属于广告公司代理范围内的其他整合营销传播的内容。例如，人员促销就要事先物色促销地点和促销人员，进行活动洽谈和人员培训，安排时间进度和经费预算，同时考虑是否要配合媒介广告等。

广告作品的发布是将已经形成的广告作品通过一定的媒体刊播出去，广告发布过程中的广告媒体策划、广告媒体选择和广告媒体组合以及发布时机的选择由广告公司具体操作，并形成媒体策划书，交给媒体落实具体的发布事宜。

6. 广告效果评估与总结

广告公司运作的最后阶段就是既要对整个广告活动进行实时监测和效果评估，又要对广告公司在此次广告活动中的整体运作进行总结。依据广告公司与客户双方的评估方案对此次整个广告活动进行事后评估。广告公司还应以报告会的形式，对客户进行评估报告和业务总结。至此，广告公司的一次完整运作才算完成。当然，随着广告公司在市场中的竞争加剧和快速发展，广告公司的业务运作都是反复循环进行，并且根据特定情况做出相应的修改和经验总结。

广告公司应该及时、准确地掌握目标消费者对广告信息的反应态度，按照不同的阶段进行广告效果的事前测定、事中测定和事后测定，看广告是否达到预期的效果，并依照消费者的反馈和广告效果评定，及时做出调整并制定进一步的广告策略。

9.4 广告公司的经营与管理

9.4.1 广告公司的经营原则

1. 依法经营原则

依法经营是广告公司生存的前提，或者说是广告公司的生命，这是任何一个广告公司在从事广告经营活动时必须坚持的第一位的原则。

广告活动是以法律为前提的活动，同时又是法律规定的活动。依法经营包括两个方面。一是广告公司要符合广告管理法律、法规，尤其是要遵守《广告法》以及相关的管理法规。《广告法》作为广告领域的根本大法、最高之法，规范了广告主、广告经营者和广告发布者之间的行为和准则，既是对广告公司的限制，又是对广告公司的保证，即广告公司存在和活动的合法性。广告公司的权利、义务和责任在法律、法规中的明确规定，使广告公司在广告活动中有法可依。二是广告公司的活动要符合国家的相关法律规范，如《民法》《反不正当竞争法》《消费者权益保护法》等。

2. 人才经营原则

广告公司经营活动的开展是以高素质、高能力的广告专业人才来保证的。广告公司是属于知识型、智能型、技术型的企业法人组织，它完全是依靠广告公司中人员的智能与创造来维持其存在和不断发展的。“广告公司的财富随员工下班而消失”道出了广告公司与其他公司的显著性差异。

3. 优势经营原则

优势经营是指广告公司根据自己的具体情况而确立自己的发展战略，形成自己的经营特色。优势经营的本质就是广告公司的经营定位。广告公司要根据自己的具体情况，选择经营优势，发展经营特色，推动公司获得较大的经济效益和社会效益。

4. 非业务冲突原则

广告公司只能为某一类产品的一个客户服务，以防止“业务冲突”的出现。一般情况下，广告公司应该十分珍惜与代理客户之间所形成的信任关系，不应该再接受与该企业有着直接竞争关系的广告业务。在国际上，除日本之外（1992 年 1 月之前，电通广告公司同时拥有丰田轿车和日产轿车的广告代理，而后日产轿车转为由博报堂代理），美英等国广告公司在经营过程中大都会避免出现“业务冲突”现象。在我国广告公司迅速发展时，只有逐渐与国外经营惯例、原则相适应，才能与国际广告经营接轨。

9.4.2 广告公司的具体经营内容

1. 美国广告公司的经营内容

美国广告经营业协会对本国广告公司制定了“经营准则”，即规定了广告公司必须具备的能力和必须开展的经营活动。它具体包括以下八个方面的内容：

（1）要研究广告主所要进行广告的商品或劳务在市场竞争中的地位，通过与其他同类商品或替代品相比较，找出其所具有的优点和缺点。

（2）要对广告主的商品和劳务的现有市场和潜在市场进行定位。广告公司必须对广告主商品或劳务的目标市场状况，广告主商品在市场上可能有多大销售量、销售时期和季节变动，现在市场上同类商品的销售情况，广告主的主要竞争对象及竞争对象的数量、竞争能力等进行市场调研。

（3）要研究影响广告主商品与营销的各种主要因素。

（4）要了解各种具体媒体的性能、特点、传播对象、使用条件等方面的情况。

（5）要向广告主提出广告计划和建议。

（6）实施广告计划。具体包括：进行广告设计和制作、与媒介公司确定使用的时间与空间合作、将广告制品送往媒介公司、进行广告效果测定、发放广告费等。

（7）要协助广告主进行销售活动。包括非人员销售活动，如庆典活动、社会活动、社会福利资助等公共关系活动及营业推广的一些活动。

（8）其他的项目。如包装设计、销售调查与研究、推销员培训、推销商品使用的宣传手册设计等。

2. 我国广告公司的经营内容

（1）向广告主介绍广告的功能以及各类广告的作用。

（2）根据广告主的要求提供市场调查、研究预测以及广告策略。

（3）向广告主提出广告建议以及各类与广告有关的咨询。

（4）为广告主提供广告计划、设计、制作以及策划等。

（5）为广告主进行企业统一形象设计及识别系统设计。

（6）联系媒体，提供媒体策略和广告实施方案。

（7）实施广告方案。

（8）对广告效果进行调查、检测与评估。

9.4.3 广告公司的内部管理

加强广告公司的自身管理，对于广告公司的生存和发展以及对于广告客户来说都具有重大意义。广告公司的管理具体包括：业务管理、财务管理、人事管理和行政管理。

1. 业务管理

广告业务是广告公司的支柱，有效地进行广告公司业务管理是广告公司赖以生存的基础。在广告公司业务管理上，既要求明确分工、各司其职，又要求相互协调、密切合作。

2. 财务管理

广告公司的财务管理是对公司经营活动中的资金形成、分配、使用进行计划、组织、协调、控制、监督和核算。具体内容是：收取广告费、参与广告预算的制定、监督广告预算的执行、公司行政费用的管理、财产及物资出入账的管理、专项基金的管理、缴纳税金等。

3. 人事管理

人事管理是指广告公司对其员工的管理。广告业属于知识密集、技术密集、人才密集的高新技术产业。广告业存在和发展的核心就是高素质的人才，企业的竞争是市场竞争，市场竞争归根到底是人才的竞争，因此，在广告公司里对人才的管理就显得尤其重要。

广告公司人事管理包括的内容为以下四个方面：

（1）人员的录用。

（2）人员的考核。

（3）人员的定级、晋级及奖惩。

（4）人员的培养。

4. 行政管理

广告公司的行政管理就是围绕公司的广告战略和广告目标的实现而展开的计划、组织、指挥、协调和控制过程。行政管理的目的就是实现企业内部工作的有序化。

9.4.4 广告公司的收费制度

1. 固定佣金制

佣金制起源于19世纪20年代的美国，始于艾耶父子广告公司。到二十世纪五六十年代，美国、加拿大、日本、西欧等国家开始收取15%的佣金，15%的佣金逐渐成为国际惯例。

我国国家工商行政管理局在1993年7月颁布的《关于进行广告代理制试点工作的若干规定（试行）》对我国广告代理制中的代理费的收费标准明确规定为广告费的15%。

2. 实费制

实费制是广告公司根据广告主提出的要求开展业务，确定整个广告活动中使用各类广告人员从事工作所花费的时间和精力，广告公司将其换算成以工时为单位的工作量，并且拟定每个员工的工时单价，从而以实际工时与单价计算出应收取费用的制度。

据资料显示，目前美国大型广告公司中的高级撰稿员的工时单价约为150美元，中级撰稿员的工时单价约为100美元，初级撰稿员的工时单价为50美元左右。为了记录花费在广告活动上的时间，每个员工必须每天记录自己在各项业务上所花费的时间。部分广告公司甚至要求每个人必须以一刻钟为计时单位，记下每天32个甚至更多的每刻钟工作的内容。

3. 全蛋制

全蛋制又称为全蛋式经营，是指广告公司在向广告主收取业务代理费用时，以广告主利润获取为基数，根据双方协议，给广告公司利润分成的方式。这种收费方式是指广告费与广告效益挂钩，广告公司参与广告主的经营全过程，实行利润均沾、风险共担。

经典案例导读

案例1：

电通的广告经营守则——鬼才十则

日本电通株式会社（Dentsu）成立于1901年，是全球最大的广告代理公司，到现在已有110多年的历史，拥有3 000多家客户。电通拥有着独特而先进的广告经营理念、深厚的广告服务经验，提倡为客户提供“全方位信息交流服务”与“一站式服务”，崇尚与企业的全面接触，从每一个有利地形“围攻”客户——包括广告、媒介、调查、公关、促销活动和宣传活动的多角度接触，使企业在战略规划中渐渐依赖于电通。

电通能够发展成为世界第一的广告公司，离不开被电通广告人视为法宝的经营守则——“鬼才十则”：

（1）主动寻找工作机会，不应静候指派。

（2）对待工作的态度应该积极进取，而不是消极被动。

（3）积极从事大工作，小工作只会让你的眼界变得狭小。

（4）乐于向困难的工作挑战，完成困难的工作才能加速自我成长。

（5）一旦从事一项任务，不达目的决不轻言放弃。

（6）凡事主动。因为主动与被动之人，经过长时间的考验将有天壤之别。

（7）凡事要有计划。有了长远计划，就会有耐性、肯下功夫，自然就会朝正确的方向努力并前进。

（8）信任自己。唯有充满自信，做事才会有魄力，才会有所坚持。

（9）应该时时刻刻地动脑，全方位地观察和考虑，伺机提供必要的协助，这就是服务。

（10）不要害怕摩擦。摩擦是进步之母，是动力的源泉，否则你将因卑躬屈膝而变得懦弱无能。

“鬼才十则”由电通株式会社前社长、被誉为广告鬼才的吉田秀雄（1903—1963）

所创，一直被沿用并视为宝典。

1980 年，电通在北京开办事务所，成为第一家在中国开展广告业务的国外广告公司。本着本土化发展的理念，强调“一站式服务”的思路，电通株式会社先后在中国设立了多家分公司。其中，1994 年 5 月与中国国际广告公司、北京市大诚广告有限公司合资成立的北京电通广告有限公司，为了促进中国企业与市场更加密切地交流，引进了独具特色的“全方位信息交流服务”，即在任何存在信息交流的领域都能看到北京电通活跃的身影。随后又建立了以北京、上海、广州、青岛为中心的服务网络，并且在武汉、成都、沈阳等地设有办事处。通过这些分布在全国各地的业务网络，北京电通更好地实现了“全方位信息交流服务”与“一站式服务”。

1994 年至 2007 年，北京电通围绕着“一站式服务”，不断地创新、完善服务项目，构建整体的最佳解决方案。在此目标的指引下，北京电通的业务内容也呈现出多元化发展态势，领域涵盖领先的市场调研服务、精确的品牌营销服务、综合媒体服务、网络行销服务等内容。公司在市场企划、广告策略、媒介总体服务（媒介策略、计划、购买、监测及媒介市场分析等）、公关促销、网络互动及网站服务等诸多方面形成了一个完整而成熟的服务体系。至 2007 年，北京电通的业务涉猎了所有与信息传播有关的行业，经营网络覆盖整个中国市场，成为中国最大的日系广告机构，并在中国广告市场份额中占有一席之地。

案例 2：

新媒体广告营销，Uber 给你打高分

——Uber 广告营销案例分析

Uber（Uber Technologies，Inc.），中文译作“优步”，是一家美国硅谷的科技公司。Uber 是 2009 年由加利福尼亚大学洛杉矶分校辍学学生特拉维斯·卡兰尼克和好友加雷特·坎普创立的，后因旗下同名打车 APP 而名声大噪。2016 年初，Uber 已经进入中国大陆的 60 多座城市，并在全球范围内覆盖了 70 多个国家的 400 多座城市。

Uber 的移动应用程序在 2010 年于旧金山地区推出，支持 iOS 和 Android 系统的智能手机。起初，Uber 学习伦敦出租车的风格，司机穿着西装驾驶清一色黑色的林肯城市轿车、凯迪拉克凯雷德、BMW 7 系列和梅赛德斯 - 奔驰 S550 等车系。2012 年 7 月，Uber 推出更亲民且低于出租车价格的“菁英优步”（UberX）服务，同年宣布扩展业务项目，其中包括非出租车车辆的共乘服务。

2016 年 8 月 1 日，Uber 将中国业务与滴滴出行合并。据悉，“Uber 中国”与滴滴合并后的公司估值为 350 亿美元，双方达成战略协议后，滴滴出行和 Uber 全球将相互持股，成为对方的少数股权股东。Uber 全球将持有滴滴 5.89% 的股权，相当于 17.7% 的经济权益，Uber 中国的其余中国股东将获得合计 2.3% 的经济权益。相信我们大家熟知 Uber 都是因为它旗下的同名打车 APP。作为一家国际公司，Uber 和国内其他的同类公司的不同之处就在于使用 Uber 的用户在出国旅游时依然可以使用 Uber 来叫车。Uber 似乎一直想告诉消费者，它不止是专车。基于这点，Uber 在全球各国各地都有不一样

的营销案例。

1. 戛纳电影节：Uber 叫直升机

一键呼叫 CEO，用 Uber 找工作、找对象、送外卖、领养小动物，这些都是 Uber 曾经展开的营销活动，而在纸醉金迷的终极名利场——戛纳电影节，Uber 再次将服务升级，推出了直升机送客项目。据悉，直升机主要是往来于机场和戛纳电影节的主会场——影节宫之间，这也是每一位来参展旅客的必经之路，两地在不堵车的情况下，走高速大约 40 分钟，但是电影节期间，小城戛纳和机场大约要接待 20 万远道而来的客人，拥堵状况不可避免，而乘坐直升机，只需要 7 分钟即可到达，价格大约在 180 美元，一次可乘 4 人。虽然还是有点贵，但据悉一般乘坐出租车往返于机场和戛纳影节宫，也需要人民币 800 元，这样算下来，直升机只是贵了 400 元而已。其实在 2014 年戛纳电影节期间，Uber 曾在法国巴黎和尼斯之间开展过飞机接送业务，一个小时的航程收费9 000美元。

对于明星而言，钱不是重点，如此霸气的出场方式值得拥有。而对 Uber 来说，通过这次活动盈利不是重点，通过明星引发社交媒体关注才是目的。

明星斗秀的名利场，也是品牌扎堆的地方，不是每个闪光灯都有价值，不是每次博版面都有掌声，正所谓经得起多大的诋毁，就受得起多大的赞美，戛纳营销，Uber 以质取胜。

2. 美国：把投资人打包快递给你

2014 年 4 月，Uber 搞了一个奇特的营销活动，主题为“给你 7 分钟，Uber 会把投资人快递到你面前”，而当时的时间点恰逢 HBO 情景喜剧《硅谷》的热播，Uber 相当会利用热点造势。

4 月 9 日上午 11 点到下午 3 点期间，Uber 在硅谷的 3 个核心城市提供一个如此奇特的服务：当你叫的 Uber 车到来时，会有一个 Google Ventures（谷歌创投）的投资人坐在车里等你，对方会给你 7 分钟的阐述时间，然后再花 7 分钟给你提供反馈意见。之后，Uber 还会把你免费送回家。

2013 年，Google Ventures 在 Uber 身上投资了 2.58 亿美元，也正因为如此，Google Ventures 的几位合伙人才会联合出来帮 Uber 站台，进行市场推广和宣传。

3. 新加坡：打辆超级跑车来玩玩

2015 年 3 月 21 日和 22 日，Uber 在新加坡策划了一场“超跑秀”。其联合兰博基尼和玛莎拉蒂为用户奉上 15 分钟的免费乘坐体验。

此次活动提供了两款车型，分别是兰博基尼的Gallardo Spyder 和玛莎拉蒂的 GranTurismo 跑车。用户只需要在 Uber 的应用界面上选择 Super Car 就有机会预约成功。

4. 日本樱花季：再也不用担心花粉过敏，Uber 用无人机来送口罩

大家都知道，每年的三四月份是日本樱花盛开的季节，期间大批的市民、游客都会出门观赏樱花。可是，漫天弥漫的樱花花粉却让有些人不适甚至出现过敏症状。于是，2015 年 4 月 1 日起，Uber 别出心裁地用无人机来为用户免费递送口罩，方便他们出行。

具体来说，活动期间，用户只要点击 Uber 应用里的 Uber Mask，然后像往常叫车

一样，在地图上用图钉标示出自己的位置，Uber便会用微型无人机来把口罩递送到用户面前。也许是为了契合Uber自己的“叫车平台”形象，又或者是为了方便在无人机飞行不便时可以继续行进，Uber在使用的无人机底下安装了四个轮子，做成了汽车的样子，从而真正实现了“空陆两栖”。

5. 美国纽约：玩起参与感，Uber让纽约市民亲身体验《权力的游戏》道具和场景

2015年，制作出了热剧《权力的游戏》的美国HBO公司，为庆祝其独立流媒体服务HBO Now的启用，联手Uber于当地时间4月16日和17日在纽约曼哈顿推出了“铁王座”（THRONE）试乘服务。

用户只需在Uber APP上输入“铁王座试乘”（Throne Rides）即可进入相关页面。如果选择“铁王座”，体验者可以在透明卡车内与“铁王座”合影；如果选择“三轮车”（PEDICAB），体验者有机会乘坐一辆装饰过的三轮车，一饱戏瘾。

当然，因为“宝座”数量有限，Uber只把活动参与者限于曼哈顿中心的几个街区，那些有幸在“铁王座”上体验一把王者风范的市民都迫不及待地把照片分享到了Twitter上。

6. 澳大利亚：可爱“喵星人”送上门

2015年2月5日中午12时至下午4时，Uber在澳大利亚的悉尼、墨尔本、珀斯等多个城市策划了一场“猫咪秀”活动。用户只要打开Uber应用，并点击选择Kittens（意为小猫），过不了多久就会有Uber司机把可爱的小猫咪送上门，而用户也有十五分钟的时间可以尽情和猫咪玩耍嬉闹。

其实“送猫咪上门”的营销活动Uber之前已经在美国一些城市策划过了，这次又在澳大利亚掀起了一股热潮。而这个活动本身其实还有更深远的意味，那就是提高人们对流浪宠物的认识，以及为它们做慈善募捐。在Uber所到之处，公司会和当地的动物收容协会一起策划活动，而所得车费都会捐给当地的动物收容所。同时Uber也鼓励用户邀请自己的亲朋好友，通过“Split Fares”（AA付车费）来一起参与募捐活动。

7. 泰国：泼水节生存装备

每年的四月中旬都是泰国人民和国外游客狂欢的日子，因为此时正值一年一度的泰国泼水节，而Uber借此事件又策划了一场营销盛宴。一方面，用户可以通过点击Uber Splash选择最近的蓄水卡车。预约成功后，用户将可以登上卡车停留20分钟，为自己的水枪蓄水，并在车上“占领高地”，“打击”路上的行人。另一方面，Uber还为那些想要参与泼水节狂欢，但顾忌随身重要物品被水淋湿的游客提供了Survival Kit（戏称为“生存套装”）。这个套装包含了一件雨衣以及一个防水信封，用户可以把自己随身携带的钱包和手机等贵重物品放到信封里加以保护。用户通过Uber的应用点击Uber-BIKE，并设置套装送到的地点，过几分钟就会有人蹬着自行车为你送来雨衣。此套装仅限500套。

8. 北京：一键呼叫CEO

2015年4月24日至25日，Uber在北京推出了“一键呼叫CEO”活动。16个企业高管乘坐轿车围绕清华转，学生通过Uber应用叫车，和企业高管在车上进行15分钟面

试。Uber 北京负责人以及 LinkedIn、App Annie 等企业高管都到了现场。参加活动的学生以女生为主，大多比较兴奋。他们觉得近距离接触企业高管的机会非常难得，甚至还有人专门从天津过来，当场拿到产品经理的 offer。活动结束后也有成果产生，一名来自北航的同学一直没等到和 LinkedIn 高管见面的机会，于是他提出活动结束后和对方拼车离开，成功在回学校路上拿到 LinkedIn 的 offer。

9. 上海：一键呼叫直升机

2015 年 4 月，Uber 在上海推出“一键呼叫直升机”服务，2 999 元一次的价格，20 位用户成为首批乘客。这次活动邀请了赵又廷作为首飞乘客，活动当天还有一对年轻情侣空中求婚。

Uber“一键呼叫直升机”活动可是赚足了眼球。不过有趣的是，Uber 自己的微博主页，所有信息的点赞数加起来，也远不及赵又廷的微博点赞数，后者大概是前者的 27 倍。除了微博之外，很多媒体也报道了这则消息，新浪等几十家媒体都选择了跟进报道。这几乎意味着，只要你在当天看新闻，多看几条就能知道 Uber 做了一键呼叫直升机这件事。

10. 上海：佟大为变身司机

2015 年初，佟大为借势 Uber 为自己的新电影做宣传。位于上海的佟大为在微博上贴出一张坐在 Uber 汽车驾驶座上的照片并配文“今天要做一件很酷的事情”，引来了大量网友的关注。随后，佟大为发起了“暖男酷车”行动，驾着一辆价值百万的红色特斯拉在马路上四处接单，搭载乘客。娱乐圈内素有好男人之名的佟大为变身 Uber 司机，在上海街头“为人民服务”，当天一共有三位乘客坐上了佟大为驾驶的 Uber 车。

比较有趣的是，第一位乘客上车后，视线丝毫不离手机。尽管佟大为使出浑身解数，仍没有被认出来。工作人员记录下三位乘客见到佟大为的反应，制作成视频在微博上流传。暖男司机的形象建设与 Uber 提供贴心服务的品牌调性相匹配，加上网络传播，此次营销获得了不错的效果。

11. 深圳、广州：雪糕日

风靡全球 130 多个国家的雪糕日也来到了中国。2014 年 7 月，在深圳和广州，多辆 Uber 定制的雪糕车驶向街头。夏日炎炎时，用户只需在 Uber 的 APP 里选择“雪糕”，离他们最近的雪糕车就会尽快把雪糕送至指定地点，用户最快可在几分钟内享用到雪糕。

12. 成都：激动车副驾驶员

2014 年 12 月，Uber 和宝马合作，在圣诞节前夕派出了十辆 Mini，三环内免费搭乘到目的地。这个名为“激动车副驾驶员”的活动将一次性满足你的视、听、嗅、味、触五感需求，车内有按摩装置、情趣香氛、迷幻慢摇电音、iPad 内置激动视频、功能饮料、《男人装》杂志、免洗洗手液以及大胆出位的文字。

13. 同城快递

再来看看 Uber 其他的创意活动：如果外面正下着大雨，你又有份紧急资料要送，这个时候怎么办？专车给你提供新的选择，你无须冒雨亲自去送，再打车回来，这不仅浪费时间金钱，还可能被淋成“落汤鸡”。你只须让司机来拿再告诉地点即可，由于APP上有司机的身份信息等资料，还有导航可监控路线，安全有保障。

这样一来，快递的同城业务自然会受到冲击，由于有接单、排号、派单等流程，快递再怎么快也赶不上专车速度，而且随着订单量增多，成本也会摊薄。与此类似的还有订餐、搬家、超市购物等注重时效的短途运输的业务。

14. 无人驾驶汽车研发

Uber加快了无人驾驶汽车的研发。2015年2月，Uber宣布和卡内基梅隆大学（CMU）建立战略合作关系，联合开发先进的地图导航、车辆安全、自动驾驶技术。

Uber的CEO Travis既谦虚又自信地表示，这还只是试验阶段，谷歌的无人驾驶汽车2020年就要上路行驶了，特斯拉下一款新车也要配置“自动驾驶”功能，因此要加大力度投入研发更先进的无人驾驶技术。

最让人感到吃惊的是，Uber在全球做了这么多活动宣传居然都没有花钱。深圳地区市场经理Evanee说，Uber全球范围都没投放过广告，不管是线上还是线下。和一些明星的合作也不需要付费，双方是秉持互利原则合作。很多明星其实也有一些推广需求，比如发新片的时候。Uber俨然已经成为一个渠道或者小型媒体了。

案例分析

新媒体广告是一个不断变化的概念。网络时代的社会，微博、微信、公交车、楼房……都有应接不暇的新媒体广告。

在中国这个潜力巨大又竞争激烈的市场上，让品牌在用户中流行起来并制造持续的关注度是十分重要的。互联网时代，产品的多样化使用户黏性相对较低，在用户使用习惯培养起来之后，还必须通过不断地去刺激用户参与体验，不断进行创新才会保持用户的长久活跃。Uber营销有三部曲，分别是：寻找目标受众、了解目标受众、打动目标受众。移动互联网的用户群体有一个重要的特点就是年轻化，喜欢接受新鲜事物，而Uber就以时尚、灵活等元素成功地吸引到了他们，成为“打车软件中的苹果手机”。而相比其他打车软件，Uber并不会过度强调它的优惠活动，而是着重培养用户对于品牌的信任度，培养用户的使用习惯。一旦高额的补贴方式消失，消费者就会转头离去。而Uber通过不间断的创意营销让消费者可以时刻保持新鲜感，这更令消费者产生一种“润物细无声”的感觉。

Uber在广告创意与营销的发展手段上，一直秉承着“娱乐营销”的理念和“将产品融入生活”的品牌构想。高端、前卫、时尚是它的标签。高级轿车的接送方式，暖心及时的服务，Uber不再是一种单纯的服务类APP，更是一种生活方式。

Uber公司在制定广告及营销策划之前，首先会开展市场调查，针对不同国家的实际情况来制定不一样的营销策划，比如上面案例中提到的日本樱花季和泰国泼水节。在日本樱花季案例中，Uber用无人机来送口罩的策划是针对日本三四月樱花季会对花粉过敏的人群，Uber 使用无人机为这一类人群送口罩，而且需要送口罩的方法与往常叫车的方法一样。Uber 甚至为了契合自己“叫车平台”的形象，将无人机做成汽车的样子。而在泰国的泼水节案例中，Uber 则会为用户提供蓄水卡车，用户只需要通过 Uber Splash 选择最近的蓄水卡车就可以为自己的水枪蓄水。这两个营销策划不仅非常新颖，很好地吸引了人们的眼球，同时又扩大了 Uber 的业务，使得 Uber 进一步为人们熟知和使用。

除了针对不同国家的特定时期进行策划，Uber 还会结合公益和慈善等社会方面来制定营销策划。比如上面提到的在澳大利亚送小猫上门的活动就是和当地的动物收容协会一起策划的。这次活动可以提高人们对流浪动物的认识，所得的车费则是捐给当地的动物收容所。而北京的“一键呼叫 CEO”活动则是一个针对大学生进行的公益活动，给予他们一个能和企业高管面对面的机会，同时也让他们可以通过这个机会得到自己梦寐以求的 offer。这两个活动不仅仅是 Uber 的一种宣传，同时赋予了 Uber 一种人情味，可以让大众在使用这个叫车软件时多了一种情怀。

另外，Uber 还非常懂得结合时下的流行元素来进行策划，如上述案例提到的电影节、超级跑车、电视剧中的场景道具以及受欢迎的明星。Uber 非常明白，一旦和这些流行元素捆绑在一起，就等于可以得到更多的“出镜率”，收获很多免费广告的机会。不过 Uber 并没有只是享受这些机会，而是想出了很多新鲜特别的活动，令自己更显眼、更受关注。比如在戛纳电影节中用直升机送明星往来机场和戛纳电影节主会场；联手《权力的游戏》推出道具场景的试乘服务；请来明星佟大为做 Uber 的一日司机。和这些元素结合在一起会有很多媒体进行报道，对于 Uber 来说这就是免费广告的机会。

“明星效应”与“粉丝营销”引发媒体关注。通过以上案例可以看到，佟大为和赵又廷都是体验 Uber 产品的娱乐明星。在国际市场，戛纳电影节也邀请国际明星来推广 Uber 直升机。明星乘坐直升机霸气地登场，是很拉风的行为。而 Uber 也借助明星自身的影响力，来引发社交媒体的关注，从而达到自己的营销目的。再者，Uber 通过记录明星体验 Uber 的视频，把视频放到网络上，让其发酵，也能产生更广泛的关注和话题。

明星宣传代言产品已成为屡见不鲜的现象，利用“明星效应”和“粉丝营销”来推广产品，甚至已成定势。Uber 跟上这一潮流能获得经济效益，但对明星广告投入的力度不大。纵使它的草根性很强，但若让知名人物参与其中，发挥“意见领袖”的效用，也许不失为一种好的营销手段。

跨界营销，擦出火花。Uber 如此快速地在国内打车市场占有一席之地，品牌跨界营销是一个很重要的因素。Uber 在中国市场与妈妈网、歌莉娅、特斯拉等品牌合作。Uber 跨界营销的方式直接造成了客户群的扩大，在了解合作方的信誉形象、商业发展模式的前提下，将合作方的用户附加到自己的产品下；从长远来看，与合作方建立长期的良好合作关系对 Uber 日后的发展亦有助推作用。与其他品牌的强强联合，一方面给双方带来经济效益；另一方面，Uber 也可以扩大自己的目标用户和消费群体，拉拢其他品牌的固定用户，扩大自己的品牌知名度。“跨界”代表一种新锐的生活态度与审美方式的融合。跨界合作能让两个服务性能不相关的产品融合，发挥出产品的另一种效用。

传达新颖的生活理念，一个好的产品不仅能为用户提供良好的服务，还能传递核心情感。Uber 上海总经理王晓峰曾说："除了把人从 A 点送到 B 点之外，我们希望 Uber 的品牌不是冰冷的，而是有爱的、有故事的、有责任感的。"

Uber 尝试过推出"妈妈专车""公主南瓜车""复仇者联盟专车"，这些都是很贴近生活的元素，将生活的元素真实地还原，它传递给消费者的是一种时尚创新的现代化生活方式。再者，营销 3.0 时代的核心理念是人文化营销，最流行的营销方式是将品牌与消费者的关系上升到情感交流方面，提供情感服务，让消费者感受到人文关怀。妈妈网立足于妈妈对宝宝关心的角度，将宝宝生活的场景还原到妈妈的眼中。雪糕车也在炎热的夏天为人们提供冰冷食物，为人们降温。从前的打车时代，我们只要上车—付钱—下车，就简单地完成了打车的步骤。我们原本对打车的期待值很低，仅仅是为了服务生活，而 Uber 车专注于传递生活方式的做法更新了我们的理念。本是素不相识、毫无关系的司机与乘客有了交流沟通，提供无微不至的关怀，所以我们选择这种贴合消费者心理需求的服务。这种营销方式会让人"上瘾"，现代社会的关系也会越来越亲密——Uber 这一生活理念令很多用户欲罢不能。

2014—2015 年，是 Uber 发展最迅速的时期，这不仅取决于它的服务性能，更取决于它多样化的广告营销。可是近几个月来，Uber 的广告营销并没有一如既往地锋芒毕露。据 Uber 官方微博的数据统计，Uber 的营销并没有减少，只是渐渐失去了关注度，并没有那么吸引眼球了。这是为什么呢?

一个品牌在最初进入市场时，最需要的是打响知名度和培育市场，让更多消费者了解它的存在。因此，广告营销初期需要加大力度，用夸张的营销手段来吸引眼球，建立一个高端、有趣、年轻、时尚的品牌形象。而"Uber 中国"发展到现在已有两年多，层出不穷的营销手段让 Uber 获得了很高的知名度，达到了扩大品牌影响力的目的。接下来的营销手段的转变，应该要立足于大数据，倾向于更稳定的传播，同时内部的运营方式也要合理地支持 Uber 的运转。企业能长期地立足于市场上，最关键的还是创新！新媒体广告可以做得花样百出，但是如何产生持久的生产力是一门更高深的学问。如何在竞争激烈的新媒体广告中杀出一条创新的路，是 Uber 急须渡过的难关，让我们拭目以待。

案例讨论

1. Uber 的核心竞争力是什么？Uber 如何强化自己的核心竞争力？

2. Uber 和滴滴出行合并后，在营销策划上应该怎么调整？要注意哪些方面？

思考与练习

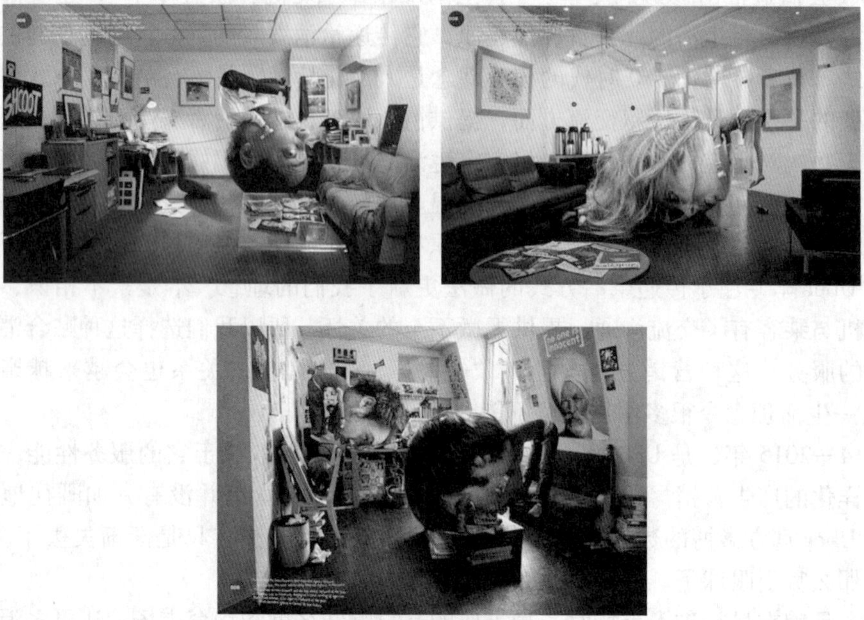

DDB 广告公司自身系列形象广告

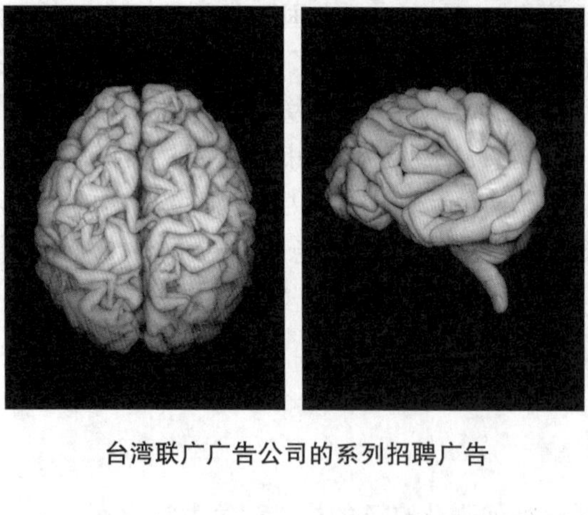

台湾联广广告公司的系列招聘广告

广东省广告公司自身形象广告

以上三组广告分别是来自国际4A世界一流广告公司DDB广告公司、中国台湾本土顶尖广告公司台湾联广广告公司、中国大陆本土排名第一的广东省广告公司为自身制作的形象广告。请你对三组广告分别进行创意分析比较，并结合你对国际广告、中国台湾广告以及大陆广告的认识，谈谈三家广告公司以及其所代表的国际广告、中国台湾广告、大陆广告在广告创意理念、广告公司经营服务理念上存在怎样的差异，而作为土生土长的中国大陆广告公司又应该从中吸取怎样的经验才能更好地提升自己，与国际接轨。

行业访谈

新媒体广告的特性

受访者：杨歌（中国广告模特协会执行秘书长）

我们就新媒体广告的特性进行了访谈，杨歌告诉我们以下几个特点：

（1）价格低。新媒体的运用范围广并且成本不高，是一种低成本但宣传效果很好的媒介。

（2）辐射面广。新媒体的辐射面非常广泛，它可以通过多个渠道传递信息来达到宣传目标。

（3）模式传播快。例如微博营销，它的传播速度非常快，而且可以运用病毒营销的模式，加快传播的速度。

（4）潜力很大。随着科技的发展，越来越多的人使用互联网，受众人数的增加也就意味着在网络这方面很有开发潜力。

10 广告管理

10.1 广告管理概述

10.1.1 什么是广告管理

广告管理分宏观管理和微观管理两部分。广义的广告管理是指能够对从事广告活动的机构和人员行为起到检查、监督、控制和约束作用的法律、法规、社会组织或个人、社会舆论与道德等的管理。狭义的广告管理是指国家行政管理机关依据有关法规对广告传播和广告经营活动进行的管理。

从国内外广告管理的发展历程和我国市场经济发展的实践来看，广告活动的监督管理既要依靠国家和政府主管部门，也要依靠社会舆论的影响和消费者的联合行动以及行业协会的协调，这些方面是相辅相成的。所以，从广义上来把握广告管理的含义更具有积极意义。

1. 广告管理的特点

广告管理是对广告行业和广告活动的管理。广告管理的对象、方法、内容和范围的独特性决定了它具有自己独有的特点。这些特点包含以下五个方面：

（1）广告管理具有明确的目的性。在我国，国家通过行政立法对广告行业和活动进行管理，目的是使广告行业适应国家宏观经济形势发展的需要。广告管理的主要目的有：依法查处违法广告，杜绝虚假广告，取缔非法经营，保护消费者的合法权益，减少广告业的负面影响，促进广告业健康、有序的发展。

（2）广告管理的规范性。广告管理作为国家管理经济的行为是严格依法进行的。国家设置了专门的广告管理机构，制定了一系列法规来规范和约束广告管理的发展，使广告行业做到有章可循、有法可依和违法必究。

（3）广告管理的强制性。这主要是由广告法律法规的强制性特点所决定的。

（4）广告管理的多层次性。这主要是指政府行政立法管理、广告行业自律和广告社会监督的多层次协同管理。以行政立法管理为主、广告行业自律和广告社会监督为辅的管理是最为有效的方法，可及时解决立法管理不及时的问题。

（5）广告管理具有分工明确性。针对商业广告的有《广告法》，兼容社会类、公共类广告的有《广告管理条例》《化妆品广告管理办法》《医疗广告管理办法》《食品广告发布暂定规定》《房地产广告发布暂行规定》等，从多方面对广告活动进行规范，使各广告管理行业均可找到对应的管理条例。

2. 广告管理的意义

广告业是知识密集、技术密集、人才密集的第三产业，广告业的发展对经济的发展有着很大影响，代表着一个国家市场经济的成熟度。因而建立健全广告监督和管理制度有着重要的意义，主要表现在以下五方面：

（1）保证国家对广告实施切实有效的管理。

（2）加强法制建设，维护广告市场秩序，保护参与广告活动各方的合法权益。

（3）查处虚假广告，保护消费者的合法权益。

（4）促进广告行业的发展壮大。

（5）为广告制定宣传框架，使消费者有法可循、有法可依。

10.1.2 广告管理的系统构成

1. 广告行政管理

广告行政管理是指国家广告管理机关依照广告管理的法律、法规和有关政策规定或者通过行政干预手段对广告行业和广告活动进行监督、检查、控制和指导。最高的行政机关是国家工商行政管理局，直属国务院。

2. 广告审查制度

广告审查制度是普遍采用的管理制度，有助于防止虚假广告信息的泛滥。广告审查是指广告审查机关在广告交付媒介发布前对广告主的主体资格、广告内容、证明文件材料和表现形式进行的审查。

3. 广告行业自律

广告行业自律又叫广告行业的自我管理。它由广告主、广告经营者和广告发布者成立的民间性行业组织对其自身进行规定制约，是一种职业道德规范行为，具有自发自愿性、灵活性、道德约束性和舆论规范性的特点。世界上最早的国际性广告行业自律是20世纪60年代国际广告协会发表的《广告自律白皮书》。

4. 广告社会监督机制

广告社会监督机制又称广告消费者监督或广告舆论监督，是指广大消费者自愿成立消费者组织，依照国家广告管理的法律、法规对广告进行日常监督，对违法、虚假广告向政府管理机关举报与投诉，并提出立法请求与建议。其目的是制止和限制虚假、违法广告对消费者权益的侵害，维护消费者的正当权益，确保广告市场健康有序地发展。我国的广告监督机关主要指中国消费者协会（1984年12月26日在北京成立）和各地设立的消费者协会（可称委员会或联合会）。

10.1.3 广告管理的方法

所谓广告管理方法是指为了达到管理目的，在广告管理过程中，由管理系统（管理主体）对被管理系统（管理客体）进行有目的的作用的活动方式的综合。它是广告管理人员执行管理职能的手段，是管理主体对客体施加影响和作用的方式。

1. 行政管理方法

所谓行政管理方法，就是依靠广告行政管理机构的职权直接对管理对象下达命令、规定等具有强制性质的行政手段和指令性文件来管理广告活动的方法，它是广告管理机构最常用的管理方法。

2. 法律管理方法

所谓法律管理方法，就是人们常说的法治，是指以国家制定或认可的法律、条例等来处理、制裁广告活动中有关经济纠纷和违法犯罪行为的一种强制性方法。

广告管理的法律方法是广告管理法制化原则的具体运用和体现。在广告管理实践中，法律方法作为调整和处理广告活动的法律规范具有极大的权威性、规范性、稳定性和强制性，是其他管理方法所不能替代的。它包括调整和处理国家与广告经营者、客户之间，广告客户之间以及广告客户与广告经营者之间，广告经营者、广告客户与消费者之间，国内与国外经济组织、企业、法人之间的广告活动的经济关系和法律关系。

运用法律方法管理广告，要求法律界定范围内的一切成员、单位都必须遵守，并由国家强制力来保证实施。因此，这种管理方法是保护合法经营、保护客户和消费者合法权益、维护国家和社会公共利益、维护广告经营和广告宣传正常秩序、推动广告事业健康发展的有力保障，也是与危害公共利益的行为做斗争，打击违法经营、取缔违法广告、查处虚假广告的有力武器。同时，这也是实现广告经济效益与社会效益统一，促进国内外经济与广告正常交流的有力工具。

总之，对于现代广告管理来说，法律方法是一种科学有效的管理方法，也是世界各国特别是广告业发达的国家和地区普遍采取的一种广告管理方法。

社会主义市场经济是法制经济，广告管理也要走上法制化轨道。法律方法管理广告的要求是：

（1）国家要健全广告立法，把现代广告管理中比较成熟、带有规律性的原则和制度，用法律、法令、条例等形式固定下来，形成完整的规范广告行为的法律体系，使广告的经营与管理有法可循、有法可依。

（2）国家要健全专门的经济司法机构，强化广告管理机关的法律职能。

（3）大力普及法律知识教育，提高整个广告行业的法律意识。

3. 广告行业自律方法

所谓广告行业自律是指广告行业组织机构、经营者和客户根据国家法律、法规、社会道德和职业道德的要求，针对实际情况自行制定约束本行业或企业的公约和规则，进行自我约束和管理，以保证所发布的广告奉公守法、真实可信。

4. 舆论监督方法

在现代信息社会中，舆论对社会经济生活的各个环节、主体具有监督作用，它具有赞扬真善美和鞭挞假恶丑的功能，因此在受众中具有强大的公信力和影响力。

5. 消费者监督方法

消费者是广告的接受者和广告产品的最终使用者。广告行为的受益者和受害者都是消费者，因此广告的管理必须有消费者的参与。消费者往往通过消费者协会来行使自己的权利，维护自己的合法权益。消费者协会是一个由消费者组成的群众组织，在广告管理中发挥着巨大的作用。

6. 经济管理方法

所谓经济管理方法就是广告公司内部根据广告活动规律的要求，利用各种经济杠杆，通过经济组织正确处理广告活动中各方面的经济利益与广告经营、宣传成效的办法来管理广告的一种方法。它是广告管理系统广泛运用于管理广告活动的一种基本方法。

运用经济方法管理广告，就需要寻找、完善能协调与兼顾各方经济利益的措施、办法、对策、途径，并且在广告管理活动中力求做到：

（1）把科学合法地经营、提高经济效益作为出发点，以效益原则来衡量广告业绩和工作成绩。

（2）按照经济和广告活动规律的要求，完善广告管理控制体系，健全广告经营体制，培养并完善广告市场。

（3）运用“管而不死、活而不乱”的管理原则，建立监督调控体系，实现企业自主经营、自主管理、自负盈亏的真正自主权。

（4）综合运用各种经济杠杆，发挥经济杠杆的中间、分配、调节、动力、控制五大功能的作用。宏观管理上注意运用税收、信贷、价格三大经济杠杆，微观管理上努力用好工资、福利、奖惩等经济手段，组织协调好各项广告活动。

（5）在广告活动的各环节各单位，认真实行以按劳分配为主体的多种分配方式，优化劳动组合，把责任与奖惩和效益直接挂钩，健全经济核算制，推广经济合同制等。

7. 媒体监督方法

广告最终要通过媒体进行宣传，媒体在充分了解广告主主体资格和广告是否具有真实性的过程中，应该对广告严格排查，遏制不良广告的传播。

8. 消费者协会监督方法

消费者协会的主要任务便是对商品和服务进行监督，保护消费者权益，有权制止任何不良广告。

9. 广告管理中的其他方法

广告活动的广泛性、复杂性、多变性，决定了广告管理方法的多样性。管理好广告业、广告活动，除了上述几种常用的方法之外，还可以运用其他方法，这些方法包括：

（1）教育方法。指通过对人们进行思想、道德、品质方面的教育，提高人们的政治思想觉悟，以便其能自觉地认识和遵守各种管理法规的广告管理方法。

（2）咨询顾问法。指由咨询顾问机构或广告咨询顾问人员针对广告活动及其管理中存在的问题，提出各种合理化建议，供广告管理机构决策人员参考的一种方法。

（3）奖励方法。指对优秀广告进行年度考核和奖励，这有利于提高广告水平，是激发各广告管理公司潜能的一种方法。

总之，广告管理方法虽然多种多样，但都是为了达到管理目的、贯彻管理原则、执行管理职能的一种特殊方式，因而各种方法又相互联系、相互补充。

10.1.4 美国的广告管理

美国是当今世界广告业最发达的国家，拥有许多世界性的广告公司，广告收入占世界广告总收入的一半，因此，美国在广告业的管理方面有许多成功经验值得我们借鉴。

1. 美国政府管理广告的机构

美国国会于1914年通过《联邦贸易委员会法》，建立了联邦贸易委员会（以下简称FTC）。1983年，美国国会又通过了《惠勒—利修正案》，进一步扩大FTC的权限并确立了FTC管理广告的权威地位。它的权限主要有以下两个方面：

（1）FTC可向联邦地方法院申请颁布停止不正当竞争手段的法令，法令一经申请便自动具有法律约束力。

（2）FTC对宣传食品、药物、化妆品、治疗方法的虚假广告具有特定的审判权。当有迹象表明某则食品、药物或化妆品广告可能属于危害消费者健康的虚假广告时，FTC可在进行审查的同时，通过联邦地方法院发布禁令，阻止有问题的广告继续刊播。

FTC虽然在二十世纪六七十年代开展广告管理工作时比较积极、主动和活跃，但也常受到国内的批评和限制。

2. FTC管制广告的方法

（1）广告凭据（Substantiation）。

从1971年起FTC开始采用要求广告主出具证书的方案，方案的核心为“事后要求虚假广告的广告主出具证明，事先要求所有的广告主表述备好凭据”。在方案实施后，首先受到影响的是汽车和空调机行业。例如，勃格—活纳公司的空调机广告中声称能释放出“清洁、健康的空气”，火石公司在广告中声称自己的轮胎“刹车比别的轮胎快25%”，发达公司储存型制冷系统广告为“独一无二”等都被FTC视为证据不足而责令停播广告。

（2）明确告示（Affirmative Disclosure）。

FTC要求与安全和健康相关的产品在做广告时，既要准确地展现产品的特点，又要暴露它的不足与局限性，即不但要宣传产品优势，也要说明它的劣势。

（3）停止不正当竞争的命令（Cease－and－Desist Order）。

1938年通过的《惠勒—利修正案》授予FTC的特权是在有足够的证据判决广告属于欺骗或误导时，FTC可以发布“停止不正当竞争”的命令。一旦FTC向法院提出发布的申请，命令就自动生效，广告主只能按要求签字，承认广告违法。

（4）停止涉嫌广告令（Consent Order）。

为弥补从案例诉讼到调查结果掌握证据需要很长时间的缺陷，尽早停止与人们身心健康有关的虚假广告的刊播，FTC在必要时可以颁布“停止涉嫌判决令”，即在不明广告究竟属于什么性质、广告主不正式认错的情况下，FTC 可以命令广告主在决令上签字，同意停止涉嫌广告，如果广告主在签字后又继续刊播广告，每犯一次罚 1 万美元。

（5）矫正广告（Corrective Advertising）。

自 20 世纪 70 年代起，FTC 对某些在消费者心目中造成深刻印象的误导性广告提出矫正广告的要求，以消除错误印象。

（6）禁止削弱竞争和禁止市场垄断。

禁止可能会削弱竞争或导致市场垄断的价格歧视，以防引起市场动乱。

3. 广告管理中的热点问题

（1）欺骗性广告。

美国 FTC 认为“广告的表述或由于未能透露有关信息而给理智的消费者造成错误印象的，这种错误印象关系到所宣传的产品、服务实质性特点的”均属欺骗。表 10 - 1 所列均属于欺骗现象。

表 10 - 1　欺骗性广告的内容

虚假的承诺	在广告中做实现不了的承诺，如称产品能使人“恢复青春”“青春长驻”，或在缺乏足够科学证明的情况下称某产品能“预防癌症”或“包治百病”。
信息陈述不完整	在广告中未完整地把信息传播给社会公众，只片面告知广告内容。例如，有一家美国公司在广告中声称自己的产品“只需 60 秒钟”就能使草坪变绿，并且“还能使它 365 天保持长青”。从字面上来看和从产品的实质来分析，广告中的每字每句的确属实，但是广告未提及该产品内含水溶性染料，也未提及保持草坪四季常青需一次又一次地浇洒这种水剂，这实质上是对消费者的一种欺骗。
令人误解的比喻	在广告中使用无法证实的比喻，如“美若天仙”“坚若钻石”“力大如神”等，都难以真正得到证实。
图像的不真实	这是指利用视觉表现效果，在广告中美化产品，使广告中呈现的产品优于现实中的产品。
言过其实	针对广告产品的特定优势，放大宣传，夸夸其谈。

（2）特殊商品的管理。

这里的特殊商品是指食品、药品、医疗器械、化妆品和酒、香烟等与人们身心健康有关的产品，这些商品的宣传在世界各国都属于广告管理的热点问题。我国已出台了一系列关于特殊商品的相关法律法规，对此类商品广告进行特别的管理限制。

（3）证人广告。

欧美国家的广告法规都明确规定：证人广告中的证言必须与事实相符。向消费者推荐产品或服务的证人，无论是明星、名人还是专家权威或普通人都必须是产品的真实使用者，否则被视为欺骗。

（4）以儿童为目标的广告。

由于儿童身心未发育完全，没有足够的判断广告信息真伪的能力，他们是最易受伤害的人群。因此，西方各国对以儿童为对象的广告进行了各种规定和限制。例如，在加拿大，面向儿童的广告只能在周一到周六的上午播放；在电视中，澳大利亚把对儿童的广告限制在上午 9 点至 10 点 20 分；新西兰只允许在下午 3 至 4 点对儿童播放广告。

（5）比较广告。

最早允许比较广告的是英国、美国和瑞士。美国 FTC 认为，比较型广告既能鼓励竞争，又能给消费者提供更多的信息，因此予以支持，但是，也明文规定与事实不符的广告表达属于虚假广告。原来多数国家禁止比较型广告，但近年来许多国家逐渐突破比较广告的禁区。例如，1991 年底，法国国民议会通过一项保护消费者法案，允许比较广告的存在，随后，欧洲和亚洲的很多国家也陆续放宽了对比较广告的种种限制。

（6）媒体广告发布责任。

地方媒体或网络媒体在没核实广告主主体资格、广告内容是否真实的情况下便把广告公诸于众，可能会造成消费者错误认识。因此，媒体在发布广告前应严格按照法律要求查验有关证明文件，核实广告内容，依法审查发布广告。

10.2 广告行政管理

所谓广告行政管理是指国家通过一定的行政干预手段或者按照一定的广告管理法律、法规和有关政策规定对广告行业和广告活动进行监督、检查、控制和指导。

在我国，广告的行政管理是由国家工商行政管理部门按照广告管理的法律、法规和有关政策规定来行使管理职权的，并且是我国现阶段进行广告管理的一种主要方法。

10.2.1 广告行政管理的系统构成

从整体上来看，广告行政管理可自成一个系统，主要由四个子系统构成，即广告行政管理机构、广告行政管理法规、广告验证监督管理、广告行政管理对象。

（1）广告行政管理机构主要由国家工商行政管理机关和地方各级工商行政管理机关构成。我国《广告管理条例》第 5 条规定："广告的管理机关是国家工商行政管理机关和地方各级工商行政管理机关。"

（2）广告行政管理法规是广告行政管理机关进行行政管理的法律依据，主要包括《广告法》《广告管理条例》和一些单项广告管理规章和有关政策规定，如《药品广告管理办法》《医疗器械广告管理办法》等。

（3）广告验证监督管理是指广告管理机关依法对广告主、广告经营者和广告发布者的主体资格和广告信息内容进行验证管理以及对广告发布后的监督管理。

（4）广告行政管理对象主要包括广告经营者、广告主、广告信息内容、广告发布者等。

①对广告经营者的管理是指广告管理机关依照广告管理法律、法规对广告经营者实施的管理，属于政府的行政管理行为。广告经营者要取得合法的经营资格，必须符合《民法通则》的有关规定和企业登记的基本要求，具备法规中规定的资格条件，并要按照一定法律程序依法审批登记，即获得工商执照。未取得经营许可而从事经营活动，则

被视为非法经营。

②对广告主的管理主要实行验证管理制度。验证管理是指广告主在委托广告经营者设计、制作、代理、发布广告时必须提供依据，以证明自己主体资格和广告内容的真实、合法。广告经营者必须对广告主提供的证明文件或材料进行充分审查后才能为其经营广告，并将所验证过的证明文件或材料存档备查。

③广告信息内容的管理即对广告内容的真实性、合法性进行的管理。《广告管理条例》第 3 条规定："广告内容必须真实、健康、清晰、明白，不得以任何形式欺骗消费者。"《广告法》第 7 条规定："广告内容应当有利于人民的身心健康，促进商品服务质量的提高，保护消费者的合法权益，遵守社会公德和职业道德，维护国家尊严和利益。"

④对广告发布者的管理又叫广告媒介管理，是指广告行政管理机关依照国家广告管理法律、法规的有关规定，对广告发布活动的全过程实施的监督管理行为。换言之，广告发布者管理是广告管理机关依法对发布广告的报纸、期刊、电台、电视台、出版社等事业单位和户外广告物的规划、设置、维护等实施的管理。

整个广告行政管理系统运作时，国家行政管理机构依照广告行政管理法规对广告行政管理对象进行广告验证管理并进行广告发布后的监督管理。

10.2.2　广告行政管理的主要内容

1. 进行广告立法，对法规进行解释

广告法规是广告行政管理机构进行广告行政管理的主要依据。国家工商行政管理总局是国务院的直属机构，可代表国务院或者国家立法机关起草广告管理的法律、法规文件，单独或者会同国务院其他部门制定广告管理的单项规章。它还负责解释《广告管理条例》《广告管理条例实施细则》《广告法》以及其他广告管理的单项规章。各地方有立法权的广告行政管理机构也可以替当地人民政府起草地方性的广告管理法规。其他广告行政管理机构有义务为有立法权的广告行政管理机构起草行政管理法律、法规进行研究和提供数据及有关资料。所以，进行广告立法和对广告法规进行解释既是广告行政管理机构的重要职能，也是广告行政管理中的重要内容。

2. 对广告经营单位的审批

对广告经营单位的审批主要包括两个方面的内容：一是对广告经营资格的审批，即核准广告经营权；二是对广告经营范围的审批，也就是核定广告经营范围。广告经营资格的审批，既决定是否允许经营广告业务，又是区分合法经营和非法经营的界限；广告经营范围的审批，既决定允许经营什么，又决定是守法经营还是超范围经营。

通过对广告经营单位的审批有利于掌握一个地区、一个时期广告经营单位的发展情况。对广告经营资格的审批首先要考虑广告行业的发展规模、发展速度、发展方向以及其是否有利于广告经营；其次，审批广告经营单位要考虑申请单位的条件，对申请单位的人员素质、管理水平、技术力量等方面进行考察，以保证广告经营单位的质量和行业水平。

3. 对广告主和广告经营者的监督与指导

对广告主和广告经营者的广告活动全过程的合法性进行监督，保证广告活动在法律规定范围内进行是广告行政管理机构在进行广告行政管理时的一项日常性工作。

对广告主的广告活动进行监督主要包括监督其传播程序是否符合广告法规，企业的广告费用预算和使用是否符合有关财务制度等。对广告经营者的监督则主要是要求广告经营者履行广告法规规定的义务，建立健全内部经营管理制度，监督其在核定的经营范围内从事广告经营活动。

对广告主和广告经营者的监督与指导，其核心是要求广告经营者守法经营、公平竞争，维护广告市场的正常秩序，体现广告经营过程中的平等互利和等价有偿原则。

4. 对广告违法案件的查处与复议

依法查处广告违法案件，制裁广告违法行为，追究广告违法行为人的法律责任是各级广告行政管理机关的重要职能，也是进行行政管理的重要内容。

根据《广告法》《广告管理条例》《广告管理条例实施细则》的规定，违反广告法规的广告主、广告经营者和广告发布者由工商行政管理机构追究其法律责任，并视其情节轻重给予不同的行政处罚，对构成犯罪的则移送司法机关。广告违法案件的处罚决定做出后，其上一级广告行政管理机关担负行政复议的任务，并根据不同情况维持、变更或者撤销原处罚决定。

5. 规范广告发展方向

广告的发展方向必须是以维护广告市场秩序和消费者权益、推动社会主义的精神文明建设为目标。

10.2.3 广告行政管理的职能

广告行政管理的主要职能包括：

（1）负责制定和解释广告管理的法律和法规。

（2）对广告经营单位的审批。

（3）对广告主和广告经营者的监督与指导。

（4）对违法案件的查处和复议。

（5）协调与服务。协调是指广告管理机关内部横向的、纵向的协调，也指工商行政管理机关内部，广告管理部门与企业登记、经济合同管理等部门的协调，还指广告管理机关与政府有关职能部门的协调；服务是指除了监督检查以外，还担负着制订行业发展规划、组织实施等任务。

（6）确定广告内容是否真实可信，确保消费者的合法权益。

10.3 广告行业自律

广告行业自律又叫广告行业自我管理，是指广告业者通过章程、准则、规范等形式进行自我约束和管理，使自己的行为更符合国家法律法规、社会道德和职业道德的要求的一种制度。它包括承认遵纪守法，承认广告真实可信，遵守道德准则和行业之间交流、监督等内容。

广告行业自律是目前世界上通行的一种行之有效的管理方式，并逐渐发展成为广告行业自我管理的一种制度。实行广告行业自律是广告业组织与管理的重要内容，它与政府管理和消费者监督共同组成对广告业的管理体系。

10.3.1　广告行业自律的积极作用

广告行业自律是广告业发展到一定阶段的必然产物，它对于提高广告行业自身的服务水平、维持广告活动的秩序都有着不可替代的作用。世界上广告业发达的国家都十分重视广告行业自律对广告业发展的积极意义。我国的广告业正处在初级发展阶段，随着社会主义市场经济的运行，广告管理法规也在进一步完善和健全之中。在这种状况下，广告行业自律的作用显得更加重要。实行行业管理、加强广告法规的管理研究和确定行业自律准则符合我国社会主义市场经济发展的需要。

10.3.2　广告行业自律的显著特点

1. 自发性

广告行业自律的自发性表现在：广告行业组织是广告主、广告经营者和广告发布者自发建立的，并非强制行为的结果；广告行业自律规则是由广告主、广告经营者、广告发布者和广告行业组织共同商议、自行制定并自觉遵守的，是一种完全自愿的行为，并不带有强制性。

2. 灵活性

广告行业自律的灵活性是指广告主、广告经营者、广告发布者和广告行业自律组织在得到该自律规则方的认可后，可根据客观要求，随时修改、补充规则。

3. 道德约束性

道德约束性是就广告行业自律的运作方式而言的。广告行业自律作用的发挥来自于广告主、广告经营者、广告发布者自身的内在修养与信念以及广告自律章程、公约、会员守则等对广告主、广告经营者和广告发布者的规范与约束。广告主、广告经营者和广告发布者必须自觉遵守，若有违反广告自律规则的行为，也只在广告行业内部，通过舆论谴责和批评教育等方式，对其行为加以规范与约束。

4. 大众化

广告行业自律的大众化是指参与到广告的所有受众均应有自律性。广告行业自律对广告主、广告经营者和广告发布者都有自我约束、自我限制、自我协调的作用。

10.3.3　广告业的自律法规和自律机制

早在19世纪80年代，被称为“现代广告之父”的约翰·鲍威尔斯就曾呼吁美国广告界制止虚假广告的发布，并提倡广告语言要真实可靠和简洁生动，这是最早来自广告业内对广告自律的要求。

世界上最早的国际性广告行业自律规则是20世纪60年代由国际广告协会发表的《广告自律白皮书》。它的发表对世界广告业的发展影响巨大而深远，为世界各国制定本国广告行业自律规则奠定了基础。中国广告协会于1994年颁布的《中国广告行业自律规则》对广告活动应当遵循的基本原则及广告主、广告经营者、广告媒介所应体现的道德水准做出了相应的规定。广告自律规则的诞生为广告行业的正常运行和健康发展提供了共同遵循的职业道德规范。世界上广告业发展最早最发达的英美国家早就形成了一套较为成熟的广告行业自律体系。

1. 英国广告业自律系统

在20世纪60年代初，英国广告业参照国际商会的《国际广告实践法规》制定了《英国广告实践法规》(*British Code of Advertising Practice*)。随后广告业协会成立了“广告实践法规委员会”(Code of Advertising Practice Committee，简称CAPC)。1962年，广告界又出资成立了广告标准管理局（Advertising Standard Authority，简称ASA）。ASA对于广告电视以外其他媒介的广告进行管理。其职责是代表公众的利益，仲裁和处理所有的广告申诉；与政府机构和其他组织保持联系，并负责广告界自律活动等。

2. 美国广告业自律系统

1971年，在美国营业质量促进委员会与美国广告公司协会、美国广告业联合会和全国广告主协会的共同努力下，广告业成立了“全国广告审查理事会”(National Advertising Review Council)。其宗旨是促进真实、准确、健康的广告发展，促进广告界的社会责任感和道德感。理事会下设两个广告管制部门，一个是全国广告部（National Advertising Division，简称NAD)，另一个为全国广告审查委员会（National Advertising Review Board，简称NARB)。

在美国除NAD和NARB之外，还存在美国地方广告业自律、行业协会自律和广告主自律机构。美国广告主协会也有一个广告道德法规。这些广告自律的规范使得广告主比较注重公众的利益的同时，会约束自己的广告活动。

3. 我国的广告业自律系统

自1994年12月以来，我国广告协会先后颁布了《广告行业公平竞争自律守则》等四项自律性文件，为维护广告行业秩序和促进其发展起到了积极作用。近年来，中国广告协会在充分论证的基础上对原有的自律规则进行了调整和补充，形成了《中国广告行业自律规则》《广告自律劝诫办法》《奶粉广告自律规则》和《卫生巾广告自律规则》等相关规范。《中国广告行业自律规则》是广告行业自律的一个总纲性文件，起着最基础的规范作用；《广告自律劝诫办法》则是从程序上对行业自律的措施予以明确，通过自我约束和一对一的方式，对广告活动主体进行行业内部的劝诫；《奶粉广告自律规则》和《卫生巾广告自律规则》则旨在对某些类别广告中的倾向性问题做出规范，使自律的要求更有针对性、更加具体化和更具可操作性。

传播媒介是广告发布的载体，广告主和广告公司的广告受传播媒介的制约，广告传播信息和广告活动要经过媒介的把关审查。因此，在广告内容的审查上，媒介应仔细检查广告，尤其对虚假不良广告要进行严厉监控，以保证消费者不受误导和欺骗。广告传播媒介除了要严格遵守广告发布行为的审查制度，还应该做好自身的自律管理，便于广告业在行业监管自律体系下健康有序地运行发展。

10.3.4 广告行业自律与广告行政管理的关系

广告行业自律和政府对广告行业的管理都是对广告业实施调整，二者之间既有密切联系，又有根本的不同。广告管理的依据是广告法规，它从外在方面对广告管理者的职责行为进行了规定；广告自律的原则是广告道德，它从内在方面划定出广告行业的职业道德规范。它们之间的关系包括：

第一，广告行政管理是行业自律的基础。行业自律必须是在法律、法规允许的范围内进行。

第二，虽然行业自律与政府管理的基本目的都是为了广告行业的健康发展，但两者的层次有所不同。政府对广告业管理的目的是建立与社会经济生活相协调的秩序，而行业自律的直接目的是维护广告行业在社会经济生活中的地位，维护同业者的合法权益。

第三，政府的管理通过立法、执法来实现，调整目标是社会的全体公民或组织；行业自律是建立自律规则和行业规范，调整的范围只限于自愿加入行业组织或规约者。

第四，国家行政管理以强制力为保证，违法者要追究法律责任；行业自律是民间行业组织，它虽然可以利用行规和舆论来制裁违约者，使其失去良好的信誉，但没有行政和司法权。

第五，广告行政管理是行业外部对广告行业的约束管理；广告行业自律是广告业内部的“家法”，是对自我管理的约束。

10.4 广告社会监督

广告社会监督，即广告社会监督管理，又叫消费者监督或舆论监督管理，是消费者和社会舆论对各种违法违纪广告的监督与举报。通常情况下，广告管理以政府的行政管理为主，以广告行业自律和消费者监督管理为辅。由于有了广告行业自律和消费者监督的加入，政府对广告的行政管理更加有力，广告管理也更加富有层次。

10.4.1 广告社会监督的形式

广告社会监督通过消费者组织依照国家广告管理的法律、法规对广告进行日常监督，对违法广告和虚假广告向政府管理机关进行举报与投诉，并向政府立法机关提出立法请求与建议。

广告社会监督的目的在于制止或限制虚假、违法广告对消费者权益的侵害，以维护消费者的正当权益，确保广告市场健康有序地发展。

我国的广告社会监督组织，主要指中国消费者协会和各地设立的消费者协会（有的称消费者委员会或消费者联合会）。

10.4.2 广告社会监督的特点

与广告行政管理系统、广告审查制度和广告行业自律制度相比，广告社会监督有其自身特点，这些特点包括：

1. 广告社会监督主体的广泛性

广告主的商品或服务通过媒介发布出来成为广告信息，为社会公众所接受，继而产生消费意愿和消费行为。与此同时，广告信息一旦发布出来，即受到广告受众全方位的监督。广告受众的每一个成员都可以对广告的真实性、合法性进行监督，并向各级广告社会监督组织反馈其监督结果，从而构成一支庞大的广告社会监督大军。因此，广告社会监督主体具有广泛性的特点。

2. 广告社会监督组织的“官意民办”性

在西方，广告社会监督组织，即各种消费者保护组织，都是自发成立的，完全代表消费者利益，几乎不带任何官方色彩。而我国各级消费者协会则更多地带有“官意民办”的性质。这种“官意民办”性主要表现在：其一，消费者协会是由同级人民政府批准后成立的，并非消费者完全自发的行为；其二，它成立后挂靠在同级工商行政管理机关，没有独立的地位；其三，它在经费、编制、人员及办公条件等方面需得到同级政府支持，缺乏自主权。这种“官意民办”性决定了广告社会监督组织具有二重使命，它既要在一定程度上体现官方意志，又要保护广大消费者的合法权益。当然，二者并不矛盾，而是一致的。

3. 广告社会监督行为的自发性

广告受众依法对广告进行监督是一种完全自发和自愿的行为，在此过程中，几乎不存在任何的行政命令和行政干预。广告受众这种自发行为的产生主要有两种因素：其一，广告受众对自己接受真实广告信息权利的认识的加强；其二，广告受众对维护自身合法权益的意识的提高。因此，社会越发展，其文明程度越高，人的素质越高，广告受众的自我保护意识越强，那么其对广告的监督行为也就越自觉。

4. 广告社会监督结果的无形权威性

广告主发布广告的目的在于使潜在的购买意识发展成为现实的购买行为。社会公众是否接受广告信息、是否产生购买欲望和发生购买行为，主动权在广告受众手里。广告信息是否属实、广告主的承诺是否可信，直接影响广告受众对它认可与否。因此，以广告受众为主的广告社会监督主体对广告的监督结果具有一种无形的权威性。社会监督结果的这种无形权威性是广告主、广告公司进行广告创意、构思、设计、制作时不容忽视的，任何对它的忽视或轻蔑，都将导致严重的后果。

5. 广告社会监督的自主性

广告社会监督是广大消费者自发成立的消费者组织，它时刻关注着广大消费者的利益。当消费者对广告存在异议、不认同时，可直接向广告社会监督机关进行举报与投诉。广告社会监督机关在依照国家广告管理法律、法规的情况下可协助其解决。

10.4.3 广告社会监督的运行机制

简单地说，我国广告社会监督的运行分为三个层次，即广告受众对广告的全方位监督；广告社会监督组织的中枢保障作用；新闻传媒、政府广告管理机关、人民法院对虚假、违法广告及其责任人的曝光、查禁和惩处，这三个层次由上而下、逐层推进，构成一个有序的整体，并自成体系。

1. 广告受众对广告的全方位监督

每一位能够接触到广告的社会成员，都有义务对广告进行监督。由于广告社会监督队伍庞大、成员各不相同的特性使其对广告的要求也不尽一致：有人要求内容真实，有人要求意蕴深厚，有人要求风格朴实……这许许多多的各不相同便构成了广告社会监督主体——广告受众对广告的全方位监督。

广告中任何违法、虚假的成分都逃脱不了广告受众雪亮的眼睛。广告受众对广告的全方位监督构成了广告社会监督的第一个层次，它是广告社会监督的基础。如果没有如此庞大的广告社会监督队伍对广告进行自觉监督，仅凭数量有限的各级消费者协会是无法完成对纷繁复杂、数量众多的广告的监督的。而正因为有广告受众对广告全方位监督这样坚实的基础，广告社会监督才得以顺利进行。

2. 广告社会监督组织的中枢保障作用

广告社会监督组织在广告社会监督的运行机制中介于新闻传媒、政府广告管理机关、人民法院与广告受众之间，处于第二个层次。广告社会监督组织有两大任务：一是对商品或服务广告进行社会监督；二是保障广告受众接受真实广告信息的权利。为了完成这两大任务需要做到以下三点：第一，广告社会监督组织要积极宣传、动员包括来自个人、企业、事业单位、社会团体及其他组织的力量，对广告进行全方位的社会监督；第二，广告受众对虚假、违法广告的举报与投诉，广告社会监督组织有责任与义务向大众传播媒介进行通报，并让新闻传媒对其进行曝光；第三，对情节严重并造成了严重后果的广告，广告社会监督组织还应向广告管理机关和人民法院提起诉讼。因此，在广告社会监督的运行机制中，广告社会监督组织是重要的中枢保障，它上接人民法院、新闻传媒、政府广告管理机关，下连广告受众，共同构成一个有机的整体。

3. 新闻传媒、政府广告管理机关、人民法院对虚假、违法广告及其责任人的曝光、查禁和惩处

这一点是由广告社会监督组织“官意民办”的特点所决定的，因无法独立完成社会监督和保护广告受众接受真实信息的权利这两大任务，它不得不借助于新闻传媒、政府广告管理机关、人民法院对虚假、违法广告及其责任人的曝光、查禁和惩处。因此，它们便构成了广告社会监督运行机制的第三个层次，也是最高层次。通过社会监督组织，对广告受众投诉与举报的虚假、违法广告，向新闻传媒发布、曝光，借助社会舆论的力量防止虚假、违法广告的出现和出现后的进一步蔓延。

所以新闻传媒对虚假、违法广告的曝光在广告社会监督中起着至关重要的作用，是不可替代的。广告社会监督的任务完成与否很大程度上取决于新闻传媒对虚假、违法广告的这种舆论监督作用是否发挥出来了。除此以外，政府广告管理机关、人民法院对情节严重并造成了重大伤害的虚假、违法广告的查禁和惩处也是广告社会监督得以顺利实现的重要保证。当然，这已不是广告社会监督，而是属于广告行政管理的范畴了。

立邦漆“蟠龙滑落”广告

丰田的“中国石狮敬礼”广告

立邦漆的“蟠龙滑落”广告以及丰田（TOYOTA）的“中国石狮敬礼”广告都曾在网络上以及广告界引起热议。虽然这不算是违法违规，甚至从创意层面上讲还不失为优秀广告作品，但是广告除了要合法合规，以优秀的创意为促进产品销售服务外，还应该考虑到中国的历史文化传统，尊重中国人民的民族情感。这两个广告作品因而受到了很大的谴责和质疑。

10.5 广告危机管理

10.5.1 广告危机管理的概念

“危机管理”作为一个既熟悉又陌生的概念，被大多数人认为可能会与各类产品质量事件、不利的媒体报道及企业组织内部风波等相联系，很少有人会把危机管理与广告联系起来。但在现实中，媒体广告也会导致种种意想不到的危机风波。要想全方位地理解广告危机管理，首先应该深刻理解广告危机的概念及其性质。

顾名思义，所谓广告危机是针对特定广告客户（企业）组织而言的，广告在其运行过程中因某一与广告本身（内容、形象设计、代言人、文化道德等）相互勾连的突发事件而使得广告产品、企业形象和信誉等受到相当程度的损害，其事态发展甚至可能危及广告组织根本利益的一种危险而紧急的时刻或状态。广告危机管理是指广告组织对所有与广告相联系的危机因素的预测、分析、化解、防范等而采取的行动，包括组织面临的政治的、经济的、法律的、技术的、自然的、人为的、管理的、文化的、环境的和不可确定的等所有相关因素的管理。

10.5.2 广告危机管理的特点

由于广告危机事件对特定广告客户组织造成持续的损害，并有可能危及其根本利益，从而需要广告危机管理这样能够采取科学预防和紧急应对措施和策略的一种危机管理形式。因此，真正有效的广告危机管理一般应具有主体性、突发性、紧急性和危险性的基本特点。

1. 主体性

当我们在危机管理的框架内谈论广告危机的时候，其所指的广告危机都是对特定的主体而言的。这一主体既不可能是某一个人，也不可能是泛泛的人类群体，而是某些具有管理职能的社会组织，如广告客户组织、广告公司等。简言之，凡广告危机都是广告客户组织所遭遇的危机；同时，这些危机又是特定的广告客户组织应该并且可以实施某种危机管理的。因此，广告危机的主体性体现为广告客户（企业和社会其他组织），而广告危机管理的直接实施主体应该是广告客户的代理人（广告商或广告公司）。

2. 突发性

正如大家所公认的，危机具有突发性的特点。广告危机事件一般都是突然发生而需要紧急应对的事件。但亦如有的学者所指出的，突发的概念强调的是事件发生的不可预测性，紧急事件则强调的是事件处理的时间迫切性，这两者并不能等同于危机事件。广告危机的突发性关键在于：首先，对于一个特定广告企业组织来说，突然发生而需要紧急应对的事件之所以构成危机乃是由于这一突发事件已对该广告企业现有的产品、架构、资产（包括有形资产和无形资产如形象、声誉等）造成了相当程度的损害，并有可能危及其根本的利益，从而令该广告组织面临着一个必须快速反应的危险的时刻；其次，尤其需要强调的是，这里所说的“危险”绝不是可能的或潜在的，而是现实的。因为任何广告都存在不确定性，即可能的或潜在的危险如果没有显现出来也就构不成什么危机了。

3. 紧急性

某一突发广告危机事件发生后，特定的广告组织的管理行为体现出紧急性、应对性的特点，即对这一突发事件的妥善应对和处理，这考验着这一社会组织的应急管理能力。简言之，对广告组织来说，突发事件本身并不构成真正的危机，唯有处理这一突发事件不当才有可能构成危机；反之，如果反应迅速、处置得当、态度真诚、行动果断，则有可能提升这一广告组织的社会声誉。

4. 危险性

危险性可理解为广告危机的突然发生而对特定的广告客户及其产品等造成相当程度的损害，并有可能危及其广告客户的根本利益，并有持续恶化的危险。

10.5.3　广告危机类型

1. 广告代言危机

以明星代言进行市场推广已经成为一种普遍的市场营销方式，但对于企业而言，启用明星代言，其收益与风险是并存的。如果明星影响力不断提升，则可能使品牌随之受益；反之，如果由于明星个人的道德缺失、行为不端导致其形象受损，则可能给企业品牌带来负面的影响。在这种情况下，广告企业就必须迅速采取措施进行广告危机管理，否则将可能随着时间的推移，使舆论不断朝着恶化的方向发展，最后给企业或产品销售带来难以估量的损失。例如，2008 年底，香港“艳照门”事件中的几位主角——陈冠希、钟欣桐、张柏芝等原本都是广告小天王、小天后，分别代言了百事可乐、森马服饰、曼秀雷敦化妆品、EPSON 打印机等众多知名品牌。“艳照门”事件爆发后，网上出现了大量抵制陈冠希、钟欣桐等人所代言产品的“召集帖”，所有“艳照门”明星代言的广告品牌都面临考验与危机。

2. 广告语危机

2008年新春，恒源祥“十二生肖”广告语“恒源祥，北京奥运会赞助商，鼠鼠鼠”，逐个生肖读下去，一直到“猪猪猪”，长达1分钟。这则广告语引发了恒源祥公司的品牌危机。舆论更是说恒源祥新春广告是比脑白金广告更“脑残”的广告，“恒源祥，羊羊羊”的广告语也从经典跌落到被称为“史上最变态的广告”。更有人恶搞广告语，将广告中的生肖改编成谐音的顺口溜，如“恒源祥，吐吐吐；恒源祥，骂骂骂；恒源祥，痒痒痒”等。

3. 广告创意危机

2005年，麦当劳“中国消费者下跪”的广告危机爆发缘于其广告创意。创意为：（广告场景）音像店门口，身穿白T恤的中国男青年连连哀求店老板：“一个星期就好了，一个星期。”然而店老板摇摇头。该青年接着乞求：“三天时间，三天时间好不好？”挺着啤酒肚的老板坚决地说：“我说了多少遍了，我们的优惠期已经过了。”此时一店员将一个写有“折扣最后一天”的巨大海报摆在店前。而那青年却不死心地跪在地上拉着店老板的裤管呼喊着：“大哥，大哥啊……”一句旁白此时插入：“幸好麦当劳了解我错失良机的心痛，给我365天的优惠……”镜头中刚才下跪的中国青年正大吃着麦当劳的一款汉堡。这则广告的创意初衷应该不是故意伤害中国的消费者，“让中国消费者下跪”，但它没有考虑到有损消费者尊严。从表面上看，这主要是与其广告创意人员的文化背景、知识面等因素有关。而更深层次的原因是公司内部关于广告宣传制作播放的审批程序存在严重的监控缺陷，这才是导致这次广告危机的重要因素，并为日后危机的爆发埋下了“危机因子”。

4. 广告文化危机

广告文化危机通常是指广告涉嫌侵犯文化传统、种族、跨文化理解等引发的危机事件。例如，耐克的“恐惧斗室”篮球鞋广告遭禁风波、立邦漆的“蟠龙滑落”风波、丰田的“中国石狮敬礼”广告风波、巩俐盖中盖广告风波等事件均始发于广告文化道德等意识形态层面的危机。

5. 广告产品危机

广告产品危机是由于企业广告产品的缺陷或疑似缺陷问题而引起的消费者信任危机，如果处置不当就会引发对该广告产品的危机。广告产品危机是直接关乎企业核心利益的危机，例如，2005年，宝洁公司SK－II产品在消费者使用过程中出现了一些不良反应，从而引起的消费者对该产品的虚假广告诉讼危机就是典型案例。

10.5.4 广告危机管理的核心理念

广告危机管理的核心理念首先应是广告组织的危机行为管理，其次才是危机传播管理。

事实上，一般广告危机管理经验表明：当广告危机发生后，其主要的处置和管理核心仍然是在危机传播管理上。尤其是广告企业和客户有危机发生时，不少人首先想到的不是如何尽可能地封锁消息，不让社会公众知道真相，就是怎样以别的事件来转移社会公众的注意力，以减轻当事广告企业的应负责任和舆论压力。即便是一些比较规范的做法，如及时召开新闻发布会、公布真实信息、刊登致歉公告等，基本上也还是囿于传播范畴。

但是对于现实广告危机管理而言，其核心是危机行为管理，而不是危机传播管理，正如《有效的公共关系》一书所指出的："行动比语言更响亮。"然而不幸的是，很多广告管理层的人，都迷信这样的神话：单凭传播就能够解决大部分广告危机难题。然而实践已经证明：广告危机的传播管理，并不能解决特定的广告及其客户组织行为失误甚至不当的问题，所以也不能帮助广告实施有效的危机管理。甚至不妨说，在某一广告组织本身失误或不当行为没有得以纠正的情况下，一味地倚重传播管理，其传播效果越好，就越可能是在帮助这一广告组织掩饰自身的问题，乃至于在某种程度上是欺骗社会公众。

强调广告危机管理首先是广告组织的一种行为管理，也就是强调危机管理必须从危机的"源头"抓起，从广告组织自身行为（包括广告代言人行为、广告语的选择、广告创意行为、广告生产行为、广告营销行为、广告文化与生态等）的规整抓起，尽可能减少甚至杜绝广告组织自身行为的失误和不当。一旦有"危机因子"露头，立即从社会公众利益和广告客户的长远发展利益出发，果断处置，毫不犹豫。而广告危机一旦发生时，首先应该是采取积极而有效的行动，以体现广告组织的社会责任，而不是其他。这就需要广告危机管理人士对广告环境、广告组织管理流程、广告组织人员现状等方方面面都先有一个深入的把握和研究，并参与到广告组织的决策层面中。须知，危机行为管理远比危机传播管理更为艰难。因此，对从事广告危机管理的人士来说，这无疑是一个更严峻的考验。

10.5.5 广告危机管理策略

2006 年 5 月，娃哈哈推出儿童饮料"爽歪歪"，其电视广告很快在网上招来强烈批评与争论。有网友指出"爽歪歪"一语在福建方言中属于淫秽用语，几乎所有重要的平面媒体都跟进报道此事，引发各方高度关注。面对舆论狂潮，娃哈哈的危机管理方法为：

（1）策划人回应。"爽歪歪"广告策划人俞建成开通博客，首次公开对该事件作出回应，阐述广告创意的思路。

（2）企业声明。娃哈哈市场部负责人对外宣称有竞争对手恶意操纵此事。

（3）舆论转移。与专业人士、知名博主进行沟通，让他们从积极角度看待"爽歪歪"事件，并从不同角度发表文章，引导舆论的关注点，如《别把"爽歪歪"关进现代文字狱》《别把"爽歪歪"给想歪了》《"爽歪歪"让谁感到不爽》《"爽歪歪"，让你"淫"了吗》等文章的出炉，为化解舆论对娃哈哈广告风波的负面情绪起到了积极的作用。

（4）搜索引擎优化与控制。通过与百度广告合作的方式，将所有对娃哈哈"爽歪歪"的负面文章在搜索结果中置后（搜索结果不能消除，但可以置后或下沉），用户在百度搜索“娃哈哈爽歪歪”时，首页已不会出现任何与批评其广告相关的负面文章。

（5）正面信息持续释放，负面信息总量稀释。在负面舆论高峰批评过后，娃哈哈加大了产品信息方面的传播，推出《娃哈哈“爽歪歪”成益生菌酸奶领头羊》等文章，引导目标受众对“爽歪歪”产品本身的关注，而不是对舆论批评的关注。通过加大正面信息的传播，以此来稀释负面信息的总量。

此次娃哈哈广告危机处理给我们的启示是：现代社会，企业间为了宣传、塑造企业形象或品牌，往往需要依靠广告，并且竞争非常激烈。在网络等新媒体的迅速传播下，不恰当广告的投放可能会引发企业危机，让企业或品牌遭受巨大影响。但是，广大学者对广告危机管理研究还停留在就事论事的层面上，未能系统地进行研究。例如，娃哈哈广告危机处理方式就只不过停留在广告危机公关的层面，绝不能等同于真正意义上的广告危机管理。因为危机公关是指从危机发生到消除的阶段，可以用传播、广告、营销、公关活动等方式对有问题的广告进行处理的一系列手段都是广告危机公关，属于危机传播管理的范畴。而广告危机管理是指组织对所有与广告相联系的危机发生因素的预测、分析、化解、防范等而采取的行动，包括组织面临的危机行为管理和危机传播管理等必要方式。现代广告危机管理一般可以分为事前、事中和事后管理，是一个科学、完整的风险控制与处置机制。罗伯特·希斯曾提出危机管理的4R模型：减少（reduction）、准备（readiness）、反应（response）、恢复（recovery）。我们在广告危机管理中更应当因地、因时、因事地使用这一原则，特别是在新媒体信息积聚爆炸和快速传播的情况下，建立起新媒体下的广告危机管理制度非常必要。因此，把被动的广告危机处理方法提升为主动的广告危机管理策略是研究广告危机管理策略的重中之重。

首先，要建立广告危机预防制度。通过建立广告危机预防制度能够加强对广告代言人、广告文案和广告创意的管理，从源头上进行预防。例如，大多数的企业在选择广告代言人后，除了每年的广告和市场活动等和代言人联系外，几乎不和代言人交流，更不会及时关注代言人的动态，做好代言危机的预防。而代言人收完代言费后也不去详细了解所代言品牌的一些基本的状况，且由于代言后大规模的品牌代言传播，企业的品牌和代言人的形象已经发生了联系并逐渐融合在一起，双方的任何一方出现问题都会引起对方的品牌危机连锁反应，导致公众对企业品牌和个人形象产生严重的质疑和声讨，引发企业品牌危机和代言人个人形象的危机。因此，无论是企业品牌还是代言人形象，在选择品牌代言的时候应建立一套品牌代言人危机预警、应急体系，确保能够将危机控制在萌芽状态，从而预防和杜绝危机的发生。

一旦企业因明星代言而发生危机的时候，恰当合理的运用危机应对的方法和技巧则能够使企业减少或者避免危机带来的损失。例如，某保健品厂商请高秀敏和两位当红明星为其代言，在高秀敏不幸逝世后，该厂商以最快的速度将这个产品的广告改为仅其他两位明星出场，这种做法无疑是正确的，使其品牌受损度降到了最低。与此类似的是，如果广告代言人受到危机牵连后能迅速表明态度，也可以避免因为企业的危机而受到牵连。如范伟就其代言的28商机网给消费者带来的伤害一事公开向消费者致歉，成为第一个直面此事的明星，他的态度得到了大多数网友的认可和支持，这可以说是一个成功的广告代言人危机管理的案例。

其次，正确地处理广告危机。在新媒体的背景下，对广告危机处理的基本原则，一是正确判断广告危机的程度和性质；二是广告危机分类管理，行为管理高于传播管理。

情况一：广告危机未有对焦到广告企业与产品身上。广告危机管理可以采取的策略为：

（1）低调处理，积极准备。

此种广告危机性质表明危机不是来自广告产品的内核，还未伤及广告企业的根本利益。例如，广告代言人危机虽然会让涉事明星都备受瞩目，但由于这些明星代言诸多产品，所以并不是所有代言产品都因此受到舆论的强烈关注。如果危机没有涉及企业品牌，而且大多数公众并没有对品牌有太强的负面关注度，建议广告方暂时不进行高调回应，以免引来平面媒体的跟进报道。在低调处理的同时，广告方应该有一个积极处置的预案，例如，准备发一篇简短声明以及一篇正式新闻稿，以备危机扩散时新闻公关使用，重申广告组织对危机的态度与立场、明星代言的初衷以及企业品牌及产品的介绍。

（2）论坛管理，引导舆论。

从危机策源因素来看，较多的意外广告危机应该算是网络危机事件。近几年来，随着宽带网络技术的发展，微信、微博的流行，网络成为个人观点快速传播的捷径，同时也使网络在广告危机中所扮演的角色越来越重要。网络除了成为众多意外广告风波的“引发器”外，还会成为意外广告危机的“放大器”，也是众多网友声讨当事企业、发泄内心不满的工具。这样一来，无疑会直接加剧意外广告事件的不利影响。

因此，广告危机管理主体必须对重点论坛进行严格监测，及时发现有害舆论线索，进行论坛有效管理，并由第三方出面，针对某些明显恶意、强烈的批评论调给予回应（以网友对网友的角度），化解负面批评舆论的持续走高，使此议题变得多元化（如引入其他广告表现失误、讨论网友的偏激、讨论广告创意与广告表现等），从而消除单一针对企业品牌及产品的敌视情绪。

（3）强化产品正面信息传播。

从多角度挖掘广告产品的卖点（从企业或品牌层面制造话题），在短时间内迅速提高正面信息的传播力度，以此稀释广告危机信息对更多受众的影响。

情况二：广告危机已经对焦到广告企业与产品身上。如果广告危机越演越烈，导致民众对广告产品彻底失去信心或好感，可能危及企业核心利益。这时广告危机公关策略应采取“三不”态度，重在行为管理，即：不拖延，立即停止危机广告的播放；不狡辩，为广告危机事件主动承担相应的责任，向受众道歉；不反驳，即使是无意失误，如广告文化危机等，但如果违背了相关法律，应主动接受处罚，并引以为戒。广告危机管理可以采取的策略为：

（1）舆论应对：迎合、回应、转移。

迎合：当主流舆论（如主流报纸、杂志、网络的舆论）对广告危机的关注度达到高潮时，广告组织任何反对的声音都是不合时宜且危险的。

回应：广告组织除了传播手段的回应，如召开主流媒体新闻沟通会等，重点在于组织行为手段回应，如涉及广告产品缺陷，要果断采取“问题产品”召回制度，赔偿消费者经济损失；如果是广告内容涉及文化、法律、道德等问题，可以果断停播广告等。

行为管理可以去掉“坏因”，但传播管理只能去掉“坏果”。

转移：广告危机发生后，当事广告组织可以展开一系列的公益活动，转移媒体和公众的视线，其中包括在全球范围内推出公益品牌，向国内公益事业第一品牌——希望工程捐献等。

（2）沟通消费者，提升广告品牌认同。

如果广告危机发生后，向消费者提供事实真相要比向消费者讲空道理强，这是沟通消费者的最高原则。通过手机短信、邮件或联络对公司的一些大客户进行危机说明和道歉也是非常有必要的，让客户知晓事实，要比他们自己获得的来源不实的信息要好得多。还有，企业可以在一些大的论坛上对问题进行说明，这样可以控制消息的来源和发展，将危机扼杀在萌芽状态。人们都有一种窥探和从众心理，消费者都想知道真相，在没有真实信息的情况下，任何哗众取宠或虚假的消息都可能导致消费者失去理智分析能力，在集群效应的暗示下，可能会对企业或品牌做出不好的事。

最后，应当将广告危机管理纳入到整个广告组织危机管理之中，成为广告组织总体发展规划的一部分。这是重视广告组织危机的一个表现方法，对广告危机的管理能为其他类型的企业危机提供借鉴作用。减少企业广告危机才能通过持之以恒的广告宣传树立起良好的企业和品牌形象，才能够让企业朝着健康的方向发展壮大。

经典案例导读

最完美的铅笔

一直以来，宜家家居便凭着周到的体验式营销著称全球，除了热狗、肉丸和巨大的蓝色购物袋，一种被放置在卖场内各个角落的小铅笔其实也是宜家的标志之一。那是宜家在全球门店为顾客提供的免费小型铅笔，它们一般和宜家便笺纸、纸质卷尺放在一起，方便客人记录商品货号或丈量尺寸。这根铅笔看似普通，可它的颜色经历了从蓝色到黄色的变革，最后变成了凸显自然理念的原木色。它的尺寸却从未改变，一直保持着直径 7 毫米，长 78 毫米。据统计，仅在加拿大宜家门店，每年就需要订购 520 万支铅笔，而这些铅笔因为太方便或尺寸太迷你，总让顾客用完不太容易想起来放回去，所以经常被不小心带走。宜家对此倒是并不在意，也并不反对它们出现在其他场合。宜家管理人认为，客人带回去还有免费的广告效果，很能代表宜家的形象。它已经成了宜家购物体验中重要的一部分，甚至还有自己的维基百科页面。

提到宜家的品牌宣传，大部分人都会自然而然地想到宜家每年推出的产品目录册。可以说在一定程度上，宜家每年都把大部分心思和创意投入在这本书的推广上。然而，在 2015 年 9 月 13 日，宜家的黄色铅笔成为网络上的一大热门话题，这支铅笔也再次争气地让宜家打了一次广告胜仗。苹果在 2015 年 9 月份的发布会上推出了超大 iPad Pro，作为配件还发布了一款 Pencil 手写笔，这款产品被用来搭配 iPad Pro 使用，办公应用 Notes 和 Mail 都可以配合这支电容笔，并且可以书写中文。其外形像一只铅笔，售价 99

美元。随后新加坡宜家迅速创作了一个调侃苹果新产品的广告并发布在 Facebook（脸书）中，广告画面中是一只手，拿着宜家的小铅笔。宜家该广告的文案是“绝对熟悉，完全免费”。对比两则广告的背景和构图，不难看出宜家在明目张胆地调侃苹果。

从网络报道来看，短时间里这条状态获得了 6 000 多次赞和 3 000 多次的分享转发。而且从大家的回复来看，在这场苹果铅笔与宜家免费铅笔的比赛中，许多网友都表示了对宜家的支持和欣赏，还有各路网友们极为有趣的调侃和效仿。

宜家快、准、狠地抓住了一次借势营销的机会，并充分利用了互联网新媒体的传播力量，借着苹果新品这个热点的噱头，不需要任何金钱和时间的投入，轻松让大众把目光聚焦到自己身上，甚至制造出话题让人们讨论起宜家。

这并不是宜家第一次利用调侃苹果来吸引大众眼球。2015 年，新加坡宜家一本正经地推出了一款名叫“Bookbook”的新产品，其广告短片中的宣传词为：“无线连接，电力充足且不耗电，使用触感技术，预存储 328 张高清页面，绝不会死机。”事实上，这款新产品其实只是宜家 2015 年的产品目录。这个把普通的纸质商品商品与科技电子书相结合的广告介绍短片正是以苹果第一代 iPad 宣传片为原型来制作的。

“我们的电子书永远待机，无需充电。”如此规矩又滑稽的表现方式，让宜家广告增添了不少趣味和亲近感。在某些地区，宜家还特意推出特别版“BookBook”，并把产品名录放在和 iPad 包装几乎一样的盒子里，还模仿苹果附赠使用指南。

作为一家跨国公司，人们总是疑问为什么宜家能在各个国家做得如此成功，笔者认为原因之一是他们“接地气”的广告创意设计。宜家一直是短视频广告的典范，它们既能保持新奇大开脑洞的风格来凸显产品的高端设计和低端价格，又能契合每个国家的风格特点，吸引消费者的注意点。

英国宜家的一则视频广告非常契合英国人的文艺气息，广告里女主角梦到自己在空中旋转漂浮，在不一样的床上飘来飘去，营造了一种不舒适、不安定的感觉。最后女主角终于从梦中惊醒，在自己现实的床上找回了踏实感，从而点题：“没有什么比得上自己家的床。”广告中帧帧美如画，连旁白都充满英国特色——莎士比亚的戏剧《暴风雨》中的台词：“我们的狂欢已经结束。我们的这些演员，我曾经告诉过你，原是一群精灵，他们都已经化为轻烟消散了。如同这虚无缥缈的幻境，入云的阁楼，瑰玮的宫殿，庄严的庙堂，甚至地球自身，以及地球上所有的一切，都将同样消散，如同这一场幻境，连一点烟云的影子都不会留下。构成我们的材料也就是构成梦幻的材料，我们短暂的一生，前后都环绕在沉睡之中。”如此有诗意的广告语，不仅让产品的等级有所提升，更是迎合了消费者对“意境”的需求和喜好。

由以上广告案例不难看出，宜家除了对体验式营销十分拿手之外，在新媒体广告营销上也下了不少功夫，创意着实是可圈可点，而像“宜家铅笔”这样借势进行病毒式营销的手段更是让人猝不及防但又眼前一亮。

案例分析

宜家无疑是世界最大的家具家居用品商家，这家跨国公司也一直位列世界企业500强前列，但和其他品牌巨头如可口可乐公司相比起来，宜家投资在广告上的费用是极少的，可以说这是一家不靠广告来塑造品牌的公司。

“宜家铅笔VS苹果电容笔”的借势营销不得不说是比较成功的病毒式营销案例。新加坡宜家充分利用了社交网络的传播资源，以及网民的积极性和人际网，让自家品牌在短时间内传向更多的受众。原本“苹果新品发布会”就是一个众人关注的热点，而在此基础上制造出有意义的模仿式广告，便能像点燃导火线一般引起话题的燃烧且不令人觉得反感。

对于宜家来说，最好的广告渠道就是顾客。宜家品牌核心便是让顾客成为品牌的传播者，而不是单纯进行硬性广告宣传，从上述前两则巧妙的广告中也可以看出这一点。体验过宜家服务的人应该都能感受到这家公司的传播理念，他们的着重点不是毫无生命的产品，而是致力于搭起一个能被广泛传播的家居梦想。

宜家想要把他们的一套生活态度和生活格调传达给客户，从他们的产品设计到包装、标识语甚至是购物模式上都能体现极简、方便、设计感和环保。以至于顾客们走在宜家卖场里都是一种生活享受，“宜家”甚至渐渐演化为一种设计标签，人们看到极简主义的创意家居都会首先想到这是宜家的风格。

在视觉和听觉上要带给观众美的享受。从铅笔广告的极简风格到视频广告的梦幻画面，宜家做到了美而不过分，让受众觉得舒适而且一目了然。在背景声音上下的功夫也不少，轻松的音乐或者是莎士比亚的戏剧中的台词，皆是贴合传播对象的构思。

广告联系近期热点，结合热议话题。宜家成功地两次搭上苹果热点顺风车。但并非所有借势营销都能被受众接受，宜家把“电容笔是否真的有必要?”这样的隐藏议题安置在了广告中，在推销自己品牌的同时引发受众思考，一个有价值的议题自然会受到大众的青睐，如此一来便达成了一传十十传百的营销效果。同时原木铅笔还大大传达了宜家的招牌特色，环保节俭的理念使品牌美誉度得到提升。

贩卖创意，抓住受众猎奇心理。宜家的视频广告出发点总是令人意想不到，但无论绕的有多远，总能有个惊喜的收场，并很明确宣传的重点。天空之床、免费而熟悉的铅笔，这样的内容构思能引发受众的好奇心，能大大提高广告的到达率。与国内某些强硬植入或毫无技术含量的广告内容相比，观众是自主地去接受优秀的、有创意、有理念的广告内容，而不是产生巨大排斥感。

广告站在受众阵营，有亲切感，甚至有教育意义。一切从顾客的感受出发是与顾客拉近距离的至关重要的一步。化繁为简，返璞归真，“大床不如自家窝”等中心思想能引起大众的共鸣，虽然“温情鸡汤”屡试不爽，但“反鸡汤”的广告构思也并非不可，反而更能吸引到受众。

抓住导火线。在宜家铅笔和宜家“Bookbook”的营销案例中，“科技”和“平实”就是两个冲突的派别，在广告中埋下冲突的导火线也是扩大传播的明智之举。

宜家的视频广告和铅笔广告还有一个尤为突出的特点，那便是宣传语言的简练。简单直白但不简陋粗俗是广告宣传语的关键。像“恒源祥”十二生肖系列广告里强硬粗俗的植入是不可取的，尽管一定程度上能达到宣传目的，但这种宣传效果并不是提升企业形象，而是给观众一种坏印象。

在社交媒体上发布广告有另一个优势，便是和受众的互动性很高。如今微信朋友圈的广告植入也有评论和点赞功能，这也是受众参与度的一种进步。提高广告的互动性能潜移默化地把广告的目的理念传递到受众，也不容易引起排斥。

未来广告的载体会越来越多，隐形性和互动性的广告一定具有非常远大的前景，宜家在这两个方面有较好的实践，希望未来的新媒体广告能达到双方互利的新高度。

11 广告行业

随着商品经济的不断发展和市场竞争的加剧，广告已成为市场主体生存、竞争和发展的重要手段。科学技术的进步、大众传媒的发展以及信息革命在全球范围的爆发，最终加速和促进了广告的产业化进程，使广告业迅速成长为独立的现代信息服务业。

11.1 广告行业概述

11.1.1 广告行业的定义和性质

1. 定义

所谓广告行业，是指按照有关法律政策规定，以提供广告服务为专门职业，接受客户委托，利用一定的技术和设备，从事广告调查、广告策划、广告设计、广告制作、广告代理发布等各种代理服务，并从中获取利润的专门化行业。

一般情况下，广告分为商业性广告和非商业性广告两种类型。其中商业性广告是现代广告行业的主要业务对象。

商业性广告，是指在商业广告中，各种企业、经济单位或集团、个人委托广告代理公司进行广告传播，其目的在于促进商品或劳务销售。

非商业性广告包括政治广告和公益广告。政治广告推介的是政治观点、政治主张或政治任务；公益广告推介的是有利于人类社会的道德观念、行为规范和思想意识，以维护社会公众利益为目的。

2. 性质

虽然现代广告业的主要内容是商业性广告，但无论是商业性广告还是非商业性广告，从本质而言，都是一种特殊的大众传播活动，它最终是想改变或强化人们的观念和行为。广告经营主体正是通过这种代理服务，从而达到广告主意想中的这种改变。因此，整个广告信息的传播过程，同时也是一个社会化的服务过程，并最终满足社会的整体需求。

广告行业以其强烈的服务色彩，应归属到第三产业的服务行业之中。

11.1.2 广告行业的特征

作为一个独立的拥有自身独特运作规律的产业，广告业又有不同于一般服务型产业的特点。

广告活动是一种特殊的信息传播活动。其特殊性在于它是一种商业性的付费传播活动，这一特征不仅使广告区别于餐饮、旅游等不具信息传播性质的服务行业，也将广告与新闻、宣传等传播活动区别开来。

广告活动又是一个严密、完整的信息传播活动过程，广告公司作为广告客户的代理公司必须提供优质、科学、完善、高效的服务，以满足客户需求。

由于广告服务系统化、科学化、高效化的要求以及广告产品高智力、高技术含量的特性，广告产业对智力资源、人才资源和技术资源的渴求是十分强烈的。

广告产业从传统的信息服务业逐渐发展为现代信息产业，是随着资讯经济或是信息经济这种崭新经济形态而出现的。而广告产业作为重要的信息传播传导产业，其在资讯产业的角色转变也是必然的。

11.1.3　广告行业的运作模式

根据广告的特性，广告行业的模式可以分为以下三种：

模式一：企业主（广告主）掌控模式（见图 11－1）。

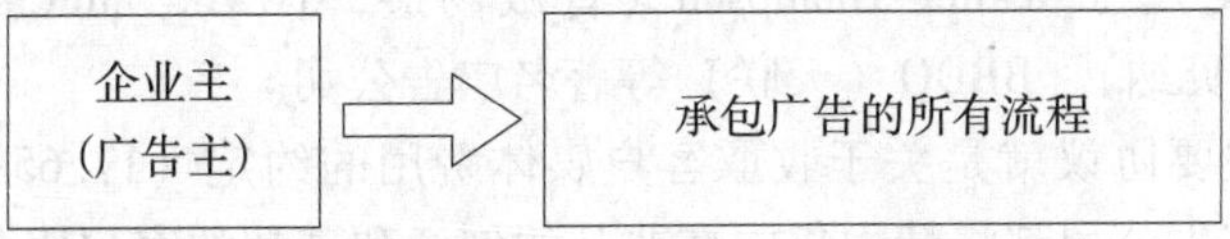

图 11－1　企业主（广告主）掌控模式

企业主掌控广告运行模式的典型代表是古代社会和近代社会的广告业。

模式二：传媒（新闻传媒）掌控模式（见图 11－2）。

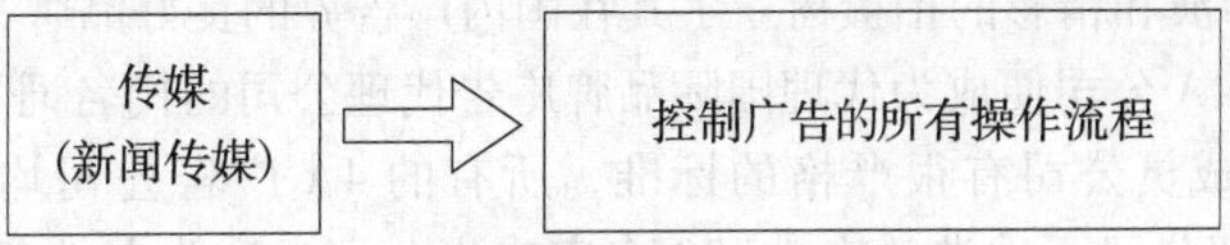

图 11－2　传媒（新闻传媒）掌控模式

虽然主动权还在广告主，但是由于新闻传媒垄断广告传播的主渠道，因而有可能拥有了对广告主、广告公司的绝对话语权。这种垄断模式很容易与广告主产生冲突，并恶化广告的运作流程。这种模式的典型代表是现代广告兴起的初级阶段。

模式三：广告公司掌控模式（见图 11－3）。

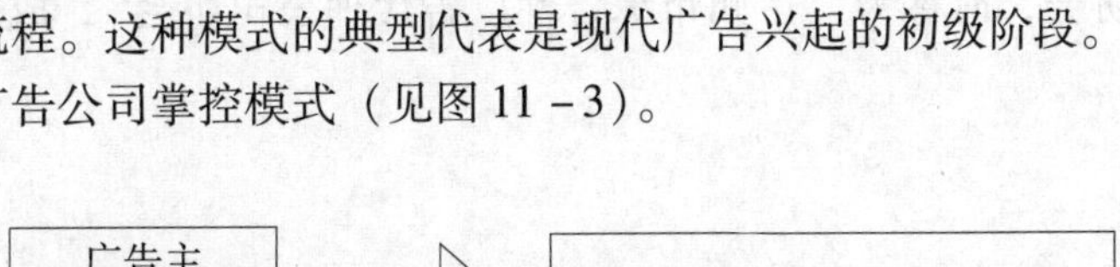

图 11－3　广告公司掌控模式

前两种模式分工均不彻底，第三种模式分工比较明确，是比较理想的广告代理制度。广告主、广告公司、新闻媒体三者之间的分工合理，即广告主、广告公司、新闻媒体达成了力量的均衡，实现了科学分工的广告运作模式。这种理想模式是广告产业良性发展的基础，现代广告业基本上都采取这一模式。

然而，在现实社会中，实际运作的模式是上述三种力量的组合控制模式，即有：

（1）广告主和传媒联合控制模式。

（2）传媒和广告公司联合控制模式。

（3）广告主和广告公司联合控制模式。

（4）三种力量的分权控制模式。

11.1.4 广告行业组织机构

1. 4A 协会

4A 协会是美国广告代理商协会的简称，全称为 American Association of Advertising Agencies。该协会是 1917 年由美国各大著名广告公司协商成立的组织，成员包括：Ogilvy & Mather（奥美）、J. Walter Thompson（智威汤逊，JWT）、McCann（麦肯光明）、Leo Burnett（李奥贝纳）、BBDO（天联）等著名广告公司。

该组织的最主要协议就是关于收取客户媒体费用的约定（17.65%），以避免恶意竞争，此后，各广告公司都将精力集中在非凡的创意和高超的客户服务中，从而创造出一个个美妙的广告创意。因而 4A 协会也成为众多广告公司争相希望加入的组织。目前进入中国的国际广告公司多为该协会会员，统称为 4A 公司。

20 世纪 80 年代末 90 年代初，随着跨国公司纷纷进入中国，国际广告公司也纷至沓来。当时，国内的广告业尚未发展，4A 公司凭借着国际客户的声誉以及大胆而精妙的创意、优秀的导演和精彩的拍摄树立了其在国内广告界的良好品牌，国内广告界渐渐了解了 4A 公司，4A 公司便成为代理国际品牌广告代理公司的代名词了。

4A 协会对其成员公司有很严格的标准，所有的 4A 广告公司均为规模较大的综合性跨国广告代理公司。香港约有 1 000 多家广告公司，广告营业额达 120 亿港元以上；而跨国广告公司在香港开设的分支机构组成的香港广告商会，会员只有 19 家，广告营业额却占全港广告总额的一半以上。香港 4A 广告协会对会员的要求是年营业额至少为 5 000 万港元，必须对客户收足 15% 佣金及 17.65% 服务费。内地目前只有广州成立了 4A 协会，简称为“广州市综合性广告代理公司协会”，成员有本土公司，亦有外资公司。

2. 国际 4A

国际 4A 的中国分公司见图 11－4 至图 11－6。

图 11－4　广州李奥贝纳（Leo Burnett）

图 11－5　广州奥美（Ogilvy & Mather）

图 11－6　上海 BBDO

3. 本土 4A

中国本土 4A 所属公司见图 11－7 至图 11－8。

图 11－7　广州英扬传奇广告公司

图 11－8　广州黑马广告公司

11.2 SCP视角下的中国广告行业现状

11.2.1 SCP分析法

SCP（Strategy - Conduct - Performance）是从市场结构（market structure）、市场行为（market conduct）、市场绩效（market performance）等方面对某行业进行分析的工具。具体内容见表11-1。

表11-1 SCP分析法

	定义及内容
市场结构	它是指构成市场的卖者（企业）相互之间、买者相互之间以及卖者和买者集团之间等诸关系的因素及其特征。
市场行为	它是指企业在市场上为获得更大利润和更高市场占有率而适应市场并按市场要求调整其行动的行为。主要包括三个方面的内容：①企业确定价格的策略；②企业的产品策略；③企业排除竞争对手的策略。
市场绩效	它是指在一定的市场结构下，企业通过一定的行为使其在价格、产量、费用、利润、产品、质量和品种以及在技术进步等方面所达到的现实状态，以及市场在资源配置方面所达到的状态。既有从企业角度的，也包括从市场角度的。

11.2.2 中国广告行业SCP分析

1. 市场结构

（1）市场集中度。

市场集中度是对整个行业的市场结构集中程度的测量指标，用来衡量企业的数目和相对规模的差异，是市场势力的重要量化指标。市场集中度是决定市场结构最基本、最重要的因素。

2003—2011年我国广告广业的绝对集中度见表11-2。

表11-2 中国传媒产业广告市场集中度（2003—2011）

单位：万元；%

年份	全国传媒广告经营总额	前4家媒体广告经营总额	CR4	前8家媒体广告经营总额	CR8	前10家媒体广告经营总额	CR10	前20家媒体广告经营总额	CR20	市场结构类型
2003	5 341 216	1 373 734	25.72	1 872 101	35.05	2 013 441	37.70	2 606 095	48.79	竞争型
2004	5 764 007	1 495 319	25.94	1 969 169	34.16	2 125 993	36.88	2 760 865	47.90	竞争型
2005	6 835 952	1 652 500	24.17	2 235 500	32.70	2 456 205	35.93	3 235 119	47.33	竞争型
2006	8 238 007	1 733 521	21.04	2 393 278	29.05	2 648 923	32.15	3 439 650	41.75	竞争型

（续上表）

年份	全国传媒广告经营总额	前4家媒体广告经营总额	CR4	前8家媒体广告经营总额	CR8	前10家媒体广告经营总额	CR10	前20家媒体广告经营总额	CR20	市场结构类型
2007	9 363 356	1 918 418	20.49	2 667 473	28.49	2 988 473	31.92	3 989 720	42.61	竞争型
2008	10 933 108	2 630 109	24.06	3 465 864	31.70	3 782 164	34.59	4 850 095	44.36	竞争型
2009	11 845 309	2 655 963	22.42	3 491 722	29.48	3 750 722	31.66	4 773 935	40.30	竞争型
2010	14 733 010	3 198 496	21.71	4 202 540	28.52	4 594 440	31.18	5 728 989	38.89	竞争型
2011	18 256 011	4 015 267	21.99	5 429 126	29.74	5 919 826	32.43	7 538 368	41.29	竞争型

注：根据贝恩咨询公司创始人对产业垄断和竞争和分类研究：

若CR4＜30%或者CR8≤40%，则该行业为竞争型；

若CR4≥30%或者CR8≥40%，则该行业为寡占型；

若CR4≥50%或者CR8≥80%，那么这个市场被认为是高度集中的。

从表11－2可以看出：第一，中国传媒产业整体的市场集中度处于比较低的水平，CR4、CR8、CR10和CR20的最大值分别为25.94%、35.05%、37.70%和48.79%；最小值分别为20.49%、28.49%、31.18%和38.89%；均值分别为22.51%、30.39%、33.36%和43.45%。中国传媒产业广告市场属于低度集中类型，市场中的广告资源竞争比较激烈，存在过度竞争现象。在美国，1995年，其传媒市场集中度CR4和CR8分别为25%和40%；1999年，CR4和CR8分别提高到42%和59%；2001年，CR4和CR8进一步提高到49%和59%。相比之下，中国传媒产业广告市场集中度明显要低得多。第二，从均值和中位数的比较来看，九年来，中国传媒产业广告市场集中度CR4、CR8、CR10和CR20基本呈对称分布；从变异系数和极差来看，CR4、CR8、CR10和CR20的离散程度均比较小，表明市场基本处于稳定状态，不存在大起大落现象。第三，按照贝恩的市场结构分类标准，近九年来，中国传媒产业广告市场均属于竞争型市场结构。从全国范围来看，排名前几家的传媒机构在广告资源竞争上没有明显的垄断迹象，市场控制力量比较小；整个市场中有大量的传媒机构，但每一家传媒机构所占有的广告市场份额均不大，竞争异常激烈。产业经济的相关经验研究表明，垄断竞争和分散竞争型市场结构的效率较低，而寡头垄断市场结构的效率相对较高。因此，从这个角度来讲，中国传媒产业的低集中竞争格局不利于产业经营绩效的提升。

（2）产品差别化。

一般意义上的广告服务链见图11－9。

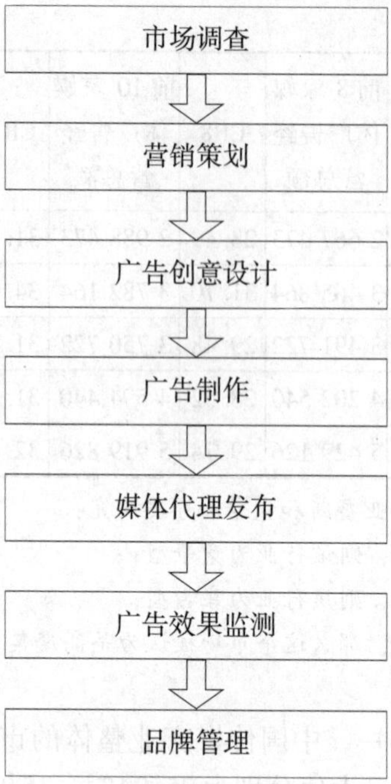

图 11－9　广告服务链

广告属于创新性较强的产业，一般来说，每个广告公司的产品在创意设计、制作上都存在一定程度的差异。但由于我国广告公司在广告服务链上的各个方面都缺乏应用性专业人才，导致了我国广告在这些方面的服务能力较弱。因此，总体而言，目前我国广告产业的差别化程度偏低。

2. 市场行为

（1）价格行为。

我国的广告产业结构仍处于低级水平，陷于低集中度的竞争性格局中，再加上广告公司数目众多，各公司在价格上很难达成协议，而且也难以遵守。同时，当前竞争型的市场结构和广告产品差异不大的状况，使得众多广告公司为求发展不惜竞相压价，展开价格战，依靠较低的价格来吸引广告主，有时降价的幅度甚至会以达到广告平均成本为止。

（2）联盟并购行为。

国际广告公司在进入中国后不断进行战略扩张，实施联盟并购，如 DDB 与北京国安广告公司建立联盟，成立 DDB 国安；JWT 智威汤逊与本土 4A 旭日广告公司建立联盟，成立旭日因赛广告公司；李奥贝纳与国内媒介公司维传凯普建立战略合作伙伴关系；奥美收购深圳房地产整合营销公司黑弧，成立黑弧奥美房地产整合营销传播机构。

国际广告公司的这些并购行为无疑加剧了我国广告产业的竞争态势。面对中国广告市场开放后激烈的国际竞争环境，我国不少本土广告公司走上了联盟与合作、品牌建设与资本运作之路，提升了整体实力。如广东英扬广告公司和传奇广告公司合资成立英扬传奇广告公司，一举成为国内广告业的一股强劲势力，在创意公司排行榜上一直处于前列。

3. 市场绩效

市场绩效一般由以下三个方面的因素决定：

（1）经营收益总状况。

表 11－3 2012 年和 2013 年全国广告经营单位基本情况

项目	经营单位（户）			从业人员（人）			广告经营额（万元）		
	2012 年	2013 年	比较（%）	2012 年	2013 年	比较（%）	2012 年	2013 年	比较（%）
合计	377 778	445 365	17.89	2 177 840	2 622 053	20.40	46 982 791	50 197 459.48	6.84
国有企业	9 554	8 697	－8.97	89 687	114 685	27.87	4 077 237	4 083 421.88	0.15
集体企业	2 173	1 891	－12.98	22 740	27 129	19.30	942 228	870 278.10	－7.64
私营企业	281 509	310 326	10.24	1 631 226	1 703 940	4.46	18 048 316	2 363 127.92	27.79
内资企业（非私营）	512	25 057	4 793.95	5 077	146 980	2 795.02	90 597	4 357 334.88	4 709.59
外商投资企业	1 112	1 374	23.56	29 075	33 460	15.08	7 601 966	4 428 483.94	－41.75
个体工商户	53 905	76 031	41.05	185 591	267 121	43.93	583 179	892 634.05	53.06
事业单位	7 354	5 938	－19.25	100 557	254 081	152.67	14 124 871	11 996 350.61	－15.13
其他	21 659	16 051	－25.89	113 887	74 657	－34.45	1 504 399	505 828.10	－66.38

由表 11－3 可以看出，2012 年我国广告经营额即突破 4 000 亿元，占国内生产总值的比重达 0.9%，比 2011 年（3 125 亿元）占 GDP 比重上升 0.24 百分点；广告业市场总体规模已跃居世界第二位。全国广告经营单位达到 37.78 万户，广告从业人员 217.78 万人，广告经营额 4 698 亿元人民币，分别同比增长 27.41%、30.14% 和 50.32%。而最新的中广协数据显示，2013 年中国广告经营额首次突破 5 000 亿元大关，达到 5 019.75 亿元。从事广告经营业务的单位数量和广告从业人员数量继续维持高速发展的态势，达到 44.5 万户和 262.2 万人，相较于 2012 年分别增长了 17.89% 和 20.4%。

（2）不同类别广告公司营业状况。

表 11－4　2011 年和 2012 年中国广告公司营业额排名前十位情况

排序	单位全称	2011 年广告营业额（万元）	单位全称	2012 年广告营业额（万元）
1	群邑（上海）广告有限公司	879 284	群邑（上海）广告有限公司	1 287 227
2	盛世长城国际广告有限公司	666 822	上海李奥贝纳广告有限公司	744 840
3	上海李奥贝纳广告有限公司	621 828	北京恒美广告有限公司上海分公司	597 175
4	北京电通广告有限公司	573 372	盛世长城国际广告有限公司	559 830
5	昌荣传媒有限公司	565 200	昌荣传媒有限公司	519 868
6	北京恒美广告有限公司上海分公司	495 802	北京电通广告有限巴公司	512 496
7	智威汤逊－中乔广告有限公司上海分公司	376 756	广东省广告股份有限公司	462 664
8	广东省广告股份有限公司	371 694	凯帝珂广告（上海）有限公司	340 407
9	上海新兴媒体信息传播有限公司	314 104	上海分众德峰广告传播有限公司	311 007
10	上海分众德峰广告传播有限公司	307 600	中视金桥国际传媒集团有限公司	302 137

公司营业额排名前 10 位中国际广告公司的数量。1996 年以来，中国广告公司营业额前五位基本上被国际广告公司所主导，智威汤逊－中乔广告有限公司上海分公司、上海李奥贝纳广告有限公司、盛世长城国际广告有限公司、北京电通广告有限公司等。2011 年，中国前十大广告公司中国际公司占据七席，本土公司仅占三席，分别是昌荣传播有限公司、广东省广告股份有限公司、上海新兴媒体信息传播有限公司。2012 年的情况与 2011 年一样，本土公司仅占三席；而群邑（上海）广告有限公司市场集中度大幅提升，一年内广告营业额从 879 284 万元快速增长到 1 287 227 万元，增长了 46%。

表 11－5　2012 年中国广告营业额排名前 100 位中国际广告公司与本土广告分司营业额与户均营业额比较

	户数（户）	营业额及所占比重		户均营业额（万元）
		营业额（万元）	比重（%）	
国际广告公司	38	7 270 203	58.1	191 321
本土广告公司	62	5 243 055	41.9	84 565
总计	100	12 513 258	100	125 133

由表 11－5 可以看出，中国广告公司营业额排名前 100 位中国际广告公司所占比重。2012 年营业额排名前 100 位的广告公司总营业额 12 513 258 万元，其中国际广告公司有 38 家，占前 100 位广告公司营业额的 58.1%，户均营业额 191 321 万元；本土广告公司有 62 家，占前 100 位广告公司营业额的 41.9%，户均营业额 84 565 万元。前 100 位中国际广告公司数量仅为本土广告公司数量的 61%，而营业额为本土广告公司的 1.28 倍，户均营业额为本土广告公司的 2.30 倍。可以说，前 100 家公司代表了中国最具竞争实力的广告企业，在这 100 位广告公司中，国际广告公司的强势显而易见，本土广告公司的市场竞争力亟待提升。

（3）利润状况。

2012 年和 2013 年，中国专业广告公司的数量为 377 778 户和 445 365 户，广告公司经营额为 46 982 791 万元和 50 197 459.48 万元，户均广告经营额仅为 124.37 万元和 112 万元；如果按 15% 的利润来计算，每家公司的平均利润仅为 18.66 万元和 16.8 万元，这一数据包括了跨国广告公司和本土广告公司。从经营收入看，私营企业是当下中国广告业中占比绝对领先的群体，但人均、户均营销额却非常低。从经营方式看，兼营广告业务的企业数量居多，而且增长强劲。兼营广告业务企业的数量分别为 106 250 家（2012 年）、162 709 家（2013 年），年增长为 45.93% 和 53.14%，兼营企业单位营业额远远低于 34 万元的平均水平。本土广告公司高度分散、弱小与重复型生产模式的状况仍在加剧。

11.3　中国广告产业的改造与升级

11.3.1　发展模式的创新

上一节已经提到，低集中度，即广告公司缺乏规模效应，是中国广告产业面临的核心问题之一。解决这一问题的途径在于通过资本运作，提高广告公司规模和广告市场集中度。而媒介集团与企业集团巨大资本的介入则是重中之重，它能够尽快实现中国广告产业的资本重组与结构重构；尽快改善我国广告产业高度分散和高度弱小的状况；提升抵御外资收购兼并风险的能力，防止我国广告业被外资全面控局。

具体来说，可以采取以下两种途径实现：

1. 本土公司通过资本运作，迅速实现规模扩张

本土广告公司进行大资本运作，组建大型本土广告集团，以先进的管理、市场化的经营理念以及雄厚的资金来与外资广告集团相抗衡。

案例透视　蓝色光标

蓝色光标传播集团于 2010 年 2 月 26 日在深圳证券交易所创业板上市，成为中国国内首家上市的公共关系企业，从此正式进入资本市场，并快速扩张。

2010 年 3 月 16 日其与电通设立合资公司，蓝色光标持 51% 的股权。

2011 年 3 月 16 日，蓝色光标投资上海励唐并收购其 100% 股份，上海励唐成为蓝

色光标全资子公司。

2012 年 8 月，蓝色光标跃居亚洲公关公司榜首。从蓝色光标传播集团现有的业务板块架构中可以看出，蓝色光标通过投资、并购等手段，充分运用资本的力量，实现了公司规模的扩大、业务种类的丰富，并且拓展了海外市场，提高了公司在全球市场竞争中的综合实力。

2013 年 12 月 17 日，蓝色光标投资入股 We Are Very Social Limited，持有该公司 82.84%的股权；2014 年 3 月 27 日收购密达美渡，持有该公司 100%的股权。

蓝色光标自上市以来，运用募集资金在不同领域进行了多次投资和并购，实现了公司业务的拓展和企业规模的快速扩大。

从统计数据中可以看出，蓝色光标在移动互联网领域频频出手，共计并购了 9 家公司，业务范围涉及汽车、社交、游戏、医疗等多个行业，产品包括网络游戏、移动端 APP、移动互联网设备等。

在互联网广告领域，蓝色光标计划并购 8 家公司，其中 2010 年对科思世通的并购宣布终止，最终共计成功并购 7 家公司。在互联网广告领域，收购与自主建设相比，性价比很高，可以迅速占领市场优势地位，并且可以直接将现有的资金和平台与被购企业进行组合，形成资源共享与模式创新。

蓝色光标共收购 6 家综合类广告服务公司，其中 2011 年收购的今久广告拥有一大批优质的地产业核心客户，对今久广告的收购让房地产全案营销服务成为蓝色光标集团下一个重要的业务子品牌。

2014 年以来，蓝色光标也加快了在电子商务领域的布局，共收购 5 家电子商务类公司，区域涵盖北京、上海、广州、杭州这 4 个重点城市。

2014 年以来，蓝色光标共投资参与设立了 5 家创投基金，还先后设立了上海、香港投资管理子公司，进一步推动公司的投资和并购等资本运作行为。

蓝色光标自上市以来进行的一系列投资并购行为，帮助蓝色光标实现了企业规模的快速扩张，服务链条的完善，实现了资源更优化的整合；拓展集团服务网络，加快全球化布局；丰富业务种类，完善服务链条；整合媒体资源，降低经营成本。

2014 年，蓝色光标的广告类业务收入达到约 31.4 亿元，已经超过以传统公共关系为核心的服务业务板块的收入规模。可以看出，蓝色光标已经成功地实现了业务板块的重新布局，从一家传统公共关系服务公司逐步发展为一家综合型营销传播服务集团。

2. 媒介集团和企业集团成立集团所属的广告公司

中国已经有一大批实力雄厚的媒介集团和企业集团，这些集团拥有丰富的媒介资源、客户资源和资金资源，通过组建集团所属的广告公司能够实现内部资源的有效整合，实现集团效益的最大化。

案例透视 北京未来广告公司

作为中央电视台所属唯一全资的4A广告公司，未来广告公司是中央电视台探索专业频道经营、面向市场多元化经营的重要平台，公司经营收入约占CCTV年度总收入的20%。

公司独家代理经营着众多优质和最新央视媒体资源，如CCTV-5体育频道，CCTV-8电视剧频道，CCTV-12“社会与法”频道，CCTV-1的《东方时空》《今日说法》栏目，以及央视国际网站等。

11.3.2 发展路径的选择：专门化—专业化—集群化—规模化

1. 广告业的专业化

在当前营销、传播环境日益复杂化的背景下，广告业的专业化要拓展到三个领域（见图11-10）。

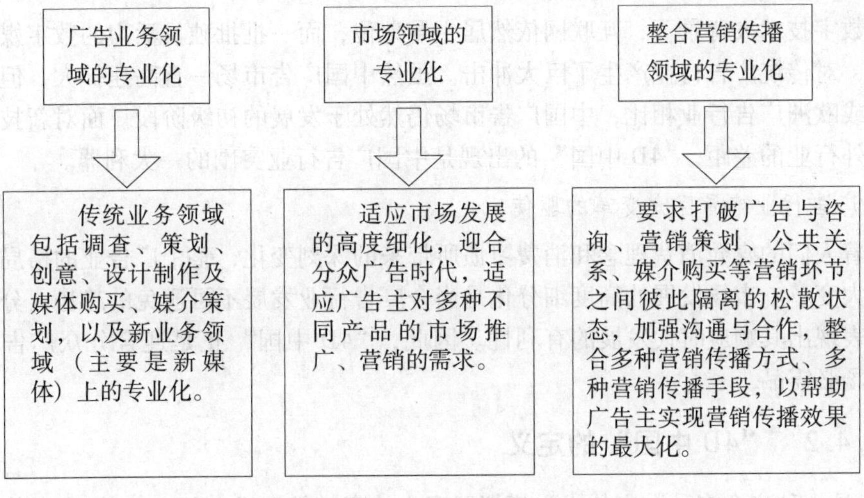

图11-10 广告业专业化的三个领域

案例透视 汉扬传播收购创意热店CD shop

CD shop是两位中国台湾的创意人袁学智、黄宏浚于2006年创办的。两位创始人此前分别为北京博达大桥（FCB）、北京电通的执行创意总监（ECD）。CD shop约有20人的团队规模，专门为企业或广告公司提供创意点子与资讯。创办之初，CD shop曾邀请各大4A公司CD级别广告人助阵，曾创下连续一年间与4A比稿高胜率的记录。

在被汉扬传播集团收购后，CD shop将成为汉扬传播的核心创意团队。

此次收购案，对双方来说是双赢局面。CD shop能借助汉扬传播集团的综合实力，将创意能力发挥到最大；而汉扬传播集团则拥有一支建设良好的创意团队。这次合作也体现了广告业的专业分工更加细化的趋势。

2. 广告行业的产业集群战略

产业集群有利于降低交易成本、吸引投资，是一种更有效率的组织形式，可以产生滚雪球式的集聚效应，吸引更多的相关企业到此集聚，扩大和加强集聚效应，产生规模经济。

广告产业可以结合各地区域优势，实现产业集群式发展。例如，在媒介强势地区，可以以媒介产业为龙头产业或主打产业，以与其密切关联的上下游、内外围产业为半径发展产业集群。在产业集群的基础上，以联合重组、兼并重组的方式逐渐实现中国广告产业的规模化发展。

11.4 广告行业新突围——“4D 中国”

11.4.1 “4D 中国”产生的背景

1. 数字化时代的需求

在数字技术大背景下，互联网依然居主导地位，而一批批独具活力的数字媒体也不断涌现，对传统广告行业产生了巨大冲击。虽然中国广告市场一直高速扩大，但与成熟的美国或欧洲广告行业相比，中国广告市场仍然处于发展的初级阶段。面对新技术的成果和国外行业的差距，“4D 中国”的出现是中国广告行业突围的一大利器。

2. 广告行业格局巨大变革的驱使

随着人们的媒介消费理念和消费习惯所带来的深刻变化，整个广告业的格局也正在经历巨大变革。市场发展的高度细分化是当今广告行业发展不可避免的趋势，分众传媒形式也表现出其顺应时代发展的有利性。因此，“4D 中国”正是迎合分众广告时代到来的市场必需品。

11.4.2 “4D 中国”的定义

4D 是一种集合多种数字技术，模拟展现立体互动的多维空间。4D 技术在传播中以“4D 中国”的品牌进行。

“4D 中国”给我们诠释了“新媒体、新技术、新设计”的概念，提供了集多种数字展示技术的推广服务平台，其核心产品是“DC 模板”。这给广告业界提供了一个崭新的媒体展示技术，将新媒体（4D 数字媒体）、新技术（集成化多种数字技术）、新设计（完美的空间模拟与创新设计）完美结合，为展示行业提供了一个数字化、艺术化的完美解决方案。

11.4.3 “4D 中国”的特征

表 11-6 将“4D 中国”多媒体产品与 PPT、宣传画册、网站、一般宣传片、动画宣传片进行对比分析。

表 11－6　“4D 中国”多媒体产品与 PPT、宣传画册、网站、一般宣传片、动画宣传片的对比

项目	PPT	宣传画册	网站	一般宣传片	动画宣传片	多媒体产品
文字	约千字	约五千字	几万字	几百字	几十字	不限量
声音	无	无	无	一般背景音乐	一般背景音乐	中央级专业配音
图片	几十张	几十张	几百张	无	无	专业摄影，万张以上精美图片
视频	无	无	几段视频	5 分钟左右	一段视频	几十段视频
动画	无	无	10 秒左右	无	10 秒左右	60 秒以上
互动性	无	无	少	无	无	随时、全局、各方面互动体验
生动性	无	无	无	很具象，有印象	生动，易于记忆	生动形象，身临其境，记忆深刻
便捷性	需要操作技巧，占空间	太占空间	需要能上网并记住域名	可以携带，占空间	可以携带，占空间	即点即开，随身携带，方便快捷
时效性	无	无	可反映近期的一些情况	无	无	随时反映最新的情况，适应新形势
传播内容	某一时间的某一方面	一段时间的大概情况	长时间的各方面情况	一段时间的大概情况	某一时间的大概情况	全面详细，时间不限，由单位掌控
传播形式	纸制、光盘	纸制	自己的网站	光盘	光盘	光盘、手机、触摸屏、显示屏、网站
传播对象	固定的几个人	有限的千余人	省内的万余人	浏览局网站的几百人	浏览局网站的几千人	民众以及指定受众等上亿人
传播渠道	会议	来访或活动	网站链接	局内的演示播放	局领导出去时的演示播放	国内外 200 多家联盟网站
服务	无	无	信息可更新	无	无	后台可随时修改
发展趋势	局部成熟期	衰退期	成熟期	成熟期	局部发展期	全面快速发展期

由表 11－6 可以看出，“4D 中国”的主要特点如下：

①互动性；

②传播形式的多样性；

③传播渠道的无限性；

④发展趋势的未来性。

其中互动性体现在广告受众使用“4D 中国”数字媒体产品时的高度体验性上。广

告受众可以在使用中自由灵活地选取广告内容，参与到其所营造的光怪陆离的产品体验氛围之中。

案例透视　阿迪达斯全球首家体验店

坐落在北京三里屯的阿迪达斯全球首家体验店可以说是数字媒体产品的大集成，是“4D 中国”的完美体现。

在店内，阿迪达斯为顾客精心打造了一系列拥有尖端创意的互动体验区域，包括 miCoach 核心技能测试区（通过测量身体反应能力等的一系列游戏来测试和帮助你找到最适合的商品和最需要的运动），miadidas & mioriginals 经典鞋款 DIY 区、球衣烫印区、餐饮休闲区及儿童互动区，在满足成人消费娱乐需求的同时，亦保证低龄消费者享受、参与体育的快乐。

11.4.4　“4D 中国”对国内广告行业的价值

1. 经济价值

“4D 中国”改变了传统固有的商务传播形式，集成化数字技术和空间模拟、平面创意成为新的劳动形式，并提供了新的价值创造机会。

2. 参照价值

“4D 中国”在广告业内的迅猛发展必将刺激传统广告媒体的神经，从而改变传统媒体的整合格局，并将拆散这种格局，变成与传统媒体并驾齐驱的新媒体，因此在业内必将成为改变传统媒体策划的参照物。

3. 分众价值

“4D 中国”具备包括“分众传媒”在内的众多分众传播平台的优势，并且“4D 中国”对广告受众而言有着更强的分众效果；加上“4D 中国”传播业态上的强烈个性化和互动性，这两种特性也许决定着未来分众媒体的走向。

11.5　广告行业的未来发展趋势

11.5.1　新兴广告应用趋势代表广告业的可能未来

1. 互联网改变广告产业生态

从新兴广告应用趋势来看，随着互联网的市场环境与相关技术的愈趋成熟，互联网对广告产业来说已经不是单纯的新兴媒体。互联网的媒体整合能力改变了广告产业运作的基本架构与运作模式，也无疑改变了广告产业的生态环境。

2. 新兴广告改变广告产业的产业价值链

从新兴广告的应用趋势来看，新兴广告发展使得广告产业竞争愈趋激烈，行业内业者间的竞争改变了广告产业的产业价值链，新旧服务势力的此消彼长重新定义了广告产业的专业价值，创造了新的服务形态与产业价值链。

3. 新兴广告呈现新的广告市场机会

从新兴广告的应用趋势来看，广告产业的竞争已经是跨领域、跨行业的竞争。消费者的注意力是广告产业者之间彼此争夺的宝贵资源。传播内容拥有者、提供者与分配者、新兴广告相关服务与技术开发者与代理人，甚至是生活者都有机会在新广告市场中获得可观利益。

案例透视 电影中的植入广告

中国服装品牌美特斯·邦威在电影《变形金刚 2》中斥巨资植入品牌广告，一时成为中国营销界的佳话。随着电影的火爆上映，美特斯·邦威的知名度也得到大幅度提升。除了美特斯·邦威外，GM 通用汽车在《变形金刚 1》已开始崭露头角，片中的“大黄蜂”更可以说是通用旗下品牌雪佛兰的一大活招牌。

国内导演中植入广告玩得最好的要数冯小刚。冯氏喜剧大片，从早期的《甲方乙方》到现在的《非诚勿扰》，均充斥着大大小小的商家广告，在《大腕》影片中更是名正言顺、大张旗鼓地植入广告。

其实电影植入式广告早已出现，随着这一新兴广告形式的逐渐发展壮大，可以看出广告业和电影业之间愈来愈密切的跨界合作。

11.5.2 广告产业正处于新旧广告世界的交会

1. 广告主的服务需求正在改变

尽管广告主进行广告相关活动的销售目的永远不会改变，但是广告主对广告服务的需求却随着市场环境变化与竞争态势不断地改变，相应地也使得广告产业永远面对市场的挑战，提供符合广告主需求的新广告服务。

2. 广告媒体的竞争与合作仍在进行

从新兴广告应用趋势来看，传统媒体与新兴媒体间的竞争与合作仍在持续当中，一方面竞争有限的广告资源，另一方面共同合作吸引生活者的注意力。从大众媒体、跨媒体到个人数字平台，广告媒体间的竞争与合作关系，相应地也使得广告产业专业服务形态面临调整与转型。网络已占据一席之地，而新世纪陆续出现的行动通信技术与设备正逐渐展现成为个人化广告媒体平台的可能，并且快速地与现有广告媒体进行整合。

3. 生活者的力量值得重视

从新兴广告应用趋势来看，生活者的力量与消费者的选择、广告产业与生活者对话的方式、广告与生活者间的关系必须重新定义，如何与生活者站在同一基础上进行商业沟通与营销对话，是广告产业有待研究的课题。

11.5.3 创新是应对新兴广告发展趋势的最佳策略

1. 诚恳倾听消费者的声音、用心认识消费者的世界就是创新的开始

从广告产业的未来发展趋势来看，消费者仍然是广告产业最需用心经营的焦点。当今市场已经进入了“感性消费时代”，消费者不再被单纯的告知广告所打动，他们更渴望一种被关心、被理解、被个别化服务的感觉；商业竞争的关键已不仅仅在于商品实体这件“物”，更在于商品所散发出来的气氛、感情、趣味和理想，甚至戏剧性。因此，要求企业用人情化的经营方式代替理性化的经营方式，多一点人情味，通过建立与消费者之间和谐融洽的情感联系，来获得消费者对企业的好感，从而赢得更多的顾客。

案例透视　宜家（IKEA）的体验式营销

2008 年，瑞典家具生产业巨头宜家（IKEA）公司在日本推出了一种吸引人的广告方案，用来宣传其在海湾人工岛即将开业的厂家直销店。宜家公司将神户市至海湾人工岛线路上的轻轨列车全部用自己的产品进行了全面换装，从外面的喷涂广告到里面的座椅窗帘等。

每辆运行的轻轨列车都进行了不同风格的设计，将车厢以前硬板似的座椅替换成了宜家时尚舒适的沙发，搭配宜家设计的窗帘，让列车变成了流动的展示厅，让乘坐列车变成了一种舒适的享受。

在宜家购物，顾客可以通过自己动手来省钱——自己选购、自己运送回家、自己组

装家具；也可以预约宜家的室内装饰建筑师和设计师、优秀的厨房设计人员等，请他们帮忙设计新房或提出改造旧居的建议。

宜家这种体验式营销模式直击消费者内心，与消费者建立了良好的沟通和情感联系，形成了宜家无可替代的品牌魅力。

2. 广告产业所提供的服务，需要创新的商业模式

创新是广告产业的核心价值，也是广告产业的最大特色。可惜的是，广告产业多半将创新精神专注于广告信息设计与广告媒体应用层面，很少认真地思考如何提供创新的商业模式，以应对广告主新的广告服务需求。进行创新研发，累积创新能量，开发创新商业模式，恐怕是广告产业的当务之急。

3. 广告产业的组织设计与架构，更需要开拓创新、与时俱进

从新兴广告应用趋势来看，广告产业正面临着严峻的挑战与冲击，创新是生存的唯一出路，而如何调整组织架构、重新设计组织团队，以提供更多创新服务，将是广告产业的首要之举。

经典案例导读

“Beat U，我怕黑专车”

——以神州专车营销方案为例

新媒体环境下，广告方式发生了巨大变化。以前的传统媒体，广告平台与方式相对单一，一般做好产品自身的推广即可，受众大多是被动地接收；而在新媒体环境下，要想在市场上争得一席之地，商家们各类营销手段也要花样百出。有人对目前的营销手段进行了四种划分，分别是：第一，重新定位，产品即营销；第二，依据名人效应，名人即营销；第三，注重美好，内容即营销；第四，注意力转移，“吸睛”即营销。神州专车“Beat U”营销事件，就是一种反其道而行之的方式，是通过吸引人们的注意力来达到营销目的的经典案例。

在滴滴打车、Uber 快车等各类专车软件盛行的今天，新诞生不久的神州专车迅速占领市场，赢得了大量用户。它以一种反推的方式来成功地引起了人们的注意，“Beat U”被评为 2015 年十大营销经典案例，有很多可借鉴之处，首先先来回顾一下整个事件的经过。

Uber 全球即时用车软件，现已覆盖了全球 63 个国家的 344 个城市，旨在为大家提供更安全、更舒适的出行方式，以 C2C 私家车接入模式，旗下分别有：人民优步（普通型轿车）、优选轿车（商务型轿车）、顺风车（拼车业务）。Uber 在管理订单方面与滴滴不同的是，它是由系统自动“派单”，分派给附近最近的空闲车辆，不会出现客户叫车一直没有车辆应答的情况，方便程度大大增加。

虽然Uber可以让用户更快搭乘车，但是因为Uber司机大多是兼职，不像出租车司机一样是专职司机，对道路的熟悉程度还是有限，因此容易出现影响用户体验、耽误用户行程的情况。

Uber司机大多数素质比较高，但还是出现过女性乘客乘坐Uber后被司机强奸的情况，反映出了Uber司机良莠不齐的现象。毕竟安全是用户最看重的部分，所以这个问题对Uber的影响是挺大的。

Uber的安全性问题也是它的一个威胁。因为Uber是采用线上管理的方式，在监管方面还有欠缺，而且大多Uber司机都是兼职，Uber公司无法对所有的Uber司机进行像出租车公司一样的监管，所以它还是存在一定的安全性问题。

2016年3月，深圳通报了3 086名网约车司机有犯罪、吸毒前科。深圳市交通运输委经相关部门初步排查，深圳网约车驾驶员群体中发现吸毒前科人员和重大刑事犯罪前科人员3 086人。消息一出，很多乘客表现出对网络约车平台的担心。北京多家专车平台立刻表示，其将与公安机关合作或者通过第三方背景调查等方式，对司机犯罪或者吸毒情况进行筛查。

神州专车采用定位于“专业车辆、专业司机”的B2C运营模式，车辆均为神州租车的正规租赁车辆，所有司机均来自专业第三方劳务公司，并设立了严格的准入标准。首先，神州专车与专业的第三方征信机构和权威部门合作，严审司机背景，保证100%无犯罪记录；神州专车还坚持从退伍军人中吸纳优秀司机，保证了司机的安全可靠。其次，所有司机要求具备三年以上驾龄，且三年内无记满12分记录，入职后要接受包括专业驾驶技术在内的专业培训；司机在入职前会接受体检，确保无精神疾病或传染疾病，入职之后也须定期体检。2015年1月28日，神州专车在全国60个城市同步上线，利用移动互联网及大数据技术为客户提供“随时随地，专人专车”的全新专车体验，该服务提供：立即叫车、预约叫车、接送机等服务，车型包括普通、公务、商务、豪华等。

从Uber和神州专车的车型来说，两者有很多相近的地方；在管理订单方面，Uber与神州专车都采取自动派单的形式；从用户和叫车操作上，神州专车和Uber无疑也有着很相似的地方。两者都在分割同一块市场，自然成为竞争对手。

2015年6月25日上午，神州专车的一组“Beat U，我怕黑专车”的海报在微博、微信等社交媒体渠道广泛传播，以“Beat U，我怕黑专车 ”为主题，暗指Uber黑专车。神州专车称：“不仅舒适、更要安全，这就是我们的观点！感谢大家的支持。在互联网创新的浪潮中，我们永远做最极致、最安全的用户体验！乌伯，请停下你的黑专车！”

此次广告邀请了演员吴秀波、海清，模特杨璐，愉悦资本创始人刘二海，警察汽车驾驶教官柳实等明星和行业相关人士代言，他们对“U”竖起了警示牌，并配上抨击黑专车安全问题的激烈言辞。

吴秀波出镜的海报中写着：“家里的十个好叔叔，也斗不过车里的一个‘怪蜀黎’。不心存侥幸，就不会身处险境。”

海清出镜的海报中写着：“毒驾，酒驾，醉驾！1%的风险，100%的伤害。别让自己，成为黑车司机的马路游戏。”

律师姜勇出镜的海报中写着：“搭私家车，聊天熟得像家人，出意外时就变陌生人。私车理赔难，别自找麻烦。”

愉悦资本创始人刘二海出镜的海报中写着：“提醒每一个负责任的父亲，诱惑再多，也别让家人搭上没保障的车。”

学者张杨出镜的海报中写着：“为共享经济点赞，但不为你。让黑车换个马甲，用公关逃避问题！红眼的老卡，请自重！”

马拉松运动员孙英杰出镜的海报中写着：“我爱第一，我怕万一，怕家人受伤害，怕隐私被买卖。切记！你的电话要保密。”

警察汽车驾驶教官柳实出镜的海报中写着：“人员参差不齐，车辆新旧不一，90%的司机不懂如何避险。私家车，你们能为人民的安全负责?”

新女学掌门人苏芩出镜的海报中写着：“女人要勇敢，也要安全感。最好的遇见，并不在黑车里。爱自己，请在夜里远离。”

知名模特杨璐出镜的海报中写着：“穿得危险，不代表我想遇上危险！笑得开心，不代表我想寻开心！乌伯，我们不约！”

神州专车的广告一发布，表面宣扬公益、打击黑专车，实则剑指竞争对手 Uber，暗指对方涉及“毒驾、酒驾、醉驾”等安全隐患。广告明确点出：“黑专车知道我的手机、住址，他们窥视我和我的家人，他们可能伤害我……我怕!”

该系列广告一经刊出，一石激起千层浪，引发网友热议。

一系列激励的措辞直指市场上频发的专车安全问题，一时间在网络上迅速引起了热议，知名度得到提升的同时也引来大量质疑声。令人更加瞠目的是几位代言人后面声称在拍摄海报时是抱着公益的意图，当时只是纯粹举牌拍摄，不知道海报上字的内容，更甚者海报上还出现了一些低级错误，如将“怪蜀黍”写成了“怪蜀黎”。一时间，网络上对神州专车的批评和质疑声也愈发强烈，这个事件当时就占据了新浪微博热搜榜，成了热门话题，阅读量达到了 1 730.9 万次。

媒体人罗昌平在微博中声称：“我应邀接拍神州专车的广告原本是出于公益性，当时的约定就是如此。看到图时我强烈要求不能发布，并建议公司不应该采用这样的传播方式，神州专车已在今天上午撤回所有关于我的图。刚才发现，有人还在转发，并不时有亲友来问，在此一并回应。广告图上的文字，与我一贯的立场不符，我相信市场的力量。”罗昌平极力撇清与此次事件的关系，强烈引发网友的共鸣，把舆论浪潮推向了顶峰。王小山也表示：这种赤裸裸打击竞争对手抬高自己的广告，其实已经涉嫌违法。

而就在海报事件发酵 12 小时后，情况却突然发生了逆转。神州专车在其微信公众号上发出了道歉：“向所有不爽的网友道歉。”并向吴秀波、海清等代言人“道歉”，并表示：“他们也坐专车，但不知道 U 是啥。”虽然代言人在第一时间就曾有过质疑，但“忽视了他们的声音”。在道歉信最后还对“U”表示“只要安全规范了，大家都能一起飞”，并在道歉信里承诺发放优惠券三天。

虽然在这次短暂的广告时间里，神州专车这种疑似抹黑竞争对手的营销手段让很多人反感，但是却让神州专车短时间内认知度暴增。神州专车的这次营销活动让自己的

APP Store 排名从 148 上升到 61，获得超过 500 万单日下载量。

神州专车在 2015 年 1 月 18 日，宣布投入 25 亿元进军互联网专车市场，与滴滴打车、Uber 等成为竞争对手，在神州专车上线一年后，根据易观智库 2015 年的报告，神州专车的用户群偏于中高端，逾 1/3 用户月收入超过 1.2 万元，近半数年龄超过 31 岁，具有明显的城市中坚阶层和成熟消费群体特征。而这类特点为神州专车带来了更高的用户黏性和品牌忠诚度。截至 2015 年年末，其付费用户量从 104 万增长至近 500 万，增长近 4 倍；APP 下载量从 147 万次猛增至 1 466 万次，增幅达 10 倍。

随着日均单量不断增长，运营效率不断提升，以及折扣力度的逐步减小，神州专车 2015 年季度亏损正在明显收窄，单均净收入从第一季度的 11.32 元，稳步上升到第四季度的 36.79 元；单均成本也从 2015 年第一季度的 135 元，稳步下降至第四季度的 79 元；毛利率有了大幅改善，从第一季度的 -123.72 元上升到第四季度的 -42.45 元。

由此可见，神州专车的这次营销活动在很大程度上增加了神州专车的用户量。此外，由于女性在使用专车时会更加注重安全因素，在专车用户性别分布中也可以看出，神州专车的女性用户在三大专车中占比最高，可见这次神州专车营销宣传的重点——安全也得到了体现，神州专车将它的理念传达给了用户。

2015 中国十大营销盛典将神州专车“Beat U”事件评为“年度十大营销事件”，也给了此次备受多方争议的事件一个圆满的结局。

而这仅仅是从神州专车自己的收益来看的，从整个专车市场来看，根据国际知名独立咨询机构罗兰贝格 2016 年 3 月发布的《中国专车市场分析报告》，2015 年神州专车占据近 40% 的国内市场份额，订单量增速和客户留存率均远超竞争对手，居行业前列。

报告显示，2015 年神州专车占据国内专车市场 39.9% 的份额；订单量月均增速达到 32.9%，远超 19.5% 的行业平均水平及其他竞争对手。同时，神州专车的活跃用户平均次月留存率达 70%，居行业前列。

罗兰贝格指出，目前专车实际市场规模为 77 亿元；到 2020 年，这一数字将增至约 5 000亿元，2015—2020 年的年复合增长率达 129.3%。又有分析人士指出，凭借更高的订单量增速和客户留存率，神州专车将在国内专车市场的高速增长中分得很大的一块蛋糕。

由此可见，这次营销活动不仅使神州专车受到了关注，也成为神州专车在中国专车行业发展的里程碑事件。

案例分析

这似乎是一起难断成败的营销，神州专车获得了曝光度和下载量，但却失去了美誉度。在如今瞬息万变的信息时代，好与坏难有绝对的评判，只能交由时间来考验。

这件事之所以被广泛讨论，无论神州之后如何解释，这事最后都指向了一个焦点：市场竞争，能不能这样明目张胆地攻击对手？这涉及基本的商业道德底线问题。面对神州的广告，大家选择的是抵制，一场本来要置竞争对手于死地的精心策划，不想却导致了自身的危机，这应该也算是2015年最烂的营销事件了。而网友们自发行动起来的抵制行为也说明了，神州专车的危机公关做得也相当不到位。

神州专车能够抓住“黑车”这个专车行业的痛点作为切入点，是非常聪明的，先不说广告作的怎么样，无论是什么产品，要开拓自己的市场，确实是要找到市场的痛点在哪里，这也是能否开拓市场很关键的一步，无疑，神州专车在这一点上做得很好，在第一步上就已经取得成功。

在请代言人上，神州专车所请的都是一些比较有名、有影响力的人士，让他们在微博上进行宣传，作为第一轮的带头作用，神州专车也做得不错。无论是海报还是海报上的文案，都可以看出神州专车的用心：黑色的背景，简洁的语言，特别是代言人手上所拿的“U”牌子，都足够引人注意，让人一目了然，再加上名人效应，一下子带动很多人自动传播，显然这一轮的宣传是起到了效果。

海报上我们可见海清、吴秀波等都穿得非常正式，而这也非常符合神州专车的定位——中高端商务人士。在这一点上神州专车也做得非常好，在做广告宣传的同时，依旧不忘记自己的定位，这样就能一下子很明显的跟滴滴、Uber等专车同行区分开来。

神州专车的营销之所以让网民们觉得反感，主要在于它没有给网民们选择。一面宣扬自己是“安全专车”，一面诋毁Uber是黑专车，强制让网友们选择神州专车。如今人们对于自由这一点是尤其敏感的，因而形成的抵触心理也会更加强烈。但从营销的角度来看，人们的抵触心理越强烈，对于神州专车的定位记忆也就越深，出于好奇心他们会去尝试乘坐，所以优化自身的服务，神州的未来是可期的。但是，要恢复神州在大众间的口碑，就比毁掉这一切困难得多了。同时，激怒网民来为Uber声讨，不仅将此前的“黑专车事件”弱化，更扩大了Uber在市场上的影响。

有网民认为，神州专车的营销手段太低级，其实这是广告界常见的一种营销手段——借势营销。网络的热点事件传播时间是很短暂的，往往不超过三天，同时，网络媒体的传播规律有时候是难以捉摸的，问题可能会成为亮点。此外，搜狗以及微博、朋友圈的转发，不知道给神州专车此次营销带来了多大的希望。其实，大众关心的只是能否满足出行的需求，包括方便、干净、服务态度好、便宜等。有人认为神州专车“本末倒置”，重点应该放在做好产品上，让大众认可便是水到渠成的事情了，没必要操之过急。

神州专车这次广告，是一次结果很成功的营销，但却是业界所不支持的。在互联网时代的今天，互联网广告营销越来越常见，但正因如此，互联网的营销也一次比一次激进，一次次突破我们所能接受的底线，一次比一次简单粗暴。小米和乐视的直接开战，乐视将苹果比喻为“纳粹头子”，还有这次神州专车和Uber的直接干架，都是这样。这就像是在骂街，虽然有效，但并不值得提倡。

从大局而言，此次“自黑”营销，让公众记住了神州的市场定位——安全的专车，并且知悉了除滴滴、Uber以外的打车软件。神州专车通过“对比性营销”突出自己的优势，痛击对方的弱点，是广告营销常用的一个方法。但借此打压Uber的行为不仅不能为网友们所接受，反而提高了Uber的用户支持率。虽然根据定位理论，只要定位能为目标受众和预期客户所熟知，那么从营销角度看就是成功的。公关界的人士却认为，广告的传播率再高也抵不过对美誉度的损伤。

借用网友的一句话："真正的营销、公关，应该是深入研究用户的痛点，制定合适的策略，用创意、内容去触动用户的内心。"

案例讨论

1. 面对滴滴打车和 Uber 合并，神州专业在下一阶段应该怎样做品牌营销？
2. 神州专车的营销策略给我们什么样的启示？

12 国际广告

12.1 国际广告的特点与意义

12.1.1 国际广告概述

12.1.1.1 国际广告的含义

国际广告（International Advertising）也称为跨国广告或国际性广告，是指以盈利为目的的广告主通过国外或国际性媒体、广告代理商和国际营销渠道，对进口国家或地区的特定消费者所进行的有关商品、劳务、观念的信息传播活动。简言之，国际广告是面向国外市场所实施的广告活动，其目的在于通过各种适应国际市场特点的广告宣传，使其商品或劳务能够迅速进入国际市场，为其产品建立声誉，以扩大产品销售，实现企业目标。广告的产品多是通用性强、销售量大、选择性小的具有国际影响的产品。

国际广告作为国际市场营销的一种重要手段，是在开放性的市场经济条件下，一国广告业适应国际贸易发展和经济全球化趋势的需要，面向国际市场自然拓展的结果。国际广告同国际营销有着密不可分的联系，并且也具有广告的一般特点。国际广告与国内广告在原理和实际操作中具有许多共性。例如，根据广告目的的不同也可以把国际广告分为商品广告、企业形象广告等。在具体实施中，首先必须进行市场调研，寻求广告代理公司；然后再做出全面而具体的广告战略规划并付诸实施；在广告发布后，也需要对广告信息的传播效果进行评估。

12.1.1.2 国际广告产生与发展的动因

国际广告是国际营销的重要手段，也是广告主与不同消费者沟通的工具。随着全球经济一体化和市场营销国际化程度的加深，广告国际化已经成为一种普遍现象。其产生和发展的动因主要有以下三点：

1. 经济全球化浪潮与跨国公司的诞生

从20世纪80年代后期开始，欧美一些发达国家基于本国经济增长缓慢、市场饱和、市场竞争加剧以及销售限制等原因，开始突破传统的国内基地，积极地拓展和培育国外市场，进行全球化营销。随着企业国际营销的不断增加，各国之间的经济关联日益增强，国际企业的对外扩张和国际贸易也日趋活跃。发达的通信技术、低廉的运输成本以及自由贸易的扩大促使了全球化大市场的形成。到20世纪90年代末期，经济全球化已经成为势不可当的浪潮。

同时，一些企业从生产、营销到广告都采用全球性策略，企业制订统一计划，以同样的规格方式生产全球性产品，构建全球性品牌，采用全球性广告，继而出现了全球性广告主和成功品牌。例如可口可乐、百事可乐、耐克等都是全球经营成功的企业典范。

2. 全球性广告组织的出现加剧了广告的国际化进程

20 世纪 50 年代到 70 年代，专业性广告公司被大型综合性广告公司兼并，奥美、电通等广告公司相继出现。为了适应广告主全球化经营战略，使企业的广告活动更具有全球影响力，这些大公司在 20 世纪 90 年代以后先后实行了国际化营销。

同时，跨国公司的全球经营对广告公司的全球化提出了更高的要求：广告主的全球化经营理念需要全球性广告公司的代理执行，广告主在全球范围内开展市场营销活动需要一个能够在世界范围内收集、分析消费者信息的组织为之服务的动作网站。针对这种情况，从 20 世纪 80 年代迄今，世界各地的广告公司掀起了一浪高过一浪的兼并热潮。仅以美国为例，20 世纪 80 年代中后期，全美前 20 名大型广告公司约有 1/3 与其他广告公司合并或并购。接连的并购加剧了世界广告业的集中和全球性广告集团的形成。一些跨国企业为了加强国际广告的执行能力，不再像以往那样选用多个广告公司为之服务，而是选择一两个大型广告集团，使得广告公司的并购更加激烈，广告的集团化运作也更加明显，进一步加剧了广告的国际化进程。

3. 现代科学技术的发展推进了国际广告的发展

20 世纪 90 年代末期，数字化浪潮席卷全球，新兴的互联网以惊人的速度开始在全球发展和普及。它一方面消除了空间距离，使得整个地球逐渐平面化、一体化；另一方面，从技术的角度来看，其加快了全球化发展，为全球化的发展搭建了一个技术平台。这些都直接或间接地促进了国际广告的发展。

12. 1. 2　国际广告的特点

当今世界已经形成一个大市场，各国都将国际贸易作为发展本国经济的主要手段。企业进入国际市场方式的不同决定了国际广告的方式和作用的不同。企业走向国际化，商品要进入国外市场，首先是企业要对国外市场和消费者有充分的了解，制订一个完整而详细的营销战略计划。一般来说，出口商品以国际市场营销组合策略为基点，从产品、价格、销售渠道、促销等几个方面综合考虑，广告是其促销战略的一个组成部分。

但与国内广告相比，国际广告因其实施范围、服务对象、所产生的影响与作用不同，具有更大难度和更高要求。这就决定了国际广告有着自己的特殊性，具有一系列不同于一般国内广告运作的规律和机制。一方面，国际广告的诉求对象和目标市场是国际性的，广告代理是世界性的；另一方面，不同的国家和地区，有不同的自然环境、不同的传统风俗与习惯、不同的宗教信仰、不同的社会制度、不同的政策法令、不同的消费水平和结构以及由此形成的不同的消费观念及市场特点。

1. 从宏观角度来看，国际广告具有的特点

（1）国际广告运作的市场活动范围具有特殊性。随着国际市场的日益开放，运用国际广告参与国际竞争的企业，逐步放弃旧有的生产经营模式，开始采取全球性的营销战略，向国际化、集团化方向发展。这些措施极大地改变了原有的世界贸易格局，使其广告活动也大大地超越了一般广告活动的地域限制，带有全球性的特征。为了满足国际

化广告主的整体营销需要，在一个极为广大而又复杂多元的国际市场范围和环境里进行广告运作，是国际广告的一大特点。因此，在展开具体的国际广告活动之前，对相关产品的市场适应性、市场容量、市场前景进行分析和预测是广告活动成功的前提和基础。国际广告必须具有对目标国市场的高度适应性，才能充分发挥其辅助对外贸易、对外营销的作用，实现成功开拓国际市场的目标。

（2）国际广告活动面临市场环境多元化，目标受众层次化。在国际市场环境中，各国的政治、经济、文化、科技发展状况不同，因此其生产方式、生活方式、文化习俗、宗教信仰等具有极大差异性。国际广告活动要取得成功，并有效地规避市场风险，就不能不考虑目标国具体市场环境的多重特异性及其变化因素（见表12－1），主要包括经济环境、文化环境、人口环境、政治/法律环境四个方面，同时还要尽力克服语言和习俗这两个最大最难的障碍。这些都将深刻影响到国际广告的传播方式和传播效果，也加大了国际广告运作的难度。

表12－1　国际广告市场环境要素

经济环境	文化环境	人口环境	政治/法律环境
经济结构 生活水平 人均收入 财富的分配 货币稳定性 汇率 就业率	语言符号 生活方式 价值观念 风俗习惯 伦理道德 宗教禁忌	人口数量 家庭类型 婚姻状况 年龄结构 职业分布 教育水平	政府政策 法律规章 政治稳定性 民族主义 行业限制 对跨国公司的态度

2. 从微观角度来看，国际广告具有的特点

（1）广告主不同。一般国内广告主主要是生产企业或经营企业，而国际广告是出口商品的生产企业或进出口企业，他们的经营方式是完全不同的，这就决定了其采取的促销和广告方式的不同。

（2）广告对象不同。国际广告除了面对国外不同的消费者外，其贸易广告的对象主要是国外进口商、批发商和经销商，这也决定了国际广告的特殊性。

（3）广告诉求方式不同。一般来说，面对消费者的广告多侧重于感性诉求，而当国际广告以进口商、批发商和经销商为目标对象时，则多侧重于理性诉求，着重传播有关产品客观特性的信息。

（4）广告媒介选择不同。因广告诉求方式的不同，国内广告多选择大众化媒介和新兴媒介，如电视、报纸、杂志、网络等媒介；而国际广告中的贸易广告，由于其广告对象是企业决策人士或职业经理人，媒介的选择就多考虑专业性杂志和经济贸易型杂志。

12.1.3　国际广告的意义

随着国际贸易的发展，世界经济进入大融合阶段，国际广告也发挥着越来越重要的

作用。

1. 促进商品销售，开拓国际市场

由于国际市场与国内市场存在着巨大差异性，消费者对本国产品往往比较熟悉，对“舶来品”“洋货”了解相对较少，更谈不上踊跃购买。何况有些国家的消费者对国外产品还有抵触情绪。因而，国际广告需要做更多的市场调研和更周密的广告策划，使国际产品或企业的信息最广泛地接触外国目标市场上的消费者，使其对自己产品的特性与功能有新的认识和较详尽的了解，进而改变他们原有的购买意向和购买习惯。

2. 促进国际商品信息的交流和新产品的开发，树立国际品牌形象

国际广告活动从本质上来说，是一种国际商品的信息传播活动。在国际市场上，新产品、新技术不断涌现，国际广告活动可以通过经常性的国际市场调查，来捕获有关国际市场商品生产和消费的现状以及最新发展趋势等信息，以利于广告主适时调整和改进国内的产品策略和广告策略；同时也可以从国外经销商和消费者方面得到有关自身产品信息的反馈，开发迎合国外消费者偏好的新产品。这样，成功的国际广告使广告主与消费者之间有了良好的沟通互动，获得了国际消费者对产品、品牌的认同感，从而建立起良好的国际品牌形象，促进国际营销的顺利开展，推进区域性品牌向国际品牌发展。

3. 促进世界经济的发展，推进全球经济一体化进程

随着国际贸易和国际营销的发展，经济全球化、一体化的趋向使整个世界正逐步发展成为一个统一的扁平化大市场。越来越多的国家参与到日益激烈的国际竞争和国际经济活动。从国际广告在世界经济中的地位和作用来看，国际广告是应国际贸易和国际营销的需要而产生的。但反过来，它又极大地促进了世界经济的发展，将更多的贸易活动纳入到经济全球化范畴内，进一步推进了全球经济一体化进程。

4. 促进相互了解，增进各国人民之间的友谊

广告作为一门艺术，具有一定的艺术性和情感表现力、感染力，相比其他沟通方式更能表现国际产品和企业的价值，以其特有的文化内涵赢得国外消费者的喜爱和认同。更何况，有些国际广告，虽然它的最终目的是为了扩大商品和劳务销售，但有时它的阶段性目标不会局限于此，广告主会通过公关活动、情感广告来联络民族情感，加强与东道国人民的友谊，为进一步搞好经济合作奠定基础。

12.2 国际广告的策略发展

12.2.1 国际广告策略概述

广告策略是指企业在分析环境因素、政府控制、目标市场、广告目标、媒体可获得性、产品特性和成本收益关系等的基础上，对广告活动的开展方式、媒体选择和宣传重点的总体原则做出的决策。

所谓国际广告策略，就是指国际广告的信息传播策略。由于国际广告活动跨越了不同的国家和地区，它的核心问题就是如何最大效率地实现广告信息的传播。由于全球化

的大同趋势日渐形成、各种文化的全球化程度不同、各种文化的自我意识及其对其他文化的接受包容度不同，在国际广告传播中，目前主要有两种策略，即标准化策略（又叫一体化策略）和本土化策略。

1. 标准化策略

标准化策略是指以统一的广告主题和内容、统一的创意和表现，在各目标市场的国家和地区实施一体化的信息传播。此策略的依据是尽管各国的文化差异是显著的，但人性是共通的，人人都具有对美、健康、安全等的需要。依靠标准化策略取得成功的经典案例有万宝路、百事可乐、麦当劳等。

2. 本土化策略

本土化策略是指根据目标市场国家或地区的特点，采用有针对性的广告策略，制作具有不同广告诉求、广告创意和广告表现手法的广告作品。它是基于各国文化的差异性特点而采取的，其依据是国际广告活动只有遵从各目标市场区域的文化、国民心理等方面的特殊性，才能使广告所传达的信息更易于为目标受众所接受。本土化策略实施成功的杰出代表有美国的宝洁公司、日本的松下电器等。

从国际广告的历史发展来看，国际广告运作正逐渐由早期的分权管理走向统一管理。20 世纪 60 年代以后，越来越多的国际广告是公司总部统一制定广告策略，再由各目标市场分部统一执行。1983 年，美国哈佛商学院泰奥德尔·李维特教授发表的《市场全球化》一文，主张在国际市场趋于大同的时代背景下应推行国际广告全球标准化策略，引起了国际广告界的高度重视，加速了国际广告的全球标准化策略的推广。

无论是标准化策略还是本土化策略，都有其可取之处和采用的依据。在具体的实施过程中，如果过分强调本土化，则将造成广告信息的分散和损耗，不利于建立统一的品牌形象；而如果过分强调标准化，广告信息又会难以被各国目标市场所接受。国际一体化策略有利于建立全球性的产品形象、品牌形象、企业形象，而且便于执行。而在具体实施过程中，由于各目标市场国实际存在的差异性，国际广告标准化更多偏向于广告主题和广告基本模式的标准化、一体化。也就是说广告总部统一提出广告信息传播的主题和原则，确定广告的基本模式，由各市场国根据当地的具体情况来执行和实施。这实际上是标准化策略和本土化策略的融合与变通，从而产生了第三种策略，即全球性策划和本土化执行相结合的混合策略。

实施国际广告策略上还应注意以下三点：

（1）要考虑广告活动的整体性。既要服从市场营销战略的总体要求，又要考虑到以各种媒介为信息载体的广告能够做到相互补充、共同促进，使广告活动的内容、创意达到高度一致。

（2）要考虑广告的时效性。产品生命周期、产品替代性、不同地区的销售季节性、国际市场价格波动、广告市场状况、目标区域法律政策或行业要求的变更等因素都对广告时效性具有决定性的影响。

（3）要考虑广告的综合性，即广告媒体、信息传播渠道的综合运用和广告表现形式的整合。

12.2.2 全球化或标准化策略

1. 认识标准化策略

所谓标准化的广告传播，指的是在全球市场上，广告传播均采用同一策略、同一主题、同一创意、同一形式。因存在各种文化之间的语言差异，有的广告在采取同一策略、同一主题、同一创意的前提下，进行语言翻译，将原文化背景下的语言翻译成目标国家或地区的主导语言，以便接近目标国家或地区的消费者。有的广告，如美国的一些大品牌，因为采用英语这一世界主导语言，在进入其他国家或文化范畴时，连翻译都省略了。

标准化的广告传播策略的实施，有一个根本性的基础条件：基于人性的共通性和全球化的趋同性，其认为：尽管各国存在显著的文化差异，但人性总有共通点，如对健康、安全、荣誉的需要便是超越了国界的。正如李维特所言，“世界正经历着一个全球化的过程，所有文化将融合成一个公共的全球文化”①。“由于世界上人们的偏好结构已经被无情地同化了，世界各地的事情正变得越来越像。”② 因此，采用标准化的广告策略不仅可以节省成本，还可以一举多得。一个策略、一个广告主题、一种表现与形式遍布全球各个市场，全球成为一个名副其实的大市场。

所以，一些国际大品牌，如百事可乐、肯德基、万宝路等，都实施了这种策略，只是在语言翻译上进行了一些处理。如宝洁公司（P&G）的产品 Pampers 纸尿片在 50 多个国家都采用同一广告语：“即使它们是湿的时候，它们也是干的。”

2. 标准化策略的优点

采用标准化策略主要有以下五个方面的优点：

（1）方便广告主对广告内容进行集中管理和控制，从而简化了决策过程，提高了管理效率。

（2）有利于广告主塑造统一的国际品牌形象和标准化广告的实施，使得公司以一种声音对外宣传，容易树立清晰的品牌形象并创造出自己品牌的标准化个性和独特的文化内涵；能够获得国际消费者的认同，建立消费者对产品、品牌甚至企业的忠诚度，避免了本土化广告活动带来的不同市场不同品牌形象所面临的尴尬。

（3）大大降低了广告的制作与宣传成本。标准化广告实现了在不同广告市场运用相同或类似的广告策略，不用再花费大量的人力、物力、财力进行不同广告的美术设计、文案撰写、排版、印刷、拍摄等，这就大大地节省了广告制作成本。例如，可口可乐公司使用一种形象为主导的广告在全世界营销，公司估计这一策略将节省超过 8 000 万美元的费用。高露洁公司在其包装标准化以后，总公司只提供两种不同的广告，地区经理可以从中任选一个。总公司估计，这将节省至少 1 000 万 ~2 000 万美元。这些标准化策略，都抓住了全球需求的共性，不仅使总公司节省了巨额的广告费用，而且获得了巨

① 保罗·A. 郝比格. 跨文化市场营销［M］. 芮建伟，等译. 北京：机械工业出版社，2000：41.

② 保罗·A. 郝比格. 跨文化市场营销［M］. 芮建伟，等译. 北京：机械工业出版社，2000：42.

大的利润。

（4）有利于实现生产与分销的规模经济。广告实现标准化的前提条件是产品的标准化，即在世界各国市场生产同样的产品以销售。这就不再需要针对不同的需求设计不同的产品，建立不同的生产线，采取不同的分销手段。产品的标准化意味着生产流程的规范化、程序化，产品可以大量复制，因而有助于实现生产与分销的规模经济。

（5）有利于新产品迅速进入不同国家的市场。标准化策略的实施大大降低了产品的成本，也就带来了产品价格的下降，形成了价格优势，增强了产品的市场竞争力，扩大了产品的市场渗透力。另外，如果企业实力强大，新产品可以借助企业已有的品牌附加价值、消费者的信任等荣誉光环，激发现有消费者对新产品的认同感，从而使新产品更容易被目标市场所接受。

目前，许多跨国公司纷纷希望通过统一的标准把产品介绍给世界各国。Mars 公司的糖果原先在美国使用 M&M 品牌，而在欧洲以 Treets 出售，现在都已经统一在 M&M 名下。松下电器公司以前在中国市场使用 National 品牌，在欧美使用 Panasonic 品牌，如今在世界各地都统一使用 Panasonic 品牌。

3. 标准化策略的适用条件

实施标准化广告传播策略并不像想象中那么简单。不仅仅因为市场环境和目标消费者的多元化，更多的是因为随着全球化趋势越演越烈，人们的种族情节、文化身份的自我认同、寻根意识越来越强。因而，一个广告活动能够完全实施全球标准化的机会和可能性在目前来说并不多。溯源广告传播历史，我们可以看到，标准化的一个重要理由是可以节省成本，并在全球的各个市场都形成一致的信息诉求和形象传播，达到对品牌个性和内涵的高度一致性塑造。从这个意义上来说，当产品或服务来自跨国、跨文化的国际企业时，由于文化差异的不同、文化崇拜的形成、消费品的附加因素等的不同，采用标准化策略时应注意以下三点：

（1）目的：①为了节省广告成本；②为了达到全球统一的品牌形象塑造与集中管理维护；③为了表现品牌的风格和品质、文化特征，赢得国际消费者的认同，从而获得利润。

（2）条件：①广告主的全球经营、营销与发展战略全部采用全球标准化战略；②来源国具有产品之外的权威、专业、文化崇拜等附加价值；③来源国和目标国之间的文化、消费习惯、营销规则等能够寻找到共同点；④不同国家的市场有相同或相似的口味；⑤能够克服或避免因风俗习惯、伦理标准、禁忌等带来的问题。

（3）广告传播的标准化策略无法实现的情况：①不同国家的市场有不同阶段的成熟度；②它触犯到本地的习俗与法律规范或忽略了竞争对手的行动。

即便上述条件有许多共通之处，标准化策略依旧很难实施，广告环境变化有时是无法预测的。所以，像可口可乐、麦当劳等被称之为是实施了全球标准化营销的品牌，也存在着如何在特殊的市场实施灵活的本土化问题。如可口可乐在美国的广告主题标语是“我越发想抓住那种感觉”（I can’t beat the feeling），在日本等地换成了“我感受可乐”（I feel Cola），在意大利变为“独一无二的感觉”（unique sensation），在中国则翻译为“挡不住的感觉”。由于法规的关系，健怡可乐在欧洲就只能改为轻装可口可乐。

12.2.3 本土化策略

1. 认识本土化策略

本土化广告传播策略指的是在全球市场上，虽然广告主是跨国经营者，所采用的经营战略是全球战略，以占领市场为企业发展的目标，但是在传播策略上，特别在广告传播策略上，放弃了全球标准化策略，而是采用完全地方化的对应性策略和执行方式。针对开展广告活动的不同目标市场国的特点，制作不同的广告诉求、创意和表现手法的广告作品；充分利用东道国的本土资源，根据东道国特殊的社会经济发展情况和文化背景，以适合本土市场需求为出发点，进行一系列有针对性的经营运作信息传播活动。

本土化策略的实施也有一个根本性的前提条件：全球市场是各个分市场的组合。由于千百年来形成的文化差异，目标国家和地区的消费者及其他利益相关者的文化、风俗、国民心理等方面各不相同，因此国际广告活动只有遵循各目标市场的差异性，在各个分市场实施本土化传播策略和执行方式，才能使广告所传达的信息更易于被目标受众所接受。

本土化策略强调对各个地方市场的受众对象一一对应。因此，采用本土化策略会产生一个结果：虽然是一个全球化企业或品牌，但是由于其在各地所采用的差异化传播策略和执行方式，在母国的形象或品牌意义与在他国的形象或品牌意义是不同的，甚至截然相反。如在一个国家或地区属于大众消费的品牌，在另一个国家或地区则可以将其构建成一个高端消费品牌或奢侈品牌。这样的结果，在经济发达的国家和地区与经济相对落后的国家和地区之间的发生频率将更高。

美国宝洁公司是善于运用广告本土化策略的跨国公司之一。如其飘柔洗发水在美国销售时名为 Pert - Plus；在亚洲地区却改名为 Rejoice，中文名则为飘柔，以迎合华人市场，广告手法也与在美国的广告不一样。法国人头马白兰地在欧美国家采用“干邑艺术，似火浓情”的广告语，传递给消费者明确的信息，使顾客产生感情上的共鸣；而对于东方，特别是华人市场，则采用“人头马一开，好事自然来”的吉祥广告语，抓住了东方人的“喜庆”心理，因此在华人集中的地区打开了较好的销路。

2. 本土化策略的优点

与李维特教授所持的全球标准化战略观点不同，美国西北大学的菲利普·科特勒认为：可口可乐、麦当劳等的全球性成功并不是由于实施了标准化策略，而是在于“他们注意到‘变量’，向不同的市场提供了不同的产品”。也就是说，他们还是实施了本土化战略。

主张国际广告本土化策略的学者认为：标准化广告策略只适合在文化类似的国际实行。由于世界各国的文化、经济环境、消费者的需求、法律规范等的不同，很难确认一个适合世界各国的广告。国际广告采用标准化策略的确能大幅度降低成本，但是不见得能够大幅度提高利润。广告的传播必须放在特定的文化背景之下，满足不同的市场需求。

本土化策略主要具有以下优势：

(1) 贴近各目标区域的文化风俗习惯，有利于打进国际市场，得到当地消费者的认同。

(2) 便于形成区域品牌个性，有效防止单个市场品牌危机的蔓延。

3. 本土化策略的适用条件

本土化广告传播策略的目的和条件如下：

(1) 目的：①为了应对文化差异，在具有不同文化背景的特殊市场均达到有效的宣传和沟通效果；②各个市场单个击破，使不同市场区域形成各自的品牌特征、品牌个性。

(2) 条件：①广告主的全球经营、发展战略均采用本土化战略；②广告主有一定的经济实力，足以支付高额的广告传播成本；③各目标市场国家和地区的文化差异大于文化趋同；④品牌或产品本身具有在不同市场进行差异化定位的特质；⑤相较于标准化，差异化诉求更能够有效应对当地消费者。

国际广告的标准化与本土化的比较见表 12－2。

表 12－2 国际广告的标准化和本土化的比较

	标准化	本土化
前提条件	共通的市场环境	不同的市场环境
	国际标准化营销策略	当地适应化营销策略
	国际标准化商品生产	当地适应化商品生产
	共同的销售目标人群设定	不同的销售目标人群设定
优点	在全世界形成统一的品牌形象	可以根据各国的市场特性开展活动
	由于规模效益节减制作成本	
	便于集中管理	
	企业传播资源实现国际共同所有化	
缺点	不能对应各国的市场特性	在国际上难以实现统一的印象
		分国制作成本提高
		不能实现统一的管理

12. 2. 4 全球性策划与本土化执行相结合的混合策略

1. 认识混合策略

开展国际广告活动时，如果过分强调标准化和本土化都会带来一定的问题。过分强调标准化，会忽视市场环境、消费者习惯、文化等因素的差异，遭遇传播障碍；而过分强调本土化，又会造成资源的分散和浪费，不利于品牌形象的建立和广告主对品牌的统一管理。

在过去几十年内，很多企业一直在总结经验和教训，直到20世纪90年代，有些广告专家在标准化和本土化的基础上提出了第三种国际广告传播模式——全球性策划与本土化执行相结合，也就是所谓的 TG & AL 理论。TG & AL 是英文“Think Globally，Act Locally”的缩写，意思是“全球化策划，本土化执行”。

全球性策划的思维依据是全球化理论，其出发点就是创造广告宣传的集约化效应，以有限的广告资源塑造统一的品牌形象、发挥规模优势。本土化执行的思维依据是民族文化的多样化理论，它的出发点是强化广告在不同目标市场的影响力和时效性。因而，全球性策划与本土化执行相结合的策略标准化和本土化策略之间的变通，是指在进行跨文化广告传播时，采用全球统一策略、地方化的广告创意表现的传播策略。它实施的根本性前提条件包括：一是为了广告主的品牌形象及其营销策略的一体化，应当采用全球策略；二是各种文化体系之间的人际模式、感知模式、思维模式、文化深层结构等方面的重大差异性依然存在，为了适应东道国消费者的需求欲望、购买习惯、消费观念、生活方式等方面的多样化，应当采用本土化策略。因此，企业可以采用全球化的策略，而在具体实施时，其执行的方式、执行的具体符号、执行的态度、广告形式的表达等都应当适应东道国的市场环境，以便与目标消费群体站在同一文化背景上，获得彼此共通的理解，建构共通的生活观和价值观。

例如，壳牌石油公司曾要求，它的广告宣传应围绕“壳牌帮助你”“壳牌是驾驶员、摩托车手的好帮手”两个主题，各国可以依据当地的情形，用不同的方式表现。麦当劳、柯达、雀巢咖啡等产品，近年来在中国也纷纷采取因地制宜的国际广告策略。以电视广告为例，广告主通常采取四种方式，实行全球性策划与本土执行相结合的策略：拍摄画面不变，只改变商品包装镜头，将旁白或歌曲改为中文；部分镜头在国内重拍；故事情节不变，广告演员由中国人出演；仅保留创意概念，根据国内市场需要重新制作广告。麦当劳电视广告的“婴儿篇”在各国实行统一的创意表现，但是广告中的婴儿都是在目标国本地选择的。在中国播出时，为了符合中国习俗和文化，摇篮边还特意出现了母亲的形象。

事实证明，“全球性策划与本土化执行相结合”的国际广告策略已经得到了当今大部分广告主的认可。国际广告所面临的挑战不再是“标准化”还是“本土化”的争论，而是如何利用“标准化”的方式获得规模效应，同时又能利用“本土化”的思维方式找出地区的“变量”，使国际广告获得成功。

2. 混合策略的适用条件

混合广告传播策略兼具标准化和本土化的优势。实施该策略，既能够以全球统一的策略思想维护品牌形象及其营销管理的一体化，又能够在同一种文化范畴内，获得良好的传播沟通效果。但采用该策略有一个非常重要的前提，即全球市场整体传播策略的一体化和各个地方市场的地方化之间必须产生有效的衔接，形成一个有效的内部沟通机制。因此，该策略的实施目的和条件如下：

（1）目的：①为了同一品牌在全球各市场的核心价值内涵及整体形象的塑造；②为了在统一策略下用更有效的沟通方式与当地的消费者对话；③为了相对节约传播成本。

（2）条件：①广告主的全球经营、发展战略采用全球性策划与本土化执行结合的战略；②各地方市场对全球性策划与本土化执行结合策略的理解要透彻并统一；③广告主一般在全球整体市场设立一个广告代理商机制，并且该代理商应当在全球各个地方市场均有自己的分支机构，以便达到对策略主张的有效沟通；④各地的地方化执行应当兼具两方面的思考：地方化的执行应与全球统一的品牌核心价值保持一致；同时，在广告传播的途径、方法、形式等方面强调更有效地应对当地的消费者。

全球性策划与本土化执行结合策略实际上就是用全球化的思维参与地方性的竞争，并销售个性化的产品。许多标准化策略在具体实施过程中一般也会采用标准化和本土化配合运用的方法。

12.3 国际广告组织与国外广告管理

12.3.1 国际广告组织

1. 国际广告协会

国际广告协会（International Advertising Association，简称 IAA）是目前全球规模最大和最具权威的非营利性国际广告组织。它成立于 1983 年，总部设在美国纽约，最初名为“出口广告协会”。1953 年 12 月 15 日，正式改名为“国际广告协会”。中国于 1987 年 5 月 12 日以“国际广告协会中国分会”的名义加入了国际广告协会。

国际广告协会的宗旨是，在世界范围内，满足广告和市场营销中的行业和消费集团的不同需求，把广告界品质优良、富有声望的人士团结起来。其具体使命如下：

（1）宣传广告对推动经济健康发展和促进社会开放的重要作用和意义。

（2）保护和促进商业言论自由和消费者自由选择的权利。

（3）鼓励广告自律的广泛实施和认可。

（4）通过对未来广告营销传播行业从业人员的教育和培训，引领行业向高水准方向发展。

（5）组织论坛探讨广告营销传播业不断出现的专业问题以及这些问题在飞速变化的世界环境中将会引发的结果。

国际广告协会的会员有个人会员、团体会员、组织会员、准会员、院校会员、资深会员和名誉会员。其中，团体会员以企业构成，如专业公司、合资公司和控股公司等；组织会员是由各国协会、学会、院校、基金会和政府部门构成；准会员包括各分会一些有名望并积极参加广告工作，但又不足以正式成为会员的年轻人（30 岁以下）；院校会员包括在院校中担任广告和销售课程的教员；资深会员是已经离职或年龄达到 60 岁并具有 5 年以上会籍的会员；名誉会员是由国际广告协会世界委员会或理事会选举产生，被选举者首先要具备个人会员的资格。有 15 名会员即可以申请国际广告协会理事会批准组织一个分会，分会一般以一个城市或地区或国家为单位组成。

目前，国际广告协会共有 4 000 多名会员，遍及世界 56 个地区和 76 个国家，他们分别来自营利性公司、非营利性机构、服务行业以及学术界。其中有 56 个公司会员，57 个学术院校会员，35 个非营利性机构会员。

国际广告协会每两年组织一次世界广告大会，其主要内容是交流广告经验，探讨有关广告理论与事务方面的问题。2004 年 9 月，第 39 届世界广告大会首次在中国北京举办，大会的主办单位是国家工商行政管理总局，承办单位是中国广告协会。国务院副总理吴仪担任大会名誉主席，国家工商行政管理总局局长王众孚担任大会组委主席。大会邀请了全世界具有影响力的专家和学者围绕活动“突破——从现在到未来”这一主题进行了三天的演讲、讨论。大会期间还举办了中国广告历史文化展、中国广告精品展、中国广告经营单位形象展和国际广告企业商务交流会等活动。美国、日本、印度、韩国等 40 多个国家和地区的 1 200 余名代表参加了大会。此届大会成为我国广告事业发展的一个里程碑。

2. 亚洲广告协会联盟

亚洲广告协会联盟（Asia Federation Advertising Association，简称 AFAA）成立于 1978 年，由亚洲地区的广告公司协会、与广告有关的贸易协会和国际广告协会在亚洲各国（地区）的分会组成。中国在 1987 年 6 月 14 日以“亚洲广告协会联盟中国国家委员会”的名义加入亚洲广告协会联盟。

亚洲广告协会联盟的宗旨是团结亚洲从事广告专业或业务的协会，提高广告从业人员的道德水平和业务水平，促进各国对广告作用的认识，收集地区性的广告和市场的资料和信息，增进广告业的自我调节能力，制订和实施关于广告的教育计划、协调开发亚洲广告人才。

各个分会按国家和地区先组成亚洲广告联盟委员会，然后以“亚广联（× ×国）国家委员会”的名义加入亚洲广告联盟。其会员分为三种类型：正式会员、准会员和特别会员。正式会员与准会员享有同等的权利，只是后者缴纳的会费较少。特别会员是不够入会资格但信奉联盟章程并愿提供资助的团体和个人。特别会员除了没有表决权以外，其他权利与正式会员和准会员相同。

亚洲广告协会联盟会议简称亚联盟会议，每两年召开一次。首届会议于 1958 年在日本东京召开，其后曾在亚洲和大洋洲的许多国家和地区召开过，每次参加会议的人有数百人，会期一般为 5 天，会议期间共同研讨一些感兴趣的问题，交流广告活动经验。

3. 世界广告行销公司

世界广告行销公司（World's Advertising and Marketing Company，简称 WAM）是一个颇具影响力的世界性广告行业组织。它是由世界各地著名的广告公司组成，总部设在英国伦敦。凡参加该组织的会员均可获得业务上的实际帮助。例如，协助其开拓国际市场、举办各种讲习班、定期培训人员、交流国际经济与市场信息、探讨最新广告发展动向等。

世界广告行销公司囊括了世界著名的厂商，这些厂商的产品一旦在某一会员所属的国家内销售，该会员自动成为其广告代理商。这样，各会员不但在广告业务方面能获得提高，而且在营销国际化方面也可以获得有利的帮助。

4. 国际 ABC 组织

国际 ABC 组织（Audit Bureaus of Circulations）是报纸杂志发行量的国际性审核机构。1916 年，ABC 制度首创于美国。1963 年，成立了国际发行量稽核局联合会（International Federation of Audit Bureaus of Circulations，简称 IFABC），负责各国有关 ABC 问题的协调和资料交换。

ABC 组织的宗旨在于保障广告主的利益，防止广告公司或媒介代理机构由于数据失实而造成策划失误。ABC 组织根据广告主和广告代理的需要，据实提供有关报纸、杂志等期刊的相关资料，公布其发行量、发行对象和范围、刊物性质等信息，为广告公司或媒介代理机构选择合适的广告媒介、计算广告成本和预测广告效果提供参考。ABC 组织不仅方便了广告公司和客户对媒介资料的使用，而且也规范了媒介市场竞争，促进了各国广告协会之间的合作，推动了广告市场的发展。

12.3.2 国外广告管理概况

从世界范围来看，广告业最发达的地区主要集中在北美和欧洲。两大洲的年均广告收入占世界广告市场总收入的七成以上。20 世纪 80 年代以前，亚洲的广告业发展远远落后于欧美。然而，随着 80 年代后期日本广告业跃居世界第二以及“亚洲四小龙”广告经营的飞速发展，亚洲的广告业正逐步成为世界广告市场中不可缺少的重要组成部分。欧美国家和地区由于广告传播活动的实际需要，都较早地认识到了加强广告管理的必要性和重要性，形成了相对完善的广告管理体系，都有一套比较成熟的做法。

12.3.2.1 美国广告管理

美国是当今世界上广告业最发达的国家，被公认为“世界广告中心”。它也是广告投资额、广告营业额、广告费用占国民生产总值比例均居世界首位的国家，其广告投入几乎达到世界广告总投入的一半以上。美国的广告业已有一百多年的历史，进入 21 世纪，依然是全球广告业的引领者，并且通过资本并购在全球率先完成了以集团化为标志的广告业产业升级。因此，要了解国际广告就必须了解美国广告的情况。

美国国内广告公司多为跨国公司，广告活动遍及全球。广告公司在美国广告业中的地位显著、作用巨大。可以说美国的广告活动基本上是以广告公司为核心开展的。广告代理商协会（4A）是美国广告代理业中最权威的行业组织团体，总部设在纽约。

为了有效管理庞大的广告业，美国的广告管理由法律管理、政府管理和行业自律管理三大体系组成。在完善全国性和地方各州的广告立法之上，采用政府管理和行业管理相结合的机制。

1. 法律管理

美国有关广告方面的法律法规很多，也很完善。既有全国性的广告立法，也有详细具体的州立法律。美国的第一则广告法案是 1911 年的《印刷物广告法案》。而其后所有相关法案中，最重要的是 1914 年美国国会通过的《联邦贸易委员会法》，该法案规定了广告的管理机关、传播虚假广告应负的法律责任以及虚假广告的定义。1938 年，美国国会又通过了《惠勒—利修正案》（*The Wheeler-Lea Act*），进一步规定了虚假广告的界限，赋予联邦委员会更大的广告仲裁权，不仅禁止“不公平的竞争方法”，还禁止“不公平的以及带欺骗性质的销售行为和做法”。1965 年制定《联邦公路美化法案》（*Federal Highway Beautification Act*），1970 年进行了修正，用以维持高速公路两旁的美观，而且对户外广告也有重大影响。该法规定，高速公路两旁未经批准而设计的广告牌以及会引起公众反感的广告牌必须移走，它还建议各州通过与此法案相一致的实施法案。

另外，世界上其他国家或地区的广告法规范例见表12－3。

表12－3 世界上其他国家或地区的广告法规范例

国家或地区	广告法规
英国	不得播放香烟、政治、催眠术、赌博、宗教或慈善事业的电视广告。独立广播管理局（Independent Broadcasting Authority）仔细监督着电视广告的“恰当性”。
法国	不得播放烟草、烈酒、人造黄油或特种饮食产品的电视广告；不得宣传法国境外旅游；儿童模特只能出现在针对儿童的产品广告中；不鼓励超市广告（虽然不违法），以免伤害传统的商店。
德国	德国广告联盟（German Advertising Federation）出版了几本关于广告法规的册子，规定广告不得宣传恐惧、迷信或偏见；不得使用儿童推广产品；产品许诺必须仔细记录在案；不得播放香烟、宗教、慈善、麻醉剂或处方药的电视广告；禁止发布带战争色彩的玩具广告。
意大利	其是少数几个允许使用比较广告的国际市场之一，但必须有证据证明比较的真实性；不得播放香烟、赌博、珠宝、毛皮、诊所和医院的电视广告。
瑞典	其有两家国有电视台不接受广告，而独立媒介在这个国家才刚刚开始起步，有线广播则来自境外。不允许在香烟广告中使用年轻迷人的模特。
巴西	不得在晚上9：00以前播出烈酒、香烟或雪茄的电视广告，对广告中的裸体没有规定。
澳大利亚	在澳境内发布的广告，80%必须由澳大利亚公司制作，对广告的欺骗行为有约束；香烟不得做电视广告。
日本	日本的法规非常灵活，只有一项除外，即禁止比较广告和硬销售广告。只要广告品味高雅，就可以使用裸体。没有法律规定代言人是否确实使用自己推荐的产品，但对夸大许诺实行严格的审查。

2. 政府管理

美国政府设计广告管理的机构有数十个，主要是联邦贸易委员会和联邦通讯委员会。

联邦贸易委员会（Federal Trade Commission，简称FTC）是官方广告管理最权威的机构，是1914年根据《联邦贸易委员会法》建立的。美国国会于1938年通过的《惠勒－利修正案》，进一步扩大了FTC的权限，并确立了FTC管理广告的权威地位。它的权限主要有以下三个方面：

第一，向联邦地方法院申请颁布停止不正当竞争手段的法令，这种法令一经申请就自动具有法律约束力。

第二，对宣传食品、药物、化妆品、治疗方法的虚假广告具有特定的审判权。

第三，当有迹象表明某则食品、药物或化妆品可能属于危害消费者健康的虚假广告时，可以在进行诉讼的同时通过联邦地方法院发布禁令，阻止有问题的广告继续刊播。

联邦贸易委员会发现虚假广告的途径主要有以下四种：①由专门人员负责监督管理

和发现问题；②从竞争者的客户和消费者信函中发现问题；③依据其他部门和专家学者提供的检验证据；④通过突击性的抽查方式发现问题。

美国联邦通讯委员会主要管理邮寄广告，也有权管理诸如电视广播广告的数量和播出时间。凡发现属于不公正、虚假的违法广告，可要求立即采取停止播放、罚款、赔偿损失或做更正广告的措施。若电视台或广告主不执行联邦通讯委员会的决定，委员会还可以请求法院强制执行。

为了保护广告商和广告主的合法权益，美国法律还规定，如果广告商和广告主对联邦贸易委员会和联邦通讯委员会的处罚不服，可向法院起诉或向国会申请，法院和国会有权推翻联邦贸易委员会和联邦通讯委员会的决定。

3. 行业自律管理

在美国，除了法律管理和政府管理以外，美国广告业的行业管理组织十分健全，自我管理完善而有效。美国广告联合会（AAF）、美国广告学会（AAA）、美国广告协会（4A）曾经共同制定《广告业务准则》，提出了广告六戒：①不准刊登虚伪夸张的广告；②不准刊登与事实不符的广告；③不准刊登影响优良风俗的广告；④不准刊登危害广告同行和竞争企业的广告；⑤不准刊登容易使人对商品价格产生误解的广告；⑥不准刊登曲解事实或专家言论的广告。为避免与政府管理机构产生矛盾，企业一般都建立了严格的审查和评价制度，他们有自己的广告律师，负责处理与竞争者的广告纠纷。

美国“全国广告审查理事会”（National Advertising Review Council，简称 NARC）的宗旨是促进真实、准确、健康的广告发展，促进广告界的社会责任和道德感。理事会下设两个广告管制部门：全国广告部（National Advertising Division，简称 NAD）和全国广告审查委员会（National Advertising Review Board，简称 NARB）。全国广告审查委员会主要任务是对有关广告的投诉进行调查，对政府制定的法律提出建议，对不实广告进行审理并督促改正，并将一些虚假广告提交联邦贸易委员会和其他政府机关进行处理。

12.3.2.2 英国广告管理

英国的广告业开始于 18 世纪，在 19 世纪开始得到迅速发展。到 20 世纪末，英国的广告费仅次于美国、日本，居世界第三。伦敦是世界三大广告中心之一，相比纽约和东京，它更具创意和文化底蕴。

英国是广告管理最为成功的欧洲国家，其广告管理主要由法律管理和自我管理两部分构成。

1. 法律管理

英国政府对广告的管理主要通过制定和执行两类法律来完成，对广告的范围和内容进行严格限制。一类是判例法，对广告方面的限制主要体现在反不正当竞争判例法中；另一类是成文法，广告法规散见于《消费者保护法》《食品和药物法》《公平贸易法》等相关法典中。

英国有专门的广告法规，即 1970 年颁布的《广告法》（*Advertising Regulation Act*），起初是规范户外广告的法律，禁止广告妨碍娱乐场所、公园、风景地带的自然美。1925 年，英国对该法进行了修订，进一步扩大了禁止范围：禁止损害乡村风景、公路铁路、水道、公共场所以及任何有历史价值的街市；禁止损害闹市中居民的利益，阻碍行人及乘车人的行动等。

广播方面最重要的法规是英国独立广播局于1973年制定的《独立广播局广告标准和实务法》，该法主要对电视和广播广告活动进行管理。为体现独立广播局的社会责任，该法非常严格，就广告活动实务中涉及的36个方面作出了全面系统的具体规定，其与英国广告执业行为准则（BCAP）有相似之处，但具有法律效力。1983年颁布的《医疗条例》和1975年实施的《香烟法规》对医疗、药物和香烟等商品广告的表现和发布作出了规定。《医疗条例》规定，在为医药品做广告时，涉及的每个产品都必须与医药委员会颁布的许可证相符合。

此外，英国涉及广告的相关法律法规还有40多种。正是英国立法方面卓有成效的工作使其广告活动从一开始就纳入了法制的轨道。

2. 行业自律管理

英国的广告行业自我管理体系目前是世界上最为完善的。其主要依靠四个方面的管理发挥作用：18个签约专业广告组织的管理；广告实务准则委员会的指导；独立的广告标准局的监督；广告主、广告公司和媒体单位的自我约束。整个管理体系可以分为两大部分：①对非广播媒介广告的管理系统，它由20多个广告业协会联合组成，负责制定非广播媒介的规范；受理和查处来自广告业内和所有公众的申诉；为广告主提供法律服务；联合政府部门和行业外的其他组织。该系统对所有包括香烟在内的各种类型的商品广告进行事前审查，并在广告发布前提出意见，对事后来自公众方面的申诉进行调查。②“独立广告权威”，它主要对电视、广播广告进行事前审查。根据该系统规定，所有电视和广播所做的广告必须由“独立广告权威”进行两次审查。第一次是剧本审查，主要审查广告的内容及所用语言；第二次是制作完成后的审查，主要审查制作完成的作品与第一次审查的内容有无出入，若有较大出入或违法迹象，该系统可令其停止播放。

1962年，英国设立了广告标准局（Advertising Standards Authority，简称ASA），这是英国自我管理系统的最高机构，对广告主、广告媒体、广告代理业等有关广告业界的一切广告活动进行限制。其主要任务有：统一对《英国广告职业行为准则》（*British Code Advertising Practice*，简称BCAP）进行解释，对违法广告做最终判定，处理所有公众的投诉，与政府部门、消费者团体保持密切联系等。在这个机构中，起主导作用的是广告事务准则委员会（Code of Advertising Practice Committee，简称CAPC），下设18个有关的广告团体，形成了系统的自我管理体系。这些团体在活动中职能上是完全独立的，各自制定自我限制的标准，同时参与广告标准局的活动。

《英国广告职业行为准则》是英国广告自我管理中的主要法则，该法于1962年制定，由广告标准局负责实施。制定该准则有双重目的：一方面，提出广告界从业者共同遵守的具体准则；另一方面，通过一系列自律措施，向外界证明广告是可以信赖的。该准则主要限制印刷广告、电影广告的管理。其基本原则是：一切广告应合法、正派、诚恳、真实。

英国广告自我管理的另一个重要规则是《英国促进职业行为准则》（*The British*

Code of Sales Promotion，简称 BCSP）。该准则草创于20 世纪20 年代，1980 年、1984 年分别又做了修订，其宗旨是："确保各种促销活动做到合法、正当、诚实与可信"。

12.3.2.3 日本广告管理

日本是仅次于美国的第二大广告市场，被称为"广告的世界"。日本东京是仅次于纽约的世界三大广告中心之一。在全球排名前 100 的大广告代理商中日本就占了 1/5 多。知名的电通株式会社是日本最大的广告公司，也是世界上最大的广告公司。此外，日本的博报堂、东急等大广告公司也很有名。

日本广告的真正崛起是在第二次世界大战后。1947 年日本的广告协会在东京成立；1951 年商业无线广播开始；1953 年开始了商业电视播放，标志着日本广告界进入了电子广告时代。此后，随着日本国民经济的高速发展，其广告业的发展也日新月异。到了 20 世纪 80 年代，日本广告业已经走向世界，并朝着跨国企业方向不断发展。

日本广告管理也是通过法律和自我约束两个方面进行的。

1. 法律管理

在日本，政府管理广告行业主要通过法律规范广告行为，调节广告活动的各种社会关系。日本广告立法比较完善，一般由国会制定，详尽规定了广告主、广告代理公司以及广告媒介三者之间的权利和义务。从整体上来说，其法律法规可以分为六大类：

第一，公法，主要是宪法。宪法是其他法规的基础，日本广告法制体系是以宪法为出发点的。《宪法》在广告自由的角度规定：在不违反公共秩序和良好风俗，也不违反消费者利益和各种法制条件下保障广告表现的自由。

第二，民事法，主要是民法。日本民法中的少数条款正式规定了广告主、广告代理公司及媒介三者之间的权利与义务，并为调节这三者之间的相互关系确立了基本法律规范。

第三，刑事法，有轻微犯罪法、禁止卖淫法等。

第四，经济法，这类法规与广告管理有着更直接的关系。如 1953 年颁布的《禁止私人独占及保证公正交易的有关法律》，简称"独禁法"，旨在维护和发展合理的自由竞争，排除限制竞争的不合理交易和私人独占，以保证消费者的利益。其中第 8 项"欺骗性地引诱顾客"与广告直接有关。它禁止企业误导消费者称自己的商品或劳务以及相关交易事项相比竞争者有显著的优势，从而进行不正当的引诱行为。1962 年制定的《不正当赠品及不当表示防止法》，简称"赠表法"，禁止在有关商品和劳务交易中用不正当的赠品及表示引诱顾客的行为，确保公平竞争。

1975 年实施的《防止不正当竞争法》，从制止经济活动中不正当竞争行为的角度对企业和虚假广告内容规定了严格的法律责任。其禁止的广告有：①在广告上对商品的质量、内容、制作方法、用途或数量做出可以产生错误的表示；②在广告对商品原产地做出虚假表示；③在广告上误导消费者错认商品的生产、制作或加工地；④陈述虚假事实、妨碍有竞争关系的他人信用。

第五，社会法，主要有消费者保护基本法、药物法、食品卫生法等。《消费者保护基本法》对消费者在广告方面的权利及其保护作出了规定。《药物法》《食品卫生法》《家庭用品质量表示法》等相关专业法律也分别对药品、食品、家庭用品等具体商品的夸大或虚伪广告传播做出了明确规定。

第六，无形财产法，如商标法、专利法、图案设计（专利）法、新产品专利法、版权法等都对相关广告活动作出了规定和限制。此外，《户外广告物法》对设置户外广告作出了具体规定，如广告牌、招牌等户外广告不得影响市容美观；在公园、绿化地、纪念地、坟墓等地不得安设广告牌；地上广告牌的高度不得超过 10 米等。

2. 行业自律管理

日本广告业建立了各种各样的行为组织，每个组织都制定了各种广告伦理纲领、业务准则、条例、公约等作为自己的行为规范，进行自我约束。这些文件虽然不是法律，但其具有很强的约束力，日本广告界称之为具有"半法"效力。其自律体系构成可以分为四大部分：广告业界共同的伦理纲领；有关广告业界的伦理纲领和规则；有关媒介的伦理纲领和广告刊登标准；广告主同行业之间的自我限制。

行业自律管理主要体现在以下三方面：

（1）广告业界方面。在日本，最早推进广告自律的是"日本广告协会"，其成员包括广告主、广告媒介、广告公司等。日本广告协会于 1947 年成立后，致力于广告的净化和道德活动。在此基础上，1950 年 3 月，广告净化委员会成立，拟定了《广告净化纲领》。1953 年 10 月成立了"全日本广告联盟"（全广联，简称 JAAA），成为日本广告界的全国性组织，并制定了《广告伦理纲常》这一广告制作的行业最高标准，其内容如下：①广告应顺应既有之道德，并牢记大众之利益；②广告若能本着事实真相、避免夸大或歪曲，将得到大众对它的信任；③广告绝不能借诋毁他人而获利；④广告绝不可利用部分公众之迷信和无知；⑤广告绝对要避免剽窃或模仿他人的创意、名称、包装和设计等；⑥广告媒体以及广告主、广告代理都必须认清他们对广告的责任。此外，日本广告主协会制定了《日本公正真实广告的协定》。全日本商业广告协会制定有《商业广告伦理纲领》，日本商工会议所（日商）推出了《提高广告的指南》。这些都是广告业界必须共同遵循的行业纲领。

（2）广告主方面。1957 年，日本仿照美国广告主协会，成立了"日本广告主协会"。该协会 1960 年发表了《正确的广告》，表明广告主对广告的方向和注意点；1961 年又发表了《企业与消费者》，表明广告主的基本态度，要求其正确传送信息、接受和处理各种控诉。这些文件为广告主加强自律打下基础。以后，各个行业纷纷建立团体组织，制定有关广告的规定、标准、注意事项等，自我约束广告行为。如日本医药团体联合会制定《有关医药品广告自慎纲要》、东京百货店协会制定《东京百货店协会自慎协定》、电影伦理管理委员会制定《电影宣传广告标准》。

（3）媒体方面。报纸主要通过《新闻（报纸）广告伦理纲领》明确规定拒绝刊登和保留的标准。日本的《朝日新闻》《日本经济新闻》等报社和 5 家以代理报纸广告为主的广告代理公司，共同出资建立审查报纸广告的机构——"报纸广告审查协会"，每天对送来的广告进行审查，将审查结果分成 A、B、C、D、E 五个等级，处于 D、E 级的广告则拒绝刊载。

此外，还有日本新闻协会发表的《报纸夹页广告标准和细则》，日本杂志广告协会制定的《杂志广告伦理纲领》《杂志广告刊登标准》等。日本民间放送联盟成立后，随即在1951年10月制定了《日本民间放送联盟广播播放标准》，后进行了多次修正。1958年又制定了《日本民间放松联盟电视播放标准》。1993年，将两个标准修订合成现行的《日本民间放松联盟播放标准》，其规定在一周的总播放时间里，商业广告不能超过18%。

12.3.3 国际广告代理制

12.3.3.1 广告代理制的含义与特点

广告代理制是国际上通行的广告经营机制，它是指在广告活动中，广告主委托他人或专业机构实施广告宣传计划，媒介通过委托人或专业机构承揽广告业务。现在最常见的广告代理商就是广告公司。在广告代理经营机制下，广告公司是连接广告主和广告媒介的桥梁，在提供双重服务的基础上发挥自己的主导作用。

现代广告代理制最大的特点就是强调广告业内部的合理分工、各司其职、相互合作。广告主、广告公司、媒介是广告市场中最基本的组成要素。在广告代理体制下，它们三者的角色如下：

（1）广告主。企业要使自己的产品或服务占领市场，就必须依靠和委托有能力的广告公司，使其全权代理企业的广告业务。而且，按照国际通行惯例，广告主不得直接通过新闻媒介发布广告。

（2）广告公司。广告公司的主要职能是为客户提供市场调查服务以及广告活动的全面策划方案，从而配合各类营销手段。同时，广告公司也为媒介承揽广告业务，有实力的广告公司还可以购买媒介进行媒介经营。

（3）媒介。媒介的主要功能是发布各种真实有效的信息。在广告代理之中，媒介单位把广告业务直接委托给广告公司承揽，媒介发布广告并向广告公司提供必要的媒介动态与刊登的机会。

广告代理制是广告业发展到一定阶段的必然产物，它是衡量一个国家广告业是否成熟的主要标志之一。广告代理制度作为国际广告业成功的经验和先进的运作方式被许多经济发达的国家所采用，并为各国广告业参与国际广告竞争创造了必要的条件。

12.3.3.2 国际广告代理的发展

1841年，美国人沃尔尼·帕尔默第一次提出了“广告代理”的名称，他在出版机构领取酬金，雇人写广告并为企业提供广告版面，成为首位专业的广告代理人。1888年，美国人乔治·E. 罗威尔第一次向出版机构提出版面付款担保，成为第一位专业经营广告版面的媒介代理人。经过近200年的发展，广告代理商的角色经历了四个阶段的变化：

1. 版面销售

最开始广告代理商一般隶属于报纸的广告部门或者是与报纸有密切关系的机构。其主要业务是为报纸推销广告版面，从中收取一定的佣金，且大多依附于媒介本身，独立性很小。

2. 媒介代理

随着经济的发展，企业广告业务和媒介数量不断增加，广告代理商开始应广告主的要求代理媒介购买广告版面，一个广告代理商一般同时代理多家媒介的广告业务。广告代理商由媒介版面的推销者转向媒介版面的购买者，从买卖交易过程中赚取差价。这样，广告代理商就成为独立性较强的版面掮客。

3. 技术性广告服务

随着广告的发展，广告代理商提供的单纯的版面购买业务已经难以满足广告主的要求，代理商间的竞争也越来越激烈。因此，部分广告代理商开始提供比较丰富的广告服务，如广告创意、设计、制作等。广告代理商的角色也随之进入了技术性广告服务的时代。这个阶段一直持续了较长的一段时间，并且在现在的一些广告公司中仍然可以见到。

4. 策略性广告服务

在技术性广告服务的时代，代理商多数按照广告主的要求进行服务，很少对广告主提出策略性建议。但随着专业化分工的加速和广告水平的提高，广告主不但不愿再独立承担制定广告策略的任务，而且也越来越没有足够的能力来完成这个任务。因此，广告主更多地借助于专业的广告公司。因此，广告公司的数量越来越多，而且开始提供策略性的广告服务，如制订广告计划、塑造品牌形象等。

当代广告代理商已经越来越深地介入广告主的市场营销运作，根据广告主的营销策略制定长期的、全面的广告战略，进行全面的广告策划。

12.3.3.3 国际广告代理方式

广告主在进行国际广告运作时，一般有两种方式可供选择：一是以本国广告代理商为主，一是以国外当地的广告代理商为主。二者具有不同的形式：

1. 本国广告代理商兼营国际广告业务

（1）无国外分支机构的本国代理商，这种广告代理商必须具备强有力的国际广告企划能力、创作能力与发布能力，了解当地商情，否则无法完成国际广告业务。

（2）有国外分支机构的本国代理商，这种广告代理商必须具备雄厚的财力、人力、物力和丰富的国际广告经验。

2. 专业国际广告代理商

（1）本国或国外当地部分国际广告业务代理商由于广告代理商的人员、设备、资金等有限，只能承担企业国际广告的部分业务，如媒介代理、部分广告制作、部分国家或地区的广告活动等。

（2）本国或国外当地全面国际广告业务代理商具有充分的国际广告实施的条件、经验和能力，能为广告主提供全面的广告服务。他们多数具有国外广告分支机构，与国外的广告代理商有着密切联系，便于国际广告业务的实施。这类代理商一般规模庞大、资金雄厚，其营业额在国际广告总额中占有绝对份额，是现代国际广告代理业的主力军。

3. 合作式广告代理商

本国广告代理商与专业国际广告代理商合作。这种代理形式是以本国广告代理商为主，将国际专业代理商作为本国广告代理商的“国外部”从事广告活动。这种合作方式具有优劣互补的作用，既可以为企业提供国际广告的专门技术与知识，又不必在世界各地设立分公司，可以节约广告成本。

本国广告代理商与当地广告代理商合作。两种代理商互相代办各类广告业务，通过契约达成短期或长期的合作。本国专业国际广告代理商与当地广告代理商合作，这种合作方式适用于无国外分支机构或分支机构不够健全、尚需当地广告代理商配合工作的专业国际广告代理商。但实际上，即使是具有强大分支机构的国际广告代理商也多与进口国广告代理商实行合作，以便获得互惠互利的好处。

在国际广告代理的实施过程中，企业应依据自身的情况和广告代理商的情况进行谨慎选择。事实上，每一种选择都有利有弊，在国际环境中，企业与广告公司的管理可能是复杂的。例如，当地的广告公司可以因地制宜地为广告主提供最好的文化诠释，但其先进程度就相对差一点。而且外国广告主与当地广告公司之间还存在着跨文化交流的鸿沟。但是必须得承认，当地广告公司对本土化市场的把握更准，尤其是当跨国广告公司在某一个特定市场还没有多少经验的时候。

另外，部分世界级广告主与广告代理公司的情况见表 12－4。

表 12－4　部分世界级广告主与广告代理公司

广告主	广告代理公司	广告代理公司数量
AI&T	电扬、FCA、BMS、FCB、麦肯·埃里克森、扬·罗必凯、WCJ	7
佳能	电通、欧洲 RSCG、葛瑞、麦肯·埃里克森	4
可口可乐	APL、贝茨、李奥·贝纳、DAMBB、LOWE 集团、麦肯·埃里克森	6
百事可乐	BBDO、DDB 尼德汉姆、电扬、奥美、TBWA、智威汤逊、WCJ	7
爱立信	BBDP、DDB 尼德汉姆、电扬、WCJ、扬·罗必凯	5
福特汽车	奥美、WCJ、扬·罗必凯	3
德国大众	BBDO、DDB 尼德汉姆、FCB、丰田汽车、电通、萨奇	5
宝洁	李奥·贝纳、DAMBB、欧洲 RSCG、葛瑞、萨奇	5
联合利华	APL、BDDP、麦肯·埃里克森、奥美、智威汤逊	5
索尼	BBDO、DDB 尼德汉姆、电扬、奥美、萨奇、TBWA、扬·罗必凯	7
壳牌	奥美、智威汤逊	2
麦当劳	李奥·贝纳、DDB 尼德汉姆	2
耐克	智威汤逊、麦肯·埃里克森	2
惠普	麦肯·埃里克森、萨克、智威汤逊	3

12.4　国际广告的发展趋势

12.4.1　国际广告的地位日益提高

在世界新技术革命的推动下，21 世纪的经济处在大转变之中，而现代广告为了迎合社会的需要，正逐渐渗透到现代社会的各个角落。如果说20世纪80年代的广告只是起着引导消费者的作用，那么20世纪90年代以后的广告将是以现代科技手段和设备为武装、着力开发潜在市场、向消费者提供全方位的服务、培养人们新的生活方式的广告。广告在人类生活中占据着越来越重要的地位，未来的信息社会越来越离不开广告。

1. 广告为消费社会提供全面的信息服务

现代社会的运行建立在信息网络不断完善的基础上，广告是这个信息网中的重要组成部分。社会的发展需要不断完善广告系统的信息网络，建立、加强纵横相连的多层次信息网络系统，重视广告信息资源的有效利用。通过广告这张网，信息不仅对社会政治、经济、文化起着推动作用，而且向人们提供娱乐和教育信息，提高了整个社会的工作效率，因此广告信息被看作“社会机能的润滑油”。

2. 广告在社会政治生活中发挥着越来越重要的作用

一直以来，人们认为广告是纯经济的。在倡导“公民社会”的当代，企业开始打造“企业公民”形象，它们不仅可以通过广告宣传自己的产品，而且可以通过广告直接或间接地宣传自己的立场、观念和对社会的看法，表明企业存在的价值及社会责任感，树立企业良好的社会形象。

广告作为一种信息传播手段，在国家履行自己的管理职能中也发挥了重要作用，如政治广告、公益广告等。必要时，政府通过广告向社会公众告知对于某一社会问题的看法，引导正确的舆论导向。国外许多广告公司在总统或议员选举中利用广告发挥效力，政治广告的开放使广告完全介入到政治中。此外，越来越多的社会团体等非营利性机构通过广告来宣传自己的价值观。从这个意义上来说，广告在未来国家的管理活动中将占有一席之地。

3. 广告是提高人们精神文明的工具

广告对社会文化生活的渗透是非常深刻的，这一点逐渐被人们所承认。1986年，在第30届广告大会上，美国广告界一位知名人士以“文化的艺术和科学”为题作了长篇发言，发言中指出：“如果没有人做广告，谁能创造出今天的文化？你又能从哪儿找到一种比广告媒介更生动的宣传方式呢……我们应该承认我们确实影响了世界的文化，因为广告工作是当代文化整体的一部分，是文化的传播者和创造者。”广告在创造人类共同的文化、促进世界各国不同文化的相互理解等方面起到了不可替代的作用。而且在当今全球化时代，国际广告在这方面的作用将日益增大。

4. 广告在未来经济领域的影响越来越大

未来的广告不仅承担流通商品促销的部分作用，而且要求广告能够深入到社会再生产全过程的各个方面，发挥更大的作用。广告逐渐突破“能销售即是好广告”的信条的限制，未来的广告必须从社会的整体角度和长远利益出发，使企业在整个社会的发展过程中最大化地实现自我。现代科技的发展使产品竞争更为激烈、产品的可复制性程度更高，往往新产品刚投入市场，跟风替代产品或经过改良的产品就随之出现了。产品的生命周期是短暂的，而品牌的生命周期却可以无限制地延伸。因此，广告将越来越倾向于塑造经久不衰的品牌或企业形象，长久的形象会带来长久性的效益，这是今后广告竞争中重要的无形投资。

综上所述，未来广告是广告艺术与广告文化交融一体的形象广告，它已跨越经济领域，对社会政治文化活动产生了深远的影响；它将改变人们的价值观念，促进经济和社会的发展。日本广告界人士认为："新的广告世界即将开始，能对停滞不前的社会开辟新的途径并能给探索真正丰富的人们带来活力的只有广告。从人类环境三要素，即经济、文化、政治三个方面来看，广告活动有着广阔的发展前景。"因而，未来广告的地位将显著提高，现代广告活动的前景是光明的。

12.4.2　国际广告新观念

世界广告业的迅速发展反映了世界市场和国际贸易正在朝着更为广阔和更深层次的方向发展。国际广告作为强大的促销武器，在其地位不断加强的同时，也呈现出一些新特点，这些特点将对21世纪的世界经济将产生积极影响。

1. 互动广告使受众精准化

互动广告使得消费者能够即时与广告进行深入的双向交流，使其与品牌的对话随心所欲。一方面，消费者可以有幸避免无用广告的骚扰，可以有选择性地对感兴趣的内容进行深入接触；另一方面，广告主也可以通过互动广告搜集对其产品有深度了解的消费者的情况，以便与这些具有购买意向的消费者建立一种更加密切的关系，使企业的营销投入更具实效。

例如，法国某集团与法国戏剧电视台合作创办了第一个商业消费互动节目。出现广告时，如果观众对正在介绍的某种产品感兴趣，只需根据广告画面上的文字说明，轻轻点一下遥控器上的"OK"键，电视画面随之定格，便进入了使用产品的特别建议画面，除了得到免费的样品，还可以参加有奖竞争游戏。这种电视互动广告有助于在顾客与品牌之间建立一种新型的关系。

2. 公益广告成为社会沟通的重要手段

近年来，公益广告成为一种世界性的广告潮流。在欧美、日本等广告大国，无论是广告主、广告公司还是媒介，都非常支持公益广告。在法国，最近出现了一些公益广告，提醒人们改掉自己的种种劣习；反对人们的不良行为，如酗酒；反对不采取任何保护措施的性行为；反对放弃选举等。德国电视各频道竞相做社会宣传，因为它可以树立其良好的形象。英国每年都会举行题为"贫困中的儿童"的募捐活动，所有电视台、广播电台和报纸都参与宣传，其他一些活动则由社会团体或私人电视台出面举办，无偿提供时间播放社会性宣传广告。日本的公益广告团体也很活跃，是日本最大的广告团体。

3. 广告更加注重树立企业和品牌形象

在产品高度同质化的今天，消费者很难区分不同企业同类产品的差别，或者即使能够区分，这种差别实质上也并不重要，消费者更多地根据品牌来选择产品。因此，品牌成为企业的竞争优势，是企业的无形资产。但是由于竞争激烈，为了提高销售额，很多广告主忽视了对品牌的培育，一味追求短期利益，结果损失更大。在这种情况下，不少广告主开始重新坚定信念：树立企业和品牌形象。只有强大的品牌才能持久地保持竞争优势，才能在激烈的竞争中经久不衰。美国 BBDD 的副总裁菲利普·杜森曾经说过："消费者不会放弃品牌，只有品牌放弃消费者。"以品牌专家著称的宝洁公司也强调，品牌经理要以消费者研究专家的身份与产品开发和营销人员协同工作，重视品牌能够使广告主以长远和全局的眼光来审视每一个营销计划和广告计划。

4. 广告设计更了解消费者心理，形式多样化

广告要影响的对象是消费者，而消费者是实际生活中的人，其消费活动仅仅是人们日常生活中的一个小小组成部分。除此之外，他们还有娱乐、学习、交友、休息、社区活动等不同的生活内容。广告要达到良好的信息沟通，就必须深入人们的生活，研究他们的生活方式、生活态度、行为方式，才能有良好的沟通，才能卖出自己的产品。广告显然已不再只是传递产品或服务信息那么简单了，而是已深深地融入人们的日常生活。

在当今信息社会里，每位生活者获得信息的渠道越来越多。面对越来越多的信息，消费者只能凭主观感觉非常迅速、浅层地进行处理。在这种情况下，作为信息发送者，广告主的信息很容易被消费者所忽略或误解，沟通也就无从谈起。因此，广告主只能根据目标消费者的实际生活形态，采取全方位的信息沟通策略，也就是利用一切可以利用的信息渠道，尽可能把统一信息传递给消费者。在这个过程中，还必须随时了解消费者的反馈，以便及时做出调整。这样，广告主可以利用的媒体远不止传统的四大媒体，凡是能够传递信息的载体，如体育活动、文艺活动、社会生活、公关宣传等都能成为广告主与消费者沟通的有效媒体。许多世界级广告公司敏锐地掌握了这一趋势，纷纷调整了自己的定位，如电通就直接把自己定位为"卓越信息沟通"的公司。

5. 广告媒介现代化、国际化

高端技术在广告业中的应用是广告业不断走向繁荣的重要因素。卫星传送为电视的发展作出了突破性的贡献；众多电视频道的选择，使电视栏目更加专业化、细分化，为国际媒体发展奠定了物质基础；互联网的介入又使广告产生突破性的转变。未来社会的广告媒介将是最新科学技术的荟萃，其主要媒介形式有新型电视，包括立体电视、超小型电视、卫星传播、电子新闻和电子传真等。新的媒介形式的出现将进一步突破时空限制，使广告传播真正做到无所不及、无时不在。广告将真正成为"第二空气"，伴随着人类社会的生活。

12.4.3 广告国际化是必然趋势

第二次世界大战以后，国际贸易发展的特点是商品市场的全球化趋势异常迅猛，主要表现为工业品市场、高新技术产出市场、信息市场和高档消费品市场的全球一体化。这一现象的出现与世界跨国公司的出现是分不开的，其产品的销售市场从本国扩展到国际，并在其他一些国家设有分公司或分厂，从而促进了国际产业的地区分工，这一分工又加速了国际市场全球一体化的发展趋势。

20 世纪 80 年代以来，所有的经济活动都扩大到全球规模，通信技术的飞速发展、运输手段的高效率、自由贸易思想的普及、先进国家规则的缓和等，使未来的世界经济

越来越“无国界化”。其必然结果是迫使各个国家的广告业走上国际化的道路。现代高科技的发展，使世界越来越扁平化，促使全球性广告媒介和全球广告应运而生。

现代市场竞争中，单一的企业很难立住脚跟，企业要立于不败之地，就必须联合强者、形成集团。当今国际经济区域性集团和行业性集团的出现，促使广告公司必须向集团化的方向发展。广告公司为了加快集团化进程而适应经济全球化的发展趋势，广告代理商必须为跨国公司客户提供更具有全球影响力的促销活动，这进一步加快了当今世界广告业的集中发展趋势，使得全球广告业掀起兼并、收购与联合的热潮，造就了许多大型的广告集团。如奥姆尼康集团收购了世界第十五大广告集团 GIT，在这之前，他还将其在英泰格集团的股份从原来的 49% 增加到 85%，从而大大增强了其实力，超过 WPP 集团成为世界第一大广告集团。因而，有些跨国公司倾向于选择一两个广告代理集团，而不是像通常那样同时选择多个代理商，这反过来又鼓励了广告公司之间的合并。即使作为集团里的一个成员公司或单个公司，也必须具备国际性的执行能力。事实正是如此，亚太地区、中欧、拉丁美洲等地区的国家里，来自欧美的跨国广告公司的营业额大多在前 10 名之内，反映了广告业国际化的趋势。

这种变化也意味着国际广告业超级垄断集团时代的到来。这个时代的特点，一是整个欧美广告市场为几个超级集团所瓜分，二是许多老牌广告公司被吸收进垄断集团，其中 WPP 集团中就拥有 70 多家广告公司。此外，这种变化还意味着优胜劣汰在急速发展。美国的广告业一直在国际广告业中有着举足轻重的影响，然而在变革中，垄断广告市场的主要势力已经不再是美国，而已经转换为欧洲。

信息技术的不断发展，将使新兴广告媒体不断涌现，传统媒体与新媒体共存，二者相互融合、取长补短、共同繁荣。处于多元化的媒体时代，国际广告传播会有更大的媒介选择空间。现代科学与技术的快速发展和应用，为全球人类建立了“天涯若比邻”的传播模式。尤其卫星传播更加开拓了国际传播的空间，是改变全球人类关系的最重要的工具，同时它代表着一种全新的沟通方式和信息传递技术，促进全球人类一体化进程。

在这样的国际背景下，发展集团化、国际化、具有规模优势并能提供整体服务的大型广告代理公司，是广告业发展的趋势和要求。全球一体化趋势、世界经济贸易的新格局及信息传播的全球化，将使国家、地区、民族之间的价值观念、生活方式等方面的差异逐渐缩小，为国际广告的一体化运作创造了前提条件。电通综合计划室的藤原治在《广告公司的海外战略论》一文中精辟地指出：“部分广告主从多国籍企业向全球企业过渡而发生质的变化。这时，与世界一体化的全球市场相对应地达到全球规模的广告效果也被提到议事日程上。广告代理公司集团的出现，正是企业全球化的一个呼应。”以国际互联网为代表的信息传播网络的高速发展、以卫星为代表的信息传播手段的不断进步、世界市场不断扩大，将导致国际广告从运作方式到传播内容与形式的深刻变革。国际广告业将面临全方位的挑战，全球广告的竞争将更为激烈。

经典案例导读

这个猴年，让我们一起“把乐带回家”

微博从兴起到现在发展神速，对于广告行业来说，这是一个新的机遇，微电影就是其发展过程中的一个产物。在2012年里，我们可以发现，微电影成为许多企业宣传营销的标配。在2012年春节前，就有包括百事《把乐带回家》、金山网络《回家》、苏宁易购《山上有棵圣诞树》、伊利《不说话的女孩》等微电影在新浪微博平台上接连不断地被分享、传播，在网络上显得非常火爆。在中国，春节是全年里最重大的节日，全国人民都非常重视这个传统节日。春节意味着欢聚团圆、一年的好开始，百事可乐抓住了这个诉求点，进行了一次大范围的广告轰炸，呼吁大家过年要回家，从而将“把乐带回家”深深地刻入大家的脑海里。由百事可乐公司主导的新年贺岁微电影广告《把乐带回家》，由张国立、古天乐、周迅、张韶涵、霍思燕等众星参演，正是瞄准了年轻人的口味。广告通过一个细微的故事情节，用“百事可乐”带动温馨感人的情绪，可以说这则百事广告已经成功地将产品的温情一面植入了常年在外打工的人们心中。这是一个成功通过微博进行品牌传播的例子。对于百事可乐而言，面对可口可乐的长期压迫，利用微博微电影这个机遇，在传播上打了一个胜仗。

“把乐带回家”作为百事中国区公司的年度春节营销活动主题，已经在中国推行了长达五年的时间，2012年的主题是“你回家是父母最大的快乐”，2013年是“有爱的地方就有家，有家就有快乐”，2014年为“家无以远近，乐无为大小”，而“众创大地图，一起把乐带回家”则是2015年的活动主题。由此可见，百事公司这几年所推崇的就是倡导社会大众行动起来，将快乐带到家里。每一年的春节，家家户户欢聚一堂，其乐融融，畅聊生活，交流学习、工作经验，彼此传递快乐，分享生活，当然，百事也在每年新春来临之际给我们带来了不少欢乐，“把乐带回家”如今已然成为百事可乐充满标志性的营销战略。不过，这个口号和主题持续“走”了四年，倘若无法继续推出新意和创意，将会面临不可避免的、难以突破的瓶颈。那么，如何在2016年这新的一年构思出新意，调动大众的关注度和兴趣，帮助品牌在知名度上再提升到一个新的高度呢？

时光不老，大圣归来，猴年就要看“美猴王”。从“六小龄童节目被毙”到“为何猴年春晚没有六小龄童”，春晚这个已经愈发缺乏热度的电视节目再次成了关注焦点。六小龄童主演的1986年版的《西游记》至今正好30年，2016年正是猴年，所以这次人们的期待也难以抑制，毕竟再下一个猴年，12年后的六小龄童将是69岁的花甲老人。记忆的根深蒂固恐怕会让人产生一种倔强而专一的情结，而这种数代人的集体记忆的力量就更可想而知。

与此同时，2016年猴年春节来临前，百事（中国）公司继续沿用了“把乐带回家”的春节营销主题活动。此次与以往不同的是，采用接地气的方式，在一如既往地选用年轻偶像派李易峰做代言人的同时，将目光聚集在了老一辈艺术家身上，携手著名演员六小龄童推出了《把乐带回家之猴王世家》的情怀广告，同时上架了“乐猴王纪念罐”，基于国人对传统猴王的强烈认同心理，在网络上掀起了一场营销风暴，在赢得好口碑的同时大幅度地提高了销量。

2015 年 12 月 29 日晚，百事公司在微信朋友圈投放了一段六小龄童的微电影，这段微电影广告时长只有 8 秒，与以往朋友圈广告不同的是，百事可乐没有宣传自己的产品或活动，微电影的开头，便是以苍劲有力的书法字体“书写”的一副对联来表达出全片的精神主旨——一家猴戏千家乐，四代猴王百年传。全片配有中英文字幕，结合纪录片的拍摄手法和叙事方式来述说猴王世家的故事。

《把乐带回家之猴王世家》以六小龄童为第一人称，讲述章家四代坚持猴戏的故事。开篇便是广大观众熟悉的那句“俺老孙来也”的台词，一下子将观众带回了当年看 1986 版《西游记》的情景。第二句台词便是：“我父亲曾说，有的人一上台就下不来了。”这样简单而富有哲理的话语，调动起了观众的情绪，也为下面讲述四代猴王的故事作铺垫。影片中有不少“戳中泪点”的片段和台词，比如六小龄童的哥哥小六龄童 17 岁时罹患白血病躺在床上与六小龄童的对话：

“哥哥怎么啦，哥哥你要去哪里呀？”

“我要去一个你见不到我的地方。”

“那么我怎么样才能见到你啊？”

“等你当上了美猴王的那一天你就能见到我了。”

“嗯。”

还有紧接着的六小龄童的内心独白：“我从没想过有一天，会从二哥的手里接过金箍棒，继续走他没有走完的西天取经路。”

1984 年除夕，六小龄童在贵州拍摄现场不看春晚只专注看父亲六龄童的来信，揣摩父亲对他的演戏的指导后勤加练习的片段，也是让人热泪盈眶。

还有一些台词，让人印象深刻，比如富有哲学含义的“苦练七十二变，才能笑对八十一难。演戏如此，人生亦然”，以及“有的人一上台就下不来了，我们家就是这样。有人称我们是猴王世家，但猴戏不姓章，猴戏属于全中国。金箍棒交接了一代又一代，把快乐带去每一户人家”。

广告营销，无非就是要调动起消费者对产品及其品牌的关注，增强他们的记忆，让他们记住，从而获得更好的销售。在这场营销中，百事可乐所做的广告切合它近几年提出来的“把乐带回家”的主题思想，进而通过一系列新媒体互动和推广活动，一步一步地夯实百事可乐在大众心目中的地位及形象。百事可乐在延续这几年春节品牌营销浪潮“把乐带回家”的基础上总能推陈出新，玩出意想不到的新意，也不断地有目的地强化品牌效应与价值主张方面的关联性，牵引着消费者进一步往深度方向思考，提升品牌认知水平。这场猴年春节营销的新媒体策略运用十分到位、娴熟、全面，成功地将六小龄童与百事可乐联合推出，并且在短时间内引起轰动，引发全民热议，在所付出时间的长短与所收获的效果关系层次来讲可谓大获成功，广告效果显著。在社会影响方面，六小龄童以及明星的带动号召获得大量网友的评论和转发，网友们纷纷行动起来，传递快乐。

除了在微信朋友圈将广告片段进行推广之外，在新浪微博也有众多名人参与了百事可乐猴年纪念罐的宣传。六小龄童率先发声，制造话题，在微博上晒出“乐猴王纪念罐”，并宣称将与百事可乐合作，通过六小龄童自身明星效应引发关注，并号召大家把快乐传递给更多人。六小龄童微博原文为：“专注演绎美猴王三十年，很是欣喜能把快乐带给大家！在猴年来临之际，与@百事中国 携手一同#把乐带回家#！通过一罐#乐猴王纪念罐#，希望能把快乐传递给更多人！”微博配图为六小龄童右手握乐猴王纪念罐，左手微弯举于额前做出猴王经典动作。

随后，百事家族的明星们以及当下最火的微博意见领袖们相继晒出收到乐猴王纪念罐的照片，并表示猴年定要“把乐带回家”。

李易峰发起响应，微博原文：“猜猜我在哪条干线上?”微博配图为李易峰坐在列车里侧脸凝视窗外，扶手边放着一个乐猴王纪念罐。

吴莫愁发起响应，微博原文：“#乐猴王纪念罐#，属猴的我，必须来一罐！做了猴王，百事莫愁！@百事中国。”微博配图为吴莫愁与乐猴王纪念罐的自拍。

《大圣归来》美术总监齐帅发起响应，微博原文：“大圣归来，带着那么一些酷，带着那么一些帅！而不变的则是那大义凛然的猴王精神，看看这#乐猴王纪念罐#，带着一些萌，带着一些炫，隐约还有着六小龄童老师美猴王的影子，12 月 29 日，在京东只送不卖的节奏!”配图为齐帅亲手绘制的美猴王漫画手稿和乐猴王纪念罐的合照。

在六小龄童的美猴王广告热播后，百事又上线了微信轻交互“乐猴王新年签”，让每一个年轻人都可通过抽签测试来获得当日的新年玩法创意，给你和家人一个不一样的过年方式，从而大幅度提升了品牌与消费者之间的互动率。

自媒体们纷纷自主争相转发，引发二次传播，再次扩大《把乐带回家之猴王世家》的外围声量。在明星和意见领袖的号召下，话题热度不断提升，网民们不断评论、转发，并询问乐猴王纪念罐的购买渠道。

毫无疑问，百事公司这一系列的新媒体营销推广活动制造出了明显而强大的传播效应，连《人民日报》这类党报和《钱江晚报》等纸媒也纷纷自发进行报道、传播，“乐猴王纪念罐”也因此成为 2016 猴年的热销产品，曾经还出现“一罐难求”的局面，上架仅仅两个小时，江浙沪地区便已宣告售罄。另外，百事“把乐带回家”主题网站还推出了六小龄童与蔡依林、罗志祥、李易峰、吴莫愁几位百事明星一起参与拍摄的 2016 年“把乐带回家”的主题广告，大谈猴王精神，乐闹新春，共同把乐带回家，可谓赚足了公众的眼球，百事可乐无疑成为 2016 年春节营销的最大赢家，引起了足够大的热潮，吸引了足够多的关注。

“乐猴王纪念罐”罐身上的猴脸以百事红、白、蓝三色为主题色，以京剧脸谱为灵感来源，配以额头上的“乐”字，一个活灵活现爱闹腾的乐猴王跃然眼前，蓝色的背景再配上金色的祥云，罐口边际更是细心地设计成美猴王头顶上的金箍。“乐猴王纪念罐”于 12 月 29 日在京东平台闪亮登场，消费者购买一箱（24 听）普通百事可乐罐装饮料就可以免费获得一罐“乐猴王纪念罐”百事可乐。“乐猴王纪念罐”百事可乐仅在京东作为赠品送出，引发网友争相购买。

此次广告的惊人效果是毋庸置疑的。百事微信公众号于 12 月 29 日晚间21：00推送的文章，在短短两小时内，累积阅读数就已破10万，第二天就累积达到33万，这对许多品牌而言都是史无前例的突破，得到行业内外无数好评。随后在微博开启的新一轮营销更是引爆了热点话题“六小龄童乐猴王”，短时间内总阅读数突破1亿，话题总讨论数突破千万，取得了极大的传播效果，不少“网红”主动转发，媒体也主动刊登了相关报道。

案例分析

从传播的角度来说，百事的这个活动无疑是成功的，无论是百事自身还是整个传播过程都是一种新的突破、新的尝试，并且这种传播效果较好，深入人心。从广告本身来说，抓住节日氛围，通过情感诉求真切地打动受众；广告的制作中，邀请了各明星，贴近了年轻人，画面制作精美成熟。由此让笔者深深地体会到，多品牌的联合传播具有很强的爆发力，只要把握得好，就能达到1+1>2的效果。另外，多平台、多传播渠道的综合运用使传播效果达到最佳。百事以网络为主要阵地，从线上到线下，全线进行广告投放。线上、线下媒体上都出现了《把乐带回家之猴王世家》，一定程度上可以引起人们话题的讨论，即使公共场合的视频是剪辑版，一旦引起了受众的注意，就很容易把受众带到网上阵地。在此次传播活动中，“情感”是活动成败的关键。“把乐带回家”结合节日氛围以及当下社会的趋势，利用这张感情牌，客观地反映出社会现实，通过情感诉求引发受众间的共鸣，不仅在社会中造成积极影响，还塑造了良好的品牌形象。

微博已然成为当前社会发展进程中的强大助推者。微博本质上是一个“个人媒体”，但对资源合理运用，也可以使其成为企业的媒体，也可以成为一个活动的引爆点，成为传播的刃尖。作为一种现代新兴媒体，如何将它与传统媒体融合，成为创新传播的一个新的方向，而《把乐带回家之猴王世家》恰恰起了一个好的带头作用。

2016年是猴年，12年才一个轮回，在中国具有特别的意义，许多商家都趁机制作出独有的猴年纪念品。猴在中国传统文化中是聪明狡猾、爱玩好动的形象。提起猴，许多人一想到的就是美猴王孙悟空。在《把乐带回家之猴王世家》播出之前，微博上就已经为央视春晚会不会出现美猴王而争论不休了，特别是后来一则假消息“六小龄童与人合作的春晚节目被毙”，一时间引起了许多人怀旧与惋惜的心情。借着这股“东风”，百事可乐通过播放这段影片，填补了网友们因为春晚上看不到六小龄童的心理空隙，百事可乐一下子成了网友们心目中的良心企业，这样的广告因而能广获好评。

尽管《西游记》电视剧版本众多，出演美猴王的演员不少，但最让人印象深刻，能够深入到中国千万家庭的依然只有老艺术家六小龄童。他那精湛的演技和对表演一丝不苟的执着精神感动过无数人，他所出演的1986年版《西游记》也在几十年间不断地被循环播放，成为国人心目中永远的经典。由他出演这部微电影广告，是最有说服力的，也是此次广告能够广泛传播的基础。

中国人有注重传承的理念，《把乐带回家之猴王世家》讲述的正是这么一个关于传承与坚守的故事。百事公司拍了五年的“把乐带回家”系列，终于抓住了中国社会的痛点：在中国快速发展的几十年中，中国民众得到了许多，也失去了不少，如何继承优秀传统技艺正是其中一种。这个故事在讲述百年猴戏如何在四代人的手里一步步地传承下来的同时，还夹杂了一个令人心酸的故事：原本天赋更高、更应该做接班人的小六龄童因为患白血病而去世了，当时年幼的六小龄童被迫接起了这个重任，并说出了“有的人一上台就下不来了”，这句话在无奈的情境下更表现出一种为事业而奉献自我的感人精神，饱含着六小龄童几十年来对演艺的执着。影片的效果是成功的，因为他们找到了一个真正的好故事，并成功地演绎出来了。

百事可乐 2016 年的品牌推广和营销活动充分体现了本土化的做法，尤其迎合中国农历猴年的到来，将中国人最熟悉的猴形象引入推广，抛弃百事以往高科技酷炫的广告形式，以六小龄童扮演的美猴王为切入点，唤起国民的儿时记忆和情感共鸣。另外，《大圣归来》在 2015 年的中国动漫行业称得上是一匹亮眼黑马，其中另一种风格的大圣形象百事自然不能错过，因此其专门设计了乐猴王纪念罐，并利用明星效应来为乐猴王纪念罐制造热门话题，提高关注度。与京东的独家合作让看似普通的百事乐猴王纪念罐变得一罐难求，而越是稀缺，消费者就越想拥有，百事可乐以此达到自己的营销目标。同时，百事也针对活跃在各大网络社交的年轻人群体设计了“乐猴王新年签”的创意互动玩法，加深了年轻人对百事的品牌印象。

案例讨论

1. 百事可乐 2016 年的品牌推广和营销活动充分体现了本土化的策略，给其他外企带来什么样的启示？

2. 国际 4A 广告公司在应对本土客户的需求方面，面临哪些危机？

参考文献

1. 刘林清．现代国际广告学：第四版［M］．北京：经济管理出版社，2007.

2. 崔晓林．现代广告理论与实务：第二版［M］．山东：青岛出版社，2001.

3. 周立公．现代广告学教程［M］．上海：上海财经大学出版社，2005.

4. 吕巍．广告学［M］．北京：北京师范大学出版社，2006.

5. 杨群祥．现代广告学［M］．广州：中山大学出版社，1997.

6. 陶应虎．广告理论与策划［M］．北京：清华大学出版社，2007.

7. 樊志育．广告学原理：第二版［M］．上海：上海人民出版社，1999.

8. 李宝元．广告学教程：第二版［M］．北京：人民邮电出版社，2004.

9. 苗杰．现代广告学［M］．北京：中国人民大学出版社，2004.

10. 袁安府，范均，李吉昆．现代广告学教导论［M］．杭州：浙江大学出版社，2007.

11. 黄美琴．广告学概论［M］．北京：中国建筑工业出版社，2008.

12. 胡晓云，张健康．现代广告学［M］．杭州：浙江大学出版社，2007.

13. 董景寰，姜智彬．广告学概论［M］．上海：上海人民美术出版社，2008.

14. 倪宁．广告学教程［M］．北京：中国人民大学出版社，2004.

15. 陈培爱．中外广告史教程［M］．北京：中央广播电视大学出版社，2007.

16. 赖军芳．国际广告的标准化和本土化浅析［J］．湖南社会科学，2009（1）．

17. 陈培爱．广告学概论［M］．北京：高等教育出版社，2006.

18. 傅秀政．试论广告策划的策略应用［J］．科技创新导报，2008（16）．

19. 刘华玉，李倩．新媒体环境下的广告策划［J］．艺术探索，2008，22（5）．

20. 张小乐．谈广告策划书的写作［J］．时代经贸，2007，5（12）．

21. 刘超．广告媒体策略［M］．北京：中国建筑工业出版社，2008.

22. 陈培爱，覃胜南．广告媒体教程［M］．北京：北京大学出版社，2007.

23. 宋若涛．广告效果分析［M］．郑州：郑州大学出版社，2008.

24. 曾朝晖．浪费的那一半哪去了——广告效果的评估测定［J］．企业管理，2002（7）．

25. 张金海，程明．广告经营与管理［M］．北京：高等教育出版社，2008.

26. 张金海，刘芳．广告产业发展模式的创新和发展路径的选择［J］．广告大观综合版，2008（3）．

27. 马文．“4D 中国”对国内广告行业的影响和价值研究［J］．当代经济，2007（7）．

28. 黄振家．广告产业的未来［J］．广告大观理论版，2008（3）．

29. 龚莹莹．当代公益广告中的情感诉求及社会功能研究［D］．合肥：合肥工业大学，2007.

30. 许滢．基于新媒体环境的公益广告交互性设计研究［D］．长沙：湖南工业大学，2015.

31. 广告门．卡乐付：社会化营销的人格魅力［EB/OL］．（2013－12－09）．http：//www. adquan. com/post－15－26038. html.

32. 中华广告网．可口可乐又出“台词瓶”，停不下来，一年一花样［EB/OL］．（2015－05－18）．http：//www. a. com. cn/info/domestic/2015/0518/282455. html.

33. 秀设计．可口可乐弧形瓶艺术设计大赛：摩登百年·精彩“瓶”现［EB/OL］．（2015－05－08）．http：//www. xiusheji. net/article－1701－1. html.

34. 市场部．解析可口可乐台词瓶社会化营销传播案例［EB/OL］．（2015－10－13）．http：//www. shichangbu. com/article－25515－1. html.

35. 百度百科．大众银行［EB/OL］．（2016－06－17）．http：//baike. baidu. com/view/1545579. htm.

36. 搜狐视频．人为什么活着——台湾大众银行广告《梦骑士》［EB/OL］．（2014－07－02）．http：//my. tv. sohu. com/us/220740884/71068944. shtml.

37. 百度文库．台湾大众银行系列广告［EB/OL］．（2016－12－07）．http：//wenku. baidu. com/album/view/46f8aed9ad51f01dc281f19a. html.

38. MBA 智库网．从“六小龄童上春晚”到百事贺岁广告，情感营销开年第一课！［EB/OL］．（2016－01－29）．http：//news. mbalib. com/story/101873.

39. SocialBeta. 百事 2016 猴年营销：传承猴王精神，“把乐带回家”［EB/OL］．（2016－03－04）．http：//socialbeta. com/t/pepsi－marketing－in－2016.

40. 百度百科．天猫［EB/OL］．（2016－11－12）．http：//baike. baidu. com/link? url = doiRMDc09Ar1fIjXLwf43PFl93glZzFhndLZh7XhuOjWINZEumQ1ALa_ sdEJQJUAmPyM-RAIjrRu92EyWC4bswibRvKeeH1tVccl6tBW_ XTy.

41. 京东．关于京东［EB/OL］．https：//www. jd. com/intro/about. aspx.

42. 砍柴网．不仅低价更有品质，一场京东晚会背后的精气神儿［EB/OL］．（2015－11－11）．http：//www. ikanchai. com/2015/1111/37947. shtml.

43. IT 之家．Uber 最牛营销案例：不服不行［EB/OL］．（2015－06－17）．http：//www. ithome. com/html/it/155922. htm.

44. 闽南网．神州专车微博炮轰 Uber 引发广大网友热议［EB/OL］．（2015－06－25）．http：//www. mnw. cn/news/china/932733. html.

45. 李东阁．4G 背景下手机媒介的机遇和挑战研究［D］．重庆：重庆工商大学，2015.

46. 何晶晶．公交移动电视广告运营策略研究［J］．当代电视，2016（1）．

47. 陶喜红．中国传媒产业广告市场集中度研究［J］．新闻大学，2014（1）．

48. 李名亮．广告公司经营模式转型研究［D］．上海：上海大学，2014.

49. 靳羽洁．中国本土广告公司的资本化运作研究——以蓝色光标为例［J］．广告大观，2015（3）．

后　记

伴随新消费时代的来临，广告的璀璨锋芒日渐消退。新媒体的涌入、公众媒介接触习惯的改变、消费观念的成熟都在推动广告行业的巨大变革，如何借助新思想、新观点、新方法、新媒体来提升广告传播效果，已经成为广告公司的燃眉之急，广告行业面临着新媒体时代的经营转型。

本书正是在这样一个行业背景下惶恐面世的。作为一本广告教材，本书在体系上保持了传统教材的纲要与思路，但在编排策略上更注重实战性，案例陈述更新鲜，希冀以新的视野、角度来建构文本内涵，提升本书的阅读黏度和知识趣味。

本书编写人员来自广州大学、中央民族大学、华南师范大学、湖南大学、广州大学华软软件学院等高校和广告业界。在写作具体分工上，王艺编写第 3、5、6、8、9 章，陈浩编写 2、4、12 章，胡华涛编写第 10 章，李斐飞编写第 1 章，范小青编写第 11 章，李盛龙编写第 7 章，李列锋编写各章案例并进行数据的更新，朱婧茹参与了第 2、4、12 章的部分编写与校对，莫梅锋、王泸生参与了第 8 章的部分校对。

由于作者知识与经验的不足，本书在内容上依然存在不足，恳请行业专家和读者提出批评指正，使本书在今后的修订中能更趋完善。

王　艺

2017 年 3 月于广州丽江花园